LIC ADO

प्रारंभिक परीक्षा

नवीनतम संस्करण

अभ्यास किट

08 टेस्ट्स

07 मॉक टेस्ट्स

01 गतवर्षीय प्रश्न पत्र

वास्तविक परीक्षा प्रारूप पर आधारित टेस्ट

✓ पूर्णतः संशोधित और अद्यतन

✓ सभी बहुविकल्पीय प्रश्नो का विस्तृत विश्लेषण

शीर्षक : LIC ADO प्रारंभिक परीक्षा

लेखक का नाम : Mr. Rohit Manglik

प्रकाशक : EduGorilla Community Pvt. Ltd.

प्रकाशक का पता : 12/651 प्रथम तल, अरविन्दो पार्क के सामने, निकट जामा मस्जिद, इंदिरा नगर लखनऊ, उत्तर प्रदेश, 226016, भारत।

कॉपीराइट EduGorilla

ISBN : 978-93-55565-77-8

प्रथम संस्करण

अस्वीकरण EduGorilla

Compiled and created by EduGorilla Community Pvt. Ltd

EduGorilla Community Pvt. Ltd. द्वारा मुद्रित

रोहित मांगलिक
सीईओ, EduGorilla

संपादक की कलम से

प्रिय छात्रों,

एक बहुत ही प्रचलित कहावत है कि "सफलता उन्हीं को मिलती है जो उसके लिए कड़ी मेहनत करते हैं।" लेकिन मैंने लोगों को उनकी परीक्षाओं के लिए दिन-रात एक करके मेहनत करते हुए देखा है, पर फिर भी वे सफल नहीं हो पाते। तो वहीं दूसरी ओर, कुछ लोग बस आधी मेहनत करके परीक्षा में सफलता प्राप्त करते हैं। तो, क्या वे किस्मत वाले हैं? नहीं मेरा मानना है, कि ऐसा इसलिए है क्योंकि वे सिर्फ कड़ी नहीं बल्कि कुशल तरीके से अपनी तैयारी करते हैं। इसी तरह आपको भी अपनी परीक्षाओं की तैयारी के लिए अपनी योजना बनानी चाहिए, ताकि आपकी भी सफलता की संभावना बढ़ सके। तो तैयार हो जाइये **EduGorilla** के साथ अपनी परीक्षा में चयन होने की संभावना को 16 गुना बढ़ाने के लिए।

EduGorilla आपको न केवल कड़ी मेहनत करने में मदद करता है, बल्कि एक स्मार्ट और योजनाबद्ध तरीके से तैयारी करने में भी सहायता प्रदान करता है। **EduGorilla** की तैयारी पैकेज के साथ आप अपने परीक्षा में चयन होने के रास्ते को सहज और मनोरंजक बना सकते हैं। अपनी तैयारी के लिए सही रास्ता खोजना मुश्किल हो सकता है, यदि आप ये नहीं जानते कि आपको किस दिशा में जाना है। चिंता न करें हम आपके साथ खड़े हैं! **EduGorilla** आपकी सफलता में आपका मार्गदर्शक बनेगा। हमारे तैयारी पैकेज के साथ आप रणनीतिक रूप से तैयारी कर, अपनी परीक्षा में सिर्फ एक ही प्रयास में सफल हो सकते हैं।

EduGorilla के तैयारी पैकेज में शामिल हैं-

- टेस्ट सीरीज़
- किताबें

हमारे तैयारी पैकेज को सभी तरह के नये बदलवों, विशेषज्ञों की राय एवं छात्रों के प्रतिक्रिया के अनुसार तैयार किया गया है। जो आपको परीक्षा के प्रत्येक चरण की चयन प्रक्रिया को पार करने के योग्य बनाता है।

हमारी किताबें शिक्षकों और विशेषज्ञों द्वारा आपकी परीक्षा के लिए तैयार की गई हैं, 150+ वर्षों के अनुभव के साथ; ताकि आपको आसान, कुशल और प्रभावी शिक्षण प्रदान किया जा सके। हमारी स्मार्ट किताबें न सिर्फ आपको प्रश्नों के उत्तर देने की समझ देती हैं, अपितु आपके अभ्यास के लिए समान रूप के प्रश्न भी प्रदान करती हैं।

EduGorilla की सक्षम टेस्ट सीरीज आपको वास्तविक अनुभव और आत्मविश्वास प्रदान करती हैं, जिसके माध्यम से आप केवल एक प्रयास में अपनी ऑफलाइन अथवा ऑनलाइन परीक्षा पास कर सकते हैं। वर्तमान में हम **85,000+** मॉक टेस्ट्स और **1,460+** प्रतियोगी एवं शैक्षणिक परीक्षाओं की तैयारी कराते हैं।

अर्थात, **EduGorilla** आपकी तैयारी में आपकी सहायता करने का कोई भी मौका नहीं छोड़ता है और परीक्षा के सभी चरणों को कवर करता है, ताकि परीक्षा की तैयारी के लिए आपको कहीं और भटकना ना पड़े।

हम आपको डिफेन्स, बैंकिंग, टीचिंग और अन्य राष्ट्रीय एवं राज्य स्तरीय परीक्षाओं के लिए सम्पूर्ण तैयारी पैकेज प्रदान करते हैं। अतः इससे कोई फर्क नहीं पड़ता कि आप किस परीक्षा के लिए तैयारी कर रहे हैं, क्योंकि आप सफलता हासिल करेंगे।

आपको परीक्षा की शुभकामनाएं!

रोहित मांगलिक,
संस्थापक और मुख्य कार्यकारी अधिकारी, **EduGorilla**

प्रस्तावना

EduGorilla छात्रों को उनकी परीक्षा में सफल होने के लिए मार्गदर्शन प्रदान करता है। जिसको ध्यान में रखते हुए हमारे कुल 150+ वर्षों का अनुभव रखने वाले प्रतिष्ठित विशेषज्ञों ने कड़े प्रयासों के द्वारा "LIC ADO : प्रारंभिक परीक्षा" को तैयार किया है। इस किताब के प्रश्नों को हाल ही में परीक्षा के पाठ्यक्रम और पैटर्न में हुए सभी बदलावों को ध्यान में रखकर बनाया गया है। वो प्रश्न जिनकी LIC ADO परीक्षा में आने कि संभवना काफी प्रबल है, उनको इस किताब मे रखा गया है। आप EduGorilla की "LIC ADO : प्रारंभिक परीक्षा" के माध्यम से अपनी सफलता की संभावना को 16 गुना बढ़ा सकते हैं।

EduGorilla ये अपनी संपूर्ण तैयारी पैकेज के माध्यम से साकार करता है। इस किट में आपको प्रश्न अच्छी तरह अवधारित एवं संरचित रूप मे मिलेंगे जिन्हे आपकी जरूरतों के अनुसार बनाया गया है। इसके माध्यम से आपको स्मार्ट तरीके से परीक्षा के लिए अभ्यास करने में मदद मिलेगी। साथ ही आपको सहायक, समाधान और स्मार्ट उत्तर पत्रिका भी प्रदान की जायेंगी। जिससे आप अपना मूल्यांकन स्वयं कर सकते हैं। आप स्वयं की समीक्षा कर, उन सभी बिन्दुओं पर खुद को बेहतर तरीके से तैयार कर सकते हैं।

EduGorilla आपको अपनी परीक्षा में सफ़लता दिलाने और आपके लक्ष्य को हासिल करने में आपकी सहायता करने का वादा करता हैं। हम अपने प्रतिभागियों पर पूरा भरोसा करते हैं और उन्हें मेरिट सूची के शीर्ष पर देखते हैं। शीर्ष स्थान की ओर आपका पहला कदम है हमारे साथ तैयारी शुरू करना। EduGorilla की "LIC ADO : प्रारंभिक परीक्षा" की विशेषताएं कुछ इस प्रकार हैं।

➤ अच्छी तरह से शोध किया हुआ पाठ्यक्रम

➤ उच्च गुणवत्ता

➤ विस्तृत उत्तर और विश्लेषण

➤ स्मार्ट उत्तर पत्रिका

➤ परीक्षा सुसंगत प्रश्न

इस प्रकार EduGorilla आपकी तैयारी को मजबूत और आपको परीक्षा में सफल होने के योग्य बनाता है।

LIC ADO

परीक्षा की योग्यता, परीक्षा पैटर्न, विषय को जानने के लिए QR कोड को स्कैन करें।

Book ID: 1254

विषय-सूची

मॉक टेस्ट 01

Reasoning Ability

Ques (1-5):निर्देश: दी गई जानकारी का ध्यानपूर्वक अध्ययन कीजिए और निम्न प्रश्नों के उत्तर दीजिए।

सात लड़कियां रिया, निक्की, आलिया, दिव्या, रूही, छवि और ईशा एक वृत्ताकार मेज के आसपास केंद्र से बाहर को सम्मुख बैठी हैं परंतु आवश्यक नहीं कि क्रम यही हो। रिया दिव्या के दाएँ दूसरे स्थान पर बैठी है। छवि रूही के ठीक बाएँ बैठी है। आलिया निक्की के बाएँ दूसरे स्थान पर बैठी है। ईशा और निक्की के बीच में दो लड़कियां बैठी हैं (निक्की या तो ईशा के बाएँ या दाएँ बैठी है)। निक्की छवि की निकटतम पड़ोसी है।

Q.1 निम्न में से कौन आलिया के निकटतम बाएँ बैठा है?

A. ईशा **B.** दिव्या **C.** आलिया **D.** रूही
E. रिया

Q.2 रिया के संदर्भ में निक्की का स्थान क्या है?

A. निकटतम दाएँ
B. निकटतम बाएँ
C. दाएँ से तीसरी
D. दाएँ से तीसरी
E. दाएँ से तीसरी

Q.3 जब छवि से घड़ी की सुई की दिशा में गिना जाता है तो दिव्या और छवि के बीच में कितनी लड़कियां बैठी हैं?

A. कोई नहीं **B.** एक **C.** दो **D.** तीन
E. चार

Q.4 निक्की से घड़ी की सुई की विपरीत दिशा में गिना जाता है तो निक्की और ईशा के बीच बैठी हुई लड़कियों की संख्या जब आलिया से घड़ी की सुई की विपरीत दिशा में गिना जाता है तो आलिया और ____ के बीच में बैठी हुई लड़कियों की संख्या के बराबर है?

A. रूही **B.** रिया **C.** दिव्या **D.** ईशा
E. छवि

Q.5 निम्न पाँच में से चार एक निश्चित रूप से एक जैसे हैं इसलिए एक समूह बनाते हैं। निम्न में से कौन उस समूह से संबंधित नहीं है?

A. दिव्या - ईशा
B. छवि - निक्की
C. रिया - आलिया
D. आलिया - ईशा
E. रूही – छवि

Ques (6-7):निर्देश: निम्नलिखित जानकारी को ध्यानपूर्वक पढ़िए और नीचे दिए गए प्रश्नों के उत्तर दीजिए।

एक परिवार में छ: सदस्य अर्थात् L, M, Q, R, S और G हैं, परिवार में तीन पीढ़ियाँ हैं। R की पत्नी S है। R की बहन Q है। Q का बेटा G है। Q का पिता M है और वह L से विवाहित है।

Q.6 L, R से कैसे संबंधित है?

A. बेटा **B.** माँ **C.** पिता **D.** बेटी
E. आंटी

Q.7 G, M से कैसे संबंधित है?

A. ग्रैंड फादर
B. ग्रैंड मदर
C. पिता
D. ग्रैंडसन
E. उपरोक्त में से कोई नहीं

Q.8 उत्तर की ओर उन्मुख छात्रों की एक कतार में, आयशा और अनीशा क्रमशः बाएं और दाएं छोर से 10वें और 8वें स्थान पर खड़ी हैं। यदि एक अन्य छात्र अरिवा, जो बायें छोर से 12वीं है, आयशा और अनीशा के ठीक बीच में है, तो दायें छोर से आयशा का स्थान ज्ञात कीजिये?

A. 10 वीं
B. 12 वीं
C. 15 वीं
D. 8 वीं
E. निर्धारित नहीं किया जा सकता है

Q.9 छात्रों की एक कतार में रमेश बाएँ से नौवें तथा सुमन दाएँ से छठे स्थान पर है। जब रमेश तथा सुमन अपने स्थान आपस में अदल-बदल कर लेते हैं, तो रमेश बाएँ से पन्द्रहवाँ हो जाता है। बताएँ कि परिवर्तन के बाद सुमन का दाएँ से कौन-सा स्थान होगा?

A. 6वाँ **B.** 13वाँ **C.** 15वाँ **D.** 12वाँ
E. 14वाँ

Ques (10-14):निर्देश: निम्न जानकारी का ध्यानपूर्वक अध्ययन कीजिए और नीचे दिए गए प्रश्नों के उत्तर दीजिए।

आठ व्यक्ति A, B, G, H, N, R, T और U एक भवन में रह रहे हैं जिसमें 4 तल हैं जिसमें से भूतल को 1 से अंकित किया गया है, उसके ऊपर के तल को 2 के रूप में अंकित किया गया है और इसी प्रकार आगे भी शीर्ष तल को 4 से अंकित किया गया है। प्रत्येक तल में दो प्रकार के फ़्लैट हैं, अर्थात फ़्लैट Y और फ़्लैट Z जिससे कि तल 2 का फ़्लैट Y तल 1 के फ़्लैट Y के ठीक ऊपर है और तल 3 के फ़्लैट Y के ठीक नीचे है इत्यादि। इसी प्रकार, तल 2 का फ़्लैट Z तल 1 के फ़्लैट Z के ठीक ऊपर और तल 3 के फ़्लैट Z के ठीक नीचे है इत्यादि। इसके अलावा, फ़्लैट Z, फ़्लैट Y के पूर्व में है।

B के तल और H के तल के बीच में एक तल और है। G, R के फ़्लैट के ठीक नीचे रहता है जिससे कि दोनों एक ही प्रकार के फ़्लैट में रहते हैं। T और U एक ही प्रकार के फ़्लैट में रहते हैं जिससे T, U के तल के ठीक ऊपर और B के निकटतम पश्चिम में रहता है। N उस फ़्लैट में नहीं रहता है जो T के फ़्लैट के बगल में है और वह N के फ़्लैट और H के फ़्लैट से दो तल नीचे रहता है। H, B के ऊपर वाले तल पर रहता है। B और H अलग अलग प्रकार के फ़्लैट में रहते हैं।

Q.10 तल 2 के फ़्लैट Z में कौन रहता है?

A. H
B. G
C. N
D. B
E. उपरोक्त में से कोई नहीं

Q.11 A के फ़्लैट के सन्दर्भ में N के फ़्लैट की दिशा क्या है?

A. उत्तर पूर्व
B. दक्षिण पश्चिम
C. दक्षिण पूर्व
D. उत्तर पश्चिम
E. इनमें से कोई नहीं

Q.12 निम्न में से कौन T के ठीक ऊपर रहता है जो उसी प्रकार के फ़्लैट में रहता है जिसमें T रहता है?

A. B **B.** A **C.** N **D.** G
E. R

Q.13 G के सम्बन्ध में निम्न में से क्या सत्य है?

A. G फ़्लैट Y में रहता है
B. G सबसे नीचे के तल पर रहता है
C. G, N के ऊपर वाले किसी तल पर रहता है परन्तु ठीक ऊपर नहीं
D. G और T समान तल पर रहते हैं
E. कोई भी सत्य नहीं है

Q.14 A के साथ उसी तल पर कौन रहता है?

A. R **B.** G **C.** B **D.** U
E. N

Q.15 निर्देश: दो कथन दिए गए हैं जिसके बाद तीन निष्कर्ष I, II और III दिए गए हैं। कथनों को सत्य मानते हुए, यहां तक कि वे सामान्य रूप से ज्ञात तथ्यों के साथ विचरण करते प्रतीत होते हैं, जिसमें यह निर्णय लिया गया है कि कौन सा निष्कर्ष कथन से तार्किक रूप से अनुसरण करता है।

कथन:

कुछ बिल्लियाँ, कुत्ते हैं।

सभी कुत्ते, हिरण हैं।

निष्कर्ष:

कुछ हिरण, बिल्लियाँ हैं।

सभी हिरण, बिल्लियाँ हैं।

कोई हिरण, कुत्ता नहीं है।

A. केवल निष्कर्ष I अनुसरण करता है।
B. केवल निष्कर्ष III अनुसरण करता है।
C. केवल निष्कर्ष I और III अनुसरण करते हैं।
D. केवल निष्कर्ष II और II अनुसरण करते हैं।
E. इनमें से कोई नहीं

Q.16 निर्देश: दो कथन दिए गए हैं जिसके बाद तीन निष्कर्ष I, II और III दिए गए हैं। कथनों को सत्य मानते हुए, यहां तक कि वे सामान्य रूप से ज्ञात तथ्यों के साथ विचरण करते प्रतीत होते हैं, जिसमें यह निर्णय लिया गया है कि कौन सा निष्कर्ष कथन से तार्किक रूप से अनुसरण करता है।

कथन:

कुछ सब्जी, फल है।

कोई भी फल, आम नहीं है।

निष्कर्ष:

I. कुछ सब्जियां, आम है।

II. कुछ फल, सब्जी है।

III. कोई भी सब्जी, आम नहीं है।

A. केवल निष्कर्ष III अनुसरण करता है।
B. केवल निष्कर्ष II अनुसरण करता है।
C. केवल निष्कर्ष I और III अनुसरण करते हैं।
D. केवल निष्कर्ष I अनुसरण करता है।
E. इनमें से कोई नहीं

Q.17 निर्देश: निम्न प्रश्न में, विभिन्न तत्वों के बीच संबंध को कथन में दर्शाया गया है। कुछ निष्कर्षों के बाद कथनों का पालन किया जाता है।

कथन:

कुछ कवि, कविताएँ हैं।

कोई कविता, गीत नहीं है।

निष्कर्ष:

I. कुछ कविताएँ, गीत नहीं हैं।

II. कुछ गीत, कवि हैं।

A. केवल निष्कर्ष I सत्य है।
B. केवल निष्कर्ष II सत्य है।
C. या तो निष्कर्ष I या II सत्य है।
D. न तो निष्कर्ष I और न ही II सत्य है।
E. इनमें से कोई नहीं

Ques (18-20):निर्देश: दिए गए कथनों को सत्य मानते हुए निम्नलिखित प्रश्न में, दिए गए निष्कर्षों में से कौन सा निष्कर्ष सही है और फिर उसी के अनुसार अपने उत्तर दें।

Q.18 कथन:

$L > M < N = O; O < X < Y$

निष्कर्ष:

I. $M < Y$

II. $Y > N$

A. केवल I सत्य है।
B. केवल II सत्य है।
C. I और II दोनों सत्य हैं।
D. न तो I और न ही II सत्य है।
E. या तो I या II सत्य है।

Q.19 कथन:

$R < S < T > U; L < P > Q = T$

निष्कर्ष:

I. $R > P$

II. $U > L$

A. केवल I सत्य है।
B. केवल II सत्य है।
C. I और II दोनों सत्य हैं।
D. न तो I और न ही II सत्य है।
E. या तो I या II सत्य है।

Q.20 कथन:

$E = F < G > H = K; K < E < X > M$

निष्कर्ष:

I. $H < X$

II. $F > M$

A. केवल I सत्य है।
B. केवल II सत्य है।
C. I और II दोनों सत्य हैं।
D. न तो I और न ही II सत्य है।
E. या तो I या II सत्य है।

Ques (21-25):निर्देश: निम्नलिखित जानकारी का ध्यानपूर्वक अध्ययन कीजिए और नीचे दिये गए प्रश्न के उत्तर दीजिए।

आठ चॉकलेट बॉक्स जैसे कि फाइवस्टार, डेयरी मिल्क, किटकैट, स्निकर, ट्विक्स, बॉर्नविले, कैडबरी और कैंडी एक के ऊपर एक रखे है लेकिन इसी क्रम में यह आवश्यक नहीं है। डेयरी मिल्क और स्निकर के बीच तीन चॉकलेट बॉक्स रखे गए हैं। दो बॉक्स ट्विक्स और डेयरी मिल्क के बीच में रखे हैं। ट्विक्स, डेयरी मिल्क के नीचे रखा है। चार बॉक्स ट्विक्स और कैडबरी के बीच में रखे गए हैं। कैडबरी के ऊपर रखे बॉक्स की संख्या कैंडी के नीचे के रखे बॉक्स की संख्या के समान है। बॉर्नविले को किटकैट के ऊपर लेकिन फाइवस्टार के नीचे रखा गया है। बॉर्नविले, किटकैट के ठीक ऊपर नहीं रखा है।

Q.21 इनमें से कौन सा चॉकलेट बॉक्स बॉर्नविले और फाइवस्टार के बीच में रखा गया है?

A. कैडबरी **B.** डेयरी मिल्क
C. कैंडी **D.** किटकैट
E. ट्विक्स

Q.22 इनमें से कौन सा बॉक्स को सबसे ऊपर रखा गया है?

A. फाइवस्टार **B.** कैडबरी
C. किटकैट **D.** ट्विक्स
E. स्निकर

Q.23 ट्विक्स और स्निकर के बीच कितने बॉक्स हैं?

A. कोई नहीं **B.** दो
C. तीन **D.** चार
E. चार से अधिक

Q.24 निम्नलिखित में से कौन सा बॉक्स कैंडी के बॉक्स के ठीक नीचे रखा गया है?

A. किटकैट **B.** डेयरी मिल्क
C. बॉर्नविले **D.** स्निकर
E. इनमें से कोई नहीं

Q.25 कैडबरी के ऊपर कितने बॉक्स रखे गए हैं?
A. कोई नहीं **B.** एक **C.** दो **D.** तीन
E. चार

Ques (26-28):निर्देश: दिए गए प्रश्नों का उत्तर देने के लिए निम्नलिखित जानकारी का ध्यानपूर्वक अध्ययन कीजिये।

L P A £ 9 C J 2 * O ^ E B 4 @ 8 U S ! 2 M 6 Q I ? 3

Q.26 यदि सभी प्रतीकों को उपरोक्त श्रृंखला से हटा दिया जाता है, तो पंक्ति के बाएं छोर से सातवां तत्व कौन सा है?
A. 2 **B.** 4
C. 1 **D.** 3
E. इनमें से कोई नहीं

Q.27 सभी संख्याओं को हटाने के बाद, बाएं छोर से चौथे तत्व और दाहिने छोर से सातवें तत्व के बीच कितने अक्षर हैं?
A. 3 **B.** 5
C. 4 **D.** 6
E. इनमें से कोई नहीं

Q.28 यदि हम उपरोक्त श्रृंखला से सभी प्रतीकों को हटा देते हैं, तो कितने स्वरों से ठीक पहले संख्या और ठीक उसके बाद अक्षर होगा?
A. 2 **B.** 4
C. 1 **D.** 3
E. इनमें से कोई नहीं

Ques (29-30):निर्देश: निम्नलिखित प्रश्न नीचे दी गई पाँच तीन अंकों वाली संख्याओं पर आधारित हैं।

924 564 456 167 645

Q.29 यदि प्रत्येक संख्या के दूसरे अंक में 3 जोड़ा जाता है। इस प्रकार गठित कितनी संख्याएं तीन से विभाज्य होगी?
A. एक **B.** दो
C. तीन **D.** चार
E. इनमें से कोई नहीं

Q.30 यदि प्रत्येक संख्या के सभी अंकों को संख्या के भीतर अवरोही क्रम में व्यवस्थित किया जाता है, तो नई व्यवस्था में निम्नलिखित में से कौन सी संख्या की उच्चतम संख्या होगी?
A. 924 **B.** 574 **C.** 456 **D.** 187
E. 675

Ques (31-35):निर्देश: निम्नलिखित जानकारी का ध्यानपूर्वक अध्ययन कीजिये और दिए गए प्रश्नों के उत्तर दीजिये।

एक निश्चित कूट भाषा में,

home sweet is my parents → fou bda npi sta kla

love pour arms home is → rua sta sia kla kti

bag happiness is my sweet → bda sta tpa npi nwx

my sweet arms open you → npi sia pqr bda flo

Q.31 कूट भाषा में "bag" को किस प्रकार कूटबद्ध किया गया है?
A. tpa **B.** nwx
C. npi **D.** या तो npi या tpa
E. या तो tpa या nwx

Q.32 "kti sta sia rua" कूट के लिए निम्न में से किन शब्दों का प्रयोग किया गया है?
A. sweet is arms pour
B. pour happiness bag you
C. love is arms pour
D. arms sweet is love
E. या तो विकल्प (A) या (C)

Q.33 "home sweet parents" के लिए कूट निम्न में से क्या है?
A. bda sta fou
B. tpa kla bda
C. bda kla fou
D. flo npi tpa
E. Cannot be determined

Q.34 कूट भाषा में, "flo" कूट का प्रयोग निम्न में से किस शब्द के लिए किया गया है?
A. या तो sweet या is **B.** या तो open या sweet
C. या तो my या open **D.** या तो you या open
E. इनमें से कोई नहीं

Q.35 कूट भाषा में "arms" को किस प्रकार कूटबद्ध किया गया है?
A. tpa **B.** nwx
C. npi **D.** sia
E. या तो npi या tpa

Numerical Aptitude

Ques (36-40):निर्देश: निम्न बार ग्राफ को ध्यानपूर्वक पढ़िए और निम्नलिखित प्रश्न का उत्तर दीजिये।

ग्राफ विभिन्न कंपनियों द्वारा बेची गई इकाइयों की संख्या और उत्पादित इकाइयों की संख्या को दर्शाता है।

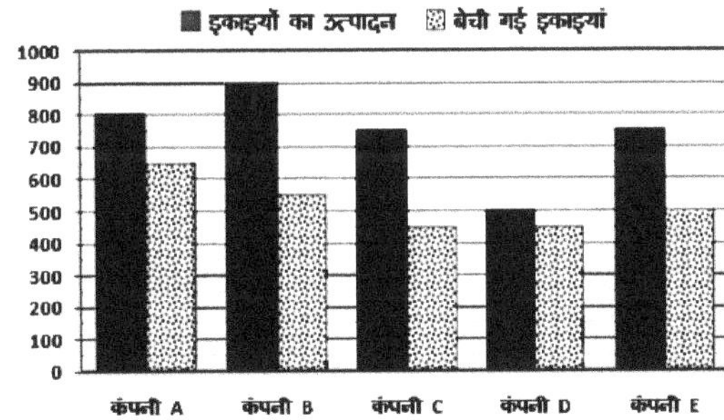

Q.36 सभी कंपनियों द्वारा बेची जाने वाली इकाइयों की औसत संख्या क्या है?
A. 540 **B.** 520 **C.** 450 **D.** 500
E. 570

Q.37 सभी कंपनियों द्वारा नहीं बिकने वाली इकाइयों की कुल संख्या ज्ञात कीजिए।
A. 1000 **B.** 1200 **C.** 1100 **D.** 900
E. 1300

Q.38 कंपनी A और B द्वारा एक साथ उत्पादित इकाइयों का कंपनी D और E द्वारा एक साथ नहीं बिकने वाली इकाइयों से संबंधित अनुपात क्या है?
A. 3 : 13 **B.** 13 : 3 **C.** 17 : 4 **D.** 17 : 3
E. 11 : 12

Q.39 कंपनी D की नहीं बिकने वाली इकाइयां कंपनी B द्वारा बेची गई इकाइयों का कितना प्रतिशत हैं?

A. 11.11% **B.** 9.09% **C.** 20% **D.** 10%
E. 18%

Q.40 यदि एक और कंपनी F है और इसके द्वारा उत्पादित इकाइयां 722 हैं, तो सभी कंपनियों द्वारा उत्पादित इकाइयों का औसत ज्ञात कीजिए।

A. 740 **B.** 730 **C.** 800 **D.** 735
E. 737

Q.41 यदि बिक्री मूल्य दोगुना हो जाता है, तो लाभ तिगुना हो जाता है। लाभ प्रतिशत क्या है?

A. $105\frac{1}{3}\%$ **B.** $66\frac{2}{3}\%$
C. 120% **D.** 100%
E. इनमें से कोई नहीं

Q.42 एक बस उसकी यात्रा के 150 किमी के हिस्से को 45 किमी/घंटा की गति से तय करती है। यदि बस उसके 330 किमी के यात्रा को 7.5 घंटे में पूरा करती है, तो शेष यात्रा में उसकी गति क्या थी?

A. 41.6 किमी/घंटा **B.** 43.2 किमी/घंटा
C. 45.8 किमी/घंटा **D.** 48.4 किमी/घंटा
E. 49.2 किमी/घंटा

Q.43 A, B और C, अल्कोहल और पानी के 3 मिश्रण हैं। इन मिश्रणों में अल्कोहल और पानी के अनुपात 5 : 3, 2 : 3 और 7 : 3 हैं। यदि इन मिश्रणों को 2 : 4 : 3 क्षमता के अनुपात में लिया जाता है और एक बर्तन में संग्रहित किया जाता है, तो इसमें अल्कोहल और पानी का अनुपात ज्ञात कीजिये।

A. 7 : 3 **B.** 13 : 7 **C.** 3 : 1 **D.** 11 : 9
E. 7 : 13

Q.44 54 मीटर लंबाई और 26 मीटर चौड़ाई का एक आयताकार मैदान, छोटी भुजा के साथ मैदान के बीच में 4 मीटर चौड़ाई की एक चलने वाली पट्टी है। चलने वाली पट्टी को छोड़कर मैदान का क्षेत्रफल क्या है?

A. 1220 वर्ग मीटर **B.** 1200 वर्ग मीटर
C. 1320 वर्ग मीटर **D.** 1300 वर्ग मीटर
E. 1100 वर्ग मीटर

Q.45 तीन साझेदारों जॉन, जोहनी और जनार्दन ने क्रमशः 28,000 रु., 44,000 रु. और 56,000 रु. के निवेश से एक कंपनी शुरू की। कुल वार्षिक लाभ 44800 रु. है। वार्षिक लाभ में प्रत्येक साझेदार का भाग बताएं?

A. 9200 रु, 14400 रु और 21200 रु
B. 9800 रु, 15400 रु और 19600 रु
C. 9000 रु, 14,000 रु और 20800 रु
D. 8000 रु, 14200 रु और 22600 रु
E. इनमें से कोई नहीं

Ques (46-50):निर्देश: निम्नलिखित संख्या श्रृंखला में प्रश्न चिन्ह '?' के स्थान में क्या आना चाहिए?

Q.46 0, 6, 24, 60, 120, ?

A. 210 **B.** 150 **C.** 186 **D.** 186
E. 250

Q.47 4, 8, 10, 30, 33, 132, 136, 680, ?

A. 682 **B.** 684 **C.** 685 **D.** 690
E. 687

Q.48 6, 7, 18, 63, 268, ?

A. 1315 **B.** 1365 **C.** 1644 **D.** 1572
E. 1700

Q.49 6, 6, 12, 36, 144, ?

A. 620 **B.** 700 **C.** 720 **D.** 520
E. 820

Q.50 60.5, 72, 84.5, 98, 112.5, ?

A. 125 **B.** 122 **C.** 126 **D.** 128
E. 132

Q.51 अमन और नीना की वर्तमान आयु क्रमशः 59 और 37 वर्ष है। 13 साल पहले नीना और अमन की उम्र का अनुपात क्या था?

A. 3:2 **B.** 46:25 **C.** 12:23 **D.** 8:3
E. 9:5

Ques (52-61):निर्देश: निम्न प्रश्न में प्रश्न चिह्न '?' के स्थान पर क्या आएगा?

Q.52 50 का $37\% - 250$ का $55\% = ? - \{60(200 - 99 \times 2) \div 4\}$

A. 89 **B.** -89
C. 126 **D.** 186
E. इनमें से कोई नहीं

Q.53 $\sqrt[3]{6859} + \sqrt{441} - \sqrt[3]{4096} - \sqrt{576} = ?$

A. 1 **B.** 48
C. 0 **D.** -42
E. इनमें से कोई नहीं

Q.54 (999 + 99 + 9) + 90 का 5.55%= ?

A. 1202 **B.** 1022
C. 1122 **D.** 1112
E. इनमें से कोई नहीं

Q.55 225 का $6.67\% + 1120$ का $6.25\% = (?)^3 + 3$

A. $(-76)^{1/2}$ **B.** $(76)^{1/2}$
C. $(-76)^{1/3}$ **D.** $(76)^{1/3}$
E. इनमें से कोई नहीं

Q.56 $32 + 65 - 96$ का $16\frac{2}{3}\% = ? + 120$ का $33\frac{1}{3}\%$

A. 32 **B.** 52 **C.** 41 **D.** 46
E. 64

Q.57 120 का 30% + ? = 23 × 36 ÷ 46 + 160 का 40%

A. 42 **B.** 46
C. 48 **D.** 44
E. इनमें से कोई नहीं

Q.58 200 का $31\% + 300$ का $21\% = 25 \times 5 + ?^2 -$ 90 का 40%

A. 7 **B.** 4 **C.** 6 **D.** 5
E. 8

Q.59
$(950 + 1750 - 2225 + 1225 + 4250 + 450) \div (70 + 60 + 28 - 30) = \sqrt{?}$

A. 25000 **B.** 2700
C. 2900 **D.** 2500
E. इनमें से कोई नहीं

Q.60 1500 का 88.60% + 800 का 39.25% + 2500 का 63.20% + 4500 का 25.40% =?

A. 4856 **B.** 4466
C. 4256 **D.** 4366

E. इनमें से कोई नहीं

Q.61 7428 का $25\% + 71.5 \times 2 = ?$ का $14\frac{2}{7}\%$

A. 2000 B. 5000 C. 4000 D. 14000
E. 12000

Q.62 सैम, गीता और राधा द्वारा एक प्रतियोगिता-परीक्षा के गणित अनुभाग में 150 में से प्राप्त किये गए अंक क्रमशः 94, 85 और 120 हैं। विज्ञान अनुभाग के लिए, सैम, गीता और राधा द्वारा 150 में से प्राप्त अंक क्रमशः 135, 80 और 90 हैं। सैम, गीता और राधा के प्रतिशत औसतन अंक ज्ञात कीजिये।

A. 76.33%, 55%, 70% B. 55%, 46%, 59%
C. 78%, 57.33%, 82% D. 70%, 60%, 62%
E. 80%, 65%, 91%

Q.63 एक व्यक्ति को उसके द्वारा बनाई जाने वाली प्रत्येक 3 दर्जन रोटियों के लिए हर सप्ताह n रुपए और प्रत्येक अतिरिक्त दर्जन के लिए m रुपए दिए जाते हैं। एक महिने के दौरान, उसने पहले सप्ताह में 4 दर्जन, दूसरे सप्ताह में 9 दर्जन, तीसरे सप्ताह में 13 दर्जन और चौथे सप्ताह में 16 दर्जन रोटियाँ बनाई। तो उसके सभी सप्ताह की औसत आय क्या थी?

A. $\frac{(13n + 3m)}{4}$ B. $\frac{(13m + 3n)}{4}$
C. $\frac{14n}{4}$ D. $\frac{14m}{4}$
E. $\frac{13nm}{4}$

Q.64 सैम ने एक साल के लिए 10% प्रति वर्ष की दर से 15000 रुपये का निवेश किया। यदि ब्याज अर्धवार्षिक रूप से संयोजित किया जाता है, तो सैम द्वारा वर्ष के अंत में प्राप्त राशि होगी:

A. Rs. 16,500 B. Rs. 16,525.50
C. Rs. 6296 D. Rs. 16,537.50
E. Rs. 18,150

Q.65 100 रुपये पर 10% प्रति वर्ष की दर से चक्रवृद्धि ब्याज, एक वर्ष के बाद अर्धवार्षिक चक्रवृद्धि ब्याज ________ है।

A. Rs. 10 B. Rs. 11
C. Rs. 10.50 D. Rs. 11.50
E. Rs. 10.25

Q.66 किसी कार्य को पूरा करने के लिए A, B की तुलना में 50% अधिक समय लेता है। यदि दोनों को कार्य पूरा करने में 18 दिन लगते हैं, तो B को इसे करने में कितना समय लगेगा?

A. 30 दिन B. 35 दिन
C. 40 दिन D. 45 दिन
E. इनमें से कोई नहीं

Q.67 यदि 10 पुरुष या 20 लड़के, 20 दिनों में 260 मैट बना सकते हैं, तो 20 दिनों में 8 पुरुषों और 4 लड़कों द्वारा कितने मैट बनाए जाएंगे?

A. 260 B. 240 C. 280 D. 520
E. 652

Q.68 अमर कुछ पैसों में कुछ आम खरीद सकता है। यदि आम की कीमत में $\frac{100}{3}\%$ की वृद्धि होती है, तो खरीदे गए आम संख्या में % परिवर्तन क्या होगा जिसे अमर उन्हीं पैसों में खरीद सकता है?

A. +20% B. +25% C. -20% D. -25%
E. -40%

Q.69 एक बॉक्स में किताबों और नोटबुक की संख्या का अनुपात 16: 19 है और बॉक्स में पुस्तकों और नोटबुक की औसत संख्या 875 है। यदि 15% किताबें और 10% नोटबुक ख़राब हैं, तब बॉक्स में उपस्थित अच्छे किस्म के कुल पुस्तक और नोटबुक्स और बॉक्स में उपस्थित कुल पुस्तक और नोटबुक्स की कुल संख्या का प्रतिशत(लगभग) क्या है?

A. 65% B. 88% C. 70% D. 75%
E. 90%

Q.70 एक घड़ी का अंकित मूल्य 800 है। एक दुकानदार दो क्रमिक छूट देता है और 612 पर घड़ी बेचता है। यदि पहली छूट 10% है, तो दूसरी छूट है:

A. 14% B. 13% C. 15% D. 12%

English Language

Q.71 Direction: In the following question, sentences of a paragraph have been jumbled and labelled as A, B, C, and D. You are required to rearrange the jumbled sentences of the paragraph and mark your response accordingly by selecting the correct option.

A. It has a combination of mutations not seen anywhere else in the world.

B. A unique "double mutant" coronavirus variant has been found in India.

C. The Union Health Ministry has declared it.

D. It is still to be established if this has any role to play in increased infectivity or in making Covid-19 more severe.

A. ACDB B. BCAD C. BACD D. BADC
E. ADCB

Q.72 Direction: The question below consists of a set of labeled sentences. Out of the four options given, select the most logical order of the sentences to form a coherent paragraph.

P: human life is a tale of errors and follies,

Q: we all commit errors and mistakes out of ignorance or inexperience

R: nobody is infallible

S: in the process of acquiring experience, man often stumbles and falls down.

A. PRQS B. PSQR C. RSPQ D. PQRS
E. PQSR

Q.73 Direction: In the following question, parts of a sentence have been jumbled and labelled as P, Q, R, and S. You are required to rearrange the jumbled parts of the sentence and mark your response accordingly by selecting the correct option.

P. the Atlantic for use on a future mission

Q. to Earth after the first-stage separation

R. the Falcon rocket booster returned

S. and landed successfully on a recovery ship in

A. SRQP B. PQRS C. QSRP D. RQSP
E. RQPS

Q.74 Direction: The question below consists of a set of labelled sentences. Out of the four options given, select the most logical order of the sentences to form a coherent sentence.

A: The psychological impact

B: Range of conditions

C: Of quarantine during previous

D: Epidemics found proof of a

A. DCAB **B.** ABCD **C.** ACDB **D.** DCBA
E. CDBA

Q.75 Direction: The question below consists of a set of labeled parts. Out of the options given, select the most logical order of the parts to form a coherent sentence.

A. when an individual is supported

B. unconditional positive regard

C. what the individual does or says

D. is offered in a social situation

E. and not judged regardless of

A. DACEB **B.** CBEDA **C.** BDAEC **D.** AEDBC
E. EADBC

Ques (76-85):Direction: Read the following passage to answer the given questions based on it. Some words/phrases are printed in bold to help you locate them while answering some of the questions.

"Rivers should link, not divide us," said the Indian prime Minister expressing concern over interstate disputes and urged state governments to show "understanding and consideration, statesmanship and an appreciation of the other point of view."

Water conflicts in India now reach every level; divide every segment of our society, political parties, states, regions and sub-regions within states, districts, castes and groups and individual farmers. Water conflicts within and between many developing countries are also taking a serious turn. Fortunately, the "water wars", forecast by so many, have not yet **materialized**. War has taken place, but over oil, not water. Water is **radically** altering and affecting political boundaries all over the world, between as well as within countries. In India, water conflicts are likely to **worsen** before they being to be resolved. Till then they pose a significant threat to economic growth, security and health of the ecosystem and the victims are likely to be the poorest of the poor as well as the very sources of water - rivers, wetlands and aquifers.

Conflicts might sound bad or negative, but they are logical developments in the absence of proper democratic, legal and administrative mechanisms to handle issues at the root of water conflicts. Part of the problem steams from the specific nature of water, namely that water is divisible and amenable to sharing; one unit of water is used by one is a unit **denied** to others; it has multiple uses and users and involves resultant trade-offs. Excludability is an **inherent** problem and very often exclusion costs involved are very high: it involves the issue of graded scales and boundaries and need for evolving a corresponding understanding around them. Finally the way water is planned, used and managed causes externalities, both positive and negative, and many of them are unidirectional and **asymmetric**.

There is a relatively greater visibility as well as a greater body of experience in evolving policies, frameworks, legal set-ups and administrative mechanisms dealing with immobile natural resources, however contested the space may be Reformist as well as revolutionary movements are rooted in issues related to land. Several political and legal interventions addressing the issue of equity and societal justice have been attempted. Most countries have gone through land reforms of one type or another. Issues related to forests have also generated a body of comprehensive literature on forest resources and rights. Though conflicts over them have not necessarily been effectively or adequately resolved, they have received much more serious attentation, have been studied in their own right and practical as well as theoretical means of dealing with them have been sought. In contrast, water conflicts have not received the same kind of attention.

Q.76 According to the author which of the following is/are consequences of water conflicts?

1. Trans-border conflicts between developing countries.
2. Water bodies will remain unused and unaffected till the conflict is resolved.
3. Water conflicts have altered the political boundaries within countries.

A. Only 1 **B.** Only 2
C. Only 3 **D.** Both 1 & 3
E. None of these

Q.77 Why dose the author ask readers not to view conflicts too negatively?

1. Most countries have survived them easily.
2. They bring political parties together.
3. They only affect the grass root levels.

A. Only 1 **B.** Only 2
C. Only 3 **D.** All 1, 2 & 3
E. None of 1, 2 and 3

Q.78 The author's main objective in writing the passage is to:

A. Showcase government commitment to solve the water distribution problem.

B. Make a strong case for war as the logical resolution for water conflicts.

C. Point out the seriousness of the threat posed by unresolved water conflicts.

D. Describe how the very nature of water contributes to water struggles.

E. Criticise governmental efforts for water conflict resolution.

Q.79 Which of the following is TRUE in the context of the passage?

A. Water wars are taking place between many developing countries.

B. There have been several legal interventions in India to govern the use of water resources.

C. The poor people are worst affected by water conflicts.

D. Water diversion by Indian states has helped resolve water disputes.

E. None of these

Q.80 What is the prime Minister's advice to resolve water disputes?

A. Link all rivers to make national grid.

B. Politicians alone can solve the problem.

C. Bridges and dams can resolve water issues.

D. Make consensual and conscious efforts.

E. Create public awareness.

Q.81 Which of the following is NOT TRUE in the context of the passage?

A. Deeper problems exist at the root of all water conflicts

B. Competing usage of water is a cause of water conflict.
C. In India water conflicts affect all levels.
D. Only social stability is unaffected by water disputes.
E. All are true.

Q.82 According to the passage, which of the following is a limitation of water resulting in disputes?
A. Water is not a divisible resource.
B. Manipulation of water distribution is easy.
C. Water is an interconnected resource.
D. Water is an immobile resource.
E. None of these

Q.83 Pick out the word which is the closest in meaning to the printed in bold as used in the passage.
Radically
A. Suddenly **B.** Equally
C. Completely **D.** Moderately
E. Concurrently

Q.84 Pick out the word which is the closest in meaning to the printed in bold as used in the passage.
Inherent
A. Functional **B.** Intense
C. Feasible **D.** Intrinsic
E. Genetic

Q.85 Pick out the word which is opposite in meaning to the printed in bold as used in the passage.
Denied
A. Considered **B.** Assigned
C. Concerned **D.** Fined
E. Acknowledged

Ques (86-90):Direction: In the questions given below, two blanks have been provided for each statement and needs to be filled with the appropriate words. Choose the best option among the given ones.

Q.86 Clearly, anyone ______ with social transition under colonialism would know, that such ______ of the colonial middle class were those defined by the colonialists.
A. Oblivious, ideas **B.** Factual, races
C. Fatal, natures **D.** Familiar, notions
E. None of the above

Q.87 The Personal Data Protection Bill, 2018 ______ that a copy of all personal data of Indian residents be ______ on servers in India, often termed "localization."
A. Mandates, steeped **B.** Competes, stemmed
C. Revises, satisfied **D.** Requires, stored
E. None of the above

Q.88 While the General Data Protection Law came into force only in 2018, its ______ were made public in 2012 and have heavily ______ongoing legislative efforts in other countries.
A. Regulations, encouraged
B. Provisions, influenced
C. Paradigms, institutionalized
D. Ramifications, supported
E. None of the above

Q.89 The government's national biometric ID project, Aadhaar, has forced an ______ conversation around the dangers of a ______ technocratic vision of governance.
A. Aristocratic, fallacies
B. Ambiguous, facilitative
C. Accounted, constantly
D. Overdue, purely
E. Opaque, avidly

Q.90 As a first step in looking at the antitrust______, it is important to look at the economic______ that govern platforms.
A. Medicines, Logic
B. Yearnings, Laxity
C. Issues, Principles
D. Corrections, Methods
E. None of the above

Ques (91-95):Direction: Which of the option (A), (B), (C) and (D) given below, should replace the phrase printed in bold in the sentence to make it grammatically correct? If the sentence is correct as it is given and no correction is required, mark (E) as the answer.

Q.91 With the election **round a corner** and data revealing that the unemployment rate has hit a 45-year high, there is a spike in concern for the economic security of the people.
A. In the corner
B. Over the corner
C. Around the corner
D. For in corner
E. No correction required

Q.92 With the world's population expected to reach 9.6 billion **in 2050 and continued to grow in demand of meat,** the livestock sector is facing renewed pressure to provide the nutrition to feed that many mouths—sustainably.
A. By 2050 and continued to grow in demand for
B. In 2050 and continued growth in demand of
C. In 2050 and continues growing in demand for
D. By 2050 and continued growth in demand for
E. No correction required

Q.93 The Bar Council of Delhi's directive to the Big Four accountancy firms not to offer legal services to their clients in India **has been a responsive move that is transparent protectionist in intent.**
A. Is a rhetoric move that is transparent protectionist in intent
B. Is a retrograde move that is transparently protectionist of intent
C. Is a rhetoric move that is transparently puerile in intent
D. Is a retrograde move that is transparently protectionist in intent
E. No correction required

Q.94 An ad hoc committee, following an informal procedure, has concluded that the **allegations have no substance against the Chief Justice of India, but the finding** will not be made public.
A. Alleging against the Chief Justice of India has not substance, but the findings

B. Allegations has no substance against the Chief Justice of India, but the findings

C. Allegations against the Chief Justice of India have no substance, but the findings

D. Alleging the Chief Justice of India has not substances, but the findings

E. No correction required

Q.95 Mr. Tharoor's **urban manners charm friends** and enemies alike.

A. Urban manners charming friends

B. Urbane manners charming friends

C. Urban mannerisms charm friends

D. Urbane manners charm friends

E. No correction required

Ques (96-100):Direction: In the following question, one part of the sentence may have an error. Find out which part of the sentence has an error and select the option corresponding to it. If the sentence is free from error, then select the 'No error' option.

Q.96 Based on the findings, notices were (A) / issued to the banks advising them (B) / to show cause as in why a penalty (C) / should not be imposed for non-compliance with the directions. (D) / No Error (E)

A. A **B.** B **C.** C **D.** D

E. No error

Q.97 It is suggesting that (A) / domestic demand remains (B) / resilient despite of growing (C) / pressure on the country's export sector. (D) / No Error (E).

A. A **B.** B **C.** C **D.** D

E. No error

Q.98 Morgan Stanley lowered its (A) / long-term Brent price forecast (B) / on Tuesday and said the oil market is broadly (C) / balanced in the first quarter of 2019. (D) / No Error (E)

A. A **B.** B **C.** C **D.** D

E. No error

Q.99 Trade advisor Peter Navarro said (A) / Chinese telecom giant Huawei (B) / remains blocked from participating in the (C) / development of 5G wireless networks in the United States. (D) / No Error (E)

A. A **B.** B **C.** C **D.** D

E. No error

Q.100 I have done/(A) my work and now I am /(B) going to /(C) take a rest./(D) No error /(E)

A. A **B.** B **C.** C **D.** D

E. E

// स्मार्ट उत्तर पुस्तिका //

सही उत्तर उन छात्रों का प्रतिशत जिन्होंने प्रश्नों का सही उत्तर दिया था। **छोड़ दिया** उन छात्रों का प्रतिशत जिन्होंने प्रश्नों को छोड़ दिया था।

प्रश्न संख्या	उत्तर	सही उत्तर	छोड़ दिया
1	B	48.35 %	38.85 %
2	A	59.32 %	30.32 %
3	C	83.63 %	10.18 %
4	E	44.62 %	43.8 %
5	D	86.29 %	13.5 %
6	B	51.0 %	30.57 %
7	D	41.57 %	32.79 %
8	B	51.82 %	31.42 %
9	A	29.81 %	68.8 %
10	D	30.2 %	69.61 %
11	D	47.88 %	46.49 %
12	B	77.87 %	12.11 %
13	C	46.07 %	46.05 %
14	B	40.9 %	39.93 %
15	A	62.0 %	35.74 %
16	B	50.53 %	41.42 %
17	C	44.57 %	52.54 %
18	C	79.37 %	18.16 %
19	D	69.17 %	30.45 %
20	A	87.41 %	10.02 %
21	A	17.07 %	77.47 %
22	E	47.15 %	45.98 %
23	E	66.87 %	32.09 %
24	A	45.02 %	40.27 %
25	C	62.79 %	32.41 %
26	A	63.17 %	31.61 %
27	B	85.18 %	11.69 %
28	A	81.74 %	13.36 %
29	D	86.74 %	11.99 %
30	A	44.75 %	45.19 %
31	E	42.7 %	49.28 %
32	C	59.49 %	40.46 %
33	E	48.48 %	45.15 %
34	D	14.38 %	70.63 %
35	D	83.07 %	16.02 %
36	B	59.25 %	33.34 %
37	C	51.03 %	45.56 %
38	D	76.08 %	19.8 %
39	B	86.5 %	10.58 %
40	E	40.19 %	54.31 %
41	D	67.7 %	31.63 %
42	B	67.79 %	30.52 %
43	D	53.77 %	37.16 %
44	D	43.1 %	42.69 %
45	B	43.29 %	55.35 %
46	A	79.47 %	16.25 %
47	C	78.29 %	19.55 %
48	B	50.38 %	46.22 %
49	C	81.02 %	16.2 %
50	D	78.9 %	12.66 %
51	C	87.5 %	11.63 %
52	B	22.65 %	73.33 %
53	C	40.85 %	58.05 %
54	D	86.88 %	12.24 %
55	E	54.97 %	42.16 %
56	C	63.97 %	34.27 %
57	B	86.66 %	12.09 %
58	C	51.94 %	44.27 %
59	D	54.85 %	38.39 %
60	D	17.66 %	80.99 %
61	D	85.88 %	14.01 %
62	A	66.68 %	32.78 %
63	A	53.84 %	34.56 %
64	D	51.33 %	32.32 %
65	E	54.58 %	44.84 %
66	A	45.41 %	30.12 %
67	A	62.75 %	36.1 %
68	D	44.15 %	32.04 %
69	B	53.79 %	34.05 %
70	C	66.68 %	30.27 %
71	C	47.69 %	51.55 %
72	A	69.56 %	30.17 %
73	D	49.36 %	49.01 %
74	C	54.8 %	39.55 %
75	C	45.72 %	40.36 %
76	D	43.64 %	34.77 %
77	E	40.97 %	47.37 %
78	C	20.55 %	79.03 %
79	C	64.61 %	31.65 %
80	D	44.06 %	48.24 %
81	D	43.56 %	37.4 %
82	C	83.2 %	13.43 %
83	C	59.94 %	32.22 %
84	D	82.43 %	13.31 %
85	B	60.04 %	30.42 %
86	D	45.02 %	41.38 %
87	D	55.85 %	44.02 %
88	B	57.81 %	33.51 %
89	D	59.28 %	35.81 %
90	C	51.27 %	41.78 %
91	C	62.05 %	33.96 %
92	D	58.07 %	35.81 %
93	D	57.92 %	40.74 %
94	C	41.48 %	42.96 %
95	D	50.89 %	34.5 %
96	C	42.19 %	39.57 %
97	C	56.06 %	42.52 %
98	A	50.71 %	37.88 %
99	C	48.48 %	32.26 %
100	A	44.81 %	55.04 %

//संकेत और समाधान//

Ques (1-5):1) ईशा और निक्की के बीच में दो लड़कियां बैठी हैं (निक्की या तो ईशा के बाएँ या दाएँ बैठी है)।

2) आलिया निक्की के बाएँ दूसरे स्थान पर बैठी है।

3) छवि रूही के निकटतम बाएँ बैठी है। निक्की छवि की निकटतम पड़ोसी है।

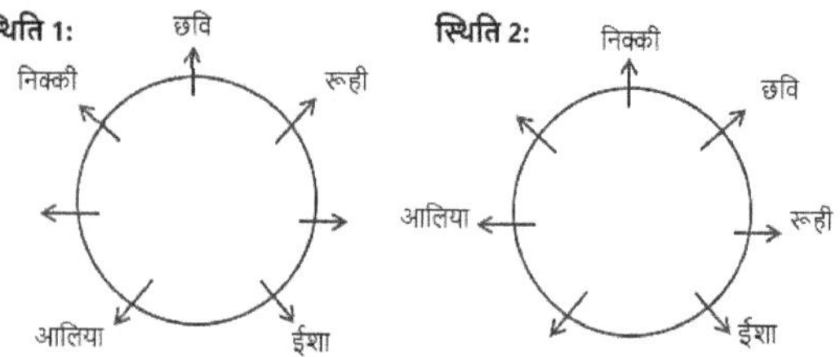

4) रिया दिव्या; के दाएँ दूसरे स्थान पर बैठी है। (यह स्थिति 1 को रद्द कर देता है)

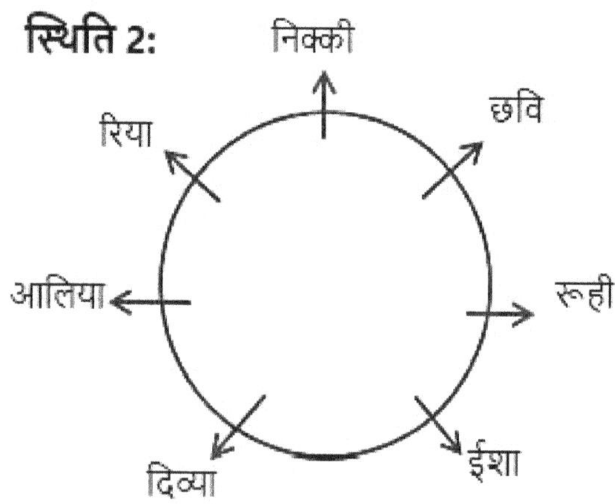

1. इसलिए, दिव्या आलिया के निकटतम बाएँ बैठी है।

अत: विकल्प (B) सही है।

2. इसलिए, निक्की रिया के निकटतम दाएँ बैठी है।

अत: विकल्प (A) सही है।

3. इसलिए, जब छवि से घड़ी की सुई की दिशा में गिना जाता है तो दिव्या और छवि के बीच में दो लड़कियां बैठी हैं।

अत: विकल्प (C) सही है।

4. जब निक्की से घड़ी की सुई की विपरीत दिशा में गिना जाता है तो निक्की और ईशा के बीच बैठी हुई लड़कियों की संख्या तीन है।

इसी प्रकार, जब आलिया से घड़ी की सुई की विपरीत दिशा में गिना जाता है तो आलिया और छवि के बीच में तीन लड़कियां बैठी हैं।

इसलिए, छवि उत्तर है।

अत: विकल्प (E) सही है।

5. आलिया - ईशा को छोड़कर दी गई सभी जोड़ियों में दोनों लड़कियां एक दूसरे की निकटतम पड़ोसी हैं।

इसलिए, 'आलिया - ईशा समूह के संबंधित नहीं हैं।

अत: विकल्प (D) सही है।

Ques (6-7):

आरेख में प्रतीक	अर्थ
○	महिला
□	पुरुष
══	शादीशुदा जोड़ा
──	भाई बहन
│	पीढ़ी का अंतर

संभावित वंश-वृक्ष इस प्रकार होगा,

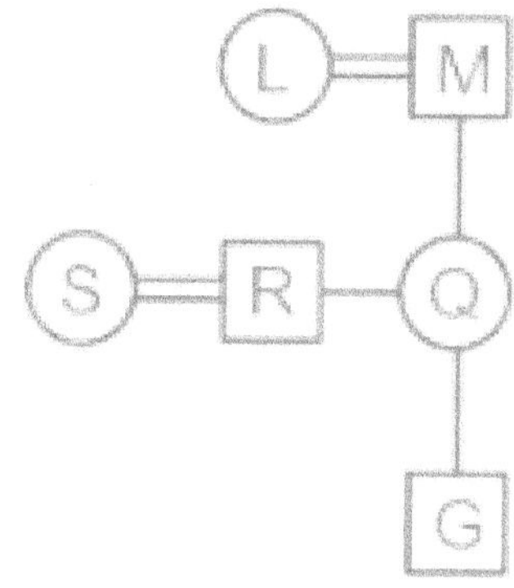

6. इस प्रकार, L, R की माँ है।

अतः विकल्प (B) सही है।

7. इस प्रकार, G, M का ग्रैंडसन है।

अतः विकल्प (D) सही है।

8. दिया गया है,

उत्तर की ओर उन्मुख छात्रों की एक कतार में, आयशा और अनीशा क्रमशः बाएं और दाएं छोर से 10वें और 8वें स्थान पर खड़ी हैं।

दी गई छवि से यह स्पष्ट है कि आयशा दायें छोर से 12वें स्थान पर है।

आयशा का दायें छोर से स्थान = 7 + 1 (अनीशा) + 1 + 1 (अरिवा) +1 + 1 = 12

अतः विकल्प (B) सही है।

9. दिया गया है,

छात्रों की एक कतार में रमेश बाएँ से नौवें तथा सुमन दाएँ से छठे स्थान पर है। जब रमेश तथा सुमन अपने स्थान आपस में अदल-बदल कर लेते हैं, तो रमेश बाएँ से पन्द्रहवाँ हो जाता है।

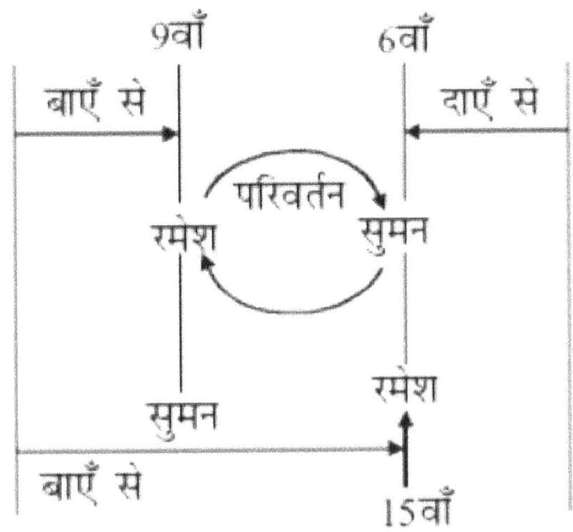

इस प्रकार सुमन का दाएँ से परिवर्तित स्थान $= 6 + 5 +$ सुमन

$= 6 + 5 + 1 = 12$

इस प्रकार सुमन दाएँ से 12 वें स्थान पर होगी।

अतः विकल्प (A) सही है।

Ques (10-14):आठ व्यक्ति: A, B, G, H, N, R, T, और U

तल: 1, 2, 3, और 4

फ़्लैट: फ़्लैट Y और फ़्लैट Z

(1) G, R के फ़्लैट के ठीक नीचे रहता है जिससे कि दोनों एक ही प्रकार के फ़्लैट में रहते हैं।

(2) T और U एक ही प्रकार के फ़्लैट में रहते हैं जिससे T, U के तल के ठीक ऊपर और B के निकटतम पश्चिम में रहता है।

इस प्रकार, छह स्थितियां होंगी:

	स्थिति 1		स्थिति 2		स्थिति 3		स्थिति 4		स्थिति 5		स्थिति 6	
तल	फ़्लैट Y	फ़्लैट Z	फ़्लैट Y	फ़्लैट Z	फ़्लैट Y	फ़्लैट Z	फ़्लैट Y	फ़्लैट Z	फ़्लैट Y	फ़्लैट Z	फ़्लैट Y	फ़्लैट Z
4		R			T	B	R		T	B	T	B
3		G	T	B	U	R	G		U		U	
2	T	B	U	R		G	T	B		R	R	
1	U			G			U			G	G	

(3) H, B के ठीक ऊपर वाले तल में रहता है।

इस प्रकार, स्थिति 3, 5, और 6 निरस्त हो जाती है।

	स्थिति 1		स्थिति 2		स्थिति 4	
तल	फ़्लैट Y	फ़्लैट Z	फ़्लैट Y	फ़्लैट Z	फ़्लैट Y	फ़्लैट Z
4	H	R	H	H	R	H
3	H	G	T	B	G	H
2	T	B	U	R	T	B
1	U			G	U	

(4) N उस फ़्लैट में नहीं रहता है जो T के फ़्लैट के बगल में है और N के फ़्लैट और T के फ़्लैट के दो तल नीचे रहता है।

अब, N और T एक ही तल पर नहीं रहते हैं जिसका अर्थ है कि N को फ़्लैट Z के भूतल पर रहना होगा।

इस प्रकार, U को फ़्लैट Y के भूतल पर रहना चाहिए। इस प्रकार, B को तल 2 के फ़्लैट Z में रहना चाहिए क्योंकि T, B के निकटतम पश्चिम में रहता है और उस तल के ऊपर वाले तल में रहता है जिस पर U रहता है, जिसका अर्थ है H, फ़्लैट Y के शीर्ष तल पर रहता है। अब, R और G एक ही फ़्लैट में रहते हैं और G, R के नीचे रहता है जिसका अर्थ है G को फ़्लैट Z तल 3 में रहना चाहिए और R फ़्लैट Z के चौथे तल पर रहता है।

अंतिम व्यवस्था निम्न प्रकार है:

तल	फ़्लैट Y	फ़्लैट Z
4	H	R
3	A	G
2	T	B
1	U	N

10. इस प्रकार, B तल 2 के फ़्लैट Z में रहता है।

अत: विकल्प (D) सही है।

11. इस प्रकार, A का फ़्लैट N के फ़्लैट के सन्दर्भ में उत्तर पश्चिम दिशा में है।

अत: विकल्प (D) सही है।

12. इस प्रकार, A, T के ठीक ऊपर रहता है।

अत: विकल्प (B) सही है।

13. दिए गए कथन:

(a) G फ़्लैट Y में रहता है असत्य

(b) G सबसे नीचे के तल पर रहता है असत्य

(c) G, N के ऊपर वाले तल पर रहता है परन्तु ठीक ऊपर नहीं सत्य

(d) G और T समान तल पर रहते हैं असत्य

इस प्रकार, G, N के ऊपर वाले तल पर रहता है परन्तु ठीक ऊपर नहीं एकमात्र सत्य कथन है।

अत: विकल्प (C) सही है।

14. इस प्रकार, G उसी तल पर रहता है जिस पर A रहता है।

अत: विकल्प (B) सही है।

15. दिए गए कथन में से सबसे कम संभव वेन आरेख इस प्रकार है:

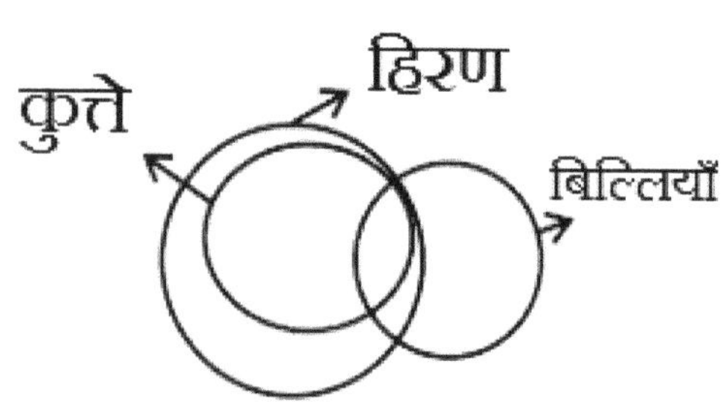

निष्कर्ष:

कुछ हिरण, बिल्लियाँ हैं। (सत्य) (यह संभव है क्योंकि कुछ हिरण, बिल्लियाँ हैं)

सभी हिरण, बिल्लियाँ हैं। (असत्य) (यह संभव नहीं है क्योंकि सभी हिरण, बिल्ली नहीं हैं)

कोई हिरण, कुत्ता नहीं है। (असत्य) (यह संभव नहीं है क्योंकि कुछ हिरण, कुत्ते हैं)

इसलिए, केवल निष्कर्ष I अनुसरण करता है।

अतः विकल्प (A) सही है।

16. दिए गए कथन में से सबसे कम संभव वेन आरेख इस प्रकार है:

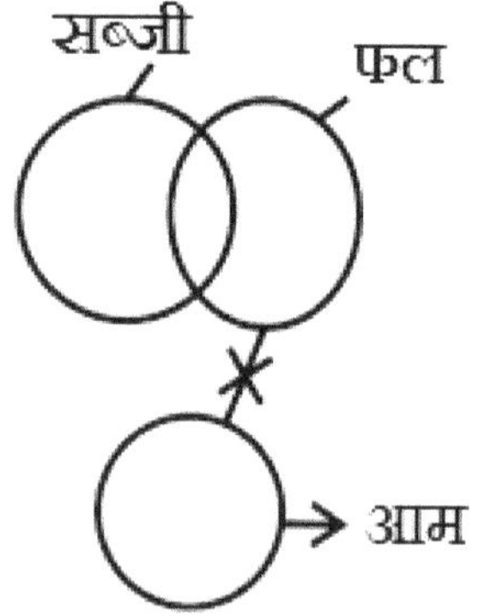

निष्कर्ष:

I. कुछ सब्जियां, आम हैं। → असत्य (यह संभव नहीं है क्योंकि कोई भी सब्जी, आम नहीं है)

II. कुछ फल, सब्जियां हैं। → सत्य (यह संभव है क्योंकि कुछ फल, सब्जियां भी हैं)

III. कोई भी सब्जी, आम नहीं है। → असत्य (यह संभव नहीं है क्योंकि कोई भी सब्जी, आम नहीं है)

इसलिए, केवल निष्कर्ष II अनुसरण करता है।

अतः विकल्प (B) सही है।

17. निम्नलिखित कथन से हमारे पास ये आरेख हैं:

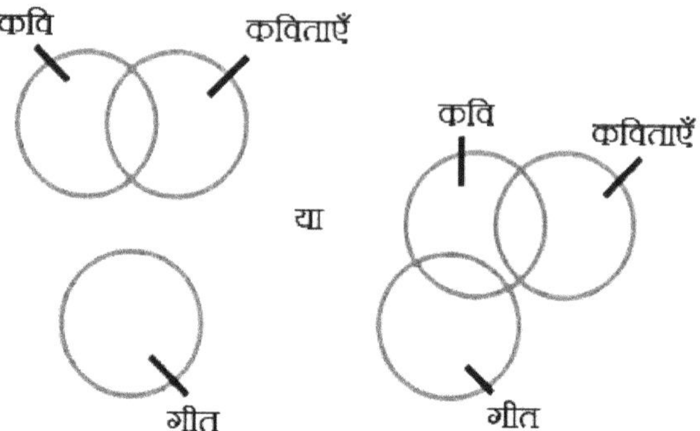

उपरोक्त आरेख से, हम यह निष्कर्ष निकाल सकते हैं कि केवल I निष्कर्ष सत्य है।

अतः विकल्प (C) सही है।

18. दिए गए कथन: $L > M < N = O; O < X < Y$

संयोजन करने पर: $L > M < N = O < X < Y$

निष्कर्ष:

I. $M < Y$ → सत्य ($M < N < X < Y \rightarrow M < Y$)

II. $Y > N$ → सत्य ($Y > X > N = O \rightarrow Y > N$)

इसलिए, निष्कर्ष I और II दोनों सत्य हैं।

अत: विकल्प (C) सही है।

19. दिए गए कथन: $R < S < T > U; L < P > Q = T$

संयोजन करने पर: $R < S < T = Q < P > L; U < T = Q < P$

निष्कर्ष:

I. $R > P$ → असत्य ($R < S < Q = T < P \rightarrow R < P$)

II. $U > L$ → असत्य ($U < Q = T < P \rightarrow U < P$ और $L < P \rightarrow$ इस प्रकार U और L के बीच कोई स्पष्ट संबंध निर्धारित नहीं किया जा सकता है)

इसलिए, न तो निष्कर्ष I और न ही II सत्य है।

अत: विकल्प (D) सही है।

20. दिए गए कथन: $E = F < G > H = K; K < X > M$

संयोजन करने पर: $E = F < G > H = K < X > M$

निष्कर्ष:

I. $H < X$ सत्य ($H = K < X$ और $H < X$ के रूप में)

II. $F > M$ गलत (F और M के बीच कोई स्पष्ट संबंध निर्धारित नहीं किया जा सकता है)

इसलिए, केवल निष्कर्ष I सत्य है।

अत: विकल्प (A) सही है।

Ques (21-25):आठ चॉकलेट बॉक्स नामत: फाइवस्टार, डेयरी मिल्क, किटकैट, स्निकर, ट्विक्स, बॉर्नविले, कैडबरी और कैंडी।

1) डेयरी मिल्क और स्निकर के बीच तीन चॉकलेट बॉक्स रखे गए हैं।

2) दो बॉक्स ट्विक्स और डेयरी मिल्क के बीच में रखे गए हैं।

3) ट्विक्स, डेयरी मिल्क के नीचे रखा गया है।

स्थिति 1	स्थिति 2
स्निकर	डेयरी मिल्क

	ट्विक्स
डेयरी मिल्क	स्निकर
ट्विक्स	

4) चार बॉक्स ट्विक्स और कैडबरी के बीच में रखे गए हैं।5) कैडबरी के ऊपर के बॉक्स की संख्या कैंडी के नीचे रखे बॉक्स की संख्या के समान है।

स्थिति 1	स्थिति 2
स्निकर	कैडबरी
कैडबरी	डेयरी मिल्क
डेयरी मिल्क	
कैंडी	ट्विक्स
	स्निकर
ट्विक्स	कैंडी

6) बॉर्नविले को किटकैट के ऊपर लेकिन फाइवस्टार के नीचे रखा गया है।7) बॉर्नविले, किटकैट के ठीक ऊपर नहीं रखा है। (यह स्थिति 2 को समाप्त करता है)

स्थिति 1	स्थिति 2
स्निकर	कैडबरी
फाइवस्टार	फाइवस्टार
कैडबरी	डेयरी मिल्क
बॉर्नविले	बॉर्नविले
डेयरी मिल्क	किटकैट
कैंडी	ट्विक्स
किटकैट	स्निकर
ट्विक्स	कैंडी

अंतिम व्यवस्था:

स्थिति 1
स्निकर
फाइवस्टार
कैडबरी
बॉर्नविले
डेयरी मिल्क
कैंडी
किटकैट
ट्विक्स

21. इसलिए, कैडबरी, बॉर्नविले और फाइवस्टार के बीच में रखा गया है।

अत: विकल्प (A) सही है।

22. इसलिए, स्निकर को सबसे ऊपर रखा गया है।

अत: विकल्प (E) सही है।

23. ट्विक्स और स्निकर के बीच में छह बॉक्स रखे गए हैं।

इसलिए, ट्विक्स और स्निकर के बीच चार से अधिक बॉक्स रखे गए हैं, सही है।

अत: विकल्प (E) सही है।

24. इसलिए, किटकैट को कैंडी के ठीक नीचे रखा गया है।

अत: विकल्प (A) सही है।

25. इसलिए, कैडबरी के ऊपर 'दो' बॉक्स रखे हैं।

अत: विकल्प (C) सही है।

26. दी गई श्रृंखला:

बायां पक्ष: L P A £ 9 C J 2 * O ^ E B 4 @ 8 U S ! 2 M 6 Q I ? 3 दायां पक्ष

प्रतीक हटाने के बाद श्रृंखला: L P A 9 C J 2 O E B 4 8 U S 2 M 6 Q I 3

इसलिए, बाएं छोर से सातवां तत्व 2 है।

अत: विकल्प (A) सही है।

27. दी गई श्रृंखला:

बायां पक्ष : L P A £ 9 C J 2 * O ^ E B 4 @ 8 U S ! 2 M 6 Q I ? 3 : दायां पक्ष

सभी संख्याओं को हटाने के बाद श्रृंखला:

L P A **£** C J * O ^ E B @ **U** S ! M Q I ?

£ और U के बीच के अक्षर C, J, O, E और B हैं।

इसलिए, केवल 5 अक्षर हैं।

अत: विकल्प (B) सही है।

28. बायां पक्ष L P A £ 9 C J 2 * O ^ E B 4 @ 8 U S ! 2 M 6 Q I ? 3 दायां पक्ष

प्रतीकों को हटाने के बाद श्रृंखला: L P A 9 C J 2 O E B 4 8 U S 2 M 6 Q I 3

इसलिए, केवल दो स्वर ऐसा है जिससे पहले संख्या और उसके बाद अक्षर है- 8 U S & 2 O E

अत: विकल्प (A) सही है।

29. दी गई संख्याएं: 924 564 456 167 645

यदि प्रत्येक संख्या के दूसरे अंक में 3 जोड़ा जाता है।

954 594 486 197 675

3 से विभाज्य संख्याएँ = 954, 594, 486, 675

इसलिए, चार संख्याएं हैं जो 3 से विभाज्य हैं।

अत: विकल्प (D) सही है।

30. दी गई संख्याएं: 924 564 456 167 645

यदि प्रत्येक संख्या के सभी अंक संख्या के भीतर अवरोही क्रम में व्यवस्थित किए जाते हैं।

942 654 654 761 654

उच्चतम संख्या = 942 (व्यवस्था के बाद)

वास्तविक संख्या = 924

इसलिए, 924 सही उत्तर है।

अत: विकल्प (A) सही है।

Ques (31-35):

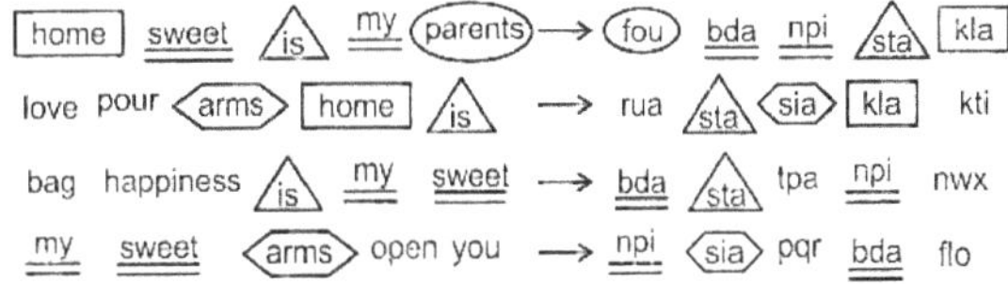

31. bag के लिए कूट है: या तो tpa या nwx

इसलिए, या तो tpa या nwx सही उत्तर है।

अतः विकल्प (E) सही है।

32. kti के लिए शब्द: या तो love या pour

sta के लिए शब्द: is

sia के लिए शब्द: arms

rua के लिए शब्द: या तो love या pour

इसलिए, "love is arms pour" सही उत्तर है।

अतः विकल्प (C) सही है।

33. home के लिए कूट: kla

sweet के लिए कूट: bda/ npi

parents के लिए कूट: fou

इसलिए, निर्धारित नहीं किया जा सकता है सही उत्तर है।

अतः विकल्प (E) सही है।

34. स्पष्ट रूप से, "flo" कूट का प्रयोग या तो open या you के लिए किया गया है।

इसलिए, या तो you या open सही उत्तर है।

अतः विकल्प (D) सही है।

35. arms के लिए कूट: sia

इसलिए, "sia" सही उत्तर है।

अतः विकल्प (D) सही है।

36. सभी कंपनियों द्वारा बेची जाने वाली इकाइयों की कुल संख्या $= 650 + 550 + 450 + 450 + 500 = 2600$

आवश्यक औसत $= \frac{2600}{5}$

$= 520$

∴ सभी कंपनियों द्वारा बेची जाने वाली इकाइयों की औसत संख्या 520 है।

अत: विकल्प (B) सही है।

37. कंपनी A में नहीं बिकने वाली इकाइयां = 800 – 65 = 150

कंपनी B में नहीं बिकने वाली इकाइयां = 900 – 550 = 350

कंपनी C में नहीं बिकने वाली इकाइयां = 750 – 450 = 300

कंपनी D में नहीं बिकने वाली इकाइयां = 500 – 450 = 50

कंपनी E में नहीं बिकने वाली इकाइयां = 750 – 500 = 250

नहीं बिकने वाली इकाइयों की कुल संख्या = 150 + 350 + 300 + 50 + 250 = 1100

∴ नहीं बिकने वाली इकाइयों की कुल संख्या 1100 है।

अत: विकल्प (C) सही है।

38. कंपनी A और B द्वारा उत्पादित इकाइयों की संख्या = 800 + 900 = 1700

कंपनी D और E द्वारा नहीं बिकने वाली इकाइयों की संख्या = 50 + 250 = 300

आवश्यक अनुपात = 1700 : 300

= 17 : 3

∴ आवश्यक अनुपात 17 : 3 है।

अत: विकल्प (D) सही है।

39. कंपनी D की इकाइयाँ बिना बिकी रहती हैं = कुल उत्पादन = बेची गई इकाइयाँ - उत्पादित इकाइयाँ

कंपनी D की नहीं बिकने वाली इकाइयां $= 500 - 450 = 50$

कंपनी B द्वारा बेचीं गई इकाइयां $= 550$

अपेक्षित प्रतिशत $= \left(\frac{50}{550}\right) \times 100 = \left(\frac{100}{11}\right)\%$

$= 9.09\%$

∴ कंपनी D की नहीं बिकने वाली इकाइयां कंपनी B द्वारा बेची गई इकाइयों का 9.09% प्रतिशत है।

अत: विकल्प (B) सही है।

40. कंपनी A द्वारा उत्पादित इकाइयां = 800

कंपनी B द्वारा उत्पादित इकाइयां = 900

कंपनी C द्वारा उत्पादित इकाइयां = 750

कंपनी D द्वारा उत्पादित इकाइयां = 500

कंपनी E द्वारा उत्पादित इकाइयां = 750

कंपनी F द्वारा उत्पादित इकाइयां = 722

उत्पादित इकाइयों का योग = 800 + 900 + 750 + 500 + 750 + 722 = 4422

आवश्यक औसत = $\left(\frac{4422}{6}\right)$

= 737

∴ सभी 6 कम्पनियों द्वारा उत्पादित इकाइयों का नया औसत 737 है।

अत: विकल्प (E) सही है।

41. लागत मूल्य $= x$ और बिक्री मूल्य $= y$ लें

फिर, लाभ $= y - x$

यदि बिक्री मूल्य दोगुना हो जाता है,

बिक्री मूल्य $= 2y$

लाभ $= 2y - x$

$2y - x = 3(y - x)$

$\Rightarrow 2y - x = 3y - 3x$

$\Rightarrow y = 2x$

लाभ $= (y - x) = (2x - x) = x$

लाभ प्रतिशत $= \frac{x \times 100}{x} = 100\%$

अतः विकल्प (D) सही है।

42. चूँकि हम जानते हैं, समय = दूरी/गति

यात्रा के पहले हिस्से में लिया गया समय = $\frac{150}{45}$ = 3.33 घंटा

यात्रा के शेष हिस्से में लिया गया समय = 7.5 - 3.33 = 4.167 घंटा

शेष यात्रा में तय की गयी दूरी = 330 - 150 = 180 किमी

∴ शेष यात्रा में गति = $\frac{180}{4.167}$ = 43.2 किमी/घंटा

अतः विकल्प (B) सही है।

43. चूंकि मिश्रण 2 : 4 : 3 के अनुपात में लिया जाता है

मान लीजिए कि इन मिश्रणों का क्रमशः 40 लीटर, 80 लीटर और 60 लीटर लिया जाता है:

⇒ बर्तन में अल्कोहल = $40 \times \frac{5}{8} + 80 \times \frac{2}{5} + 60 \times \frac{7}{10} = 25 + 32 + 42$ = 99 लीटर

⇒ बर्तन में पानी = $40 \times \frac{3}{8} + 80 \times \frac{3}{5} + 60 \times \frac{3}{10} = 15 + 48 + 18 = 81$ लीटर

∴ बर्तन में अल्कोहल और पानी का अनुपात = 99 : 81 = 11 : 9

अतः विकल्प (D) सही है।

44. दिया है:

लंबाई = 54 मीटर

चौड़ाई = 26 मीटर

पट्टी की चौड़ाई = 4 मीटर

प्रयुक्त सूत्र:

आयत का क्षेत्रफल = लंबाई × चौड़ाई

मैदान का क्षेत्रफल = 54 × 26

पट्टी का क्षेत्रफल = 26 × 4

आवश्यक क्षेत्रफल = 54 × 26 - 26 × 4

⇒ 26 (54- 4) = 26 × 50 = 1300 मीटर^2

∴ क्षेत्रफल 1300 मीटर^2 है

अतः विकल्प (D) सही है।

45. उनके निवेश का अनुपात

जॉन : जोहनी : जनार्दन = 28,000 : 44,000 : 56,000 = 7 : 11 : 14

अब, 7 + 11 + 14 = 32

⇒ लाभ में जॉन का भाग = $\frac{7}{32} \times 22400 = 4900$ रु.

⇒ लाभ में जोहनी का भाग = $\frac{11}{32} \times 22400 = 7700$ रु.

⇒ लाभ में जनार्दन का भाग = $\frac{14}{32} \times 22400 = 9800$ रु.

अतः विकल्प (B) सही है।

46. दिया है:

0, 6, 24, 60, 120, ?

$1^3 - 1 = 1 - 1 = 0$

$2^3 - 2 = 8 - 2 = 6$

$3^3 - 3 = 27 - 3 = 24$

$4^3 - 4 = 64 - 4 = 60$

$5^3 - 5 = 125 - 5 = 120$

⇒ $6^3 - 6 = ?$

⇒ 216 – 6

⇒ 210

∴ ? के स्थान पर जो मान आएगा 210 है।

अतः विकल्प (A) सही है।

47. अनुसरण किया गया स्वरुप इस प्रकार है:

4 × 2 = 8

8 + 2 = 10

10 × 3 = 30

30 + 3 = 33

33 × 4 = 132

132 + 4 = 136

136 × 5 = 680

680 + 5 = 685

∴ ? का मान 685 है।

अतः विकल्प (C) सही है।

48. अनुसरण किया गया स्वरुप इस प्रकार है:

$6 \times 1 + 1^2 = 7$

$7 \times 2 + 2^2 = 18$

$18 \times 3 + 3^2 = 63$

$63 \times 4 + 4^2 = 268$

$268 \times 5 + 5^2 = 1365$

∴ ? का मान 1365 है।

अतः विकल्प (B) सही है।

49. अनुसरण किया गया स्वरुप इस प्रकार है:

6 × 1 = 6

6 × 2 = 12

12 × 3 = 36

36 × 4 = 144

144 × 5 = 720

∴ ? का मान 720 है।

अतः विकल्प (C) सही है।

50. अनुसरण किया गया स्वरुप इस प्रकार है:

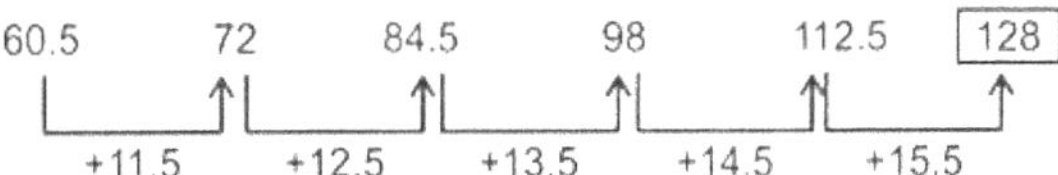

∴ ? का मान 128 है।

अतः विकल्प (D) सही है।

51. 13 साल पहले,

नीना की उम्र = नीना की वर्तमान आयु $-13 = 37 - 13 = 24$ वर्ष

अमन की उम्र = अमन की वर्तमान आयु $-13 = 59 - 13 = 46$ वर्ष

औसत आयु = नीना की उम्र / अमन की उम्र $= \frac{24}{46} = \frac{12}{23} = 12:23$

अत: विकल्प (C) सही है।

52. दिया है:

50 का $37\% - 250$ का $55\% = ? - \{60(200 - 99 \times 2) \div 4\}$

$\Rightarrow$ 50 का $\frac{37}{100} - 250$ का $\frac{55}{100} = ? - \{60(200 - 99 \times 2) \div 4\}$

$\Rightarrow 250$ का $\frac{37}{2} - \frac{11}{20} = ? - \{60(200 - 99 \times 2) \div 4\}$

$\Rightarrow 18.5 - 137.5 = ? - \{60(200 - 198) \div 4\}$

$\Rightarrow -119 = ? - \{60 \times 2 \div 4\}$

$\Rightarrow -119 = ? - \{\frac{60}{2}\}$

$\Rightarrow -119 = ? - 30$

$\Rightarrow -89 = ?$

$\therefore$? का मान -89 है।

अतः विकल्प (B) सही है।

53. दिया है :

$\sqrt[3]{6859} + \sqrt{441} - \sqrt[3]{4096} - \sqrt{576} = ?$

$\Rightarrow 19 + 21 - 16 - 24 = ?$

$\Rightarrow 19 + 21 - 16 - 24 = ?$

$\Rightarrow 40 - 40 = ?$

$\Rightarrow ? = 0$

$\therefore$? का मान 0 है।

अतः विकल्प (C) सही है।

54. दिया है :

$(999 + 99 + 9) +$ 90 का 5.55% = ?

हम जानते हैं कि 5.55% का मान $\frac{1}{18}$ है,

$\Rightarrow 1107 + \frac{1}{18}$ of $90 = ?$

$\Rightarrow 1107 + 5 = ?$

$\Rightarrow 1112 = ?$

$\therefore$? का मान 1112 है।

अतः विकल्प (D) सही है।

55. Given:

225 का $6.67\% + 1120$ का $6.25\% = (?)^3 + 3$

$\Rightarrow \frac{1}{15} \times 225 + \frac{1}{16} \times 1120 = (?)^3 + 3$

$\Rightarrow 15 + 70 = (?)^3 + 3$

$\Rightarrow 85 = (?)^3 + 3$

$\Rightarrow (?)^3 = 82$

$\Rightarrow ? = (82)^{1/3}$

? का मान $(82)^{1/3}$ है।

अतः विकल्प (E) सही है।

56. दिया है:

$32 + 65 - 96$ का $16\frac{2}{3}\% = ? + 120$ का $33\frac{1}{3}\%$

$\Rightarrow 97 -$ का $\frac{50}{3}\% = ? + 120$ का $\frac{100}{3}\%$

$\Rightarrow 97 - \frac{50}{(3\times100)} \times 96 = ? + \frac{100}{(3\times100)} \times 120$

$\Rightarrow 97 - 16 = ? + 40$

$\Rightarrow ? = 97 - 56$

$\Rightarrow ? = 41$

$\therefore$? का मान 41 है।

अतः विकल्प (C) सही है।

57. दिया है :

120 का 30% + ? = 23 × 36 ÷ 46 + 160 का 40%

$\Rightarrow \frac{30}{100} \times 120 + ? = \frac{36}{2} + \frac{40}{100} \times 160$

$\Rightarrow 36 + ? = 18 + 64$

$\Rightarrow ? = 82 - 36 = 46$

$\therefore$? का मान 46 है।

अतः विकल्प (B) सही है।

58. दिया है:

200 का $31\% + 300$ का $21\% = 25 \times 5 + ?^2 - 90$ का 40%

$\Rightarrow \frac{31}{100} \times 200 + \frac{21}{100} \times 300 = 125 + ?^2 - \frac{40}{100} \times 90$

$\Rightarrow 62 + 63 = 125 + ?^2 - 36$

$\Rightarrow ?^2 = 36$

$\Rightarrow ? = 6$

$\therefore$? का मान 6 है।

अतः विकल्प (C) सही है।

59. दिया है:

$(950 + 1750 - 2225 + 1225 + 4250 + 450) \div (70 + 60 + 28 - 30) = \sqrt{?}$

$\Rightarrow (2700 - 2225 + 5925) \div (158 - 30) = \sqrt{?}$

$\Rightarrow (8625 - 2225) \div 128 = \sqrt{?}$

$\Rightarrow 6400 \div 128 = \sqrt{?}$

$\Rightarrow 50 = \sqrt{?}$

$\Rightarrow 2500 = ?$

∴ ? का मान 2500 है।

तः विकल्प (D) सही है।

60. दिए गए समीकरण को ध्यान में रखते हुए:

1500 का 88.60% + 800 का 39.25% + 2500 का 63.20% + 4500 का 25.40% =?

$\Rightarrow \frac{88.60}{100} \times 1500 + \frac{39.25}{100} \times 800 + \frac{63.20}{100} \times 2500 + \frac{25.40}{100} \times 4500 = ?$

⇒ 1329 + 314 + 1580 + 1143 = ?

⇒ ? = 4366

∴ ? का मान 4366 है।

अतः विकल्प (D) सही है।

61. दिया है:

7428 का $25\% + 71.5 \times 2 =$? का $14\frac{2}{7}\%$

हम जानते हैं कि,

$25\% = \frac{1}{4}$ और $14\frac{2}{7}\% = \frac{1}{7}$

$\Rightarrow \frac{1}{4} \times 7428 + 143 = \frac{1}{7} \times ?$

$\Rightarrow ? = 7 \times 2000$

$\Rightarrow ? = 14000$

अतः विकल्प (D) सही है।

62. औसत = (संख्याओं का जोड़)/(कुल संख्या)

दिया है,

150 में से सैम, गीता और राधा के अंक

गणित अनुभाग के लिए = क्रमशः 94, 85 और 120

विज्ञान अनुभाग के लिए = क्रमशः 135, 80 और 90

300 में से सैम के कुल अंक

= 94 + 135

= 229

औसतन प्रतिशत = $\left\{\frac{229}{300}\right\} \times 100$

= 76.33%

300 में से गीता के कुल अंक

= 85 + 80

= 165

औसतन प्रतिशत = $\left(\frac{165}{300}\right) \times 100$

= 55%

300 में से राधा के कुल अंक

= 120 + 90

= 210

औसतन प्रतिशत = $\left(\frac{210}{300}\right) \times 100$

= 70%

∴ सैम, गीता और राधा का औसतन प्रतिशत क्रमशः 76.33%, 55% और 70% है।

अतः विकल्प (A) सही है।

63. प्रश्नानुसार:

⇒ पहले सप्ताह का वेतन = n + m

⇒ दूसरे सप्ताह का वेतन = 3n

⇒ तीसरे सप्ताह का वेतन = 4n + m

⇒ चौथे सप्ताह का वेतन = 5n + m

⇒ कुल आय = 13n + 3m

∴ औसत = $\frac{(13n + 3m)}{4}$

अतः विकल्प (A) सही है।

64. $P =$ Rs. $15000; R = 10\%\ p.a = 5\%$ प्रति छमाही; $T = 1$ year $= 2$ आधा साल

∴ राशि $= \left[15000 \times \left(1 + \frac{5}{100}\right)^2\right]$

$=$ Rs. $\left(15000 \times \frac{21}{20} \times \frac{21}{20}\right)$

$= 16{,}537.50$

अतः विकल्प (D) सही है।

65. मान लें कि,

मुख्य राशि $= 100$

दर $(r) = 10\%$

समय $= 1$ year

हम जानते हैं कि,

चक्रवृद्धि ब्याज $= A - P = P\left[1 + \frac{R}{100}\right]^n - P$

चूंकि यह अर्ध-वार्षिक रूप से संयोजित होता है, दर $= \frac{r}{2}$

समय $= 2n$

इसलिए, चक्रवृद्धि ब्याज $= P\left[1 + \frac{r}{100 \times 2}\right]^{2n} - P$

$= 100\left[1 + \frac{10}{100 \times 2}\right]^{2(1)} - 100$

$= 100\left(\frac{21}{20}\right)\left(\frac{21}{20}\right) - 100$

$= \frac{441 - 400}{4}$

$= \frac{41}{4}$

$= 10.25$

इसलिए, चक्रवृद्धि ब्याज $= 10.25Rs$

अत: विकल्प (E) सही है।

66. दिया है:

B द्वारा कार्य का एक भाग पूरा करने के लिए लिया गया समय = x

A द्वारा समान कार्य पूरा करने के लिए लिया गया समय = x + 50%

माना कि B कार्य को पूरा करने के लिए आवश्यक दिनों की संख्या = x दिन

इसलिए, A को कार्य को पूरा करने के लिए आवश्यक दिनों की संख्या = x + \(\frac{50}{100}\) x = 1.5x

हम गणना कर सकते हैं, A द्वारा 1 दिन में किया गया कार्य = $\frac{1}{1.5}x$ = \(\frac{2}{3}\)x

और 1 दिन में B द्वारा किया गया कार्य = \(\frac{1}{x}\)

हम जानते हैं कि A और B एक साथ कार्य करने के लिए आवश्यक दिनों की संख्या= 18 दिन

$\Rightarrow A + B = \frac{1}{18}$

$\Rightarrow \frac{2}{3} \times B + B = \frac{1}{18}$

$\Rightarrow \frac{5}{3} \times B = \frac{1}{18}$

B का एक दिन का काम $= \frac{3}{90}$

B अकेले कार्य को पूरा कर सकता है $= \frac{90}{3}$

$= 30$ दिन

अतः विकल्प (A) सही है।

67. 10 पुरुष = 20 लड़के

→ 1 पुरुष = 2 लड़के

8 पुरुष = 2 × 8 लड़के = 16 लड़के

तब,

(16 लड़के + 4 लड़के) = 20 लड़के 20 दिनों में 260 मैट बना सकते हैं

अब,

यह काम तुल्यता विधि द्वारा गणना की जा सकती है:

20 × 260 × 20 = x × 20 × 20

x = 260 मैट

अतः विकल्प (A) सही है।

68. माना हर एक आम की कीमत x है और शुरुआत में खरीदे गए आमों को संख्या y है।

∴ खर्च की गई राशि = x × y

अब कीमत को $\frac{100}{3}$% बढ़ा दिया जाता है।

∴ हर एक आम की कीमत = 1.33 × x और आमों की संख्या y′ है।

खर्च की गई राशि दोनों स्थितियों में समान है।

⇒ x × y = 1.33x × y′

⇒ y′ = $\frac{y}{1.33}$

∴ y′ = $\frac{3}{4}$ × y

⇒ y में प्रतिशत परिवर्तन = $\frac{\left(\frac{3y}{4}\right)-y}{y} \times 100$ = -25%

अतः विकल्प (D) सही है।

69. दिया है,

किताबों और नोटबुक की संख्या का अनुपात 16: 19 है।

बॉक्स में किताबों और नोटबुक की कुल संख्या = 875 × 2 = 1750

किताबों की संख्या = 1750 × $\left(\frac{16}{35}\right)$ = 800

नोटबुक्स की संख्या = 1750 × $\left(\frac{19}{35}\right)$ = 950

दिया है,

खराब हुई किताबों की संख्या = 800 × $\frac{15}{100}$ = 120

अच्छे किताबों की संख्या = 800 – 120 = 680

खराब हुए नोटबुक्स की संख्या = 950 × $\frac{10}{100}$ = 95

अच्छे किस्म के नोटबुक्स की संख्या = 950 – 95 = 855

अभीष्ट प्रतिशत = $\left[\frac{(680+855)}{1750}\right]$ × 100 = 87.71%

अतः विकल्प (B) सही है।

70. दिया गया है:

अंकित मूल्य $= 800$

पहली छूट $= 10\%$

∴ पहली छूट के बाद मूल्य $= 800$ रुपए का 90%

$= 0.9 \times 800$ रुपए

$= 720$ रुपए

दूसरी छूट के बाद अंतिम मूल्य $= 612$ रुपए

∴ दूसरी छूट $= 720$ रुपए -612 रुपए

$= 108$ रुपए

दूसरी छूट दर $= \frac{108}{720} \times 100\%$

$= 15\%$

अतः विकल्प (C) सही है।

71. The correct sequence is: BADC

- Sentence B is independent of any other sentence as it is giving some general information about the "double-mutant coronavirus. So, 'B' is the first sentence.

- The phrase "it has a combination of mutations " mentioned in Sentence A refers to the phrase "double-mutant coronavirus" in Sentence B. So, 'A' follows 'B'.
- The details regarding the 'combination of mutations' mentioned in sentence 'A' have been published by the Union Health Ministry in sentence 'C'. So, 'C' follows 'A'.
- Sentence D concludes the paragraph by mentioning that further scrutiny is required. So, 'D' is the last sentence.

The correct sequence is: A unique "double mutant" coronavirus variant has been found in India. It has a combination of mutations not seen anywhere else in the world. The Union Health Ministry has declared it. It is still to be established if this has any role to play in increased infectivity or in making Covid-19 more severe.

Hence, the correct option is (C).

72. The correct sequence is: PRQS

- Sentence P will be the first sentence of the sequence because it tells about the story of human life.
- Sentence R will come after P because it mentions humans make mistakes, errors, etc., or capable of making mistakes or being wrong.
- Sentence Q will come after R because it is explaining while gaining experience, all human makes mistakes, errors, etc. and learn from their experience.
- The sentence 'S' is the concluding part because it is concluding that every human being makes errors and mistakes due to a lack of knowledge and experience.
- So, 'S' makes the last part.

Correct Sentence: Human life is a tale of errors and follies, nobody is infallible we all commit errors and mistakes out of ignorance or inexperience, in the process of acquiring experience, man often stumbles and falls down.

Hence, the correct option is (A).

73. While arranging the parts of the sentence given in options, we have to find some grammatical or contextual connections between them.

After going through part P, it can be said that it cannot be chosen for the beginning of the given sentence.

'To' is used to express the motion of something. Example: She was going to school.

- Part Q begins with 'to' and clearly it is expressing that something is moving. Therefore, it is not the beginning of the sentence.

A conjunction is used to connect sentences or clauses. Example: My father has just reached and he will meet you soon.

- Part S begins with 'and' which is a conjunction and it should not be chosen for the beginning of any sentence.

So, the sentence should begin with R which mentions about a rocket booster and should be followed by Q which informs where did the booster return. After that S should come because it is joining the previous clause with another. P is the last part of the sentence because it informs the location of the ship.

Thus, the correct order is RQSP.

Correct sentence: "The Falcon rocket booster returned to Earth after the first-stage separation and landed successfully on a recovery ship in the Atlantic for use on a future mission."

Hence, the correct option is (D).

74.

- The first part is phrase A which provides the subject 'impact', the second part is phrase C which provides a specific reason of impact.
- The third part is phrase D which gives a support for the former part C and the forth part is B as it is only part where indefinite article 'a' can be used if connected with third part-'Epidemics found proof of a range of conditions'.

Thus, the correct sentence will be: "The psychological impact of quarantine during previous epidemics found proof of a range of conditions."

Hence, the correct option is (C).

75. Instead of ordering the entire sentence, it is easier to find connections between one or two parts and then eliminating the options.

B talks about 'unconditional positive regard', which, in order to make a meaningful sentence, must be joined to the other parts by a verb.

D is the only part that begins with the verb 'is'.

So, BD must be in the logical order.

Therefore, the correct sequence is BDAEC.

Hence, the correct option is (C).

76. Water conflicts in India now reach every level; divide every segment of our society, **political parties**, states, regions and sub-regions **within states, districts**, castes and groups and individual farmers. **Water conflicts within and between many developing countries are also taking a serious turn.**

The first two sentences of the 2nd paragraph clearly confirm the writer's views and the same can be found in the given Statement 1 and 3.

Hence, the correct option is (D).

77. Conflicts might sound bad or negative, but they are logical developments in the absence of proper democratic, legal and administrative mechanisms to handle issues at the root of water conflicts.

It is evident from the first sentence of the 3rd paragraph that none of the given statements echos what is stated by the writer.

Hence, the correct option is (E).

78. Till then they pose a significant threat to economic growth, security and health of the ecosystem and the victims are likely to be the poorest of the poor as well as the very sources of water - rivers, wetlands and aquifers.

From the last sentence of the 2nd paragraph it is evident that the writer's main objective in writing this passage is to point out the seriousness of the threat posed by unresolved water conflicts.

Hence, the correct option is (C).

79. Till then they pose a significant threat to economic growth, security and health of the ecosystem **and the victims are likely to be the poorest of the poor** as well as the very sources of water - rivers, wetlands and aquifers.

Out of the given options, option C can clearly be inferred from the last sentence of the 2nd paragraph.

Hence, the correct option is (C).

80. "Rivers should link, not divide us," **said the Indian prime Minister expressing concern over interstate disputes and urged state governments to show "understanding and consideration, statesmanship and an appreciation of the other point of view."**

In the opening sentence of the passage it's clearly stated that the PM is urging state governments to be considerate and to show wisdom in public affairs like water conflicts.

Hence, the correct option is (D).

81. Water conflicts in India now reach every level; **divide every segment of our society**, political parties, states, regions and sub-regions within states, districts, castes and groups and individual farmers.

The first sentence of the 2nd paragraph clearly expresses that water conflicts divide the society and thus the option D doesn't hold true in the context.

Hence, the correct option is (D).

82. Part of the problem steams from the specific nature of water, namely that water is divisible and amenable to sharing; **one unit of water is used by one is a unit denied to others**; it has multiple uses and users and involves resultant trade-offs.

We can infer from the 2nd sentence of the 3rd paragraph that because water is an interconnected resource it results in disputes between those that can access it and those that can't.

Hence, the correct option is (C).

83. The adverb radically is a great way to say "in an extreme way."

Example: When your formerly long-haired friend shows up at work with a crew cut, you could say that she looks radically or completely different.

Hence, the correct option is (C).

84. We use the adjective **inherent** for qualities that are considered intrinsic, permanent or cannot be separated from an essential character.

For example, if you have never been able to eat spinach, you have an inherent dislike of it.

Hence, the correct option is (D).

85. To deny is to refuse to let have.

- Ex. He denies her her weekly allowance.

To assign is to give out or to allot.

- Ex. We were assigned new uniforms.

The most suitable opposite to the word 'denied' would be 'assigned'.

Hence, the correct option is (B).

86. According to the given context, it is regarding the ideas of colonialist middle class and the sentence is about the very common notion of such classes under the colonial regime.

Now, coming to the options, Only D can be used since both the words can imply meaningful connotations in the given context and the statement will also be correct. Other options are not correct since either both the words or one of them will not fit in the respective blank. Therefore, they can be eliminated.

The correct sentence would be:

Clearly, anyone familiar with social transition under colonialism would know, that such notions of the colonial middle class were those defined by the colonialist.

Hence, the correct option is (D).

87. According to the given context, it is regarding the provisions of the Personal Data Protection Bill, 2018 and the important points in this new legislation in the country.

Coming to the options, A is not correct since steeped is not the correct word for the second blank whereas competes and stemmed both cannot be used in the given context. Option C is also invalid as the words are not contextual. Only option D can be used since both the words can be used in the given context.

The correct sentence would be:

The Personal Data Protection Bill, 2018 requires that a copy of all personal data of Indian residents be stored on servers in India, often termed "localization."

Hence, the correct option is (D).

88. According to the given context, it is about the GDPR laws that came into force recently in the European countries but it is also clear that the provisions and suggestions of the law came into the public domain much early in 2012.

Now, coming to the options, A is not correct since regulations can be used once the law is passed whereas option C and D do not come into consideration as both the words in these options are completely out of context here. Only option B can be used since both the words fit in the given context.

The sentence would be:

While the General Data Protection Law came into force only in 2018, its provisions were made public in 2012 and have heavily influenced ongoing legislative efforts in other countries.

Hence, the correct option is (B).

89. According to the given context, it is regarding the Aadhaar Project of the government and this project is mainly meant for the purpose of technocratic version of governance in the country. We have to choose the correct words based on the given options.

Coming to the given options, A is not correct since both the words are irrelevant in the given context and the same can be said about option B also. In case of options C and E, the words cannot be used in the blanks as they do not fit in the given context. If we consider option D, the words in this option fit perfectly in the respective blanks as we are talking about a conversation that is being forced and this may take place only if there is some issue with the particular thing or in this context, the Aadhaar Project.

The sentence would be:

The government's national biometric ID project, Aadhaar, has forced an overdue conversation around the dangers of a purely technocratic vision of governance.

Hence, the correct option is (D).

90. According to the given context, it is something regarding the anti-trust regulation in India and the ways to implement the same in practice.

Coming to the options, A is not correct since medicines will not be correct for the first blank whereas in B, both the words are completely out of context. In case of D, corrections cannot be placed in the first blank since it will not imply anything. Only option C is correct since both the words are perfect fit for the blanks.

The sentence would be:

As a first step in looking at the antitrust issues, it is important to look at the economic principles that govern platforms.

Hence, the correct option is (C).

91. The correct phrase is **around/round the corner**. It means something that about to happen, nearby, close by, not far away.

Example- "The commander was claiming that peace was just around the corner".

Hence, the correct option is (C).

92. Here, the sentence implies that the world's population is expected to reach 9.6 billion by the end of 2050 and not 'in' 2050.

Therefore, the preposition 'in' should be replaced by 'by'.

Secondly, the past participle 'continued', which is acting as an adjective here, should be followed by a noun and not by an infinitive here.

Besides, usage of preposition 'of' right after the noun 'demand' is not appropriate either. Instead of it, 'for' should be used.

Evidently, among the given choices, option (D) replaces the bold part most appropriately.

The correct sentence will therefore be:

With the world's population expected to reach 9.6 billion **by 2050 and continued growth in demand for meat**, the livestock sector is facing renewed pressure to provide the nutrition to feed that many mouths—sustainably.

Hence, the correct option is (D).

93. Option (D) replaces the bold part most appropriately.

The correct sentence will therefore be:

The Bar Council of Delhi's directive to the Big Four accountancy firms not to offer legal services to their clients in India **is a retrograde move that is transparently protectionist in intent.**

As we can observe that the sentence nowhere implies the context of a perfect tense and therefore the verb 'has been' should be replaced by 'is' here.

Secondly, the word 'rhetoric' which means 'language designed to have a persuasive or impressive effect' doesn't seem to go well with the context of the sentence. This eliminates options (A) and (C) immediately.

'Retrograde' means 'reverting to an earlier and inferior condition' does make sense in the sentence and therefore must replace the given adjective 'responsive' in the bold part.

Usage of the adjective 'transparent' in the bold phrase is also ungrammatical. It should be replaced by the adverb 'transparently'.

Besides, the usage of the preposition 'in' right before the noun 'intent' is absolutely correct.

Hence, the correct option is (D).

94. In the bold part, placement of the phrase '**against the Chief Justice of India**' is wrong. It should be immediately followed by the noun 'allegations'.

Secondly, the noun 'finding' which implies 'something that is found' is used in its plural case in general. Therefore, 'findings' will be more suitable here.

Clearly, among the available choices, option (C) replaces the bold part most appropriately.

The correct sentence will therefore be:

An ad hoc committee, following an informal procedure, has concluded that the **allegations against the Chief Justice of India have no substance, but the findings** will not be made public.

Hence, the correct option is (C).

95. The word '**urban**' means '**relating to or characteristic of a town or city**' and is unsuitable in this sentence. The correct word to be used here is '**urbane**' which means '**courteous and refined in manner**'. So 'urbane' should be used in place of 'urban' to make the sentence grammatically correct.

Among the given choices, only option (D) replaces the given bold part most appropriately.

The sentence after replacement becomes:

Mr. Tharoor's **urbane manners charm friends** and enemies alike.

Hence, the correct option is (D).

96. The sentence uses the incorrect preposition 'in'.

Given the context, the correct word here should be the preposition 'to', making the phrase 'show cause as to why'.

Hence, the correct option is (C).

97. The sentence uses the preposition '**of**', which is redundant here.

Despite means in spite of, **without being affected by.**

So, there is no need to use the 'of'.

Hence, the correct option is (C).

98. The sentence uses the contraction it's, which is incorrect.

The correct word here should be the determiner its.

IT'S = IT + IS/HAS = contraction.

ITS = determiner = belonging to IT.

Hence, the correct option is (A).

99. The sentence uses the preposition 'on', which is incorrect here.

Since the verb is 'participating', the correct preposition here must be 'in'.

Hence, the correct option is (C).

100. The error given in the sentence is in part (A).

Even though 'i' is singular, we always choose have over has.

For example, I have been studying since morning.

The correct sentence will be: I have done my work and now I am going to take a rest.

Hence, the correct option is (A).

मॉक टेस्ट 02

Reasoning Ability

Ques (1-2):निर्देश: नीचे दी गई जानकारी का ध्यानपूर्वक अध्ययन कीजिये और प्रश्नों के उत्तर दीजिये।

एक परिवार में 7 सदस्य हैं। जिसमें से 2 विवाहित जोड़े हैं। R, H का पुत्र है। S, A की माता हैं। H, S का पुत्र है। Y और H विवाहित जोड़ा है। A, I की आंटी है, जो Y की बेटी है। I, J की सिस्टर-इन-लॉ है।

Q.1 A और R के बीच क्या संबंध है?

A. आंटी – नेफ्यू
B. पिता - पुत्र
C. माँ - बेटी
D. आंटी – नीस
E. भाई - बहन

Q.2 Y, J से किस प्रकार संबंधित है?

A. डॉटर – इन – लॉ
B. अंकल
C. बेटी
D. सास
E. बेटा

Q.3 एक स्कूल में खेल दिवस पर 8 छात्रों ने एक दौड़ में भाग लिया। वे सभी एक सीधी रेखा में किये गए थे। सुमित दायें छोर से 5वें स्थान पर खड़ा था और सुमित और रितेश के बीच में 3 छात्र किये गए थे। पंक्ति के बाएं छोर से रितेश का स्थान क्या है?

A. 6वाँ
B. दूसरा
C. 8वाँ
D. 9वाँ
E. 5वाँ

Q.4 लड़कियों की एक कतार में, यदि शिल्पा जो कि बाईं ओर से 8 वें स्थान पर है और रीना जो कि दाईं ओर से 17 वें स्थान पर है आपस में अपना स्थान अदल-बदल कर लेती हैं, तो शिल्पा बाई ओर से 14वें स्थान पर हो जाती है। बताएँ कि इस कतार में कुल कितनी लड़कियाँ हैं?

A. 38
B. 28
C. 30
D. 25
E. 35

Ques (5-9):निर्देश: निम्नलिखित जानकारी को ध्यानपूर्वक पढिए और नीचे दिए गए प्रश्नों के उत्तर दीजिए।

नौ व्यक्ति: प्रियांक, सृजन, अमन, रूपेश, मेहुल, कमल, नमन, अमित और मोहन एक इमारत में रहते हैं। प्रत्येक व्यक्ति एक मंजिल पर रहता है और हर मंजिल पर दो प्रकार के घर हैं – 2 बीएचके और 3 बीएचके। उनमें से चार 3 बीएचके में रहते हैं और शेष व्यक्ति 2 बीएचके में रहते हैं। वे सभी भारत के विभिन्न शहरों जैसे मैसूर, भोपाल, मुंबई, दिल्ली, चैन्नई, पुणे, इंदौर, नागपुर और कानपुर से हैं। उनमें से प्रत्येक को विभिन्न रंग पसंद हैं जैसे नारंगी, भूरा, गुलाबी, जामुनी, सफेद, नीला, हरा, लाल और पीला। भूमंजिल को संख्या 1 से अंकित किया गया है, पहली मंजिल को संख्या 2 से अंकित किया गया है और उससे ऊपर की मंजिल को संख्या 3 से और इसी प्रकार यह प्रक्रिया आगे भी जारी रहेगी, और सबसे ऊपर की मंजिल को संख्या 9 से अंकित किया गया है।

जिन मंजिलों पर नमन और भूरा रंग पसंद करने वाला कमल रहते हैं उन मंजिलों के बीच एक मंजिल है। नीला रंग पसंद करने वाला रूपेश, हरा रंग पसंद करने वाले मोहन की मंजिल के ठीक ऊपर वाली मंजिल पर रहता है। न तो प्रियांक और न ही अमन चैन्नई से हैं। अमन मैसूर से भी नहीं है और लाल रंग पसंद करता है। जो इंदौर से है, वह तीसरी मंजिल पर रहता है किंतु 2 बीएचके के घर में नहीं। जिन मंजिलों पर पुणे और दिल्ली के व्यक्ति रहते हैं उन मंजिलों के बीच दो मंजिलें है। मेहुल पहली मंजिल पर रहता है और मुंबई से है। जिस मंजिल पर 3 बीएचके के घर में रहने वाला अमन और नमन, जो कानपुर का नहीं हैं तथा गुलाबी रंग पसंद करता हैं, ये दोनों रहते हैं उस मंजिल के बीच तीन मंजिले हैं। चैन्नई और मैसूर से संबंध रखने वाले व्यक्ति एक ही प्रकार के घर में रहते हैं। अमित दिल्ली से है और सम संख्या की मंजिल पर 2 बीएचके के घर में रहता है। जामुनी रंग पसंद करने वाले अमित की मंजिल के नीचे की सम संख्या वाली मंजिल पर प्रियांक 2 बीएचके के घर में रहता है, दूसरे मंजिल पर कानपुर का व्यक्ति रहता है किंतु 3 बीएचके के घर में नहीं। पुणे और दिल्ली के व्यक्ति एक ही प्रकार के घर में रहते हैं। सबसे ऊपर की मंजिल में मैसूर का व्यक्ति रहता है जिसे नारंगी रंग पसंद है। जो व्यक्ति नागपुर से है वह भोपाल के व्यक्ति की मंजिल के नीचे नहीं रहता है। प्रियांक पीला रंग पसंद नहीं करता है।

Q.5 निम्नलिखित में से कौन प्रियांक से संबंधित है?

A. इंदौर - पीला
B. कानपुर - गुलाबी
C. चेन्नई - लाल
D. नागपुर - सफेद
E. इनमें से कोई नहीं

Q.6 निम्नलिखित में से कौन सबसे ऊपर की मंजिल में रहता है?

A. अमन
B. रूपेश
C. मेहुल
D. मोहन
E. इनमें से कोई नहीं

Q.7 जिस मंजिल पर मोहन रहता है और जिस मंजिल पर अमन रहता है, उनके बीच कितनी मंजिलें हैं?

A. एक
B. दो
C. तीन
D. कोई नहीं
E. तीन से अधिक

Q.8 दी गई जानकारी के अनुसार निम्नलिखित में से क्या सही है?

A. जिस मंजिल पर अमित रहता है उस मंजिल के ठीक नीचे वाली मंजिल पर सृजन रहता है।
B. जिस मंजिल पर प्रियांक रहता है उस मंजिल के ठीक ऊपर वाली मंजिल पर नमन रहता है।
C. कमल आठवीं मंजिल पर रहता है।
D. रूपेश इंदौर से है।
E. इनमें से कोई नहीं

Q.9 कौन पीला रंग पसंद करता है?

A. मेहुल
B. रूपेश
C. मोहन
D. अमित
E. इनमें से कोई नहीं

Ques (10-12):निर्देश: नीचे दिए गए प्रश्न में कुछ कथन और उसके बाद कुछ निष्कर्ष दिए गए हैं। आपको दिए गए कथनों को सत्य मानना है, भले ही वे सर्वज्ञात तथ्यों से भिन्न प्रतीत होते हों। सभी निष्कर्षों को पढ़ें और फिर तय करें कि दिए गए निष्कर्षों में से कौन सा निष्कर्ष सामान्य रूप से ज्ञात तथ्यों की परवाह किए बिना दिए गए कथनों का तार्किक रूप से अनुसरण करता है।

Q.10 कथन:

सभी सब्जियां फल हैं।
कोई फल पेय नहीं है।
कुछ पेय शहद हैं।

निष्कर्ष:

I. कुछ शहद फल नहीं है।
II. कोई सब्जियां पेय नहीं हैं।

A. केवल निष्कर्ष II सत्य है|
B. केवल निष्कर्ष I सत्य है
C. दोनों निष्कर्ष I और II सत्य हैं

D. निष्कर्ष I या II सत्य है
E. न तो निष्कर्ष I और न ही II सत्य है

Q.11 कथन I: सभी μ, £ हैं।
कथन II: सभी €, μ हैं।
निष्कर्ष I: कुछ €, £ हैं।
निष्कर्ष II: कुछ μ, € हैं।
A. केवल निष्कर्ष I अनुसरण करता है।
B. केवल निष्कर्ष II अनुसरण करता है
C. निष्कर्ष I और II दोनों अनुसरण करते हैं
D. या तो निष्कर्ष I या फिर निष्कर्ष II अनुसरण करता है
E. ना तो निष्कर्ष I और ना ही निष्कर्ष II अनुसरण करता है

Q.12 कथन:
सभी चटाइयां, गोल्फ हैं।
कोई गोल्फ, क्रिकेट नहीं हैं।
कुछ क्रिकेट, कैन हैं।
सभी खटमल, झींगुर हैं।
कोई कैन, झींगुर नहीं हैं।
निष्कर्ष:
I. कुछ कैन, खटमल हैं।
II. सभी चटाइयां, क्रिकेट हैं।
III. कोई कैन, गोल्फ नहीं हैं।
IV. कुछ झींगुर, खटमल हैं।
A. केवल IV अनुसरण करता है।
B. सभी अनुसरण करते हैं।
C. केवल III अनुसरण करता है।
D. केवल II और III अनुसरण करते हैं।
E. कोई अनुसरण नहीं करता है।

Ques (13-17):निर्देश: निम्नलिखित जानकारी का ध्यानपूर्वक अध्ययन कीजिए और दिए गए प्रश्नों के उत्तर दीजिये।

एक विशिष्ट कूट भाषा में,

(i) 'si la mi' का अर्थ 'flower are red' है,

(ii) 'si za bi ta' का अर्थ 'steel industry are shrinking' है,

(iii) 'la ha pi bi' का अर्थ 'steel component holds flower' है,

(iv) 'ma za ha sa' का अर्थ 'component need better shrinking' है।

Q.13 'holds' के लिए क्या कूट है?
A. pi **B.** sa
C. ma **D.** ta
E. उपरोक्त में से कोई नहीं

Q.14 'steel component are red' वाक्य के लिए क्या कूट होगा?
A. ha la mi si
B. bi ha si mi
C. la bi mi si
D. ha mi si la
E. निर्धारित नहीं किया जा सकता

Q.15 'shrinking' के लिए क्या कूट है?
A. mi **B.** si
C. za **D.** ha
E. उपरोक्त में से कोई नहीं

Q.16 कूट भाषा में निम्न में से किस का अर्थ 'industry' है?
A. ta
B. za
C. sa
D. mi
E. निर्धारित नहीं किया जा सकता

Q.17 'flower' के लिए क्या कूट है?
A. to
B. la
C. cu
D. ra
E. निर्धारित नहीं किया जा सकता है।

Q.18 निर्देश: निम्नलिखित जानकारी को ध्यान से पढ़ें और प्रश्न का उत्तर दें: यदि दिया गया व्यंजक 'L ≥ Q > S = Z > K ≤ B ≤ A' निम्नलिखित में से कौन-सा व्यंजक निश्चित रूप से सत्य है?
A) B ≥ Z
B) K < L
C) A ≥ K
D) B < Z
E) S > A
A. केवल B अनुसरण करता है।
B. या तो A या D अनुसरण करते है।
C. केवल A या D और B और C अनुसरण करते हैं।
D. केवल C अनुसरण करता है।
E. केवल B और C अनुसरण करते हैं।

Q.19 निर्देश: निम्नलिखित प्रश्नों में दिए गए कथनों को सत्य मानते हुए, दिए गए निष्कर्षों में से कौन सा निष्कर्ष निश्चित रूप से सत्य है और फिर उसी के अनुसार अपने उत्तर दें।
कथन: W < F = G = W ≥ K; K ≥ R = Q ≥ B
निष्कर्ष:
I. B > R
II. B < R
III. W = F
IV. B > Q
A. कोई भी सत्य नहीं है।
B. केवल I सत्य है।
C. केवल I और III सत्य हैं।
D. केवल II और IV सत्य हैं।
E. केवल II सत्य है।

Q.20 निर्देश: निम्नलिखित प्रश्नों में दिए गए कथनों को सत्य मानते हुए, ज्ञात कीजिए कि दिए गए निष्कर्षों में से कौन सा निष्कर्ष निश्चित रूप से सत्य है और फिर उसी के अनुसार अपने उत्तर दें।
कथन: L = Q; Y > T; L < T
निष्कर्ष:
I. T > Q
II. L < Y
III. T = Q
A. केवल I सत्य है।
B. केवल II सत्य है।
C. केवल I और II सत्य हैं।
D. केवल II और III सत्य हैं।
E. केवल III सत्य है।

Ques (21-25):निर्देश: निम्नलिखित अक्षरों की व्यवस्थित श्रृंखला का ध्यानपूर्वक अध्ययन कीजिये और नीचे दिए गये प्रश्नों के उत्तर दीजिये:

5 T @ 1 E F © 2 K L % 5 6 B I M 3 * S T Y 5 $ 9 G J # K A

Q.21 उपरोक्त व्यवस्था में बाएं छोर से उन्नीसवें पद के बाएं से आठवाँ पद क्या होगा?

[Indian Bank Clerk, 2019], [UCO Bank Clerk, 2019], [Central Bank of India Clerk, 2019]

A. %
B. S
C. L
D. #
E. उपरोक्त में से कोई नहीं

Q.22 उपरोक्त व्यवस्था में ऐसे कितने व्यंजन हैं जिसके ठीक पहले एक अक्षर है और ठीक बाद एक संख्या है?

[Indian Bank Clerk, 2019], [UCO Bank Clerk, 2019], [Central Bank of India Clerk, 2019]

A. कोई नहीं
B. एक
C. दो
D. तीन
E. तीन से अधिक

Q.23 यदि अंतिम 15 पदों की व्यवस्था विपरीत क्रम में व्यवस्थित कर दी जाती है तो निम्न में से कौन सा पद बाएं छोर से बारहवें पद के दायें से पांचवाँ पद होगा?

[Bank of Maharashtra Clerk, 2019], [Indian Bank Clerk, 2019], [UCO Bank Clerk, 2019]

A. Y **B.** K **C.** J **D.** #
E. G

Q.24 उपरोक्त व्यवस्था के आधार पर निम्नलिखित श्रृंखला में प्रश्न चिह्न (?) के स्थान पर क्या आना चाहिए?

5 @ E, © K %, ?, S Y $

[Indian Bank Clerk, 2019], [UCO Bank Clerk, 2019], [Central Bank of India Clerk, 2019]

A. B M *
B. 5 B M
C. G # A
D. 6 I 3
E. इनमें से कोई नहीं

Q.25 यदि उपरोक्त व्यवस्था में से सभी संख्याओं को निकाल दिया जाता है तब कौनसा पद बाएं छोर से चौदहवाँ पद होगा?

[Indian Bank Clerk, 2019], [UCO Bank Clerk, 2019], [Central Bank of India Clerk, 2019]

A. S **B.** Y **C.** $ **D.** %
E. T

Ques (26-30):निर्देश: निम्नलिखित जानकारी का ध्यानपूर्वक अध्ययन कीजिए और नीचे दिये गए प्रश्न के उत्तर दीजिए।

आठ अलग-अलग बॉक्स को एक के ऊपर एक रखा जाता है, लेकिन आवश्यक नहीं समान क्रम में रखा जाए। प्रत्येक बॉक्स में अलग-अलग किताबें इतिहास, भूगोल, भौतिकी, रसायन विज्ञान, वनस्पति विज्ञान, जन्तु विज्ञान, गणित और कंप्यूटर शामिल हैं। बॉक्स को 1 से 8 के रूप में क्रमांकित किया गया है। सबसे निचले बॉक्स को 1 के रूप में क्रमांकित किया गया है और 1 से ऊपर के बॉक्स को 2 के रूप में क्रमांकित किया गया है और सबसे ऊपर वाले बॉक्स को 8 के रूप में क्रमांकित किया गया है। गणित को सबसे ऊपरी बॉक्स में रखा जाता है। केवल तीन बॉक्स भूगोल से नीचे रखे गए हैं। भौतिकी को इतिहास के ठीक ऊपर और कंप्यूटर के ठीक नीचे रखा जाता है। केवल दो बॉक्स भूगोल और इतिहास के बीच रखे जाते हैं। वनस्पति विज्ञान को जन्तु विज्ञान से ऊपर रखा गया है और रसायन विज्ञान से नीचे रखा गया है।

Q.26 जन्तु विज्ञान किस बॉक्स में रखी जाती है?

A. सातवीं **B.** छठी **C.** पांचवीं **D.** तीसरी
E. चौथी

Q.27 पाँच में से चार एक निश्चित तरीके से समान हैं जो निम्न में से उस समूह से संबंधित नहीं हैं?

A. कंप्यूटर
B. रसायन विज्ञान
C. इतिहास
D. भौतिकी
E. जन्तु विज्ञान

Q.28 जिस बॉक्स पर वनस्पति विज्ञान रखी जाती है, उसके ऊपर के बॉक्स की संख्या उस बॉक्स के नीचे के बॉक्स की संख्या के सामान है जिस पर ________ रखी जाती है।

A. भौतिकी
B. भूगोल
C. जन्तु विज्ञान
D. कंप्यूटर
E. इतिहास

Q.29 जिस बॉक्स पर रसायन विज्ञान रखा जाता है और जिस बॉक्स पर भूगोल रखा जाता है, उसके बीच कितने बॉक्स हैं?

A. दो **B.** तीन **C.** चार **D.** पांच
E. कोई नहीं

Q.30 निम्नलिखित में से कौन सी किताब सबसे नीचे वाले बॉक्स में रखी गई है?

A. वनस्पति विज्ञान
B. इतिहास
C. भौतिक विज्ञान
D. जन्तु विज्ञान
E. कंप्यूटर

Ques (31-35):निर्देश: दिए गए प्रश्नों का उत्तर देने के लिए निम्नलिखित जानकारी का ध्यानपूर्वक अध्ययन कीजिए:

दस छात्र A, B, C, D, E, R, S, T, U और V प्रत्येक पंक्ति में पाँच व्यक्ति दो समानांतर पंक्तियों में इस प्रकार बैठे है कि निकटतम व्यक्तियों के बीच समान दूरी है और एक पंक्ति में प्रत्येक व्यक्ति, दूसरी पंक्ति के व्यक्ति के सम्मुख है। पंक्ति 1 में, A, D, R, S और V दक्षिण के सम्मुख बैठे हैं और पंक्ति 2 में, B, C, E, T और U उत्तर के सम्मुख बैठे हैं, जरूरी नहीं कि उसी क्रम में हों।

A पंक्ति के बीच में बैठा है। T, A के विपरीत बैठा है। R, U के विपरीत बैठा है। U, T का निकटतम पड़ोसी नहीं है। S, R के निकटतम बाएं बैठा है। D, जो E के विपरीत बैठा है वह A का निकटतम पड़ोसी है। B, S के विपरीत नहीं बैठा है।

Q.31 C के विपरीत कौन बैठा है?

A. A **B.** D **C.** R **D.** S
E. V

Q.32 S के संबंध में V की स्थिति क्या है?

A. निकटतम बाएँ
B. दाएँ से दूसरा
C. बाएँ से दूसरा
D. दाएँ से तीसरा
E. बाएँ से तीसरा

Q.33 पांच में से चार निम्नलिखित व्यवस्था में एक निश्चित तरीके से एक समान हैं और इस प्रकार एक समूह बनाते हैं। वह कौन है जो समूह से संबंधित नहीं है?

A. R **B.** S **C.** V **D.** B
E. U

Q.34 R और D के बीच कितने व्यक्ति बैठते हैं?

A. दो **B.** एक **C.** तीन **D.** कोई नहीं
E. चार

Q.35 E के बाएं तीसरे स्थान पर कौन बैठा है?

A. R **B.** S **C.** V **D.** B
E. U

Numerical Aptitude

Q.36 एक गुड़िया की, उसके कपड़े सहित, मूल्य रु. 800, है और बिना कपड़ों के रु. 600 है। मोनिका ने गुड़िया कपड़े सहित खरीदी और गुड़िया

गैरी को बेच दी और कपड़े हैरी को। गुड़िया की विक्रय मूल्य उसके कपड़े के विक्रय मूल्य की चार गुना है। मोनिका द्वारा अर्जित कुल मुनाफा 25% है। तो ज्ञात कीजिये कि मोनिका ने कपड़ें कितने में बेचे?

A. 0% **B.** 10% **C.** 20% **D.** 25%
E. 12.5%

Q.37 यदि ठहरावों के साथ एक बस 67.96 किमी प्रति घंटा की गति से यात्रा करती है और ठहरावों के बिना बस 81.57 किमी प्रति घंटा की गति से यात्रा करती है, तो बस प्रति घंटे कितने मिनट के लिए रूकती है?

A. 10.011 **B.** 10.110 **C.** 10.119 **D.** 10.991
E. 10.911

Q.38 एक बनिया ने 25.6 किग्रा चीनी रु. 12.50 प्रति किग्रा के दाम पर खरीदी और उसे रु. 15 प्रति किग्रा वाली 12 किग्रा चीनी के साथ मिश्रित कर दिया। उसे 12.8% लाभ प्राप्त करने के लिए मिश्रण को किस दाम पर बेचना चाहिए?

A. रु. 17 प्रति किग्रा **B.** रु. 15.0 प्रति किग्रा
C. रु. 16.5 किग्रा **D.** रु. 16 प्रति किग्रा
E. इनमें से कोई नहीं

Q.39 एक आयताकार खेल के मैदान को उपयोग के योग्य बनाने के लिए 20 पैसे प्रति वर्ग मीटर की दर से रु. 500 खर्च किये गए| मैदान की चौडाई 25 मी है। यदि मैदान की लम्बाई को 50 मी से बढ़ा दिया जाये, तब प्रति वर्ग मीटर के लिए समान दर पर रुपयों में खर्च क्या होगा?

A. 750 **B.** 500 **C.** 1,500 **D.** 2,250
E. 2,500

Q.40 अर्जुन ने वर्ष की शुरुआत में एक व्यवसाय में 70000 रुपये निवेश करके व्यापार की शुरुआत की कुछ महीनों के बाद, आर्यन 60000 रुपये के निवेश के साथ उनके साथ शामिल हो गया । वर्ष के अंत में उन्होंने 2: 1 अनुपात में अपने मुनाफे को साझा किया तो आर्यन ,अर्जुन के कितने महीने बाद आये ?

A. 5 **B.** 6 **C.** 7 **D.** 10
E. 2

Ques (41-45):निर्देश: निम्नलिखित संख्या श्रृंखला में प्रश्न चिन्ह '?' के स्थान में क्या आना चाहिए?

Q.41 384, 576, 1440, ?, 22680

A. 5045 **B.** 5540 **C.** 5040 **D.** 5044
E. 5400

Q.42 70, 140, 420, 1680, ?

A. 8600 **B.** 8500 **C.** 8400 **D.** 9400
E. 9500

Q.43 12,15,75, ?, 738,749

A. 259 **B.** 155 **C.** 90 **D.** 82
E. 159

Q.44 5, 6, 13, 40, 161, ?

A. 987 **B.** 806 **C.** 876 **D.** 888
E. 654

Q.45 79, 108, 139, 176, 217, ?

A. 301 **B.** 260 **C.** 264 **D.** 273
E. 274

Q.46 एक वर्ष पहले, श्रेया की आयु, अपनी पुत्री से छह गुना थी। छह वर्ष बाद, श्रेया की आयु, उसकी पुत्री की आयु से 30 वर्ष अधिक हो जाएगी। श्रेया और उसकी पुत्री की वर्तमान आयु का अनुपात क्या है?

A. 35:5 **B.** 49:8
C. 23:4 **D.** 37:7
E. इनमें से कोई नहीं

Q.47 निम्नलिखित प्रश्न में प्रश्न चिह्न (?) के स्थान पर क्या आएगा?

13.33 + 33.31 + 331.13 = ?

A. 377.77 **B.** 354.77
C. 355.67 **D.** 301.67
E. इनमे से कोई नहीं

Q.48 निम्न प्रश्न में प्रश्न चिह्न '?' के स्थान पर क्या आएगा?

14.28% का 490 – 71.43% का 63 = ?

A. 25 **B.** 49
C. 64 **D.** 81
E. इनमे से कोई भी नहीं

Q.49 निम्न प्रश्न में प्रश्न चिह्न '?' के स्थान पर क्या आएगा?

42% का 250 + 115% का 480 = ?

A. 655 **B.** 657
C. 659 **D.** 653
E. इनमे से कोई भी नहीं

Q.50 निम्न प्रश्न में प्रश्न चिह्न '?' के स्थान पर क्या आएगा?

450 ÷ 15 × 12 – 120 ÷ 4 × 12 + 1 = ?

A. -1 **B.** 0 **C.** 1 **D.** 2
E. -2

Q.51 दिए गए प्रश्न में '?' का मान ज्ञात कीजिए.-

$$\sqrt{\left[1331^{\left(\frac{1}{3}\right)} + 1728^{\left(\frac{1}{3}\right)} + 2\right]} = ?$$

A. 5 **B.** 6 **C.** 7 **D.** 8
E. 9

Q.52 निम्न प्रश्न में प्रश्न चिह्न '?' के स्थान पर क्या आएगा?

480 का 66.66% + 832 का 37.5% = 120 + ?

A. 444 **B.** 512
C. 332 **D.** 412
E. इनमें से कोई नहीं

Q.53 निम्नलिखित प्रश्न में (?) के स्थान पर क्या आएगा?

$32^{0.16} \times 32^{0.4} \times 32^{0.5} = 128^{?} \div 2$

A. 10 **B.** 1.1 **C.** 9 **D.** 0.9
E. 7

Q.54 निम्नलिखित प्रश्न में प्रश्न चिह्न '?' के स्थान पर क्या आना चाहिए?

$$\left(7\frac{5}{2} + 4\frac{7}{2}\right) \div 7\frac{3}{2} = 11\frac{5}{3} - \frac{2}{3} - ?$$

A. 15 **B.** 90 **C.** 25 **D.** 30
E. 10

Q.55 निम्नलिखित प्रश्न में प्रश्न चिह्न '?' के स्थान पर क्या आना चाहिए?

$$4\frac{2}{5} \div 1\frac{7}{15} + 5\frac{5}{3} \times 3\frac{3}{2} = ?$$

A. $22\frac{1}{3}$ **B.** $32\frac{2}{3}$
C. 33 **D.** 21
E. इनमें से कोई नहीं

Q.56 निर्देश: निम्नलिखित प्रश्न में प्रश्न चिन्ह '?' के स्थान पर क्या आएगा?

$$\left(\frac{6}{7}\right) \times 343 + \left(\frac{5}{8}\right) \times 512 = 500 + ?$$

A. 214 **B.** 114
C. 314 **D.** 414

E. इनमें से कोई नहीं

Q.57 एक फर्म में पुरुष श्रमिकों का औसत वेतन 4100 रुपये है और महिला श्रमिकों का वेतन 4800 रुपये है। यदि सभी श्रमिकों का औसत वेतन 4345 रुपये है, तो फर्म में पुरुष श्रमिकों का प्रतिशत ज्ञात कीजिए।

A. 35% **B.** 65% **C.** 45% **D.** 55%
E. 40%

Q.58 एक परिवार में पांच सदस्यों की औसत आयु 25 वर्ष है। इस परिवार में एक नया सदस्य शामिल किया जाता है और औसत आयु एक वर्ष बढ़ जाती है। नए सदस्य की आयु ज्ञात कीजिए।

A. 30 वर्ष **B.** 31 वर्ष **C.** 26 वर्ष **D.** 32 वर्ष
E. 24 वर्ष

Q.59 मोहन ने महेश और सुरेश से कर्ज लिया। दोनों से उसने जो रकम ली, वह बराबर है। महेश से उसने 3 वर्ष के लिए 12% प्रति वर्ष और सुरेश से 8% प्रति वर्ष की दर से कर्ज लिया। उनके द्वारा प्राप्त ब्याज का अंतर 3240 रुपये है। सुरेश के द्वारा प्राप्त कि गई राशि ____ है।

A. 35000 **B.** 35850
C. 36720 **D.** 33480
E. इनमें से कोई नहीं

Q.60 1000 रुपये की धनराशि में 7 वर्षों में चक्रवृद्धि ब्याज पर खुद की 100% वृद्धि होती है। वह समय-अवधि क्या होगी जब धनराशि में चक्रवृद्धि ब्याज की समान दर पर मूलधन की 700% वृद्धि होगी?

A. 14 वर्ष **B.** 21 वर्ष
C. 28 वर्ष **D.** 35 वर्ष
E. उपरोक्त में से कोई नहीं

Q.61 P, Q और R ने एक काम किया जिसके उन्हें 30000 रूपये मिले। P, Q से दोगुनी तेज़ी से काम कर सकता है। जितने समय में Q अकेले काम को खत्म कर सकता है, उसके एक-तिहाई समय में Q और R एकसाथ मिलकर काम को खत्म कर सकते हैं। Q को हिस्से में कितने रूपये प्राप्त होंगे?

A. रु. 3000 **B.** रु. 4500 **C.** रु. 6000 **D.** रु. 7200
E. रु. 9000

Q.62 दो नल A और B एक टंकी को क्रमशः $37\frac{1}{2}$ मिनट और 45 मिनट में भर सकते हैं। दोनों नल खोले गए हैं। B को कितने समय के बाद बंद कर दिया जाये जिससे टंकी केवल आधे घंटे में भर जाएगी?

A. 2 मिनट **B.** 5 मिनट **C.** 7 मिनट **D.** 9 मिनट
E. 11 मिनट

Q.63 एक बड़े खरबूजे का वजन 10 किलोग्राम है, जिसमें 96% वजन इसके पानी से है। इसे धूप में रखने पर थोड़ा पानी सूख जाता है जिसके वजह से इसका केवल 95% वजन पानी है। इसका घटा हुआ वजन होगा?

A. 8 किग्रा **B.** 6 किग्रा **C.** 16 किग्रा **D.** 12 किग्रा
E. 20 किग्रा

Q.64 गांव की जनसंख्या 30000 , है जिसमें से $\left(\frac{1}{5}\right)$ महिलाएं हैं और शेष पुरुष हैं। 10% पुरुष और 30% महिलाएं अशिक्षित हैं। कुल जनसंख्या का कितना प्रतिशत शिक्षित है?

A. 84% **B.** 85% **C.** 86% **D.** 87%
E. 88%

Ques (65-69):निर्देश: निम्नलिखित जानकारी का अध्ययन करें और दिए गए प्रश्न का उत्तर दें।

नीचे दिए गए रेखा चार्ट में, नाव की धारा के अनुकूल गति और धारा के प्रतिकूल गति को पांच अलग-अलग दिनों - रविवार, सोमवार, मंगलवार, बुधवार और गुरुवार को दर्शाया गया है।

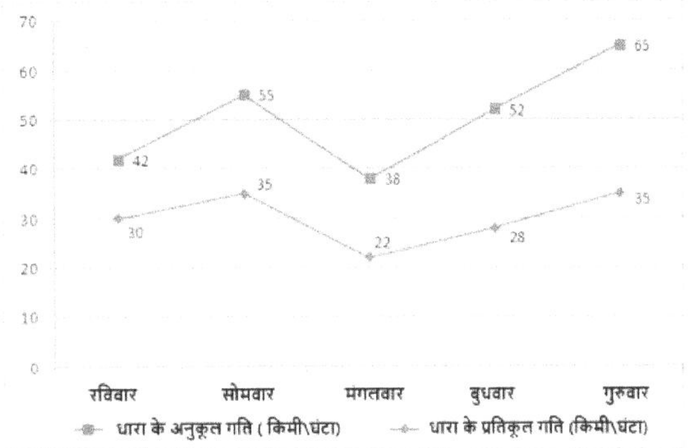

Q.65 रविवार को 162 किमी की दूरी तय करने के लिए स्थिर जल में नाव द्वारा कितना समय लिया गया है?

A. 4.5 घंटे **B.** 3 घंटे **C.** 2.5 घंटे **D.** 5 घंटे
E. 6 घंटे

Q.66 यदि बुधवार को स्थिर जल में नाव की गति 30% बढ़ जाती है और धारा की गति समान रहती है, तो नाव द्वारा 96 किमी धारा के प्रतिकूल नई गति से जाने में लगने वाला समय क्या होगा?

A. 2 घंटे 24 मिनट **B.** 2 घंटे 16 मिनट
C. 3 घंटे 10 मिनट **D.** 2 घंटे
E. इनमें से कोई नहीं

Q.67 सोमवार को 385 किमी धारा के प्रतिकूल जाने और वापस आने में नाव द्वारा कुल कितना समय लिया गया है?

A. 21 घंटे **B.** 20 घंटे **C.** 15 घंटे **D.** 18 घंटे
E. 12 घंटे

Q.68 मंगलवार और गुरुवार को स्थिर जल में नाव की गति का अनुपात क्या है?

A. 5 : 4 **B.** 2 : 3
C. 3 : 5 **D.** 2 : 1
E. इनमें से कोई नहीं

Q.69 गुरुवार को धारा की गति सोमवार को धारा की गति का कितना प्रतिशत है?

A. 240% **B.** 150% **C.** 160% **D.** 210%
E. 120%

Q.70 एक वस्तु को बदलने के बाद कंपनी इसकी कीमत में 20% की वृद्धि करके इसे पुनः लांच करती है। लक्ष्य बिक्री प्राप्त नहीं होने के कारण कंपनी उत्पाद पर 12% की छूट की पेशकश करने का निर्णय लेती है। यदि उत्पाद की वर्तमान कीमत 21,648 रूपये है। तो पुनः लांच से पहले उत्पाद की कीमत ज्ञात कीजिए।

A. 19,500 **B.** 19,800 **C.** 20,300 **D.** 20,500
E. 20,800

English Language

Ques (71-75):Direction: Arrange the sentences in chronological order such that they form a proper passage. Sentence D is the first statement and F is the fourth statement.

A. But a Chinese takeover of a port in neighboring Sri Lanka and problems in several other countries have led to fears the initiative is a debt trap to hook countries into China's sphere. China dismisses that.

B. This is a part of its Belt and Road Initiative (BRI) of infrastructure projects in almost 70 countries from Mongolia to Montenegro.

C. His main rivals have been jailed on charges ranging from terrorism to attempting to topple the government which has led to doubts abroad about the legitimacy of the vote.

D. The Maldives under Yameen has grown closer to China - to the alarm of traditional ally India - with China funding roads, bridges, and an extension to the international airport.

E. The Maldives, a small economy heavily reliant on tourism, is one of the most at-risk countries of any involved with the BRI to the distress of debt, said the Center for Global Development, a Washington D.C.-based think-tank tracking the initiative.

F. Yameen is seeking a second five-year term in the Indian Ocean archipelago known for its sun-kissed tourist beaches and diving.

G. The center, using publicly available information, estimates China's loans to the Maldives at $1.3 billion – more than a quarter of its annual gross domestic product.

Q.71 Which of the following is the FOURTH statement after rearrangement?

A. A **B.** F **C.** C **D.** D
E. E

Q.72 Which of the following is the SECOND statement after rearrangement?

A. A **B.** C **C.** B **D.** G
E. E

Q.73 Which of the following is the THIRD statement after rearrangement?

A. A **B.** F **C.** E **D.** B
E. G

Q.74 Which of the following is the FIFTH statement after rearrangement?

A. A **B.** G **C.** C **D.** E
E. B

Q.75 Which of the following is the SEVENTH statement after rearrangement?

A. B **B.** A **C.** E **D.** C
E. G

Q.76 Directions: Find out which part has an error and mark it as your answer. If there is no error, mark 'No error' as your answer.

None of these (A)/ two officers (B)/ has been looking after (C)/ his department well. (D)

A. (A) **B.** (B) **C.** (C) **D.** (D)
E. No error

Q.77 Directions: Find out which part has an error and mark it as your answer. If there is no error, mark 'No error' as your answer.

The strict boss (A)/ did not give her ascent (B)/ to the employee's (C)/ whimsical request. (D)

A. (A) **B.** (B) **C.** (C) **D.** (D)
E. No error

Q.78 Directions: Find out which part has an error and mark it as your answer. If there is no error, mark 'No error' as your answer.

The Party Chief (A)/ and the Chief Minister (B)/ expressed his views (C)/ on demonetization in India. (D)

A. The Party Chief
B. and the Chief Minister
C. expressed his views
D. on demonetization in India.
E. No error

Q.79 Directions: Find out which part has an error and mark it as your answer. If there is no error, mark 'No error' as your answer.

Unlike Indian laws, US laws provides (A)/ for a contingency fee of lawyering (B)/ where the costs of litigation (C)/ are borne by lawyers. (D)

A. Unlike Indian laws, US laws provides
B. for a contingency fee of lawyering
C. where the costs of litigation
D. are borne by lawyers
E. No error

Q.80 Directions: Find out which part has an error and mark it as your answer. If there is no error, mark 'No error' as your answer.

India's Swachh Bharat Mission is (A)/ receiving globe praise (B)/ for attempting (C)/ to close the sanitation gap. (D)

A. India's Swachh Bharat Mission is
B. receiving globe praise
C. for attempting
D. to close the sanitation gap.
E. No error

Ques (81-90):Direction: Read the following passage carefully and answer the questions given below.

Child labor is an important topic that is being debated as a serious social issue all around the world. Keeping the society aware of this issue will help to avoid such illegal and **inhuman** activity from destroying the lives of many children. Child labor is something that replaces the normal activities of a child, like education, playing, etc., with economic activities. These economic activities may be paid or unpaid work, which benefits the family of the child or the owner the child works for. The age limit is restricted to fourteen years or even seventeen years in case of dangerous works.

Children may be forced to do child labor because of poverty and financial problems in their family. Many owners accept child labors since they only need a less amount as salary or even some accept non-monetary jobs too. Children are often made to do such hard jobs by their irresponsible parents. They send their kids for domestic works for the money as well as for the food they get through these works. These demanding works often spoil the childhood and give a harder way of living to the kid.

Parents allow their children for such jobs because of lack of awareness too. When they are too poor to take admissions in schools and the lack of good schools in their locality may also lead to such activities. Not all forms of jobs done by children are considered as child labor, but there are some things to note while categorizing them. Whether the job is done mentally, morally, physically and socially, does it affects the child in a dangerous way? Does the job done affect their education and other childhood activities like playing? The job they do shouldn't be both tiring and excessive that they are forced to avoid other activities they should be doing in their age. These are the characteristics of Child Labor.

In extreme ways, there are owners who treat children like slaves and separate them from their families to do such hard jobs. Whatever be the job done, child labor depends on the age of the kid involved, type of activity and hours of work they do per day. As a conclusion, children are meant to be enjoying their childhood and should be allowed to educate themselves at early ages. There are many **schemes** introduced by the government to reduce such child labors like providing free education and taking severe actions against those who promote child labor.

Q.81 Which of the following statements is true in terms of child labor?

A. Children cannot get admissions to school and should continue earning money through labor
B. Children are meant to be enjoying their childhood and should not be allowed to do these jobs
C. Children below 17 are more active and can provide better productivity as laborers.
D. Since they only need a less amount as salary, they should continue to do these jobs
E. None of these

Q.82 What do the government schemes include to reduce child labor?

(A). Providing free education.

(B). Taking severe actions against those who promote child labor.

(C). Encouraging more wages for child laborers.

A. Only (A) **B.** Only (B)
C. all except (A) **D.** all except (C)
E. None of these

Q.83 What are the characteristics to look for to identify child labor?

(A). Whether the job affects the child in a dangerous way

(B). Whether the jobs done affect their education and other childhood activities like playing.

(C). Whether the jobs are fun and not risky.

A. Only (A) **B.** Only (B)
C. Only (C) **D.** All except (B)
E. All except (C)

Q.84 Why do parents push their children into doing child labor?

(A). lack of awareness

(B). lack of good schools in the area

(C). too poor to admit their children to schools

A. Only (A) **B.** Only (B)
C. Only (C) **D.** All except (C)
E. All of the above

Q.85 According to the passage, 'schemes' refers to:

A. Make plans, especially in a devious way or with intent to do something illegal or wrong
B. Not properly planned and controlled
C. Involving or contributing to a breakdown of peaceful and law-abiding behavior
D. A large - scale systematic plan or arrangement for putting a particular idea into effect
E. Not done or acting according to a fixed plan or system

Q.86 According to the passage, 'inhuman' refers to:

A. Having or showing compassion
B. Having or showing a friendly, generous, and considerate nature
C. Lacking human qualities of compassion and mercy
D. Having or showing an intense and selfish desire for wealth or power
E. Neither good nor bad

Q.87 Why do owners prefer child labors?

Because -

(A). They are cute

(B). They need less salary or wages

(C). They do not throw tantrums

A. Only (A) **B.** Only (B)
C. Only (C) **D.** All of the above
E. None of the above

Q.88 Why are children forced into child labor?

(A). Poverty

(B). Financial problems

(C). To gain experience

A. Only (A) **B.** Only (B)
C. Only (C) **D.** All except (A)
E. all except (C)

Q.89 What age limit is child labor restricted to?

A. 14 years **B.** 18 years
C. 20 years **D.** 5 to 10 years
E. None of these

Q.90 Which activities does child labor replace?

(A). Education

(B). Playing

(C). Earning money

A. Only (A) **B.** Only (B)
C. Only (C) **D.** All except (A)
E. All except (C)

Ques (91-95):Direction: Find out the most effective word from the given options to fill the blank of the following questions.

Q.91 During the freedom struggle in 1940s, he _______ a novel for 10 months.

A. Has been writing **B.** Wrote
C. Had been writing **D.** Was writing
E. Has been writing

Q.92 The fun __________ reduced significantly when mom decided to tag along.

A. Mark **B.** Sign
C. Quotient **D.** Moment
E. None of these

Q.93 I can't quite ________ if it is a beauty or simply monstrous.

A. break **B.** decide
C. take **D.** dither
E. approached

Q.94 He currently resides in Raipur with his wife, daughter, and a mighty ______ of cats.

A. flock **B.** clowder **C.** sloth **D.** pack
E. revises

Q.95 Do you have ____ books focusing on this war?

A. some **B.** any **C.** the **D.** more
E. less

Ques (96-100):Direction: Which of the option (A), (B), (C) and (D) given below, should replace the phrase printed in bold in the sentence to make it grammatically correct? If the sentence is correct as it is given and no correction is required, mark (E) as the answer.

Q.96 Religious bigots **look away on** anyone who does not conform to their beliefs.

A. Looking away on
B. Look down upon
C. Look behind on
D. Look in front of
E. No correction required

Q.97 Having leisure till outdoor activities such as taking a stroll down the park has become a rarity in this fast paced life.

A. Having leisures till outdoor
B. Having laziness for outdoor
C. Having leisure in outdoor
D. Having leisure for outdoor
E. No correction required

Q.98 I **asked around** at the party but it is strange that nobody has seen my wife.

A. Refused
B. Utilized
C. Terminated
D. Tracked
E. No correction required

Q.99 He will continue to lead the Likud in the September elections and **appears better-place than his rivals** to form a coalition government.

A. Appeared bitterly-placing than his rivals
B. Appearing bitterly placed than his rivals
C. Appears better-placed than his rivals
D. Appearing better-placedly than his rivals
E. No correction required

Q.100 A comedian analyzes the mundane from a variety of angles and **find the thread among two points.**

A. Found the threading between two points
B. Finds the thread between two points
C. Finding the thread among two points
D. Is finding the thread between more than two points
E. No correction required

// स्मार्ट उत्तर पुस्तिका //

सही उत्तर — उन छात्रों का प्रतिशत जिन्होंने प्रश्नों का सही उत्तर दिया था।

छोड़ दिया — उन छात्रों का प्रतिशत जिन्होंने प्रश्नों को छोड़ दिया था।

प्रश्न संख्या	उत्तर	सही उत्तर	छोड़ दिया
1	A	40.46 %	38.23 %
2	D	46.26 %	41.02 %
3	C	53.15 %	46.81 %
4	C	66.95 %	30.02 %
5	D	45.81 %	49.25 %
6	E	60.95 %	30.67 %
7	A	25.56 %	70.84 %
8	D	27.05 %	67.28 %
9	A	64.83 %	32.94 %
10	C	43.38 %	30.09 %
11	C	76.94 %	17.49 %
12	A	40.74 %	51.83 %
13	A	63.31 %	31.41 %
14	B	47.1 %	31.52 %
15	C	44.99 %	39.91 %
16	A	49.54 %	48.31 %
17	B	26.68 %	69.66 %
18	C	83.41 %	10.9 %
19	A	85.4 %	10.7 %
20	C	90.0 %	10.0 %
21	A	53.48 %	37.49 %
22	C	43.67 %	37.31 %
23	D	67.38 %	30.0 %
24	D	77.43 %	14.68 %
25	E	41.17 %	38.09 %
26	C	15.45 %	83.63 %
27	D	51.9 %	34.77 %
28	D	44.12 %	44.98 %
29	A	57.35 %	39.12 %
30	B	76.38 %	17.43 %
31	D	45.94 %	43.92 %
32	E	65.21 %	33.51 %
33	B	60.56 %	37.94 %
34	A	50.42 %	30.19 %
35	E	53.89 %	31.23 %
36	A	48.35 %	41.67 %
37	A	44.92 %	50.92 %
38	B	55.71 %	40.87 %
39	A	53.24 %	39.5 %
40	A	66.45 %	31.05 %
41	C	50.49 %	45.11 %
42	C	88.74 %	10.12 %
43	D	80.41 %	13.91 %
44	B	60.07 %	31.26 %
45	B	24.31 %	74.63 %
46	A	85.12 %	13.25 %
47	A	80.96 %	16.76 %
48	A	46.43 %	41.28 %
49	B	45.78 %	47.72 %
50	C	45.64 %	36.2 %
51	A	55.71 %	44.15 %
52	B	58.15 %	33.73 %
53	D	59.55 %	31.27 %
54	E	41.09 %	55.53 %
55	C	66.78 %	32.23 %
56	B	85.9 %	10.23 %
57	B	60.58 %	32.67 %
58	B	56.71 %	37.76 %
59	D	29.12 %	67.43 %
60	B	22.07 %	76.58 %
61	C	52.42 %	35.07 %
62	D	50.6 %	37.94 %
63	A	68.4 %	30.8 %
64	C	56.4 %	31.81 %
65	A	85.31 %	13.42 %
66	A	58.28 %	33.96 %
67	D	81.02 %	16.52 %
68	C	42.81 %	36.6 %
69	B	80.13 %	11.85 %
70	D	88.17 %	10.29 %
71	B	23.51 %	70.22 %
72	C	40.64 %	51.27 %
73	A	66.33 %	31.01 %
74	C	67.1 %	31.74 %
75	E	44.2 %	31.43 %
76	A	46.48 %	40.5 %
77	B	66.26 %	32.01 %
78	C	47.09 %	52.38 %
79	A	40.38 %	50.29 %
80	B	58.34 %	41.43 %
81	B	66.72 %	32.01 %
82	D	48.42 %	48.43 %
83	E	69.56 %	30.28 %
84	E	43.29 %	33.06 %
85	D	46.58 %	30.99 %
86	C	52.79 %	43.41 %
87	B	53.82 %	38.93 %
88	E	65.03 %	32.8 %
89	A	42.99 %	46.25 %
90	E	67.81 %	30.66 %
91	C	59.12 %	30.07 %
92	C	63.66 %	31.16 %
93	B	49.59 %	41.03 %
94	B	60.86 %	35.9 %
95	B	69.31 %	30.06 %
96	B	41.52 %	47.76 %
97	D	50.46 %	43.02 %
98	E	46.94 %	34.22 %
99	C	46.11 %	46.64 %
100	B	49.36 %	32.9 %

//संकेत और समाधान//

Ques (1-2):सदस्यों की संख्या: 7

परिवार में दो विवाहित जोड़े हैं।

निम्नलिखित प्रतीकों का उपयोग करके वंश वृक्ष तैयार करने पर:

आरेख में प्रतीक	अर्थ
○	महिला
□	पुरुष
═	शादीशुदा जोड़ा
—	भाई बहन
|	पीढ़ी का अंतर

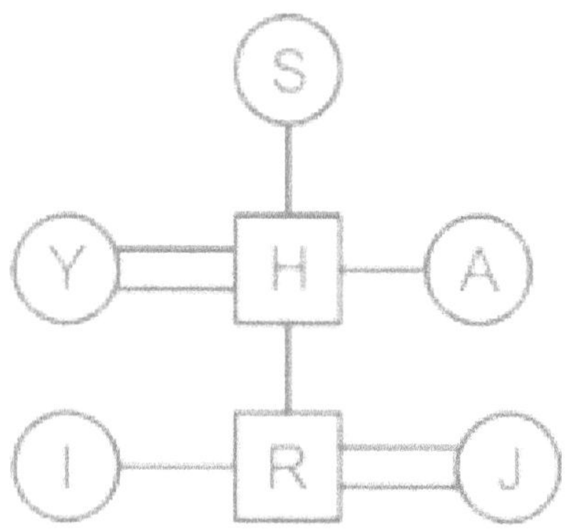

1. इसलिए, A और R के बीच आंटी – नेफ्यू का संबंध है।

अतः विकल्प (A) सही है।

2. इस प्रकार, Y, J की सास है।

अतः विकल्प (D) सही है।

3. दिया गया,

एक स्कूल में खेल दिवस पर 8 छात्रों ने एक दौड़ में भाग लिया। वे सभी एक सीधी रेखा में किये गए थे। सुमित दायें छोर से 5वें स्थान पर खड़ा था और सुमित और रितेश के बीच में 3 छात्र किये गए थे।

जैसा कि हम देख सकते हैं,

इस प्रकार, पंक्ति के बाएं छोर से रितेश का स्थान 8वां है।

अतः विकल्प (C) सही है।

4. दिया गया है,

लड़कियों की एक कतार में, यदि शिल्पा जो कि बाईं ओर से 8 वें स्थान पर है और रीना जो कि दाईं ओर से 17 वें स्थान पर है आपस में अपना स्थान अदल-बदल कर लेती हैं, तो शिल्पा बाई ओर से 14वें स्थान पर हो जाती है।

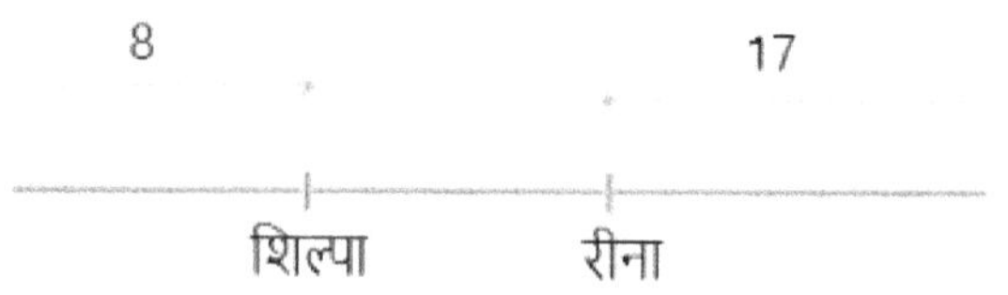

स्थानांतरण करने पर,

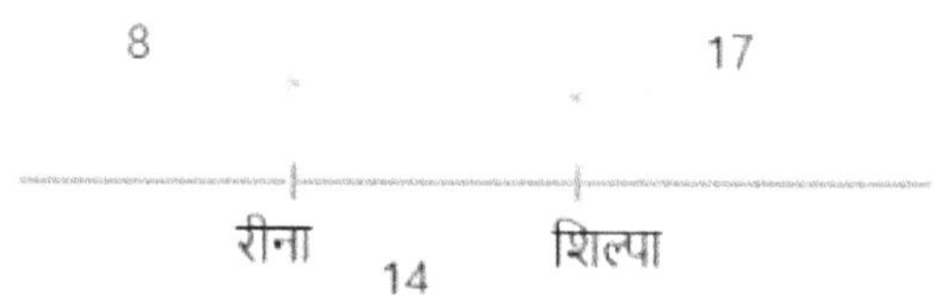

फिर,

शिल्पा की वर्तमान स्थिति = 14

रीना की पूर्व स्थिति = 17

कुल लड़कियों की संख्या = (शिल्पा की वर्तमान स्थिति + रीना की पूर्व स्थिति) -1

$$= (14 + 17) - 1 = 30$$

अतः विकल्प (C) सही है।

Ques (5-9):नौ व्यक्ति – प्रियांक, सृजन, अमन, रूपेश, मेहुल, कमल, नमन, अमित और मोहन हैं।

भारत के नौ विभिन्न शहर – मैसूर, भोपाल, मुंबई, दिल्ली, चेन्नई, पुणे, इंदौर, नागपुर और कानपुर हैं।

नौ विभिन्न रंग – नारंगी, भूरा, गुलाबी, जामुनी, सफेद, नीला, हरा, लाल और पीला हैं।

(1) जो व्यक्ति इंदौर से है वह तीसरी मंजिल पर रहता है लेकिन 2 बीएचके के घर में नहीं।

(इसलिए, वह 3 बीएचके में रहता है)

(2) मेहुल पहली मंजिल पर रहता है और मुंबई से है।

(3) जो कानपुर से है वह दूसरी मंजिल पर रहता है लेकिन 3 बीएचके घर में नहीं।

(इसलिए, वह 2 बीएचके के घर में रहता है)

(4) जो मैसूर से है वह सबसे ऊपर की मंजिल पर रहता है और उसे नारंगी रंग पसंद है।

(5) जिन मंजिलों पर पुणे और दिल्ली के व्यक्ति रहते हैं उन मंजिलों के बीच दो मंजिलें है।

(6) अमित दिल्ली से है और सम संख्या की मंजिल पर 2 बीएचके के घर में रहता है।

(7) पुणे और दिल्ली के व्यक्ति एक ही प्रकार के घर में रहते हैं।

(8) जामुनी रंग पसंद करने वाले अमित की मंजिल के नीचे की सम संख्या वाली मंजिल पर प्रियांक 2 बीएचके के घर में रहता है।

(इसलिए, प्रियांक छठी मंजिल पर रहता है)

मंजिल	व्यक्ति	शहर	बीएचके का प्रकार	रंग
1 (भूमंजिल)				
2 (पहली)	मेहुल	मुंबई		
3 (दूसरी)		कानपुर	2	
4 (तीसरी)		इंदौर	3	
5 (चौथी)		पुणे	2	
6 (पाँचवी)	प्रियांक		2	
7 (छठी)				
8 (सातवी)	अमित	दिल्ली	2	जामुनी
9 (आठवी) (सबसे ऊपर)		मैसूर		नारंगी

(9) जिस मंजिल पर 3 बीएचके के घर में रहने वाला अमन और नमन, जो कानपुर का नहीं हैं तथा गुलाबी रंग पसंद करता हैं, ये दोनों रहते हैं उस मंजिल के बीच तीन मंजिले हैं।

(10) नीला रंग पसंद करने वाला रूपेश, हरा रंग पसंद करने वाले मोहन की मंजिल के ठीक ऊपर वाली मंजिल पर रहता है।

स्थिति 1:

मंजिल	व्यक्ति	शहर	बीएचके का प्रकार	रंग
1 (भूमंजिल)	अमन		3	
2 (पहली)	मेहुल	मुंबई		
3 (दूसरी)	मोहन	कानपुर	2	हरा
4 (तीसरी)	रूपेश	इंदौर	3	नीला
5 (चौथी)	नमन	पुणे	2	गुलाबी
6 (पाँचवी)	प्रियांक		2	
7 (छठी)				
8 (सातवी)	अमित	दिल्ली	2	जामुनी
9 (आठवी) (सबसे ऊपर)		मैसूर		नारंगी

स्थिति 2:

मंजिल	व्यक्ति	शहर	बीएचके का प्रकार	रंग
1 (भूमंजिल)				
2 (पहली)	मेहुल	मुंबई		
3 (दूसरी)	मोहन	कानपुर	2	हरा
4 (तीसरी)	रूपेश	इंदौर	3	नीला
5 (चौथी)	नमन	पुणे	2	गुलाबी
6 (पाँचवी)	प्रियांक		2	
7 (छठी)				
8 (सातवी)	अमिल	दिल्ली	2	जामुनी
9 (आठवी) (सबसे ऊपर)	अमन	मैसूर	3	नारंगी

(11) जिन मंजिलों पर नमन और भूरा रंग पसंद करने वाला कमल रहते हैं उन मंजिलों के बीच एक मंजिल है।

(12) अमन मैसूर से नहीं है और लाल रंग पसंद करता है।

(यहां स्थिति 2 समाप्त हो जाती है इस प्रकार सृजन मैसूर से है)

(13) न तो प्रियांक और न ही अमन चेन्नई से है।

(इस प्रकार कमल चेन्नई से है)

(14) जो व्यक्ति नागपुर से है वह भोपाल के व्यक्ति की मंजिल के नीचे नहीं रहता है।

(इस प्रकार, अमन भोपाल से है और प्रियांक नागपुर से है)

(15) चेन्नई और मैसूर के व्यक्ति एक ही प्रकार के घर में रहते हैं।

(तो, वे आवश्य 3 बीएचके में रहते होंगे, क्योंकि 4 व्यक्ति 3 बीएचके में रहते हैं। तो मेहुल 2 बीएचके में रहता है)

(16) प्रियांक पीला रंग पसंद नहीं करता है।

तो वह जरूर सफेद रंग पसंद करता होगा और मेहुल पीला रंग पसंद करता है।)

मंजिल	व्यक्ति	शहर	बीएचके का प्रकार	रंग
1 (भूमंजिल)	अमन	भोपाल	3	लाल
2 (पहली)	मेहुल	मुंबई	2	पीला
3 (दूसरी)	मोहन	कानपुर	2	हरा
4 (तीसरी)	रूपेश	इंदौर	3	नीला
5 (चौथी)	नमन	पुणे	2	गुलाबी
6 (पाँचवी)	प्रियांक	नागपुर	2	सफेद
7 (छठी)	कमल	चेन्नई	3	भूरा
8 (सातवी)	अमित	दिल्ली	2	जामुनी
9 (आठवी) (सबसे ऊपर)	सृजन	मैसूर	3	नारंगी

5. यह अंतिम व्यवस्था है।

इस प्रकार, प्रियांक से नागपुर – सफेद से संबंधित है।

अत: विकल्प (D) सही है।

6. यह अंतिम व्यवस्था है।

क्योंकि सृजन सबसे ऊपर की मंजिल पर रहता है। इसलिए इनमें से कोई नहीं सही विकल्प है।

अत: विकल्प (E) सही है।

7. यह अंतिम व्यवस्था है।

इस प्रकार, जिस मंजिल पर मोहन रहता है और जिस मंजिल पर अमन रहता है उनके बीच एक मंजिल है।

अत: विकल्प (A) सही है।

8. यह अंतिम व्यवस्था है।

क्योंकि, रूपेश इंदौर से है, अतः यह सही है।

अत: विकल्प (D) सही है।

9. यह अंतिम व्यवस्था है।

इस प्रकार, मेहुल पीला रंग पसंद करता है।

अत: विकल्प (A) सही है।

10. सभी दिए गए कथनों के लिए वेन आरेख:

निष्कर्ष:

I. कुछ शहद फल नहीं है → निश्चित रूप से सत्य नहीं है।

II. कोई सब्जियां पेय नहीं हैं → निश्चित रूप से सत्य है।

स्पष्ट रूप से, दोनों निष्कर्ष I और II सत्य हैं।

अतः विकल्प (C) सही है।

11. दिए गए कथनों के अनुसार आरेख होगा:

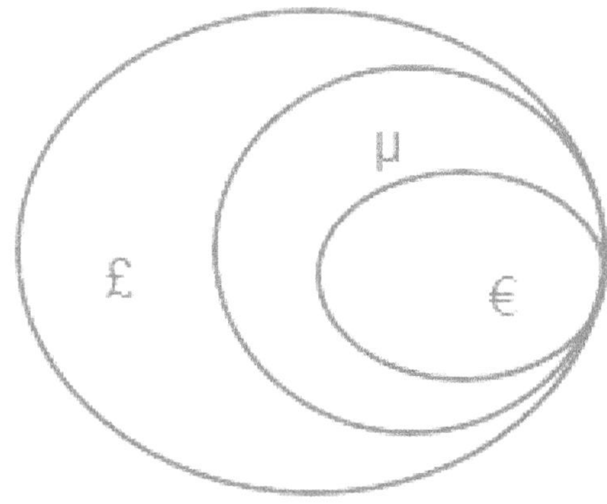

निष्कर्ष I: कुछ €, £ हैं → सत्य

निष्कर्ष II: कुछ µ, € हैं → सत्य

इस प्रकार, निष्कर्ष I और II दोनों अनुसरण करते हैं।

अतः विकल्प (C) सही है।

12. दिए गए कथनों से, हम निम्नलिखित संभव वेन आरेख बनाते हैं:

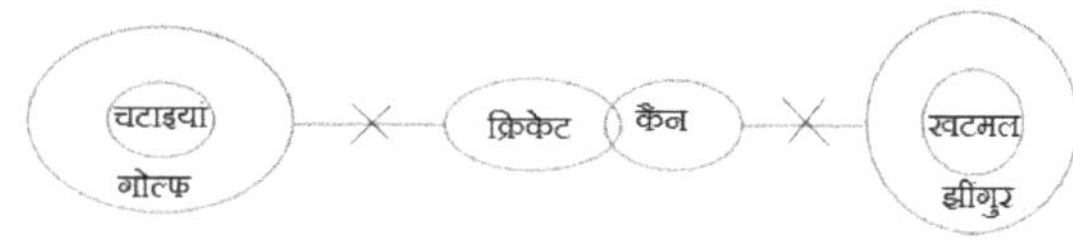

निष्कर्ष:

I. कुछ कैन, खटमल हैं → यह असत्य है।

II. सभी चमगादड़, क्रिकेट हैं → यह असत्य है।

III. कोई कैन, गोल्फ नहीं हैं → यह संभव है लेकिन निश्चित नहीं है। अत: असत्य है।

IV. कुछ झींगुर, खटमल हैं → यह सत्य है।

इसलिए, केवल निष्कर्ष IV सत्य है।

अतः विकल्प (A) सही है।

Ques (13-17):दिए गए शब्दों को निम्नानुसार कोडित किया जा सकता है:

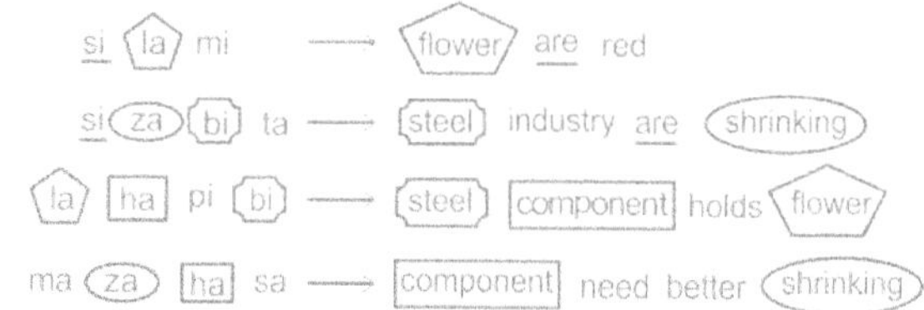

13. इस प्रकार, holds को 'pi' के रूप में कुटित किया जाता है।

अतः विकल्प (A) सही है।

14. steel के लिए कूट = bi

component के लिए कूट = ha

are के लिए कूट = si

red के लिए कूट = mi

इस प्रकार, steel component are red' को bi ha si mi के रूप में कुटित किया जाता है।

अतः विकल्प (B) सही है।

15. इस प्रकार, shrinking को 'za' के रोप में कुटित किया जाता है।

अतः विकल्प (C) सही है।

16. इस प्रकार, industry को 'ta' के रूप में कुटित किया जाता है।

अतः विकल्प (A) सही है।

17. इस प्रकार, flower को 'la' के रूप में कुटित किया जाता है।

अतः विकल्प (B) सही है।

18. दिया हुआ, $L \geq Q > S = Z > K \leq B \leq A$

अब हम प्रत्येक संबंध की जाँच करेंगे:

A) $B \geq Z$ → असत्य (जैसा कि $Z > K \leq B$ → इस प्रकार B और Z के बीच स्पष्ट संबंध निर्धारित नहीं किया जा सकता है).

B) $K < L$ → सत्य (जैसा कि $L \geq Q > S = Z > K$).

C) $A \geq K$ → सत्य (जैसा कि $K \leq B \leq A$).

D) $B < Z$ → असत्य (जैसा कि $Z > K \leq B$ → इस प्रकार B और Z के बीच स्पष्ट संबंध निर्धारित नहीं किया जा सकता है).

E) $S > A$ → असत्य (जैसा कि $S = Z > K \leq B = A$ → इस प्रकार S और A के बीच स्पष्ट संबंध निर्धारित नहीं किया जा सकता है).

इस प्रकार, A और D एक पूरक जोड़ी बनाते हैं।

इसलिए, केवल A या D और B और C अनुसरण करते हैं।

अत: विकल्प (C) सही है।

19. दिए गए कथन: $W < F = G = W \geq K; K \geq R = Q \geq B$

मिलाने पर: $W < F = G = W \geq K \geq R = Q \geq B$

निष्कर्ष:

I. $B > R$ → असत्य (जैसे $B \leq Q = R \to B \leq R$)

II. $B < R$ → असत्य (जैसे $B \leq R = Q \to B \leq R$)

III. $W = F$ → असत्य (जैसे $W < F$)

IW. $B < Q$ → असत्य (जैसे $B \leq Q$)

इसलिए, दिए गए निष्कर्षों में से कोई भी सत्य नहीं है।

अत: विकल्प (A) सही है।

20. दिए गए कथन: L = Q; Y > T; L < T

मिलाने पर: Q = L < T < Y

निष्कर्ष:

I. T > Q → सत्य

II. L < Y → सत्य (जैसे Q = L < T < Y → Y > L)

III. T = Q → असत्य (जैसे Q = L < T → T > Q)

इसलिए, केवल निष्कर्ष I और II सत्य हैं।

अत: विकल्प (C) सही है।

Ques (21-25):दी गयी श्रृंखला इस प्रकार है:

(बायाँ छोर) 5 T @ 1 E F © 2 K L % 5 6 B I M 3 * S T Y 5 $ 9 G J # K A (दायाँ छोर)

21. चूँकि, बायाँ - बायाँ = बायाँ

बाएं से उन्नीसवाँ - बाएं से आठवाँ = बाएं से ग्यारहवाँ

स्पष्ट है कि, बाएं से ग्यारहवाँ पद % है।

अत: विकल्प (A) सही है।

22. आवश्यक व्यवस्था: अक्षर → व्यंजन → संख्या

5 T @ 1 E F © 2 K L % 5 6 B I M 3 * S T Y 5 $ 9 G J # K A

इसलिए, यहाँ ऐसे दो व्यंजन हैं जिनके जिसके ठीक पहले एक अक्षर है और ठीक बाद एक संख्या है: I M 3 और T Y 5

अत: विकल्प (C) सही है।

23. 1) यदि अंतिम 15 पदों की व्यवस्था विपरीत क्रम में व्यवस्थित कर दी जाती है:

5 T @ 1 E F © 2 K L % 5 6 B A K # J G 9 $ 5 Y T S * 3 M I

2) बाएं छोर से बारहवाँ पद + बाएं छोर से बारहवें पद के दायें से पांचवाँ पद = बाएं छोर से सत्रहवाँ पद

स्पष्ट है कि, बाएं छोर से सत्रहवाँ पद # है।

अत: विकल्प (D) सही है।

24. यहाँ, एक पद को छोड़ कर श्रृंखला का निर्माण किया गया है:

→ 5 @ E, © k %, 6 I 3, S Y $

→ E + 2 = ©, % + 2 = 6 , 3 + 3 = S (दी गई श्रंखला के अनुसार)

दिए गये तरीके के अनुसार, प्रश्न चिह्न (?) के स्थान पर "6 I 3" होना चाहिए।

अत: विकल्प (D) सही है।

25. यदि सभी संख्याओं को निकाल दिया जाता है:

T @ E F © K L % B I M * S T Y $ G J # K A

बाएं छोर से चौदहवाँ पद T होगा।

अत: विकल्प (E) सही है।

Ques (26-30):आठ बॉक्स: 1 से 8

आठ पुस्तकें: इतिहास, भूगोल, भौतिक विज्ञान, रसायन विज्ञान, वनस्पति विज्ञान, जन्तु विज्ञान, गणित और कंप्यूटर

1) गणित को सबसे ऊपरी बॉक्स में रखा जाता है।

2) भूगोल के नीचे केवल तीन बॉक्स रखे गए हैं।

स्थिति 1	
बॉक्स	आइटम
8	गणित
7	
6	
5	
4	भूगोल
3	
2	
1	

3) भौतिकी को ठीक इतिहास से ऊपर रखा जाता है और कंप्यूटर के ठीक नीचे रखा गया है।

स्थिति 1	
बॉक्स	आइटम
8	गणित
7	
6	
5	
4	भूगोल
3	कंप्यूटर
2	भौतकी
1	इतिहास

स्थिति 2	
बॉक्स	आइटम
8	गणित
7	कंप्यूटर
6	भौतकी
5	इतिहास
4	भूगोल
3	
2	
1	

4) भूगोल और इतिहास के बीच केवल दो बॉक्स रखे गए हैं। (यह स्थिति 2 को रद्द करता है)

5) वनस्पति विज्ञान को जन्तु विज्ञान से ऊपर रखा गया है और रसायन विज्ञान से नीचे रखा गया है।

स्थिति 1	
बॉक्स	आइटम
8	गणित
7	रसायन विज्ञान
6	वनस्पति विज्ञान
5	जन्तु विज्ञान
4	भूगोल
3	कंप्यूटर
2	भौतिक विज्ञान
1	इतिहास

26. इसलिए, जन्तु विज्ञान को बॉक्स संख्या 5 में रखा गया है।

अत: विकल्प (C) सही है।

27. सभी बॉक्सों को छोड़कर विषम संख्या वाले बॉक्स में भौतिकी रखा जाता है, जबकि भौतिकी को सम संख्या बॉक्स में रखा जाता है।

इसलिए, 'भौतिकी' उस समूह से संबंधित नहीं है।
अत: विकल्प (D) सही है।

28. जिस बॉक्स पर वनस्पति विज्ञान रखी जाती है उसके ऊपर के बॉक्स की संख्या 2 है और जिस बॉक्स पर कंप्यूटर रखा होता है उसके नीचे के बॉक्स की संख्या भी 2 है।
अत: विकल्प (D) सही है।

29. इसलिए, 'दो' बॉक्स उस बॉक्स के बीच में होते हैं जिस पर रसायन विज्ञान रखा जाता है और जिस बॉक्स पर भूगोल रखा जाता है।
अत: विकल्प (A) सही है।

30. इसलिए, 'इतिहास' को सबसे निचले बॉक्स में रखा गया है।
अत: विकल्प (B) सही है।

Ques (31-35):व्यक्ति:

पंक्ति 1(दक्षिण) : A, D, R, S और V

पंक्ति 1(उत्तर) : B, C, E, T और U

i) A पंक्ति के बीच में बैठा है।

ii) T, A के विपरीत बैठा है।

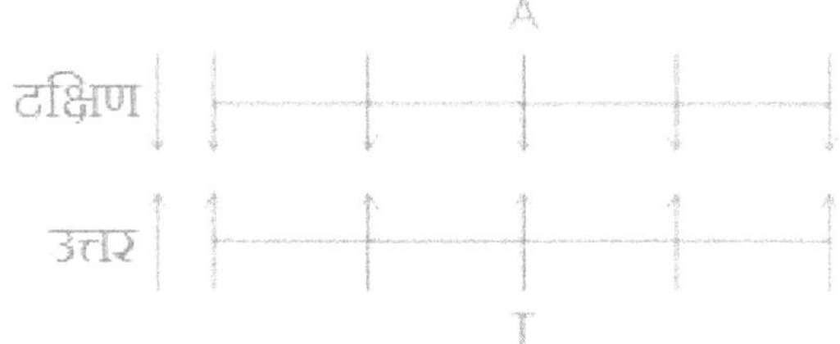

iii) R, U के विपरीत बैठा है।

iv) U, T का निकटतम पड़ोसी नहीं है।

v) S, R के निकटतम बाएं बैठा है।

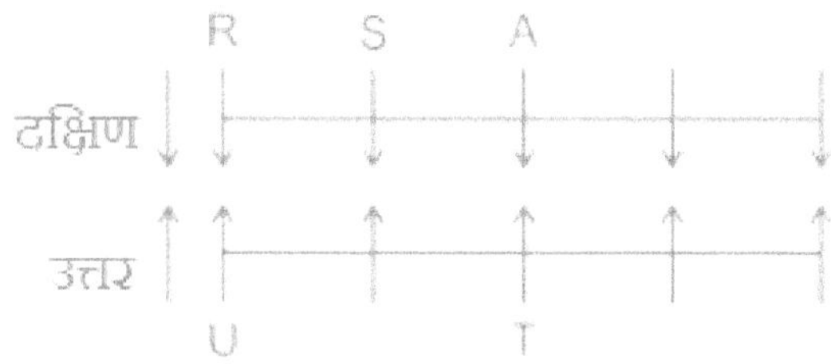

vi) D, जो E के विपरीत बैठा है वह A का निकटतम पड़ोसी है।

vii) B, S के विपरीत नहीं बैठा है।

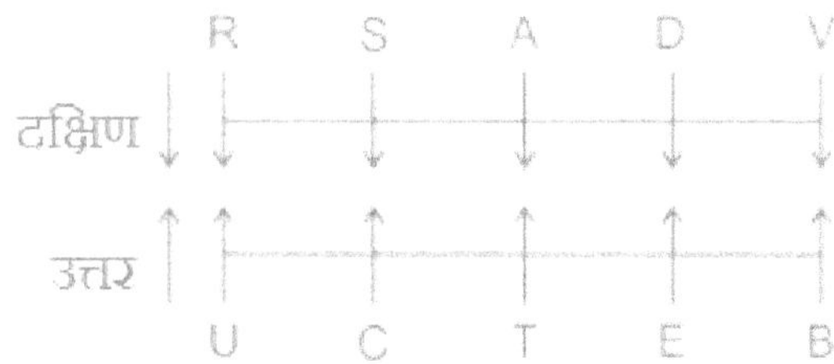

31. इस प्रकार, S, C के विपरीत बैठा है।

अतः विकल्प (D) सही है।

32. इस प्रकार, V, S के बाएं से तीसरे स्थान पर है।

अतः विकल्प (E) सही है।

33. यहाँ, 'S' को छोड़कर सभी विकल्प पंक्ति के अंतिम छोर पर बैठे हैं।

इस प्रकार, S समूह से संबंधित नहीं है।

अतः विकल्प (B) सही है।

34. इस प्रकार, R और D के बीच दो व्यक्ति बैठे हैं।

अतः विकल्प (A) सही है।

35. इस प्रकार, U, E के बाएं तीसरे स्थान पर बैठा है।

अतः विकल्प (E) सही है।

36. गुड़िया की कीमत रु. 800, है और बिना कपड़े के रु. 600 है।

⇒ सिर्फ कपड़े की कीमत = रु. 800 – रु. 600 = रु. 200

मोनिका ने गुड़िया कपड़े के साथ खरीदी।

मोनिका के लिए क्रय मूल्य = रु. 800

मोनिका द्वारा अर्जित मुनाफा 25% है जब उसने गुड़िया गेरी को बेच दी और कपड़े हैरी को।

हमें पता है कि ,विक्रय मूल्य = क्रय मूल्य × (1 + (लाभ %)/100)

⇒ विक्रय मूल्य = रु. 800 × $(1 + \frac{25}{100})$ = रु. 1000

गुड़िया की विक्रय मूल्य उसके कपड़े के विक्रय मूल्य की चार गुना है।

माना कि कपड़े का विक्रय मूल्य T है तो गुड़िया की कीमत 4T होगी।

⇒ 4T + T = 1000

⇒ $T = \frac{1000}{5} = 200$

मोनिका ने कपड़े उस ही कीमत पर बेचे जिस पर उसने खरीदे थे। जो कि है रु. 200.

∴ मोनिका ने कपड़े 0% मुनाफे पर बेचे।

अतः विकल्प (A) सही है।

37. प्रश्न से यह ज्ञात हैं कि ठहराव के साथ बस 67.96 किमी प्रति घंटा और ठहरावों के बिना यह 81.57 किमी प्रति घंटा की गति से यात्रा करती है।

इसलिए यह बिल्कुल स्पष्ट है कि कुछ समय बस की गति में कमी के कारण बर्बाद होता है

बस की गति में कमी = 81.5 किमी प्रति घंटा – 67.96 किमी प्रति घंटा = 13.61 किमी प्रति घंटा

ठहरावों के कारण प्रत्येक घंटे 13.61 किमी बर्बाद होता है, हम जानते हैं कि

समय = दूरी/गति

इसलिए यदि इसने 81.57 किमी प्रति घंटा की गति से इस 13.61 किमी को तय की होती, तो इसने निम्न मिनट बचाए होते

⇒ $\frac{13.61}{81.57}$ = 0.1668 घंटा = 10.011 मिनट

∴ इन ठहरावों के कारण बस प्रति घंटा 10.011 मिनट रूकती है।

अतः विकल्प (A) सही है।

38. 37.6 किग्रा मिश्रण का लागत मूल्य = रु. (25.6 × 12.50 + 12 × 15)

= (320 + 180) = रु. 500

माना प्रति किग्रा विक्रय मूल्य x है, तब

37.6 किग्रा मिश्रण का विक्रय मूल्य = रु. 37.6x

∴ लाभ = $\frac{37.6x-500}{500}$ × 100 = 12.8

⇒ 37.6 x = 564

⇒ x = 15

इसलिए उसे मिश्रण को रु. 15 प्रति किग्रा में बेचना चाहिए।

अतः विकल्प (B) सही है।

39. हम जानते हैं कि,

कुल खर्च = दर x खेल के मैदान का क्षेत्रफल

∴ मैदान का क्षेत्रफल = कुल खर्च/दर

⇒ मैदान का क्षेत्रफल = $\frac{500}{0.20}$ = 2500 मी^{2}

∵ खेल का मैदान आयताकार है और मैदान की चौडाई = b = 25 मी,

आयताकार मैदान का क्षेत्रफल = लंबाई x चौडाई

∴ 2500 = लंबाई × 25

⇒ लंबाई = $\frac{2500}{25}$ = 100 मी

जब मैदान की लंबाई 50 मी से बढाया जाये, तब नयी लंबाई = (100 + 50) मी = 150 मी

∴ नया क्षेत्रफल = 25 × 150 = 3750 मी^{2}

∴ नए भाग को 20 पैसा प्रति वर्ग मीटर की दर से उपयोग के योग्य बनाने में कुल खर्च

= 3750 × 0.20 = रु. 750

अतः विकल्प (B) सही है।

40. दिया गया है,

अर्जुन ने 12 महीने के लिए 70000 का निवेश किया

इसीलिए अर्जुन के निवेश-महीनों = 12 × 70000

माना आर्यन के महीनों की संख्या = x

आर्यन के निवेश-महीनों = 60000x

मुनाफे का अनुपात = निवेश-महीनों का अनुपात

उनके मुनाफे का अनुपात = $\frac{12\times70000}{60000x}$

दिया हुआ, $\frac{12\times70000}{60000x} = \frac{2}{1}$

$\Rightarrow \frac{14}{x}$

$\Rightarrow x = 7$ महीने

इसलिए, आर्यन 12 - 7 =5 महीने के बाद शामिल हो गए।

अतः विकल्प (A) सही है।

41. अनुसरण किया गया स्वरुप इस प्रकार है:

384 × $\frac{3}{2}$ = 576

576 × $\frac{5}{2}$ = 1440

1440 × $\frac{7}{2}$ = 5040

5040 × $\frac{9}{2}$ = 22680

∴ ? का मान 5040 है।

अतः विकल्प (C) सही है।

42. अनुसरण किया गया स्वरुप इस प्रकार है:

70 × 2 = 140

140 × 3 = 420

420 × 4 = 1680

1680 × 5 = 8400

∴ ? का मान 8400 है।

अतः विकल्प (C) सही है।

43. अनुसरण किया गया स्वरुप इस प्रकार है:

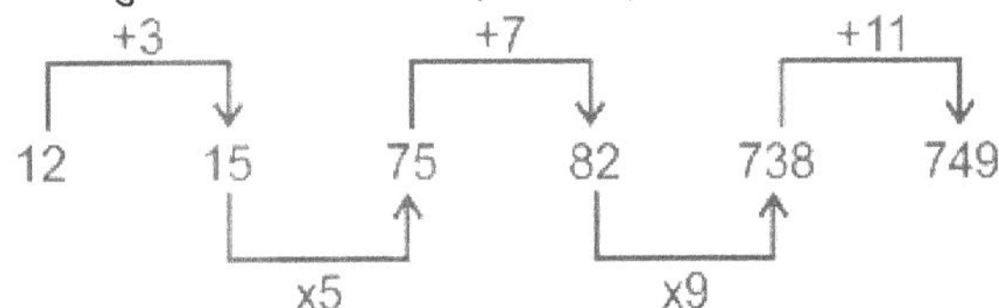

इसलिए, सही उत्तर '82' है।

अतः विकल्प (A) सही है।

44. अनुसरण किया गया स्वरुप इस प्रकार है:

5 × 1 + 1 = 6

6 × 2 + 1 = 13

13 × 3 + 1 = 40

40 × 4 + 1 = 161

161 × 5 + 1 = 806

∴ ? का मान 806 है।

अतः विकल्प (B) सही है।

45. अनुसरण किया गया स्वरुप इस प्रकार है:

तर्क: अभाज्य संख्याओं का योग

79 + 29 = 108

108 + 31 = 139

139 + 37 = 176

176 + 41 = 217

217 + 43 = 260

∴ ? का मान 260 है।

अतः विकल्प (B) सही है।

46. दिया गया है:

एक वर्ष पहले श्रेया की आयु $= 6 \times$ पुत्री की आयु

माना श्रेया और उसकी पुत्री की आयु क्रमशः $6x$ और x वर्ष है।

अब, प्रश्न के अनुसार,

$(6x + 1 + 6) - (x + 1 + 6) = 30$

$\Rightarrow 5x = 30$

$\Rightarrow x = 6$

श्रेया और उसकी पुत्री की वर्तमान आयु का अनुपात $= 6x + 1 : x + 1$

$= 37 : 7$

∴ या और उसकी पुत्री की वर्तमान आयु का अनुपात $37 : 7$ है।

अत: विकल्प (A) सही है।

47. दिया गया व्यंजक,

13.33 + 33.31 + 331.13 = ?

46.64 + 331.13 = ?

? = 377.77

अतः विकल्प (A) सही है।

48. दिया हुआ:

14.28% of 490 – 71.43% of 63 = ?

इस प्रकार के प्रश्न को हल करने के लिए, हम प्रतिशत के रूपांतरण को अंश में उपयोग कर सकते हैं।

इसके अलावा, नीचे दी गई तालिका के अनुसार BODMAS नियम का पालन करें:

B	Brackets in order (), {}, []	ब्रेकट (), {}, [] क्रम
O	Of	का
D	Division (÷)	विभाजन (÷)
M	Multiplication (×)	गुणा (×)
A	Addition (+)	जोड़ (+)
s	Subtraction (-)	घटाव (-)

अंश में दिए गए प्रतिशत को परिवर्तित करना,

$\Rightarrow 14.28\% = \frac{1}{7}$

$\Rightarrow 71.43\% = \frac{5}{7}$

दिए गए समीकरण के अनुसार,

$\Rightarrow \frac{1}{7}$ का 490 – $\frac{1}{7}$ का 63 = ?

$\Rightarrow \frac{1}{7} \times 490 - \frac{5}{7} \times 63 = ?$

⇒ 70 – 45 = ?

⇒ 25 = ?

∴ ? का मान 25 है।

अतः विकल्प (A) सही है।

49. दिया हुआ:

250 का 42% + 480 का 115% = ?

$\Rightarrow \left(\frac{42}{100}\right) \times 250 + \left(\frac{115}{100}\right) \times 480 = ?$

⇒ 105 + 552 = ?

⇒ 657 = ?

∴ ? का मान 657 है

अतः विकल्प (B) सही है।

50. दी गई अभिव्यक्ति:

450 ÷ 15 × 12 – 120 ÷ 4 × 12 + 1 = ?

इस प्रश्न को हल करने के लिए BODMAS नियम का पालन करने पर,

450 ÷ 15 × 12 – 120 ÷ 4 × 12 + 1 = ?

$\frac{450}{15} \times 12 - \frac{120}{4} \times 12 + 1 = ?$

30 × 12 – 30 × 12 + 1 = ?

? = 1

∴ ? का मान 1 है।

अतः विकल्प (C) सही है।

51. नीचे दिए गए आदेश के अनुसार इस प्रश्न को हल करने के लिए (BODMAS) नियम का पालन करने पर,

B	Brackets in order (), {}, []	ब्रेकट (), {}, [] क्रम
O	Of	का
D	Division (÷)	विभाजन (÷)
M	Multiplication (×)	गुणा (×)
A	Addition (+)	जोड़ (+)
s	Subtraction (-)	घटाव (-)

$\sqrt{\left[1331^{\left(\frac{1}{3}\right)} + 1728^{\left(\frac{1}{3}\right)} + 2\right]} = ?$

$\sqrt{(11 + 12 + 2)}$

$= \sqrt{25} = 5$

अतः विकल्प (A) सही है।

52. दिया है:

480 का 66.66% + 832 का 37.5% = 120 + ?

$\Rightarrow \frac{2}{3} \times 480 + \frac{3}{8} \times 832 = 120 + ?$

⇒ 320 + 312 = 120 + ?

⇒ ? = 512

∴ ? का मान 512 है।

अतः विकल्प (B) सही है।

53. दिया है:

$32^{0.16} \times 32^{0.4} \times 32^{0.5} = 128^{?} \div 2$

इस प्रश्न को हल करने के लिए BODMAS नियम का प्रयोग करें:

$\Rightarrow 2^{5 \times 0.16} \times 2^{5 \times 0.4} \times 2^{5 \times 0.5} = 2^{7 \times ?} \div 2$

⇒ 0.8 + 2 + 2.5 = 7 × ? – 1

⇒ 5.3 = 7 × ? – 1

⇒ 7 × ? = 6.3

⇒ ? = 0.9

अतः विकल्प (D) सही है।

54. दिया गया व्यंजक इस प्रकार है

$$\left(7\frac{5}{2}+4\frac{7}{2}\right)\div 7\frac{3}{2}=11\frac{5}{3}-\frac{2}{3}-?$$

$$\Rightarrow \left(\frac{19}{2}+\frac{15}{2}\right)\div\frac{17}{2}=\frac{38}{3}-\frac{2}{3}-?$$

$\Rightarrow 17 \times \frac{2}{17} = \frac{38}{3} - \frac{2}{3} - ?$

$\Rightarrow 2 = \frac{(38\ -2)}{3} - ?$

$\Rightarrow 2 = 12\ - ?$

? = 10

अतः विकल्प (E) सही है।

55. इस प्रश्न को हल करने के लिए BODMAS नियम का प्रयोग करें:

दिया है:

$$4\frac{2}{5}\div 1\frac{7}{15}+5\frac{5}{3}\times 3\frac{3}{2}=?$$

$$\Rightarrow \frac{22}{5}\div\frac{22}{15}+\frac{20}{3}\times\frac{9}{2}=?$$

$$\Rightarrow \frac{22}{5}\times\frac{15}{22}+10\times 3=?$$

$\Rightarrow 3 + 30 = 33 = ?$

∴ ? का मान 33 है।

अतः विकल्प (C) सही है।

56. दिया गया है,

$$\left(\frac{6}{7}\right)\times 343+\left(\frac{5}{8}\right)\times 512=500+?$$

$$\Rightarrow (49\times 6)+(64\times 5)=500+?$$

$$\Rightarrow 294+320=500+?$$

$$\Rightarrow 614=500+?$$

$$\Rightarrow 614-500=?$$

$$\Rightarrow ?=114$$

∴ ? का मान 114 होगा।

अत: विकल्प (B) सही है।

57. दिया है:

पुरुषों का औसत वेतन = 4100 रुपये

महिलाओं का औसत वेतन = 4800 रुपये

सभी श्रमिकों का औसत वेतन = 4345 रुपये

हम जानते हैं कि,

औसत = अवलोकनों का योग/अवलोकनों की कुल संख्या

माना कि x पुरुष है और y महिला है।

पुरुषों का कुल वेतन = 4100x

महिलाओं का कुल वेतन = 4800y

सभी श्रमिकों का कुल वेतन = 4345(x + y)

इसलिए, 4100x + 4800y = 4345x + 4345y

$\Rightarrow 245x = 455y$

$$\Rightarrow \frac{x}{y}=\frac{13}{7}$$

इसलिए, पुरुषों का प्रतिशत = $\frac{13}{20} \times 100 = 65\%$

∴ पुरुष 65% हैं।

अतः विकल्प (B) सही है।

58. दिया है:

5 सदस्यों की औसत आयु = 25 वर्ष

जब नया सदस्य शामिल किया जाता है, तो औसत आयु एक वर्ष बढ़ जाती है

हम जानते हैं कि,

औसत = (मानों का योग / मानों की संख्या)

मान लें कि नए सदस्य की आयु x वर्ष है।

प्रारंभिक औसत आयु = 25 वर्ष

तब, नई औसत आयु = (25 + 1) वर्ष = 26 वर्ष

5 सदस्यों की कुल आयु = 25 × 5 वर्ष = 125 वर्ष

अब, [(125 वर्ष + x)/6] = 26 वर्ष

⇒ 125 वर्ष + x = 6 × 26 वर्ष

⇒ 125 वर्ष + x = 156 वर्ष

⇒ x = (156 – 125) वर्ष

⇒ x = 31 वर्ष

∴ नए सदस्य की आयु 31 वर्ष है।

अतः विकल्प (B) सही है।

59. माना कि मोहन के द्वारा ली गई राशि x है।

मूलधन = x

3 वर्ष के बाद 12% की दर से महेश के द्वारा प्राप्त किया गया साधारण ब्याज

साधारण ब्याज = (मूलधन × दर × समय)/100

$$\Rightarrow SI=\frac{(x\times12\times3)}{100}$$

$$\Rightarrow SI=\frac{36x}{100}$$

3 वर्ष के बाद 12% की दर से सुरेश के द्वारा प्राप्त किया गया साधारण ब्याज

$$\Rightarrow SI=\frac{(x\times8\times3)}{100}$$

$$\Rightarrow SI=\frac{24x}{100}$$

उनके द्वारा प्राप्त किये गए ब्याज का अंतर 3240 रुपये है

$$\Rightarrow \left(\frac{36x}{100}\right)-\left(\frac{24x}{100}\right)=3240$$

$$\Rightarrow \frac{12x}{100}=3240$$

$$\Rightarrow x=27000$$

∴ उनमें से प्रत्येक से मोहन के द्वारा ली गयी राशि रु 27,000 है

सुरेश के द्वारा प्राप्त की गई राशि

$\Rightarrow SI = \frac{(27000 \times 8 \times 3)}{100}$

$\Rightarrow SI = 6480$

सुरेश के द्वारा प्राप्त की गई राशि = 27,000 + 6480 = 33,480

∴ सुरेश के द्वारा प्राप्त की गई राशि = 33,480

अतः विकल्प (D) सही है।

60. दिया हुआ है:

1000 रुपये की धनराशि में 7 वर्षों में चक्रवृद्धि ब्याज पर खुद की 100% वृद्धि होती है।

माना धनराशि A और मूलधन P है।

धनराशि = मूलधन $\times (1 + \text{दर}/100)^n$

7 वर्षों के बाद,

$A = P \times (1 + \text{दर}/100)^7 = 2P$ ($\because P$ में 100% की वृद्धि होती है)

$\Rightarrow (1 + \text{दर}/100)^7 = 2$

धनराशि में 700% की वृद्धि होगी

$\Rightarrow A, 8P$ हो जायेगा

$\Rightarrow A = 2^3 \times P = \{(1 + \text{दर}/100)^7\}^3 \times P$

$= (1 + \text{दर}/100)^{21} \times P$

$\Rightarrow$ समय $= 21$ वर्ष

∴ 21 वर्षों के बाद धनराशि में अपने प्रारंभिक मान/मूलधन की 700% वृद्धि होगी।

अतः विकल्प (B) सही है।

61. माना की Q की क्षमता T है।

P, Q से दोगुनी तेज़ी से काम कर सकता है।

⇒ P की क्षमता = 2T

यह भी की, जितने समय में Q अकेले काम को खत्म कर सकता है, उसके एक-तिहाई समय में Q और R एकसाथ मिलकर काम को खत्म कर सकते हैं।

⇒ Q की क्षमता + R की क्षमता = 3 × Q की क्षमता

⇒ R की क्षमता = 2 × Q की क्षमता = 2T

हम जानते हैं की, एक व्यक्ति की हिस्सेदारी उसकी क्षमता के आनुपातिक होती है।

⇒ Q का हिस्सा = (Q की क्षमता / P, Q और R की क्षमता का योग) × 30000 रूपये

⇒ Q का हिस्सा= $\frac{T}{(2T + T + 2T)}$ × 30000 रूपये = 6000 रूपये

अतः विकल्प (C) सही है।

62. माना x मिनट के बाद B बंद हो जाता है

तब x मिनट में (A + B) द्वारा भरा गया भाग + (30 - x) मिनट में A द्वारा भरा गया भाग = 1

$\therefore x \left(\frac{2}{75} + \frac{1}{45}\right) + \left((30 - x) \times \frac{2}{75}\right) = 1$

⇒ 11x + 180 - 6x = 225

⇒ x = 9

अतः विकल्प (D) सही है।

63. माना घटा हुआ वजन x किग्रा. है

∴ दोनों स्थितियों में गूदे की मात्रा समान रहती है।

प्रश्नानुसार,

⇒ 10 किग्रा का (100 - 96)% = x का (100 - 95)%

⇒ 10 किग्रा का 4% = x का 5%

$\Rightarrow 10 \times \frac{1}{25} = x \times \frac{1}{20}$

$\Rightarrow x = \frac{4}{5} \times 10$

⇒ x = 8 किग्रा.

∴ इसका घटा हुआ वजन 8 किग्रा होगा।

अतः विकल्प (A) सही है।

64. दिया गया है,

महिलाओं की संख्या $= 30000 \times \frac{1}{5} = 6000$

पुरुषों की संख्या $= 30{,}000 - 6000 = 24000$

अशिक्षित पुरुषों की संख्या $= 24000 \times \frac{10}{100} = 2400$

अशिक्षित महिलाओं की संख्या $= 6000 \times \frac{30}{100} = 1800$

अशिक्षित लोगों की कुल संख्या $= 2400 + 1800 = 4200$

शिक्षित लोगों की कुल संख्या $= 30000 - 4200 = 25800$

शिक्षित लोगों का प्रतिशत $= \frac{25800}{30000} \times 100 = 86\%$

∴ शिक्षित लोगों का प्रतिशत 86% है।

अतः विकल्प (C) सही है।

65. दिया गया है,

रविवार को नाव की धारा के अनुकूल गति = 42 किमी प्रति घंटा

रविवार को नाव की धारा के प्रतिकूल गति = 30 किमी प्रति घंटा

रविवार को शांत जल में नाव की गति $= \frac{30+42}{2}$

$= \frac{72}{2}$

$= 36$ किमी/घंटा

प्रयुक्त सूत्र:

समय = (दूरी/गति)

आवश्यक समय $= \frac{162}{36}$

$= 4.5$ घंटे

अतः विकल्प (A) सही है।

66. दिया गया है,

बुधवार को नाव की धारा के अनुकूल गति = 52 किमी प्रति घंटा

बुधवार को नाव की धारा के प्रतिकूल गति = 28 किमी प्रति घंटा

शांत जल में नाव की गति $= \frac{28+52}{2}$

$= \frac{80}{2}$

$= 40$ किमी/घंटा

धारा की गति $= 40 - 28$

$= 12$ किमी/घंटा

शांत जल में नाव की नई गति = 40 का 130%

$= 40 \times \frac{130}{100}$

$= 52$ किमी/घंटा

नाव की गति धारा के प्रतिकूल $= 52 - 12$

$= 40$ किमी/घंटा

आवश्यक समय $= \frac{96}{40}$

$= 2$ घंटे 24 मिनट

अतः विकल्प (A) सही है।

67. दिया गया है,

सोमवार को धारा के प्रतिकूल गति = 35 किमी प्रति घंटा

सोमवार को धारा के अनुकूल गति = 55 किमी प्रति घंटा

प्रयुक्त सूत्रः

गति = (दूरी/समय)

सोमवार को नाव द्वारा धारा के प्रतिकूल लिया गया समय $= \frac{385}{35}$

$= 11$ घंटे

सोमवार को नाव द्वारा धारा के अनुकूल में लिया गया समय $= \frac{385}{55}$

$= 7$ घंटे

आवश्यक कुल समय $= 11 + 7 = 18$ घंटे

अतः विकल्प (D) सही है।

68. दिया गया है,

मंगलवार को नाव की धारा के अनुकूल गति = 38 किमी/घंटा

मंगलवार को नाव की धारा के प्रतिकूल गति = 22 किमी/घंटा

गुरुवार को नाव की धारा के अनुकूल गति = 65 किमी/घंटा

गुरुवार को नाव की धारा के प्रतिकूल गति = 35 किमी/घंटा

मंगलवार को शांत जल में नाव की गति $= \frac{22+38}{2}$

$= \frac{60}{2}$

$= 30$ किमी/घंटा

गुरुवार को शांत जल में नाव की गति $= \frac{35+65}{2}$

$= \frac{100}{2}$

$= 50$ किमी/घंटा

आवश्यक अनुपात $= 30:50$

$= 3:5$

अतः विकल्प (C) सही है।

69. दिया गया,

गुरुवार को नाव की धारा के प्रतिकूल गति = 35 किमी/घंटा

गुरुवार को नाव की धारा के अनुकूल गति = 65 किमी/घंटा

सोमवार को नाव की धारा के प्रतिकूल गति = 35 किमी/घंटा

सोमवार को नाव की धारा के अनुकूल गति = 55 किमी/घंटा

गुरुवार को धारा की गति $= \frac{65-35}{2}$

$= \frac{30}{2}$

$= 15$ किमी/घंटा

सोमवार को धारा की गति $= \frac{55-35}{2}$

$= \frac{20}{2}$

$= 10$ किमी/घंटा

आवश्यक प्रतिशत $= \frac{15}{10} \times 100$

$= 150\%$

अतः विकल्प (B) सही है।

70. माना कि पुनः लांच से पहले उत्पाद की कीमत $= x$ रूपये,

कीमत में 20% वृद्धि के लिए,

उत्पाद की बढ़ी हुई कीमत $= 1.2x$

कीमत में 12% कमी के लिए,

उत्पाद की कम हुई कीमत $= 1.2x \times 0.88 = 1.056x$

उत्पाद की वास्तविक कीमत के लिए,

$\Rightarrow 21648 = 1.056x$

$\Rightarrow x = \frac{21648}{1.056}$

$\therefore$ पुनः लांच से पहले उत्पाद की कीमत $= \frac{21648}{1.056}$

$= 20{,}500$ रूपये

अतः विकल्प (D) सही है।

Ques (71-75):D is the first statement as mentioned in the question. B follows D as it talks about infrastructure activities. A is the third statement as it talks about anticipated China's purpose of doing these projects. F is the fourth statement as mentioned. C follows F as the 'his' in C refers to 'Yameen.' Both the sentences talk about terrorism in the region. G has to follow E as the name of the center has been mentioned in E.

Thus, the correct order is DBAFCEG.

71. Therefore, the FORUTH statement is F.

Hence, the correct option is (B).

72. Therefore, the SECOND statement is B.

Hence, the correct option is (C).

73. Therefore, the THIRD statement is A.

Hence, the correct option is (A).

74. Therefore, the FIFTH statement is C.

Hence, the correct option is (C).

75. Therefore, the SEVENTH statement is G.

Hence, the correct option is (E).

76. 'Neither' should be there in place of 'none'.

A pronoun is a word that is used instead of a noun or noun phrase. Pronouns refer to either a noun that has already been mentioned or to a noun that does not need to be named specifically.

'None of the' is used for more than two persons or objects, 'neither of the' is used for two objects.

- E.g. None of the three flowers is red.
- Neither of the two teachers is competent.

The correct sentence should be: Neither of these two officers has been looking after his department well.

Hence, the correct option is (A).

77. 'assent' should be there in place of 'ascent'.

Singular nouns are followed by singular verbs and plural nouns are followed by plural verbs.

"Ascent" means 'a climb or walk to the summit of a mountain or hill' which does not make any sense in the given context.

The correct word in place of 'ascent' would be 'assent' which means 'the expression of approval or agreement'.

- For E.g. The ascent of Fuji presents no difficulties.
- Prince Bagration bowed his head in sign of assent.

The correct sentence is: The strict boss did not give her assent to the employee's whimsical request.

Hence, the correct option is (B).

78. 'their' should be there in place of 'his'.

When two singular nouns are joined by 'and' refer to two different persons the pronoun used for them should be 'plural'.

- E.g.: Ashwin and Hardik are brothers. They play cricket.

The correct sentence should be: The Party Chief and the Chief Minister expressed their views on demonetization in India.

Hence, the correct option is (C).

79. 'provide' should be there in place of 'provides'

Singular nouns are followed by singular verbs and plural nouns are followed by plural verbs.

A singular noun names one person. place. thing. or idea. while a plural noun names more than one person. place. thing, or idea.

The usage of the verb singular 'provides' is erroneous and needs to be replaced with the plural form of the verb 'provide' to make the sentence grammatically and contextually correct.

According to the subject-verb agreement, if the subject is singular then it is followed by a singular verb and if the subject is plural it is followed by a plural verb. Here the subject is 'US laws' which is plural and hence is followed by a plural verb.

- E.g. The dog chases the cat.
- The dogs chase the cat.

The correct sentence is: Unlike Indian laws, US laws provide for a contingency fee of lawyering, where the costs of litigation are borne by lawyers

Hence, the correct option is (A).

80. 'global' should be there in place of 'globe'

The usage of the noun 'globe' is erroneous and needs to be replaced with the adjective 'global' to make the sentence grammatically and contextually correct. This is because we need an adjective to modify the noun 'praise'. 'Globe' is a noun.

The correct sentence is: India's Swachh Bharat Mission is receiving global praise for attempting to close the sanitation gap.

Hence, the correct option is (B).

81. The passage speaks of child labor as an inhuman aspect. It generally describes the reasons as well as the effects of child labor.

Hence, the correct option is (B).

82. The passage speaks of child labor as an inhuman aspect. It generally describes the reasons as well as the effects of child labor.

Hence, the correct option is (D).

83. The passage speaks of child labor as an inhuman aspect.

It generally describes the reasons as well as the effects of child labor.

The sentences in the passage clearly mention "...does it affects the child in a dangerous way?" and "Does the job done affect their education and other childhood activities?"

The job they do shouldn't be both tiring and excessive that they are forced to avoid other activities they should be doing in their age.

Other than point (C), the rest are mentioned in the passage.

Hence, the correct option is (E).

84. The passage speaks of child labor as an inhuman aspect.

It generally describes the reasons as well as the effects of child labor.

The sentences in the passage clearly mention "Parents allow their children for such jobs because of lack of awareness too. When they are too poor to take admissions in schools and the lack of good schools in their locality may also lead to such activities".

These demanding works often spoil their childhood and give a harder way of living to the kid.

Hence, the correct option is (E).

85. The passage speaks of child labor as an inhuman aspect.

It generally describes the reasons as well as the effects of child labor.

The sentence in the passage containing the above word is "There are many schemes introduced by the government to reduce such child labors like providing free education and taking severe actions against those who promote child labor".

Here, it refers to the planning or arrangement of putting a law into action against the people who employee child laborers.

An example of 'schemes' is: The government is dusting off schemes for supporting creative industries.

Hence, the correct option is (D).

86. The passage speaks of child labor as an inhuman aspect.

It generally describes the reasons as well as the effects of child labor.

The sentence in the passage containing the above word is "Keeping the society aware of this issue will help to avoid such illegal and inhuman activity from destroying the lives of many children".

Here, it refers to the lack of compassion and mercy shown to children in order to use them as cheap labor. It is an 'inhuman' act that destroys the lives of many children.

An example of 'inhuman' is: The slaughter of whales is unnecessary and inhuman.

Hence, the correct option is (C).

87. The passage speaks of child labor as an inhuman aspect.

It generally describes the reasons as well as the effects of child labor.

The sentence in the passage clearly mentions "Many owners accept child labors since they only need a less amount as salary or even some accept non-monetary jobs too".

Here, points (B) and (C) are not mentioned in the passage or in the above sentence as well. Therefore, they are invalid.

Hence, the correct option is (B).

88. The passage speaks of child labor as an inhuman aspect.

It generally describes the reasons as well as the effects of child labor.

The sentence in the passage clearly mentions "Children may be forced to do child labor because of poverty and financial problems in their family".

Here, 'gaining experience' is the downside of child labor. Children are expected to play and study, not earn money or gain experience in working at that age.

Therefore, only points (A) and (B) are valid.

Hence, the correct option is (E).

89. The passage speaks of child labor as an inhuman aspect.

It generally describes the reasons as well as the effects of child labor.

The sentence in the passage clearly mentions "The age limit is restricted to fourteen years or even seventeen years in case of dangerous works".

Child Labor is something that replaces the normal activities a child, like education, playing, etc., by economic activities.

These economic activities may be paid or unpaid work, which benefits the family of the child or the owner the child work's for.

Hence, the correct option is (A).

90. The passage speaks of child labor as an inhuman aspect.

It generally describes the reasons as well as the effects of child labor.

The sentence in the passage clearly mentions "Child Labor is something that replaces the normal activities a child, like education, playing, etc., by economic activities".

Here, 'earning money' is the downside of child labor. Children are expected to play and study, not earn money.

Therefore, only points (A) and (B) are valid.

Hence, the correct option is (E).

91. The mentioned action was taken in past and it continued for a certain period. Therefore Past perfect continuous tense should be chosen.

Hence, the correct option is (C).

92. Quotient: a degree or amount of a specified quality or characteristic.

So, for the given fill in the blank 'Quotient" is the most suitable word.

Hence, the correct option is (C).

93. Decide - come or bring to a resolution in the mind as a result of consideration.

Break - separate into pieces as a result of a blow, shock, or strain.

Take - lay hold of (something) with one's hands; reach for and hold.

Dither - be indecisive.

The correct word suitable for fill in the blank space decide.

I can't quite decide if it is beauty or simply monstrous.

Hence, the correct option is (B)

94. A collective noun is a noun that represents a collection of animals and people.

Example: Even litters of puppies specially bred by Customs risked exposure to disease.

Therefore, a group of cats is called 'clowder'.

Complete sentence:

He currently resides in Raipur with his wife, daughter, and a mighty clowder of cats.

Hence, the correct option is (B).

95. The correct determiner to be used is 'any'. 'Any' is the determiner used in negative sentences as well as in interrogative sentences.

Example: There isn't any milk in the fridge.

Was there any problem at the shop?

Complete sentence:

Do you have any books focusing on this war?

Hence, the correct option is (B).

96. To **look down upon** is defined as to consider someone or something lesser or inferior in some way.

The sentence after replacement becomes:

Religious bigots look down upon anyone who does not conform to their beliefs.

Hence, the correct option is (B).

97. The word 'leisure' must be followed the preposition 'for' instead of 'till' in this context. The expression "leisure for" means 'free time for'.

So, 'for' should be used in place of 'till' to make the sentence grammatically and contextually correct.

Among the given choices, only option D replaces the given bold part most appropriately.

The sentence after replacement becomes:

Having leisure for outdoor activities such as taking a stroll down the park has become a rarity in this fast paced life.

Hence, the correct option is (D).

98. Ask around (Phrasal Verb): Asking many people the same question.

It is correct as per the given context since here also the person has asked everybody at the party about his wife. Therefore no correction is required to be carried out here.

Hence, the correct option is (E).

99. There is an error in the bold part of the sentence because the usage is not correct here. From the context, it is clear that the leader is well placed to lead the new government because his party will be able to beat the rivals to form the next coalition government.

Option (C) is our pick since better-placed is correct.

The correct sentence would have been:

He will continue to lead the Likud in the September elections and **appears better-placed than his rivals** to form a coalition government.

Option (A) is not correct since bitterly-placing is not correct and Option (B) is also not correct for the same reason. Option D is not correct since better-placedly is not the correct usage.

Hence, the correct option is (C).

100. Reason: The verb 'find' is not in agreement with the subject 'A comedian' which is singular in number. Besides, 'for two points' usage of 'among' is erroneous. Instead of 'among' 'between' must be used to make the sentence grammatically correct.

Clearly, among the given choices option (B) replaces the bold part most appropriately.

The sentence after replacement becomes:

A comedian analyzes the mundane from a variety of angles and **finds the thread between two points.**

Hence, the correct option is (B).

मॉक टेस्ट 03

Reasoning Ability

Ques (1-5):निर्देश: निम्नलिखित जानकारी का ध्यानपूर्वक अध्ययन कीजिए और प्रश्नों के उत्तर दीजिए।

आठ व्यक्ति अमर, ब्रिजेश, पिंकी, दीप, ईश्वर, नैंसी, गुरकमल और हर्ष एक वृत्ताकार मेज के चारों ओर बैठे हैं। सभी केंद्र के सम्मुख बैठे हैं लेकिन आवश्यक नहीं इसी क्रम में हो।

नैंसी, पिंकी के दायीं ओर से तीसरे स्थान पर और हर्ष के बायीं ओर से दूसरे स्थान पर बैठी है। दीप, पिंकी अथवा हर्ष का निकतटम पड़ोसी नहीं है। ईश्वर, अमर के ठीक दायीं ओर है जो कि गुरकमल के दायीं ओर से दूसरा है।

Q.1 पिंकी के बायीं ओर से दूसरा कौन है?

A. अमर **B.** ईश्वर
C. ब्रिजेश **D.** दीप
E. अमर अथवा दीप

Q.2 पिंकी के ठीक दायीं ओर कौन है?

A. अमर **B.** ब्रिजेश
C. ब्रिजेश अथवा दीप **D.** दीप
E. ईश्वर

Q.3 निम्न में से कौनसी जोड़ी में पहला व्यक्ति, दूसरे व्यक्ति के दायीं ओर बैठा है?

A. पिंकी और ब्रिजेश **B.** अमर और ईश्वर
C. नैंसी और गुरकमल **D.** हर्ष और अमर
E. दीप और ब्रिजेश

Q.4 गुरकमल और दीप के मध्य कौन बैठा है?

A. हर्ष **B.** दीप
C. नैंसी **D.** ब्रिजेश
E. इनमें से कोई नहीं

Q.5 हर्ष के संदर्भ में ब्रिजेश का सही स्थान निम्न में से कौनसा है?

I. दायीं ओर से दूसरा
II. दायीं ओर से चौथा
III. बायीं ओर से चौथा
IV. बायीं ओर से दूसरा

A. केवल I **B.** केवल II
C. केवल III **D.** II और III दोनों
E. इनमें से कोई नहीं

Ques (6-7):निर्देश: नीचे दी गई जानकारी का ध्यानपूर्वक अध्ययन कीजिये और प्रश्नों के उत्तर दीजिये।

एक परिवार में 6 सदस्य हैं। परिवार में एक विवाहित जोड़ा है, जिसके केवल दो बच्चे हैं। N, K का ग्रैंड - सन है। P,C की बेटी है। D, P की पैतृक आंटी हैं। C, N के मैतृक अंकल हैं। K, R की पत्नी है, जो D के पिता हैं।

Q.6 D का भाई कौन है?

A. K **B.** C **C.** R **D.** N
E. P

Q.7 R, C से किस प्रकार संबंधित है?

A. अंकल **B.** भाई **C.** कजन **D.** पिता
E. बेटी

Q.8 एक पंक्ति में जहां सभी उत्तर की ओर उन्मुख हैं, प्रिया बाएं छोर से 15वें स्थान पर है और गरिमा दाएं छोर से 19वें स्थान पर है। वे अपने स्थान आपस में बदल लेते हैं, और राम जो बाएं छोर से 24वें स्थान पर बैठता है, प्रिया के नए स्थान के बाएं से 5वें स्थान पर बैठता है। पंक्ति में कितने व्यक्ति थे?

A. 36 **B.** 42 **C.** 47 **D.** 56
E. 57

Q.9 35 छात्रों की एक कक्षा में, जिया को नीचे से 7वां स्थान दिया गया है जबकि सोफिया को ऊपर से 9वां स्थान दिया गया है। दोनों के बीच में शाहरुख को रखा गया है। शाहरुख से जिया की क्या स्थिति है?

A. 10 **B.** 15 **C.** 19 **D.** 21
E. 25

Ques (10-14):निर्देश: निम्नलिखित जानकारी का ध्यानपूर्वक अध्ययन कीजिये और नीचे दिए गए प्रश्नों के उत्तर दीजिये।

12 व्यक्ति A, B, C, D, P, Q, R, S, T, U, V और W चार मंजिला इमारत में रहते हैं (सबसे नीचे की मंजिल संख्या 1 है और सबसे ऊपर की मंजिल संख्या 4 है) लेकिन समान क्रम में होना आवश्यक नहीं है। प्रत्येक मंजिल पर 3 फ्लैट हैं जो बाएं से दायें 1 से 3 के क्रम में हैं।

A और D के मध्य में केवल 2 मंजिलें हैं जो कि सम संख्या के फ्लैट्स में रहते हैं। T तीसरी मंजिल के फ्लैट संख्या 3 में रहता है। U, W के ठीक ऊपर की मंजिल पर रहता है। ना तो U और ना ही W उस मंजिल पर रहते हैं जिस मंजिल पर T रहता है। R और S समान संख्या के फ्लैट में रहते हैं। Q विषम संख्या के फ्लैट में, सबसे ऊपर की मंजिल पर रहता है। C, S के ठीक नीचे के फ्लैट में रहता है जो सम संख्या की मंजिल पर रहता है। V और Q के मध्य में केवल एक मंजिल है। U विषम संख्या फ्लैट में नहीं रहता है। B और D समान संख्या के फ्लैट में और एक विषम संख्या की मंजिल पर रहते हैं। C और A समान संख्या के फ्लैट में रहते हैं।

Q.10 तीसरी मंजिल के फ्लैट संख्या 1 में निम्न में से कौन रहता है?

A. S **B.** A
C. C **D.** R
E. इनमें से कोई नहीं

Q.11 निम्न में से कौन समान मंजिल पर रहता है?

A. C और D **B.** U और D
C. T और V **D.** उपरोक्त सभी
E. इनमें से कोई नहीं

Q.12 R के ठीक ऊपर के फ्लैट पर निम्न में से कौन रहता है?

A. B **B.** D **C.** A **D.** Q
E. T

Q.13 W के साथ कौन रहता है?

A. A **B.** P
C. B **D.** T
E. इनमें से कोई नहीं

Q.14 B के ठीक ऊपर की मंजिल पर कौन रहता है?

A. P
B. Q
C. R
D. विकल्प (A) और (B) दोनों
E. विकल्प (B) और (C) दोनों

Q.15 निर्देश: निम्न प्रश्न में कुछ कथन और उसके बाद I और II से अंकित दो निष्कर्ष दिए गये हैं। आपको दिए गये कथनों को सत्य मानना है, भले ही वे ज्ञात तथ्यों से अलग प्रतीत होते हों। सभी निष्कर्षों को पढ़िए और फिर निर्णय कीजिए कि दिये गये निष्कर्षों में से कौन सा/कौन से निष्कर्ष ज्ञात तथ्यों को नजरअंदाज करने पर कथनों का तार्किक रूप से अनुसरण करता है/करते हैं।

कथन:

सभी आइसक्रीम चॉकलेट हैं।

कुछ मैंगो वेनिला हैं।

कुछ आइसक्रीम वेनिला है।

निष्कर्ष:

I. कुछ आइसक्रीम का वेनिला होना संभावना है।

II. कुछ मैंगो चॉकलेट है।

A. केवल निष्कर्ष I अनुसरण करता है

B. केवल निष्कर्ष II अनुसरण करता है

C. या तो निष्कर्ष I या II अनुसरण करता है

D. न तो निष्कर्ष I न II अनुसरण करता है

E. निष्कर्ष I और II दोनों अनुसरण करते हैं

Q.16 निर्देश: नीचे प्रश्न में तीन कथन और उसके बाद I, II और III से अंकित तीन निष्कर्ष दिए गये हैं। आपको दिए गये कथनों को सत्य मानना है, भले ही वे ज्ञात तथ्यों से अलग प्रतीत होते हों। सभी निष्कर्षों को पढ़िए और निर्णय कीजिए कि दिये गये निष्कर्षों में से कौन-सा निष्कर्ष ज्ञात तथ्यों को नजरंदाज करने पर कथनों का तार्किक रूप से अनुसरण करता है।

कथन:

सभी काले हरे हैं।

केवल कुछ हरे अच्छे हैं।

कुछ अच्छे बुरे हैं।

निष्कर्ष:

I. कोई काला अच्छा नहीं है।

II.कोई हरा बुरा नहीं है।

III.कुछ काले अच्छे हैं।

A. केवल I अनुसरण करता है

B. या तो I या III अनुसरण करता है

C. केवल II अनुसरण करता है

D. I और II दोनों अनुसरण करते हैं

E. कोई भी अनुसरण नहीं करता है

Q.17 निर्देश: नीचे प्रश्न में कुछ कथन और उसके बाद I और II से अंकित दो निष्कर्ष दिए गये हैं। आपको दिए गये कथनों को सत्य मानना है, भले ही वे ज्ञात तथ्यों से अलग प्रतीत होते हों। सभी निष्कर्षों को पढ़िए और निर्णय कीजिए कि दिये गये निष्कर्षों में से कौन सा/कौन से निष्कर्ष ज्ञात तथ्यों को नजरंदाज करने पर कथनों का तार्किक रूप से अनुसरण करता है/करते हैं।

कथन:

सभी कुर्सियां ताले हैं।

सभी ताले चाबी हैं।

कुछ चाबी बक्से हैं।

निष्कर्ष:

I. कुछ कुर्सियां चाबी हैं।

II. कुछ बक्से कुर्सियां हैं।

A. केवल निष्कर्ष I अनुसरण करता है।

B. केवल निष्कर्ष II अनुसरण करता है।

C. या तो निष्कर्ष I या II अनुसरण करता है।

D. ना तो निष्कर्ष I ना ही II अनुसरण करता है।

E. I और II दोनों अनुसरण करते हैं।

Q.18 'COMPROMISE' शब्द में आगे और पीछे दोनों तरफ से ऐसे कितने अक्षरों के युग्म हैं जिनके बीच उतने ही अक्षर हैं, जितने अंग्रेज़ी वर्णमाला में उनके बीच हैं?

A. तीन **B.** चार **C.** एक **D.** पांच

E. दो

Q.19 यदि संख्या 621754 में प्रत्येक सम अंक में 2 जोड़ा जाता है और प्रत्येक विषम अंक में से 1 घटाया जाता है, तो नई संख्या में ना दोहराई जाने वाली संख्या/संख्याओं का योग क्या होगा?

[IBPS PO, 2021]

A. 5 **B.** 8 **C.** 6 **D.** 4

E. 10

Q.20 "FOLLOWING" शब्द में ऐसे कितने अक्षरों के युग्म (आगे और पीछे दोनों ओर से) हैं, जिनके बीच उतने ही अक्षर हैं, जितने अंग्रेजी वर्णमाला श्रृंखला में उनके बीच हैं?

A. दो **B.** तीन **C.** चार **D.** पांच

E. एक

Q.21 यदि शब्द FLOCCULANT के दूसरे, तीसरे और आठवें अक्षर से तथा शब्द GONDOLA के पहले, तीसरे और पांचवें अक्षर से केवल एक छः-अक्षरीय सार्थक अंग्रेजी शब्द बनाना संभव है, तब निम्नलिखित में से शब्द के बाएं से दूसरा अक्षर कौन-सा होगा? यदि ऐसा कोई शब्द नहीं बनाया जा सकता है तब उत्तर के रूप में 'X' निर्दिष्ट कीजिये और यदि एक से अधिक शब्द बनाये जा सकते हैं तो उत्तर के रूप में 'Y' निर्दिष्ट कीजिये।

A. G **B.** Y **C.** N **D.** X

E. A

Q.22 यदि संख्या 45392276 में, प्रत्येक सम अंक में 1 जोड़ा जाता है और प्रत्येक विषम अंक में से 2 घटाया जाता है, तो बाएं और दाएं से क्रमशः दूसरे और छठे अंक का योग ___है।

A. 11 **B.** 8 **C.** 4 **D.** 6

E. 13

Ques (23-27):निर्देश: निम्नलिखित जानकारी का ध्यानपूर्वक अध्ययन कीजिए और नीचे दिए गए प्रश्नों के उत्तर दीजिए:

सात बॉक्स P, Q, R, S, T, U और V जिनके अलग-अलग रंग जैसे लाल, नीला, हरा, गुलाबी, काला, सफेद, बैंगनी हैं, उन्हें एक दूसरे के ऊपर रखा जाता है लेकिन उनका उसी क्रम में होना आवश्यक नहीं है। बक्से ऐसे क्रम में रखे गए हैं कि आधारतम बॉक्स की संख्या 1 है और शीर्षतम बॉक्स की संख्या 7 है। बॉक्स P के ऊपर केवल तीन बॉक्स रखे गए हैं। बॉक्स P और सफेद रंग के बॉक्स के बीच केवल एक बॉक्स रखा गया है। बॉक्स U को नीले रंग के बॉक्स के ठीक नीचे रखा गया है। नीले रंग के बॉक्स को एक सम स्थान पर रखा गया है। सफेद रंग और हरे रंग के बॉक्स के बीच केवल तीन बॉक्स रखे गए हैं। बॉक्स T को बॉक्स R के ठीक ऊपर रखा गया है। बॉक्स T हरे रंग का नहीं है। बॉक्स Q और काले रंग के बॉक्स के बीच केवल दो बॉक्स रखे गए हैं। काले रंग के बॉक्स को बॉक्स Q के नीचे रखा जाता है। लाल रंग के बॉक्स को बॉक्स Q के ठीक ऊपर या ठीक नीचे नहीं रखा जाता है। बॉक्स S को बॉक्स P के ठीक ऊपर या ठीक नीचे नहीं रखा गया है। बॉक्स V का रंग गुलाबी नहीं है।

Q.23 दी गई जानकारी के अनुसार बॉक्स V के सन्दर्भ में निम्नलिखित में से कौन-सा सत्य है?

A. बॉक्स V के ठीक नीचे रखे गए बॉक्स का रंग नीला है।

B. बॉक्स V को बॉक्स संख्या 7 पर रखा गया है।

C. बॉक्स V को बॉक्स T के ठीक नीचे रखा गया है।

D. बॉक्स V को आधारतम स्थान पर रखा गया है।

E. बॉक्स V सफेद रंग का है।

Q.24 बॉक्स संख्या 3 पर कौन-सा बॉक्स रखा गया है?

A. गुलाबी रंग का बॉक्स **B.** काले रंग का बॉक्स

C. R **D.** V
E. T

Q.25 बॉक्स T के ठीक ऊपर कौन-सा बॉक्स रखा गया है?

A. P **B.** Q **C.** S **D.** V
E. U

Q.26 बॉक्स S का रंग क्या है?

A. नीला **B.** सफेद **C.** हरा **D.** काला
E. गुलाबी

Q.27 बॉक्स S और नीले रंग के बॉक्स के बीच कितने बॉक्स रखे गए हैं?

A. एक भी नहीं **B.** दो
C. एक **D.** तीन से अधिक
E. तीन

Ques (28-32):निर्देश: निम्नलिखित जानकारी का अध्ययन कीजिये और नीचे दिए गए प्रश्नों के उत्तर दीजिये।

एक निश्चित कूट भाषा में,

"focus on economic development" को "ve no py su" के रूप में लिखा जाता है

"greater growth more development" को "wr ea ve om" के रूप में लिखा जाता है

"more focus is important" को "su ta nx ea" के रूप में लिखा जाता है

"economic growth is important" को "ta py om nx" के रूप में लिखा जाता है

Q.28 'economic' के लिए कूट क्या है?

[SBI Clerk, 2021]

A. no **B.** py **C.** nx **D.** ta
E. su

Q.29 'su' निम्नलिखित में से किसके लिए कूट है?

[SBI Clerk, 2021]

A. more **B.** development
C. focus **D.** on
E. important

Q.30 "growth is important" के लिए कूट क्या है?

[SBI Clerk, 2021]

A. om ta py
B. om ta nx
C. wr ta nx
D. ea nx py
E. निर्धारित नहीं किया जा सकता है

Q.31 'important' के लिए कूट क्या है?

[SBI Clerk, 2021]

A. ta
B. py
C. nx
D. om
E. निर्धारित नहीं किया जा सकता है

Q.32 'greater' के लिए कूट क्या है?

[SBI Clerk, 2021]

A. wr **B.** ea **C.** ve **D.** om
E. no

Ques (33-35):निर्देश: इस प्रश्न में, कथन में विभिन्न तत्वों के बीच संबंध दिखाया गया है। इस कथन के बाद तीन निष्कर्ष निकलते हैं। दिए गए कथन को सत्य मानिए और दिए गए विकल्पों में से उत्तर चुनिए:

Q.33 कथन: $B = R < E \leq A > K$

निष्कर्ष:

i) $B \leq A$

ii) $E > K$

iii) $R < A$

A. केवल iii) अनुसरण करता है
B. केवल i) और ii) अनुसरण करते हैं
C. सभी अनुसरण करते हैं
D. केवल ii) और iii) अनुसरण करते हैं
E. इनमें से कोई नहीं

Q.34 कथन:

$H > G < C, E \geq K < D \leq B, E = C$

निष्कर्ष:

I. $G \leq D$

II. $G > D$

[IBPS PO, 2021]

A. यदि केवल निष्कर्ष I अनुसरण करता है
B. यदि केवल निष्कर्ष II अनुसरण करता है
C. यदि या तो निष्कर्ष I या निष्कर्ष II अनुसरण करता है
D. यदि न तो निष्कर्ष I और न ही निष्कर्ष II अनुसरण करता है
E. यदि दोनों निष्कर्ष अनुसरण करते हैं

Q.35 कथन: $H \leq X \leq R = O > T; Y = F \geq R > D$

निष्कर्ष:

I. $H \geq Y$

II. $Y > H$

[IBPS PO, 2021]

A. केवल I सत्य है **B.** केवल II सत्य है
C. या तो I या II सत्य है **D.** I और II दोनों सत्य हैं
E. न तो I न ही II सत्य है

Numerical Aptitude

Q.36 यदि 18 कलम का क्रय मूल्य 12 कलम के विक्रय मूल्य के समान है, तो लाभ प्रतिशत क्या है?

A. 12.5% **B.** 22.5% **C.** 50% **D.** 36%
E. 60%

Q.37 सुरेश अपनी मोटर - साइकिल से घूमने जाता है और 410 किमी की दूरी तय करता है। यदि वह 5 घंटे, 50 किमी/घंटा की गति से चलाता है, तो वह शेष 4 घंटे की यात्रा किस गति से तय करता है, वह ज्ञात कीजिए।

A. 47 किमी/घंटा **B.** 40 किमी/घंटा
C. 56 किमी/घंटा **D.** 48 किमी/घंटा
E. 60 किमी/घंटा

Q.38 एक समलंब चतुर्भुज की ऊंचाई 10 सेमी है और समलंब चतुर्भुज का क्षेत्रफल 195 सेमी^{2} है। यदि समांतर रेखाएं 5 : 8 के अनुपात में हैं, तो सबसे बड़ी रेखा की लंबाई ज्ञात कीजिये।

A. 15 **B.** 25 **C.** 29 **D.** 23
E. 24

Ques (39-43):निर्देश: निम्नलिखित संख्या श्रृंखला में प्रश्न चिन्ह '?' के स्थान में क्या आना चाहिए?

Q.39 10, 18, 8, 20, 6, ?

A. 20 **B.** 22 **C.** 2 **D.** 12
E. 30

Q.40 4, 4, 6, 12, ?, 90

A. 30 **B.** 20 **C.** 40 **D.** 50
E. 70

Q.41 500, 505, 515, 526, 539,?

A. 592 **B.** 544 **C.** 556 **D.** 567
E. 542

Q.42 5, 4, 0, -18, -114, -714, ?

A. -1000 **B.** -5034 **C.** 2000 **D.** 1100
E. 2300

Q.43 1, 10, 90, 720, 5040, 30240, ?

A. 161200 **B.** 151200 **C.** 171200 **D.** 141200
E. 131200

Ques (44-51):निर्देश: निम्न प्रश्न में प्रश्न चिह्न '?' के स्थान पर क्या आएगा?

Q.44 490 का 14.28% – 63 का 71.43%= ?

A. 25 **B.** 49 **C.** 64 **D.** 81
E. 35

Q.45 250 का 42% + 480 का 115% = ?

A. 655 **B.** 657 **C.** 659 **D.** 653
E. 656

Q.46 $? = 320$ का $40\% + 4^3 \div 16 \times 108 \div 8$

[SBI Clerk, 2021]

A. 176 **B.** 172 **C.** 168 **D.** 166
E. 182

Q.47 $\sqrt{\left[1331^{\left(\frac{1}{3}\right)} + 1728^{\left(\frac{1}{3}\right)} + 2\right]} = ?$

A. 5 **B.** 6 **C.** 7 **D.** 8
E. 9

Q.48 480 का 66.66% + 832 का 37.5% = 120 + ?

A. 444 **B.** 512 **C.** 332 **D.** 412
E. 418

Q.49 180 का $35\% + 18^2 = (27)^{\frac{5}{3}} + ?^2$

[SBI Clerk, 2021]

A. 18 **B.** 15 **C.** 12 **D.** 13
E. 14

Q.50 $\left(7\frac{5}{2} + 4\frac{7}{2}\right) \div 7\frac{3}{2} = 11\frac{5}{3} - \frac{2}{3} - ?$

A. 15 **B.** 90 **C.** 25 **D.** 30
E. 10

Q.51 $4\frac{2}{5} \div 1\frac{7}{15} + 5\frac{5}{3} \times 3\frac{3}{2} = ?$

A. $22\frac{1}{3}$ **B.** $32\frac{2}{3}$
C. 33 **D.** 21
E. इनमें से कोई नहीं

Q.52 एक कक्षा में छात्रों द्वारा प्राप्त किए गए औसत अंक 43 हैं। यदि 25 लड़कों द्वारा प्राप्त किए गए औसत अंक 40 हैं और लड़कियों द्वारा प्राप्त औसत अंक 48 हैं, तो कक्षा में लड़कियों की संख्या क्या है?

[Territorial Army Officer, 2019]

A. 20 **B.** 25 **C.** 15 **D.** 10
E. 35

Q.53 एक कक्षा में लड़कों और लड़कियों द्वारा प्राप्त अंकों का माध्य 60 और 55 है तथा उनका यौगिक माध्य 57 है। कक्षा में कुल 100 छात्र हैं। कक्षा में कुल लड़कों और कुल लड़कियों की संख्या ज्ञात कीजिये।

A. लड़के = 40; लडकियाँ = 60
B. लड़के = 30; लडकियाँ = 70
C. लड़के = 50; लडकियाँ = 50
D. लड़के = 60; लडकियाँ = 40
E. इनमें से कोई नहीं

Q.54 यदि साधारण ब्याज पर 4 वर्ष और 5 वर्ष के लिए 10% वार्षिक दर से किसी राशि का अंतर 53 रुपये है, तो राशि ज्ञात कीजिए।

A. 540 रुपये **B.** 550 रुपये **C.** 560 रुपये **D.** 530 रुपये
E. 503 रुपये

Q.55 वह राशि ज्ञात कीजिए जो साधारण ब्याज पर 8% की वार्षिक दर से 4 वर्ष में 9,900 रुपये हो जाएगी?

A. 7,500 रुपये **B.** 7,700 रुपये
C. 7,600 रुपये **D.** 7,800 रुपये
E. 7,900 रुपये

Q.56 एक विशिष्ट संख्या में पुरुष एक कार्य को 90 दिन में पूरा कर सकते हैं। यदि 8 पुरुष कम थे, तो 10 दिन अधिक लगेंगे। शुरुआत में वहां कितने पुरुष थे?

A. 84 **B.** 82
C. 80 **D.** 76
E. इनमें से कोई नहीं

Q.57 A किसी काम को अकेला 16 दिनों में पूरा कर सकता है। वह 4 दिन तक अकेले काम करता है और फिर B उसके साथ जुड़ जाता है। वे दोनों मिलकर शेष काम को 4 दिन में पूरा करते हैं। इस काम को अकेले पूरा करने में B कितने दिन का समय लेगा?

A. 2 **B.** 4 **C.** 8 **D.** 16
E. 32

Ques (58-62):निर्देश: ग्राफ का अध्ययन कर निम्नलिखित प्रश्नों के उत्तर दीजिये।

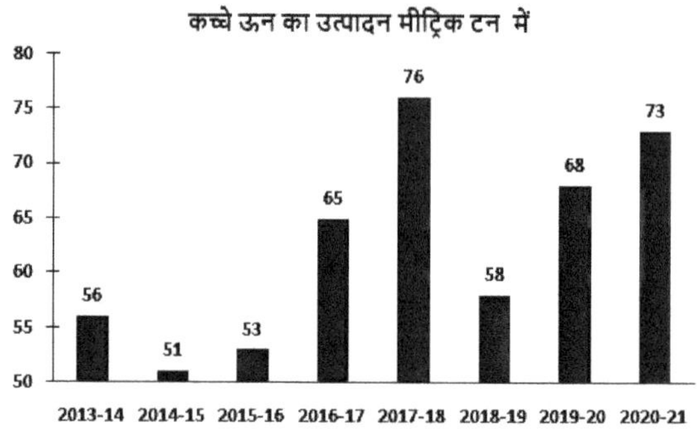

Q.58 कच्चे ऊन के उत्पादन में उच्चतम वृद्धि का वर्ष था:

[UPSSSC Preliminary Eligibility Test, 2021]

A. 2017 – 18 **B.** 2020 – 21

C. 2016 – 17 **D.** 2019 – 20
E. इनमें से कोई नहीं

Q.59 पहले चार वर्षों के उत्पादन की तुलना में अन्तिम चार वर्षों में कच्चे ऊन का उत्पादन _____ % बढ़ गया।

[UPSSSC Preliminary Eligibility Test, 2021]

A. 26.8 **B.** 22.2 **C.** 19.8 **D.** 25.0
E. 30.0

Q.60 आठ वर्षो के दौरान औसत उत्पादन था:

[UPSSSC Preliminary Eligibility Test, 2021]

A. 67.2 मिलियन टन **B.** 62.5 मिलियन टन
C. 50.0 मिलियन टन **D.** 52.8 मिलियन टन
E. 90 मिलियन टन

Q.61 उत्पादन में पिछले वर्ष की तुलना में अधिकतम प्रतिशत घटत किस वर्ष रही?

[UPSSSC Preliminary Eligibility Test, 2021]

A. 2018 – 19 **B.** 2017 – 18
C. 2013 – 14 **D.** 2014 – 15
E. इनमें से कोई नहीं

Q.62 2014 – 15 में कच्चे ऊन का उत्पादन 2019 – 20 के उत्पादन का _____ था।

[UPSSSC Preliminary Eligibility Test, 2021]

A. $\frac{1}{3}$ **B.** $\frac{2}{3}$ **C.** $\frac{1}{2}$ **D.** $\frac{3}{4}$
E. $\frac{7}{4}$

Q.63 टी.वी. सेट का मूल्य 30% घटाने पर उसकी बिक्री 20% बढ़ गई। दुकानदार की आय पर उसका क्या प्रभाव पड़ा?

[UPSSSC Preliminary Eligibility Test, 2021]

A. 10% बढ़ी **B.** 10% घटी **C.** 16% बढ़ी **D.** 16% घटी
E. 18% घटी

Q.64 A, B और C साझेदार हैं। A को लाभ का $\frac{9}{10}$ भाग प्राप्त होता है तथा B और C शेष लाभ को समान रूप से साझा करते हैं। A की आय में 270 रुपये की वृद्धि होती है जब A का लाभ 12% से 15% तक बढ़ जाता है। क्रमशः B और C द्वारा निवेश की गई पूंजी ज्ञात कीजिए।

[SBI Clerk, 2021]

A. 500 रुपये, 600 रुपये **B.** 500 रुपये, 500 रुपये
C. 600 रुपये, 500 रुपये **D.** 600 रुपये, 600 रुपये
E. इनमें से कोई नहीं

Q.65 5 वर्ष बाद, A और B की आयु के बीच का अनुपात 5: 8 होगा और 8 वर्ष बाद, आयु का योग 71 वर्ष होगा। B की वर्तमान आयु ज्ञात कीजिए।

[IBPS Clerk, 2021]

A. 33 वर्ष **B.** 32 वर्ष **C.** 28 वर्ष **D.** 40 वर्ष
E. 35 वर्ष

Q.66 एक कस्बे की कुल जनसंख्या 2800 है जहाँ पुरुषों की संख्या महिलाओं की संख्या से 720 अधिक है। यदि पुरुषों की संख्या में 40% की कमी होती है और महिलाओं की संख्या में 20% की वृद्धि होती है, तो शहर की नई जनसंख्या ज्ञात कीजिए।

[IBPS Clerk, 2021]

A. 2236 **B.** 2440 **C.** 2304 **D.** 2316
E. 2060

Ques (67-68):निर्देश: निम्न प्रश्न में प्रश्नवाचक चिह्न '?' के स्थान पर क्या आएगा?

Q.67 $18\frac{1}{3} + 9\frac{2}{3} - 10\frac{1}{3} = 1\frac{2}{3} + ?$

[IBPS Clerk, 2021]

A. 10 **B.** 15
C. 18 **D.** 16
E. इनमें से कोई नहीं

Q.68 $\sqrt{324} + 9^2 - 7^2 = 2 \times (?)^2$

[IBPS Clerk, 2021]

A. 25 **B.** 5 **C.** 10 **D.** 125
E. 20

Q.69 एक दुकानदार ने दो प्रकार के गेहूँ खरीदे हैं जिनकी लागत 220 रुपये प्रति किलोग्राम और 300 रुपये प्रति किलोग्राम है। 25% का लाभ कमाने के लिए उसे गेहूं को किस अनुपात में मिलाना चाहिए जिससे वह 360 रुपये प्रति किलोग्राम की दर से मिश्रण बेच सके?

[IBPS PO, 2021]

A. 4:15 **B.** 2:17 **C.** 4:17 **D.** 3:16
E. 3:17

Q.70 पंकज एक घड़ी को 900 रु में खरीदता है तथा उसके अंकित मूल्य को इस तरह से अंकित करता है कि 30% की छूट देने के पश्चात भी उसे 40% का लाभ होता है। घड़ी का अंकित मूल्य (रु में) क्या है?

[Delhi Police Constable, 2017]

A. 1200 **B.** 1800 **C.** 2050 **D.** 1980
E. 1700

English Language

Ques (71-80):Direction: Read the passage and answer the questions that follow. Some words may be highlighted for you. Pay careful attention.

The Directive Principle of State Policy to provide for primary education to all children has failed in its objectives. At present, almost half of India's population is still illiterate. Through the ages, the illiterate masses have been exploited. The present-day politicians have exploited them for their perverted interests. This has resulted in the formation of unstable coalition governments at the Centre. Social evils like drug abuse, consumption of alcohol and child labour are a result of illiteracy among the masses. Kerala has concentrated on mass education and has, thus, **controlled** many social evils. With the nation hovering around the 1 billion mark and around 48 percent of its population still illiterate, there is hardly a ray of hope for India. In the near future, the rising illiterate population would further impede the growth and development of the nation. The Directive Principles of State Policy **inter alia** provide that the State shall endeavour to provide for free and compulsory education to all children below the age of 14 years, within a period of ten years from the commencement of the Constitution of India. However, because of the lack of resources and foresight among politicians, this dream has never been realized. The **prevalence** of illiteracy among the masses has made them vulnerable to exploitation, as they are unaware of their rights and privileges. The Indian masses have throughout the age remained illiterate and naive because education had been the privilege of only the Brahmins and the upper classes. The **underprivileged** looked up to them, but never **envied** them. On the contrary, the masses resigned themselves to their fate. The Government launched the National Literacy Mission (NLM) with the objective of achieving total adult literacy in 1988. The objective was to achieve total adult literacy among 80 million adults in the age group of 15-35 by the year 1995. Non-Governmental Organizations should also take part in the literacy mission to help the government in achieving its targets sooner than proposed. Though total adult literacy is a stupendous task, we must contribute our bit in achieving the desired targets.

Q.71 Why it is said that there is hardly any ray of hope for India?

A. India's population is around 1 billion
B. 48 percent of the population is illiterate
C. It will provide free education to children
D. It has an adult literacy
E. None of the above

Q.72 Why citizens are vulnerable to exploitation?

A. They are literate
B. They are unaware of their rights and privileges.
C. There's mass education
D. Lack of resources
E. None of the above

Q.73 From the options given below, select the most appropriate synonym for the word "**controlled**".

A. Loose **B.** Wild
C. Rampant **D.** Irrepressible
E. Administer

Q.74 From the options given below, select the most appropriate synonym for the word "**underprivileged**".

A. Deprived **B.** Privileged
C. Wealthy **D.** Prosperous
E. None of the above

Q.75 Who has failed in its objectives?

A. The government
B. The illiterate citizens
C. The Directive Principle of State Policy
D. The Constitution of India
E. None of the above

Q.76 From the options given below, select the most appropriate antonym for the word "prevalence".

A. Disappearance **B.** Ubiquity
C. Universality **D.** Regularity
E. Frequency

Q.77 From the options given below, select the most appropriate antonym for the word "envied".

A. Wealthy **B.** Despise
C. Irrepressible **D.** Regularity
E. Begrudge

Q.78 From the given options, select the most appropriate meaning for the phrase - 'inter alia'.

A. Among other things **B.** To commence
C. Ordered **D.** Endorse
E. None of the above

Q.79 Why did the government launch National Literacy Mission (NLM)?

A. To be socially strong
B. To gain resources
C. To achieve total literacy
D. To end exploitation
E. To achieve total illiteracy

Q.80 The objective was to achieve total adult literacy among ____________ in the age group of 15-35 by the year 1995.

A. 80 million adults **B.** 70 million adults
C. 60 million adults **D.** 50 million adults
E. 75 million adults

Ques (81-85):Direction: Which of the option (A), (B), (C) and (D) given below, should replace the phrase printed in bold in the sentence to make it grammatically correct? If the sentence is correct as it is given and no correction is required, mark (E) as the answer.

Q.81 India lent **a helpful handshake** to Nepal by giving them 2.1 billion Nepalese rupees for the reconstruction of houses flattened in the 2015 earthquake.

A. A helping handshake
B. A helpful hand
C. A helping hand
D. A helping handed
E. No correction required

Q.82 Non-banking financial companies, already **reeling under** a painful liquidity crisis, are up against a fresh challenge in the form of new regulatory norms.

A. Reel under
B. Reel over
C. Reel at
D. Reeling on
E. No correction required

Q.83 Students from around the world **have increasing started opting to** online education.

A. Has increasingly started opt to
B. Have increasing starting opted to
C. Have increasingly started opting for
D. Have increasingly starting opting for
E. No correction required

Q.84 The stage is **all set** for the elections to the Mandal and Zilla Parishad territorial constituencies across the State.

A. All sets
B. All setting
C. Set out
D. All setted
E. No replacement required

Q.85 He has visited many places all over the city **looked at** the perfect location to set up his factory.

A. Looking out

B. Looking for
C. Looking after
D. Looked forward to
E. No correction required

Ques (86-90):Direction: Arrange the following parts of a sentence in the correct order and mark the correct option.

Q.86 A. done to pacify the
B. wouldn't damage
C. spirits so that they
D. the crops or cause anyone grief
E. these sacrifices were

[IBPS Clerk, 2021]

A. EACBD **B.** EDCAB **C.** BACDE **D.** ADCBE
E. BCADE

Q.87 A. remain indifferent
B. stride forward
C. even if others
D. you should
E. to the humanitarian cause

[IBPS Clerk, 2021]

A. CABED **B.** BACED **C.** DBCEA **D.** ECBAD
E. CAEDB

Q.88 A. a person
B. quickly wins
C. nice expensive clothes
D. who wears
E. the admiration of many

[IBPS Clerk, 2021]

A. EBDCA **B.** ADCBE **C.** BDEAC **D.** CDEAB
E. DEACB

Q.89 A. smiling response
B. her child through
C. between a mother and
D. bond of attachment
E. we develop the vital

A. ABDCE **B.** EDCBA **C.** CDEAB **D.** BDECA
E. DCABE

Q.90 A. field of science
B. concerned with
C. robotics is the
D. and technology
E. creating robots

A. CAEBD **B.** CADBE **C.** CADEB **D.** ACDBE
E. ABECD

Ques (91-93):Direction: In the following question, some parts of the sentence may have an error. The error, if any, will be in one part of the sentence. Find out which part of the sentence has an error and select the appropriate option. If a sentence is free from errors select 'No error' as your answer.

Q.91 Man is entirely different (A) / than other animals (B) / in the utter helplessness (C) / of his babyhood. (D) / No Error (E)

[IBPS Clerk, 2021]

A. (A) **B.** (B) **C.** (C) **D.** (D)
E. No error

Q.92 He lack the (A) / power of imparting, (B) / although he is (C) / a good mathematical scholar. (D) / No error (E)

[IBPS Clerk, 2021]

A. (A) **B.** (B) **C.** (C) **D.** (D)
E. No error

Q.93 What Dr. Joshi mainly aimed at, (A) / was to promote the (B) / self-development of the young minds (C) / committed for their charge. (D) / No error (E)

[IBPS Clerk, 2021]

A. (A) **B.** (B) **C.** (C) **D.** (D)
E. No error

Q.94 Direction: Determine the erroneous part in the options given below. If there is no error, choose No error.

The sceneries/ was so beautiful/ that John was mesmerized/ and captivated by all that he saw./ No error

A. The sceneries
B. was so beautiful
C. that John was mesmerized
D. and captivated by all that he saw
E. No error

Q.95 Direction: The sentence given below may contain an error. Identify the part containing the error, if any, and mark it as you answer. If there is no error anywhere in the sentence, mark No Error(E) as your answer.

More than one (A) person are (B) a secret (C) undercover agent. (D) No Error (E)

A. (A) **B.** (B) **C.** (C) **D.** (D)
E. (E)

Ques (96-100):Direction: The given question has one blank indicating that something has been omitted. Choose the word for the given options that could fit in the blank correctly.

Q.96 The whole scheme was _____, to fail from the beginning.

[IBPS Clerk, 2021]

A. destined **B.** uncertain
C. decided **D.** remote
E. erroneous

Q.97 Its current was very ________ and could take away big tree trunks.

[IBPS Clerk, 2021]

A. compelling **B.** powerful
C. powerless **D.** gentle
E. persuasive

Q.98 Chandrakanth was shocked when he _____ that the leg had lost sensation.

[IBPS Clerk, 2021]

A. unaware **B.** thought **C.** realized **D.** knew
E. attained

Q.99 Over the centuries, human beings have _________ and tamed wild animals.

[IBPS Clerk, 2021]

A. helped
B. domesticated
C. supported
D. saved
E. apprehend

Q.100 Some parents are not in ______ of a co-educational system.

[IBPS Clerk, 2021]

A. favor
B. side
C. thinking
D. prefer
E. judgement

// स्मार्ट उत्तर पुस्तिका //

सही उत्तर उन छात्रों का प्रतिशत जिन्होंने प्रश्नों का सही उत्तर दिया था।

छोड़ दिया उन छात्रों का प्रतिशत जिन्होंने प्रश्नों को छोड़ दिया था।

प्रश्न संख्या	उत्तर	सही उत्तर / छोड़ दिया	प्रश्न संख्या	उत्तर	सही उत्तर / छोड़ दिया	प्रश्न संख्या	उत्तर	सही उत्तर / छोड़ दिया	प्रश्न संख्या	उत्तर	सही उत्तर / छोड़ दिया	प्रश्न संख्या	उत्तर	सही उत्तर / छोड़ दिया	प्रश्न संख्या	उत्तर	सही उत्तर / छोड़ दिया
1	A	53.16 % / 39.15 %	18	B	17.84 % / 76.99 %	35	E	47.71 % / 30.5 %	52	C	43.04 % / 54.98 %	69	E	89.2 % / 10.31 %	86	A	68.58 % / 31.17 %
2	B	77.71 % / 10.71 %	19	B	25.37 % / 67.92 %	36	C	66.72 % / 32.84 %	53	A	48.23 % / 34.48 %	70	B	77.37 % / 11.57 %	87	E	50.6 % / 37.36 %
3	E	60.86 % / 30.12 %	20	B	69.73 % / 30.11 %	37	B	52.68 % / 30.01 %	54	D	26.01 % / 72.87 %	71	B	55.4 % / 34.5 %	88	B	44.19 % / 34.32 %
4	C	82.12 % / 10.53 %	21	E	87.7 % / 10.48 %	38	E	65.07 % / 32.83 %	55	A	31.93 % / 67.63 %	72	B	45.26 % / 35.29 %	89	B	55.17 % / 37.06 %
5	D	40.35 % / 57.45 %	22	C	14.25 % / 75.63 %	39	B	50.25 % / 45.41 %	56	C	47.46 % / 40.22 %	73	E	64.56 % / 30.93 %	90	B	42.91 % / 44.56 %
6	B	80.15 % / 16.1 %	23	A	63.37 % / 35.87 %	40	A	48.79 % / 34.69 %	57	C	62.89 % / 32.11 %	74	A	77.78 % / 11.58 %	91	B	67.61 % / 30.45 %
7	D	86.79 % / 12.71 %	24	B	54.24 % / 43.93 %	41	C	14.02 % / 70.34 %	58	C	78.28 % / 12.96 %	75	C	47.96 % / 31.14 %	92	A	69.39 % / 30.29 %
8	C	65.57 % / 32.45 %	25	E	50.22 % / 46.23 %	42	B	11.81 % / 77.21 %	59	B	41.29 % / 39.31 %	76	A	89.74 % / 10.08 %	93	D	43.48 % / 54.49 %
9	A	61.17 % / 32.75 %	26	E	57.13 % / 41.83 %	43	B	49.05 % / 42.83 %	60	B	80.49 % / 16.55 %	77	B	58.35 % / 37.7 %	94	A	43.58 % / 55.32 %
10	D	27.95 % / 70.24 %	27	B	68.87 % / 30.9 %	44	A	43.9 % / 52.54 %	61	A	53.84 % / 42.64 %	78	A	19.27 % / 67.81 %	95	B	87.99 % / 11.55 %
11	A	11.2 % / 85.48 %	28	B	88.94 % / 10.08 %	45	B	64.64 % / 31.64 %	62	D	60.75 % / 34.72 %	79	C	45.5 % / 54.46 %	96	A	82.89 % / 16.84 %
12	C	63.25 % / 33.39 %	29	C	76.68 % / 16.79 %	46	E	51.44 % / 33.49 %	63	D	78.2 % / 19.58 %	80	A	78.0 % / 16.05 %	97	B	61.76 % / 37.15 %
13	E	88.43 % / 10.35 %	30	B	76.42 % / 21.97 %	47	A	62.9 % / 30.7 %	64	B	56.54 % / 35.73 %	81	C	48.38 % / 31.77 %	98	C	81.06 % / 17.45 %
14	D	44.86 % / 33.18 %	31	E	84.19 % / 14.22 %	48	B	53.86 % / 42.39 %	65	E	89.56 % / 10.24 %	82	E	80.29 % / 15.14 %	99	B	46.9 % / 44.12 %
15	D	40.54 % / 50.05 %	32	A	87.98 % / 11.52 %	49	C	58.11 % / 37.46 %	66	C	57.39 % / 41.89 %	83	C	41.03 % / 42.49 %	100	A	60.96 % / 33.0 %
16	B	62.3 % / 32.98 %	33	A	83.61 % / 15.91 %	50	E	69.44 % / 30.31 %	67	D	85.17 % / 14.17 %	84	E	64.86 % / 34.5 %			
17	A	51.53 % / 45.63 %	34	C	40.65 % / 40.27 %	51	C	45.27 % / 34.69 %	68	B	59.37 % / 31.06 %	85	B	56.71 % / 38.49 %			

//संकेत और समाधान//

Ques (1-5):व्यक्ति: अमर, ब्रिजेश, पिंकी, दीप, ईश्वर, नैंसी, गुरकमल और हर्ष

1) नैंसी, पिंकी के दायीं ओर से तीसरे स्थान पर और हर्ष के बायीं ओर से दूसरे स्थान पर है।

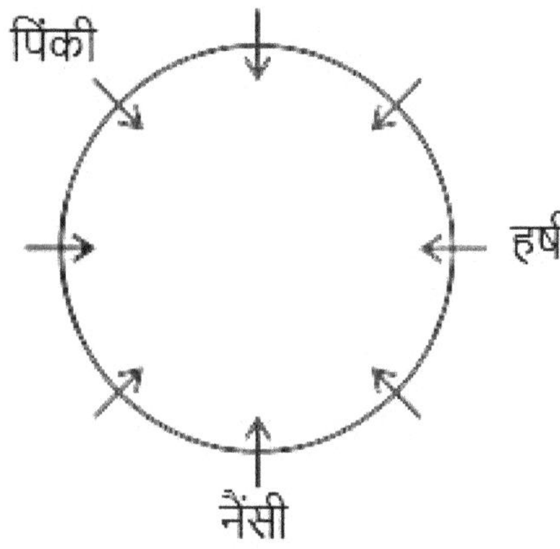

2) दीप, पिंकी अथवा हर्ष का निकतटम पड़ोसी नहीं है।

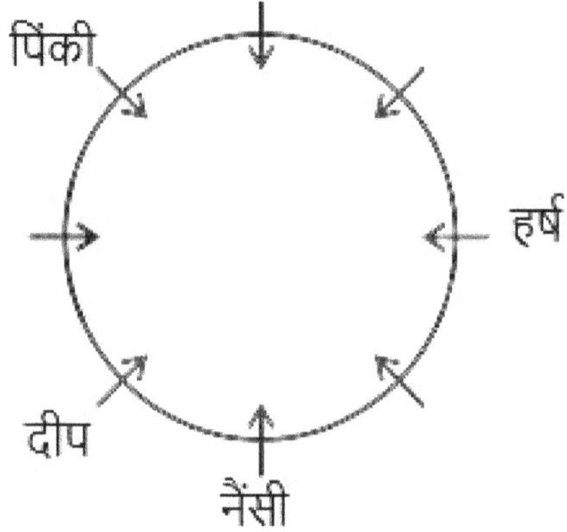

3) ईश्वर, अमर के ठीक दायीं ओर है जो कि गुरकमल के दायीं ओर से दूसरा है।

यहाँ अमन के लिए एकमात्र संभव स्थान हर्ष के ठीक दायीं ओर है।

इसलिए, रिक्त स्थान पर ब्रिजेश बैठा है।

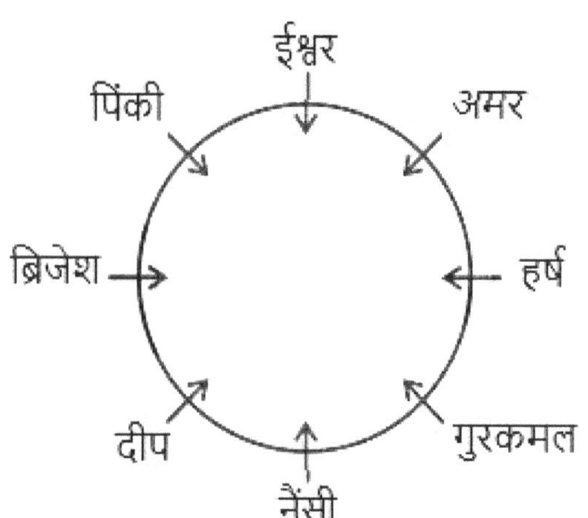

1. इसलिए, अमर, पिंकी के बायीं ओर से दूसरा है।

अत: विकल्प (A) सही है।

2. इसलिए, ब्रिजेश, पिंकी के ठीक दायीं ओर है।

अत: विकल्प (B) सही है।

3. यहाँ दीप, ब्रिजेश के दायीं ओर बैठा है। इसलिए दीप और ब्रिजेश सही जोड़ी है।

अत: विकल्प (E) सही है।

4. इसलिए, गुरकमल और दीप के मध्य नैंसी बैठी है।

अत: विकल्प (C) सही है।

5. ब्रिजेश, हर्ष के सामने बैठा है, इसलिए ब्रिजेश हर्ष के दायीं और बायीं दोनों ओर से चौथे स्थान पर है।

अत: विकल्प (D) सही है।

Ques (6-7):सदस्यों की संख्या: 6

परिवार में एक विवाहित जोड़ा है, जिसके केवल दो बच्चे हैं ।

1) N, K का ग्रैंड - सन है। P,C की बेटी है।

2) D, P की पैतृक आंटी हैं।

3) C, N के मैतृक अंकल हैं।

4) K, R की पत्नी है, जो D के पिता हैं।

निम्नलिखित प्रतीकों का उपयोग करके वंश वृक्ष तैयार करने पर:

आरेख में प्रतीक	अर्थ
○	महिला
□	पुरुष
═	शादीशुदा जोड़ा
—	भाई बहन
|	पीढ़ी का अंतर

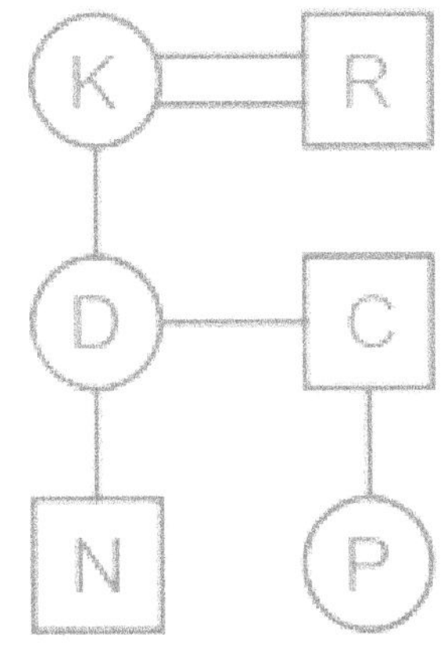

6. इसलिए, C, D का भाई है।

अतः विकल्प (B) सही है।

7. इसलिए, R, C का पिता है।

अतः विकल्प (D) सही है।

8. दी गई जानकारी का उपयोग करके हम निम्नलिखित आकृति बना सकते हैं:

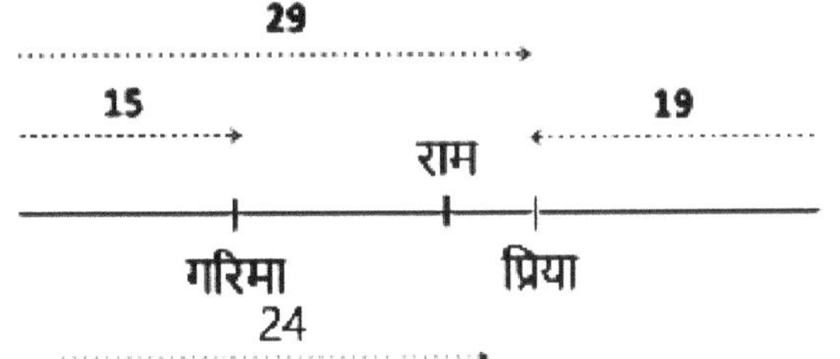

बाएं से राम की स्थिति = 24

राम के स्थिति से प्रिया की स्थिति = 5

बाएं से प्रिया की स्थिति = बाएं से राम की स्थिति + राम की स्थिति से प्रिया की स्थिति

= 24 + 5 = 29

पंक्ति में व्यक्तियों की कुल संख्या = [दाएं से प्रिया की स्थिति + बाएं से प्रिया की स्थिति] - 1

= (29 + 19 - 1) = 47

अतः विकल्प (C) सही है।

9. जैसा कि चित्र में देखा गया है, शाहरुख सोफिया और जिया के बीच है।

दिया गया है कि जिया नीचे से 7वें और सोफिया ऊपर से 9वें स्थान पर हैं।

इसलिए सोफिया और जिया के बीच व्यक्तियों की संख्या = 35 - (9 + 7) = 19

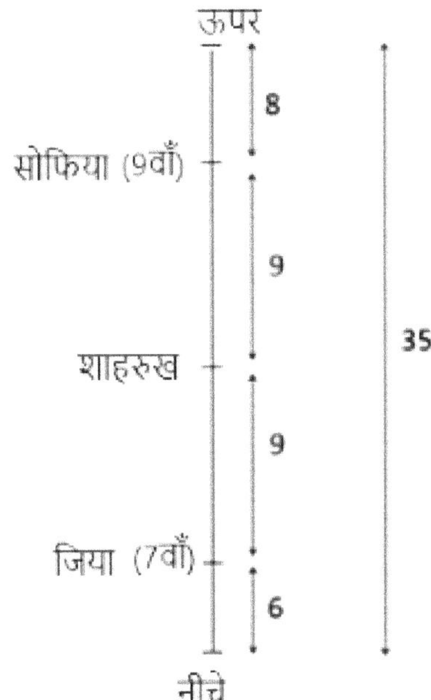

सोफिया और जिया के बीच शाहरुख की स्थिति = $\frac{19+1}{2}$ =10

इस तरह शाहरुख बीच में है अर्थात दोनों से 10वें स्थान पर है। इसलिए जिया शाहरुख से 10वें स्थान पर हैं।

अतः विकल्प (A) सही है।

Ques (10-14):(1) Q विषम संख्या के फ्लैट में, सबसे ऊपर की मंजिल पर रहता है।

(Q, या तो फ्लैट संख्या 1 या 3 में रहता है।)

(2) T तीसरी मंजिल के फ्लैट संख्या 3 में रहता है।

स्थिति 1:

मंजिल	फ्लैट 1	फ्लैट 2	फ्लैट 3
4	Q		
3			T
2			
1			

स्थिति 2:

मंजिल	फ्लैट 1	फ्लैट 2	फ्लैट 3
4			Q
3			T
2			
1			

(3) A और D के मध्य में केवल 2 मंजिलें हैं जो कि सम संख्या के फ्लैट्स में रहते हैं।

(4) B और D समान संख्या के फ्लैट में और एक विषम संख्या की मंजिल पर रहते हैं।

चूँकि B और D विषम संख्या की मंजिल पर रहते हैं, इसलिए A सबसे ऊपर की मंजिल पर और D मंजिल संख्या 1 पर रहता है।

स्थिति 1:

मंजिल	फ्लैट 1	फ्लैट 2	फ्लैट 3

4	Q		
3		B	T
2			
1		D	

स्थिति 2:

मंजिल	फ्लैट 1	फ्लैट 2	फ्लैट 3
4			Q
3		B	T
2			
1		D	

(5) U, W के ठीक ऊपर की मंजिल पर रहता है।

(6) ना तो U और ना ही W उस मंजिल पर रहते हैं जिस मंजिल पर T रहता है।

(7) U विषम संख्या फ्लैट में नहीं रहता है।

इसलिए, W मंजिल संख्या 1 पर रहता है।

स्थिति 1:

मंजिल	फ्लैट 1	फ्लैट 2	फ्लैट 3
4	Q		
3		B	T
2		U	
1		D	

स्थिति 2:

मंजिल	फ्लैट 1	फ्लैट 2	फ्लैट 3
4			Q
3		B	T
2		U	
1		D	

(8) V और Q के मध्य में केवल एक मंजिल है।

V मंजिल संख्या 2 पर रहता है।

(9) C, S के ठीक नीचे के फ्लैट में रहता है जो सम संख्या की मंजिल पर रहता है।

(10) C और A समान संख्या के फ्लैट में रहते हैं।

स्थिति 1:

मंजिल	फ्लैट 1	फ्लैट 2	फ्लैट 3
4	Q		A
3		B	T
2	V	U	S
1		D	C

स्थिति 2:

मंजिल	फ्लैट 1	फ्लैट 2	फ्लैट 3
4	A		Q
3		B	T
2	S	U	V
1	C	D	

(11) R और S समान संख्या के फ्लैट में रहते हैं।

W मंजिल संख्या 1 पर रहता है (बिंदु 7 देखिये)

इसलिए स्थिति 1 रद्द हो जाएगी।

स्थिति 2:

मंजिल	फ्लैट 1	फ्लैट 2	फ्लैट 3
4	A	P	Q
3	R	B	T
2	S	U	V
1	C	D	W

10. इस प्रकार, सही उत्तर R है।

अत: विकल्प (D) सही है।

11. इस प्रकार, C और D समान मंजिल पर रहते हैं।

अत: विकल्प (A) सही है।

12. अत: विकल्प (C) सही है।

13. C और D, W के साथ समान मंजिल पर रहते हैं।

अत: विकल्प (E) सही है।

14. इस प्रकार, P और Q, B के ठीक ऊपर की मंजिल पर रहते हैं।

अत: विकल्प (D) सही है।

15. हम न्यूनतम सम्भव वेन आरेख खींचते हैं:

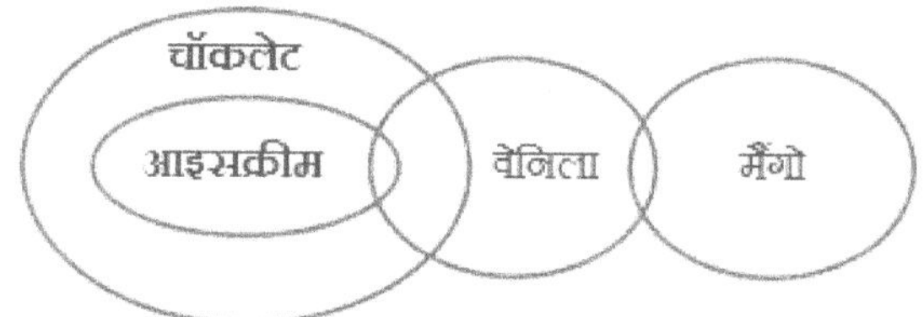

निष्कर्ष:

I. कुछ आइसक्रीम का वेनिला होना संभावना है → असत्य (कुछ आइसक्रीम निश्चित रूप से वेनिला है। इसलिए, संभावना गलत है)

II. कुछ मैंगो चॉकलेट है → यह सम्भव है लेकिन निश्चित नहीं।

इसलिए, न तो निष्कर्ष I न II अनुसरण करता है।

अतः विकल्प (D) सही है।

16. दिए गए कथनों के लिए न्यूनतम संभावित वेन आरेख निम्न प्रकार है:

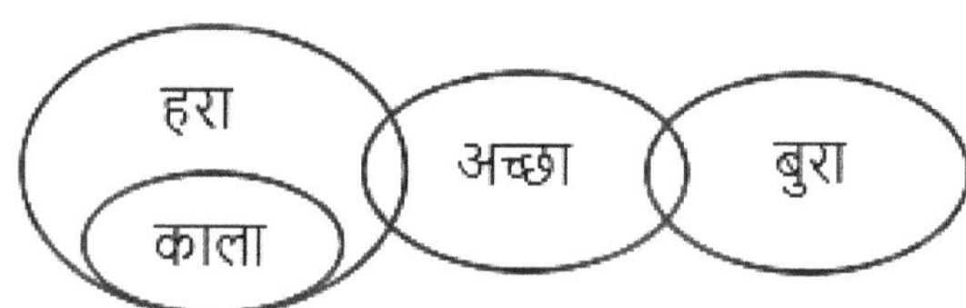

निष्कर्ष:

I. कोई काला अच्छा नहीं है → असत्य (यह संभव है लेकिन निश्चित नहीं है)

II.कोई हरा बुरा नहीं है → असत्य (यह संभव है लेकिन निश्चित नहीं है)

III.कुछ काले अच्छे हैं → असत्य (यह संभव है लेकिन निश्चित नहीं है)

निष्कर्ष I और III पूरक जोड़ी बनाते हैं।

इसलिए, या तो निष्कर्ष I या निष्कर्ष III अनुसरण करता है।

अत: विकल्प (B) सही है।

17. सम्भव वेन आरेख है:

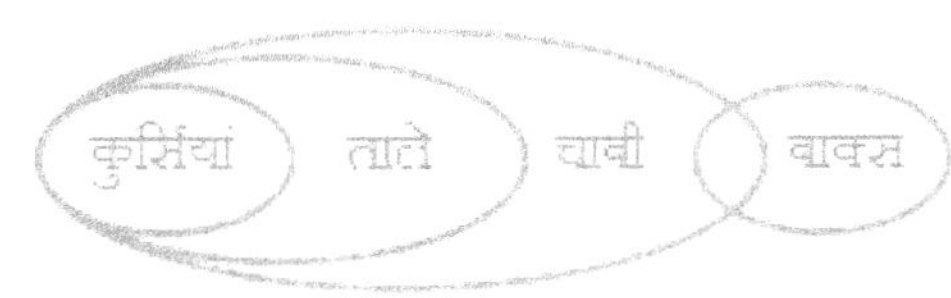

I. कुछ कुर्सियां चाबी हैं → यह निश्चित स्थिति है, इसलिए, सत्य है।

II. कुछ बक्से कुर्सियां हैं → यह निश्चित स्थिति नहीं है, इसलिए, असत्य है।

इसलिए, केवल निष्कर्ष I अनुसरण करता है।

अतः विकल्प (A) सही है।

18. यहाँ अनुसरित प्रतिरूप निम्न है:

आगे की दिशा में: "OR", "MS"

पीछे की दिशा में: "IO", "MP".

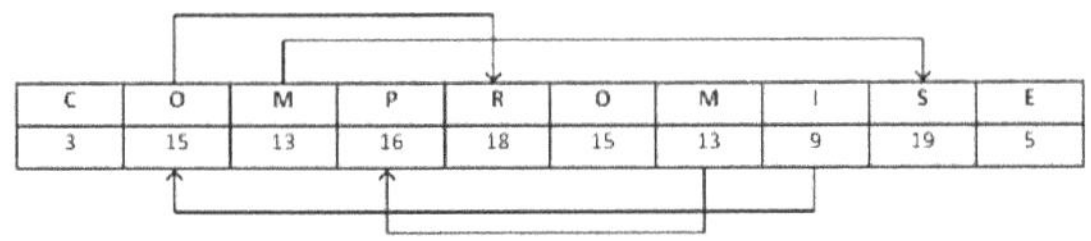

C	O	M	P	R	O	M	I	S	E
3	15	13	16	18	15	13	9	19	5

इस प्रकार, अंग्रेजी वर्णमाला के अनुसार "COMPROMISE" शब्द में अक्षरों के चार युग्म हैं।

इसलिए सही उत्तर चार है।

अत: विकल्प (B) सही है।

19. दिया गया है: 621754

सम अंकों में 2 जोड़ने और विषम अंकों में से 1 घटाने पर, हम प्राप्त करते हैं,

संख्या	6	2	1	7	5	4
कार्यवाही	+2	+2	−1	−1	−1	+2
नए नंबर	8	4	0	6	4	6

यहाँ स्पष्ट रूप से कहा जा सकता है कि 8 और 0 की पुनरावृत्ति नहीं होती है।

इसलिए, संख्या का योग =8+0=8

अत: विकल्प (B) सही है।

20. दिया गया शब्द: FOLLOWING

हम अंग्रेजी वर्णमाला श्रृंखला में अक्षरों के स्थितिगत मानों का उपयोग कर सकते हैं ताकि अक्षरों की स्थिति का आसान तरीके से पहचान किया जा सके।

अक्षर	F	O	L	L	O	W	I	N	G
स्थितीय मान	6	15	12	12	15	23	9	14	7

आगे की ओर से युग्म: आगे की ओर से कोई युग्म नहीं है।

पीछे की ओर से युग्म: GI, GL और IL.

इसलिए, "FOLLOWING" शब्द में ऐसे तीन अक्षरों के युग्म (आगे और पीछे दोनों ओर से) हैं, जिनके बीच उतने ही अक्षर हैं, जितने अंग्रेजी वर्णमाला श्रृंखला में उनके बीच हैं।

अत: विकल्प (B) सही है।

21. दिए गये शब्द हैं: FLOCCULANT और GONDOLA

पहले शब्द के दूसरे, तीसरे और आठवें अक्षर हैं: L, O, और A

दूसरे शब्द के पहले, तीसरे और पांचवें अक्षर हैं: G, N, और O

अक्षरों को संयोजित और व्यवस्थित करने पर हमें प्राप्त होगा: LAGOON

इसलिए दूसरा अक्षर A होगा।

अत: विकल्प (E) सही है।

22. दी गई संख्या है: 45392276

सम अंक: 4, 2, 2, 6

विषम अंक: 5, 3, 9, 7

प्रत्येक सम अंक में 1 जोड़ा जाता है: 5, 3, 3, 7

प्रत्येक विषम अंक में से 2 घटाया जाता है: 3, 1, 7, 5

नई संख्या: 53173357

बायां पक्ष 53173357 दायां पक्ष

बाएं से दूसरा अंक: 3

दाएं से छठा अंक: 1

उनका योग है: 3 + 1 = 4

इसलिए, 4 सही उत्तर है।

अत: विकल्प (C) सही है।

Ques (23-27):विस्तृत हल नीचे दिया गया है:

(1) बॉक्स P के ऊपर केवल तीन बॉक्स रखे गए हैं।

(2) बॉक्स P और सफेद रंग के बॉक्स के बीच केवल एक बॉक्स रखा गया है।

(3) सफेद रंग और हरे रंग के बॉक्स के बीच केवल तीन बॉक्स रखे गए हैं।

(4) नीले रंग के बॉक्स को एक सम स्थान पर रखा गया है।

उपरोक्त कथनों के आधार पर यहाँ दो स्थितियां नीचे दी गई हैं:

	स्थिति 1		स्थिति 2	
बॉक्स संख्या	**बॉक्स नाम**	**बॉक्स रंग**	**बॉक्स नाम**	**बॉक्स रंग**
7				
6		सफेद		हरा
5				
4	P	नीला	P	नीला
3				
2		हरा		सफेद
1				

(5) बॉक्स U को नीले रंग के बॉक्स के ठीक नीचे रखा गया है।

(6) बॉक्स T को बॉक्स R के ठीक ऊपर रखा गया है। बॉक्स T हरे रंग का नहीं है।

(7) बॉक्स Q और काले रंग के बॉक्स के बीच केवल दो बॉक्स रखे गए हैं।

(8) काले रंग के बॉक्स को बॉक्स Q के नीचे रखा जाता है।

(9) लाल रंग के बॉक्स को बॉक्स Q के ठीक ऊपर या ठीक नीचे नहीं रखा जाता है।

कथन (7) और कथन (9) की सहायता से स्थिति 1 निरस्त हो जाती है, इसलिए, स्थिति 2 के साथ जाने पर:

बॉक्स संख्या	बॉक्स नाम	बॉक्स रंग
7		
6	Q	हरा
5		
4	P	नीला
3	U	काला

2	T	सफेद
1	R	लाल

(10) बॉक्स S को बॉक्स P के ठीक ऊपर या ठीक नीचे नहीं रखा गया है।

(11) बॉक्स V का रंग गुलाबी नहीं है।

इसलिए अंतिम व्यवस्था इस प्रकार है:

बॉक्स संख्या	बॉक्स नाम	बॉक्स रंग
7	S	गुलाबी
6	Q	हरा
5	V	बैंगनी
4	P	नीला
3	U	काला
2	T	सफेद
1	R	लाल

23. इसलिए इस व्यवस्था के अनुसार 'बॉक्स V के ठीक नीचे रखे गए बॉक्स का रंग नीला है', कथन सत्य है।

इसलिए, सही उत्तर बॉक्स V के ठीक नीचे रखे गए बॉक्स का रंग नीला है।

अतः विकल्प (A) सही है।

24. उपरोक्त व्यवस्था में हम स्पष्ट देख सकते हैं कि काले रंग का बॉक्स संख्या 3 पर रखा गया है।

अतः विकल्प (B) सही है।

25. हम स्पष्ट देख सकते हैं कि बॉक्स T के ठीक ऊपर बॉक्स U रखा गया है।

अतः विकल्प (E) सही है।

26. हम स्पष्ट देख सकते हैं कि बॉक्स S का रंग गुलाबी है।

अतः विकल्प (E) सही है।

27. हम स्पष्ट देख सकते हैं कि बॉक्स S और नीले रंग के बॉक्स के बीच केवल दो बॉक्स रखे गए हैं।

अतः विकल्प (B) सही है।

Ques (28-32):दी गई जानकारी के अनुसार,

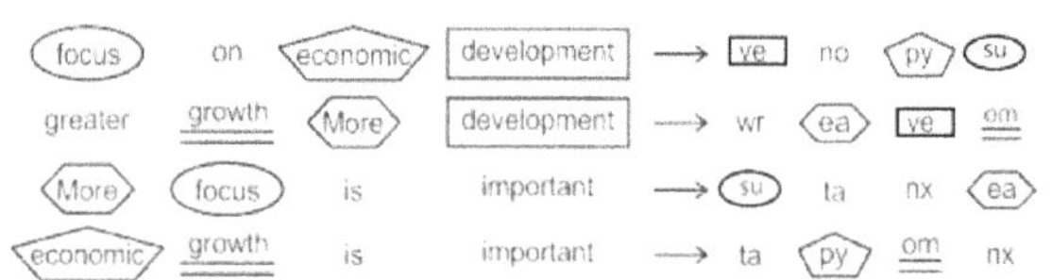

28. इसलिए, 'economic' के लिए कूट 'py' है।

अत: विकल्प (B) सही है।

29. इसलिए, focus का कूट 'su' है।

अत: विकल्प (C) सही है।

30. growth के लिए कूट 'om' है।

'is important' के लिए कूट 'ta nx' है

इसलिए, 'growth is important'' के लिए कूट 'om ta nx' है।

अत: विकल्प (B) सही है।

31. 'important' के लिए कूट या तो 'ta' या 'nx' है।

इसलिए, उत्तर निर्धारित नहीं किया जा सकता है।

अत: विकल्प (E) सही है।

32. इसलिए. 'wr' greater का कूट है।

अत: विकल्प (A) सही है।

33. दिया गया कथन है:

B = R < E ≤ A > K

निष्कर्ष:

i) B ≤ A → असत्य (चूंकि B = R < E ≤ A,, इसलिए, B ≤ A निश्चित रूप से असत्य है)

ii) E > K → असत्य (चूंकि E और K के बीच स्पष्ट संबंध निर्धारित नहीं किया जा सकता है)

iii) R < A → सत्य (चूंकि R < E ≤ A, इसलिए, R < A निश्चित रूप से सत्य है)

इसलिए, केवल निष्कर्ष iii) अनुसरण करता है।

अत: विकल्प (A) सही है।

34. दिए गए कथन:

H > G < C, E ≥ K < D ≤ B, E = C

संयोजित करने पर:

H > G < C = E ≥ K < D ≤ B

निष्कर्ष:

I. G ≤ D→ असत्य (G और D के संबंध में कोई निश्चित जानकारी नहीं है)।

II. G > D → असत्य (G और D के संबंध में कोई निश्चित जानकारी नहीं है)।

निष्कर्ष I और II को संयोजित करने पर, G, D से बड़ा, छोटा और बराबर हो सकता है।

इसलिए, या तो निष्कर्ष I या निष्कर्ष II अनुसरण करता है।

अत: विकल्प (C) सही है।

35. दिए गए कथन: H ≤ X ≤ R = O > T; Y = F ≥ R > D

निष्कर्ष:

I. H ≥ Y → असत्य (चूँकि H ≤ X ≤ R ≤ F = Y, इस प्रकार, H ≤ Y)

II. Y > H → असत्य (चूँकि H ≤ X ≤ R ≤ F = Y, इस प्रकार, H ≤ Y)

कथन को मिलाने के बाद हम प्राप्त कर रहे हैं

H ≤ X ≤ R≤ F ≥ R > D

H≤Y

यही कारण है कि या तो या मामला संभव नहीं है क्योंकि यह एक सामान्य निष्कर्ष की ओर ले जाता है जहां वाई बड़ा है और एच के बराबर है।

इसलिए, न तो I न ही II सत्य है।

अत: विकल्प (E) सही है।

36. दिया हुआ,

18 कलम का क्रय मूल्य = 12 कलम का विक्रय मूल्य

लाभ% = (लाभ $\times 100)$ क्रय मूल्य

लाभ = विक्रय मूल्य - क्रय मूल्य

माना 1 कलम का विक्रय मूल्य 1 रुपये है।

इसलिए, 18 कलम का विक्रय मूल्य = 18 रुपये

18 कलम का क्रय मूल्य = 12 कलम का विक्रय मूल्य = 12

लाभ $= 18 - 12 = Rs. 6$

लाभ $\% = \left(\frac{6}{12}\right) \times 100) = 50\%$

$\therefore$ लाभ $\% = 50\%$

अत: विकल्प (C) सही है।

37. सुरेश अपनी मोटर - साइकिल से घूमने जाता है और 410 किमी की दूरी तय करता है।

वह 5 घंटे 50 किमी/घंटा की गति से चलाता है।

इसलिए, 5 घंटे में तय की गयी दूरी $= 50 \times 5 = 250$ किमी

शेष दूरी $= 410 - 250 = 160$ किमी

उसे शेष दूरी 4 घंटे में तय करने की आवश्यकता है।

$\therefore$ आवश्यक गति $= \frac{160}{4} = 40$ किमी/घंटा

अत: विकल्प (B) सही है।

38. समलंब चतुर्भुज का क्षेत्रफल = (समांतर भुजाओं का योग) × लंबाई/2

यहाँ, लंबाई = ऊंचाई = 10 सेमी

⇒ समलंब चतुर्भुज का क्षेत्रफल = 195 सेमी^{2}

⇒ 195 = (समांतर भुजाओं का योग) × $\left(\frac{10}{2}\right)$

⇒ समांतर भुजाओं का योग = $\frac{195}{5}$ = 39 सेमी

समांतर भुजाएं 5 : 8 के अनुपात में है

⇒ 5x + 8x = 39

⇒ 13x = 39

⇒ x = 3

∴ सबसे बड़ी रेखा = 8x = 8 × 3 = 24 सेमी

अतः विकल्प (E) सही है।

39. अनुसरण किया गया स्वरुप इस प्रकार है:

10 + 8 = 18

18 - 10 = 8

8 + 12 = 20

20 - 14 = 6

6 + 16 = 22

∴ ? का मान 22 है।

अत: विकल्प (B) सही है।

40. अनुसरण किया गया स्वरुप इस प्रकार है:

4 × 1 = 4

4 × 1.5 = 6

6 × 2 = 12

12 × 2.5 = 30

30 × 3 = 90

∴ ? का मान 30 है।

अत: विकल्प (A) सही है।

41. अनुसरण किया गया स्वरुप इस प्रकार है:

श्रृंखला में अगला पद उस संख्या के अंकों को जोड़कर प्राप्त किया जाता है।

500 + 5 = 505 (∵ 5 + 0 + 0 = 5)

505 + 10 = 515 (∵ 5 + 0 + 5 = 10)

515 + 11 = 526 (∵ 5 + 1 + 5 = 11)

526 + 13 = 539 (∵ 5 + 2 + 6 = 13)

539 + 17 = 556 (∵ 5 + 3 + 9 = 17)

∴ ? का मान 556 है।

अत: विकल्प (C) सही है।

42. अनुसरण किया गया स्वरुप इस प्रकार है:

5 × 2 – 6 = 4

4 × 3 – 12 = 0

0 × 4 – 18 = -18

-18 × 5 – 24 = -114

-114 × 6 – 30 = -714

-714 × 7 – 36 = -5034

∴ ? का मान -5034 है।

अत: विकल्प (B) सही है।

43. अनुसरण किया गया स्वरुप इस प्रकार है:

10 = 1 × 10

90 = 10 × 9

720 = 90 × 8

5040 = 720 × 7

30240 = 5040 × 6

? = 30240 × 5

? = 151200

∴ ? का मान 151200 है।

अत: विकल्प (B) सही है।

44. दिया हुआ:

490 का 14.28% – 63 का 71.43%= ?

अंश में दिए गए प्रतिशत को परिवर्तित करना,

⇒ 14.28% = $\frac{1}{7}$

⇒ 71.43% = $\frac{5}{7}$

दिए गए समीकरण के अनुसार,

⇒ $\frac{1}{7}$ × 490 – $\frac{5}{7}$ × 63 = ?

⇒ 70 – 45 = ?

⇒ 25 = ?

∴ ? का मान 25 है।

अतः विकल्प (A) सही है।

45. दिया हुआ:

250 का 42% + 480 का 115% = ?

$\Rightarrow \left(\frac{42}{100}\right) \times 250 + \left(\frac{115}{100}\right) \times 480 = ?$

⇒ 105 + 552 = ?

⇒ 657 = ?

∴ ? का मान 657 है

अतः विकल्प (B) सही है।

46. जैसा कि हम जानते हैं,

$? = 320$ का $40\% + 4^3 \div 16 \times 108 \div 8$

$\Rightarrow ? = \frac{40}{100} \times 320 + 4^3 \div 16 \times 108 \div 8$

$\Rightarrow ? = 128 + 64 \div 16 \times 108 \div 8$

$\Rightarrow ? = 128 + 4 \times \left(\frac{27}{2}\right)$

$\Rightarrow ? = 128 + 54$

$\Rightarrow ? = 182$

∴ ? का मान 182 है।

अत: विकल्प (E) सही है।

47. दिया गया है:

$\sqrt{\left[1331^{\left(\frac{1}{3}\right)} + 1728^{\left(\frac{1}{3}\right)} + 2\right]} = ?$

$\sqrt{(11 + 12 + 2)}$

$= \sqrt{25} = 5$

अतः विकल्प (A) सही है।

48. दिया है:

480 का 66.66% + 832 का 37.5% = 120 + ?

$\Rightarrow \frac{2}{3} \times 480 + \frac{3}{8} \times 832 = 120 + ?$

⇒ 320 + 312 = 120 + ?

⇒ ? = 512

∴ ? का मान 512 है।

अतः विकल्प (B) सही है।

49. दिया गया है,

180 का $35\% + 18^2 = (27)^{\frac{5}{3}} + ?^2$

$\Rightarrow \frac{35}{100} \times 180 + 324 = 3^5 + ?^2$

$\Rightarrow 63 + 324 = 243 + ?^2$

$\Rightarrow ? = \sqrt{(324 + 63 - 243)}$

$\Rightarrow ? = \sqrt{(387 - 243)}$

$\Rightarrow ? = \sqrt{(144)}$

$\Rightarrow ? = 12$

∴ ? का मान 12 है।

अत: विकल्प (C) सही है।

50. दिया गया है,

$\left(7\frac{5}{2} + 4\frac{7}{2}\right) \div 7\frac{3}{2} = 11\frac{5}{3} - \frac{2}{3} - ?$

$\Rightarrow \left(\frac{19}{2} + \frac{15}{2}\right) \div \frac{17}{2} = \frac{38}{3} - \frac{2}{3} - ?$

$\Rightarrow 17 \times \frac{2}{17} = \frac{38}{3} - \frac{2}{3} - ?$

$\Rightarrow 2 = \frac{(38 - 2)}{3} - ?$

⇒ 2 = 12 − ?

? = 10

अतः विकल्प (E) सही है।

51. दिया है:

$4\frac{2}{5} \div 1\frac{7}{15} + 5\frac{5}{3} \times 3\frac{3}{2} = ?$

$\Rightarrow \frac{22}{5} \div \frac{22}{15} + \frac{20}{3} \times \frac{9}{2} = ?$

$\Rightarrow \frac{22}{5} \times \frac{15}{22} + 10 \times 3 = ?$

⇒ 3 + 30 = 33 = ?

∴ ? का मान 33 है।

अतः विकल्प (C) सही है।

52. दिया गया है,

कक्षा के कुल औसत अंक $= 43$

लड़कों की संख्या $= 25$

लड़कों के औसत अंक $= 40$

लड़कियों के औसत अंक $= 48$

जैसा कि हम जानते है,

अंकों का औसत = (कुल अंक /छात्रों की संख्या)

माना, लड़कियों की संख्या $= x$

$\Rightarrow (25 \times 40) + (48 \times x) = 43 \times (25 + x)$

$\Rightarrow 1000 + 48x = 1075 + 43x$

$\Rightarrow 5x = 75$

$\Rightarrow x = 15$

∴ लड़कियों की संख्या 15 है।

अत: विकल्प (C) सही है।

53. जैसा कि हम जानते हैं,

यौगिक माध्य = [(लड़कों का माध्य × x) + (लड़कियों का माध्य × y)] / 100

⇒ 57 = $\frac{(60x + 55y)}{100}$

⇒ 5700 = 60x + 55y ---- (1)

प्रश्नानुसार,

⇒ x + y = 100

⇒ x = 100 – y --- (2)

समीकरण (1) और (2) से,

⇒ 5700 = 60(100 – y) + 55y

⇒ 5700 = 6000 – 60y + 55y

⇒ 5y = 300

⇒ y = 60

समीकरण (2) से,

⇒ x = 100 – 60

⇒ x = 40

∴ कक्षा में लड़कों और लड़कियों की संख्या क्रमशः 40 और 60 है।

अतः विकल्प (A) सही है।

54. दिया है:

S.I.5 वर्ष – S.I.4 वर्ष = 53 रुपये

हम जानते हैं कि,

S.I. = $\frac{(P \times R \times T)}{100}$

जहाँ,

S.I. → साधारण ब्याज

P → मूलधन

R → दर

T → समय

गणना:

माना कि मूलधन P रुपये है।

इसलिए, S.I.5 वर्ष = $\frac{(P \times 10 \times 5)}{100} = \frac{P}{2}$

⇒ S.I.5 वर्ष = $\frac{P}{2}$

इसी प्रकार, S.I.4 वर्ष = $\frac{P \times 10 \times 4}{100} = \frac{2P}{5}$

प्रश्नानुसार,

⇒ $\left(\frac{P}{2}\right) - \left(\frac{2P}{5}\right)$ = 53

⇒ $\left(\frac{P}{10}\right)$ = 53

⇒ P = 530 रुपए

∴ राशि 530 रुपये है।

अतः विकल्प (D) सही है।

55. दिया है:

राशि (A) = 9,900 रुपये

दर (R) = 8%

समय (T) = 4 वर्ष

हम जानते हैं कि,

A = P + S.I.

S.I. = $\frac{(P \times R \times T)}{100}$

जहाँ,

S.I. → साधारण ब्याज

P → मूलधन

R → दर

T → समय

माना कि मूलधन P रुपये हैं।

प्रश्नानुसार,

S.I. = $\frac{(P \times 8 \times 4)}{100}$

⇒ S.I. = $\frac{8P}{25}$

इसलिए, राशि = P + S.I.

⇒ 9900 = P + $\frac{8P}{25} = \frac{33P}{25}$

⇒ P = 7,500 रुपये

∴ राशि 7,500 रुपये है।

अतः विकल्प (A) सही है।

56. माना पुरुषों की संख्या x है

x पुरुष एक कार्य 90 दिन में कर सकते हैं।

(x - 8) पुरुष कार्य (90 + 10) दिन में पूरा कर सकते हैं = 100 दिन

x × 90 = (x - 8) × 100

90x = 100x - 800

x = 80

शुरुआत में पुरुषों की संख्या = 80

अतः विकल्प (C) सही है।

57. माना कि कुल काम 16 इकाइयां है, ताकि A काम की 1 इकाई एक दिन में पूरा करता है।

4 दिनों में, A काम की 4 इकाइयां पूरी करता है।

शेष काम = 16-4 = 12 इकाइयां।

A और B द्वारा एक दिन में किया गया काम = $\frac{12}{4}$ = 3 इकाइयां

A काम की 1 इकाई एक दिन में पूरा करता है।

B द्वारा एक दिन में किया गया काम = 3 – 1 = 2 इकाइयां

काम को पूरा करने में B द्वारा लिया गया समय = $\frac{16}{2}$ = 8 दिन

अतः विकल्प (C) सही है।

58. $2016-17$ में वृद्धि $=65-53=12$

$2017-18$ में वृद्धि $=76-65=11$

$2019-20$ में वृद्धि $=68-58=10$

$2020-21$ में वृद्धि $=73-68=5$

∴ऊन के उत्पादन में अधिकतम वृद्धि $2016-17$ में हुई है।

अत: विकल्प (C) सही है।

59. अंतिम चार वर्षों का उत्पादन $=(76+58+68+73)$

$=275$

पहले चार वर्षों का उत्पादन $=(56+51+53+65)$

$=225$

उत्पादन में अंतर = (पिछले चार वर्षों का उत्पादन – पहले चार वर्षों का उत्पादन)

$=(275-225)$

$=50$

अभीष्ट उत्पादन प्रतिशत $=\left(\frac{50}{225}\times 100\right)$

$=22.22\approx 22.2$

∴ अभीष्ट उत्पादन प्रतिशत 22.2 है।

अत: विकल्प (B) सही है।

60. आठ वर्षों के दौरान कुल उत्पादन $=(56+51+53+65+76+58+68+73)$

$=500$

कुल उत्पादन का औसत $=\left(\frac{500}{8}\right)$

$=62.5$

∴ अभीष्ट औसत 62.5 मिलियन टन है।

अत: विकल्प (B) सही है।

61. $2013-14$ में कच्चे ऊन का उत्पादन $=56$

$2014-15$ में कच्चे ऊन का उत्पादन $=51$

प्रतिशत घटत $=[\frac{(56-51)}{56}]\times 100$

$=[\frac{5}{56}]\times 100$

$=8.92\%$

$2017-18$ में कच्चे ऊन का उत्पादन $=76$

$2018-19$ में कच्चे ऊन का उत्पादन $=58$

प्रतिशत घटत $=[\frac{(76-58)}{76}]\times 100$

$=[\frac{18}{76}]\times 100$

$=23.68\%\approx 24\%$

∴ पिछले वर्ष की तुलना में उत्पादन में अधिकतम प्रतिशत घटत वर्ष $2018-19$ में थी।

अत: विकल्प (A) सही है।

62. $2014-15$ में कच्चे ऊन का उत्पादन $=51$

$2019-20$ में कच्चे ऊन का उत्पादन $=68$

$2014-15$ में कच्चे ऊन का उत्पादन $2019-20$ के उत्पादन का था $=\left(\frac{51}{68}\right)$

$=\frac{3}{4}$

∴ 2014-15 में कच्चे ऊन का उत्पादन 2019-20 के उत्पादन का $\frac{3}{4}$ था।

अत: विकल्प (D) सही है।

63. दिया गया है,

टीवी की घटा हुआ मूल्य $=30\%$

टीवी का बढ़ा हुआ विक्रय मूल्य $=20\%$

जैसा कि हम जानते हैं,

हानि = क्रय मूल्य – विक्रय मूल्य

हानि % = हानि/क्रय मूल्य × 100

माना टीवी का मूल्य x है।

माना बेचे गए टीवी का मूल्य y है।

और कुल मूल विक्रय मूल्य xy है।

अब 30% की कमी के बाद का मूल्य $=\left(x-\frac{30x}{100}\right)$

$=\frac{7x}{10}$

20% की वृद्धि के बाद बेचा गया टीवी $=\left(y+\frac{20y}{100}\right)$

$=\frac{6y}{5}$

कुल नया विक्रय मूल्य $=\left(\frac{7x}{10}\times\frac{6y}{5}\right)$

$=\frac{21xy}{25}$

हानि = (कुल मूल विक्रय मूल्य – कुल नया विक्रय मूल्य)

$=\left(xy-\frac{21xy}{25}\right)$

$=\frac{(25xy-21xy)}{25}$

$= \frac{4xy}{25}$

हानि $\% = [\frac{(\frac{4xy}{25})}{xy} \times 100]$

$= \left(\frac{4xy}{25} \times \frac{1}{xy} \times 100\right)$

$= 16\%$

∴ दुकानदार की आय 16% घटी है।

अत: विकल्प (D) सही है।

64. दिया गया है,

A की आय में वृद्धि $= 270$ रुपये

जैसा कि हम जानते हैं,

लाभ अनुपात = निवेश अनुपात

निवेश = पूंजी × समय

माना कुल निवेश $10x$ है।

इसलिए, निवेश का अनुपात (A: B: C) $= 9:5:5 = 18:1:1$

माना अनुपात a है।

A द्वारा प्राप्त लाभ में अंतर $= 270$ रुपये

प्रश्न के अनुसार,

$\Rightarrow 18a$ का $15\% - 18a$ का $12\% = 270$

$\Rightarrow 18a$ का $3\% = 270$

$\Rightarrow 18a = 9000$ रुपये

इसलिए, A का निवेश $= 9000$

तो, B और C का निवेश $= \left(\frac{9000}{18}\right) \times 1 = 500$ रुपये प्रत्येक

∴ B और C द्वारा प्रत्येक का निवेश 500 रुपये है।

अत: विकल्प (B) सही है।

65. दिया गया है,

5 वर्ष बाद A और B की आयु का अनुपात $= 5:8$

8 वर्ष बाद उनकी आयु का योग $= 71$ वर्ष

माना 5 वर्ष बाद A और B की आयु क्रमशः $5x$ और $8x$ है।

8 वर्ष बाद A की आयु $= 5x + 3$

8 वर्ष बाद B की आयु $= 8x + 3$

प्रश्न के अनुसार,

$5x + 3 + 8x + 3 = 71$

$\Rightarrow 13x + 6 = 71$

$\Rightarrow 13x = 65$

$\Rightarrow x = 5$

5 वर्ष बाद B की आयु $= (8 \times 5) = 40$ वर्ष

B की वर्तमान आयु $= (40 - 5) = 35$ वर्ष

∴ B की वर्तमान आयु 35 वर्ष है।

अत: विकल्प (E) सही है।

66. दिया गया है,

एक कस्बे की कुल जनसंख्या $= 2800$

पुरुषों की संख्या $= 720 +$ महिलाओं की संख्या

माना महिलाओं और पुरुषों की संख्या क्रमशः x और $(x + 720)$ है।

प्रश्न के अनुसार,

$x + x + 720 = 2800$

$\Rightarrow 2x + 720 = 2800$

$\Rightarrow 2x = 2080$

$\Rightarrow x = 1040$

पुरुषों की संख्या $= (1040 + 720) = 1760$

अब, 40% की कमी के बाद पुरुषों की नई संख्या $= 1760 \times 60\% = 1056$

20% वृद्धि के बाद महिलाओं की नई संख्या $= 1040 \times 120\% = 1248$

शहर की नई जनसंख्या $= (1056 + 1248) = 2304$

∴ शहर की नई जनसंख्या 2304 है।

अत: विकल्प (C) सही है।

67. दिया गया है,

$18\frac{1}{3} + 9\frac{2}{3} - 10\frac{1}{3} = 1\frac{2}{3} + ?$

$\Rightarrow 18 + 9 + \frac{1}{3} + \frac{2}{3} - \left(10 + 1 + \frac{1}{3} + \frac{2}{3}\right) = ?$

$\Rightarrow 28 - 12 = ?$

$\Rightarrow ? = 16$

∴ (?) का मान 16 है।

अत: विकल्प (D) सही है।

68. दिया गया है,

$\sqrt{324} + 9^2 - 7^2 = 2 \times (?)^2$

$\Rightarrow 18 + 81 - 49 = 2 \times (?)^2$

$\Rightarrow 50 = 2 \times (?)^2$

$\Rightarrow \frac{50}{2} = (?)^2$

$\Rightarrow 25 = (?)^2$

$\Rightarrow ? = \sqrt{25}$

$\Rightarrow ? = 5$

∴ (?) का मान 5 है।

अत: विकल्प (B) सही है।

69. दिया गया है,

मिश्रण का विक्रय मूल्य $= 360$ प्रति किलो

लाभ $\% = 25\%$

जैसा कि हम जानते है,

$SP = CP \times (100 + \text{लाभ } \%)\%$

$SP =$ विक्रय मूल्य

$CP =$ क्रय मूल्य

$CP = 360 \times \frac{100}{125} = 288$

अब, मिश्रण की विधि द्वारा

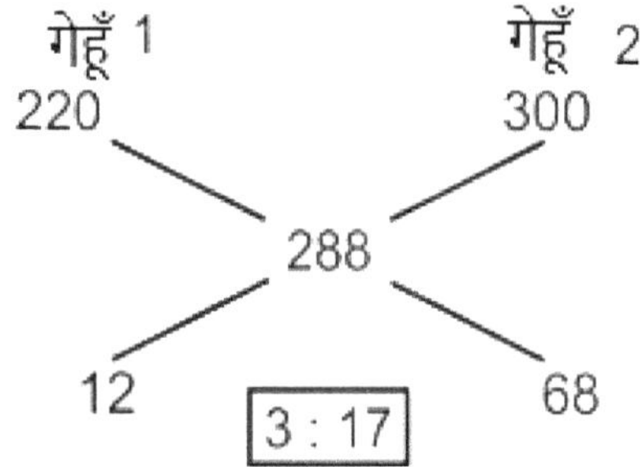

$= 3:17$

∴ आवश्यक अनुपात $3:17$ है।

अत: विकल्प (E) सही है।

70. दिया है,

घड़ी का लागत मूल्य = 900 रु

लाभ % = 40%

छूट % = 30%

जैसा कि हम जानते हैं,

विक्रय मूल्य = लागत मूल्य × [(100 + लाभ%)/100]

विक्रय मूल्य = अंकित मूल्य × [100/(100 – छूट%)]

अब,

घड़ी का विक्रय मूल्य = 900 रु × ($\frac{140}{100}$) = 126 रु

∴ घंडी का अंकित मूल्य = 126 रु × ($\frac{100}{70}$) = 1800 रु

अत: विकल्प (B) सही है।

71. The given passage is about Adult Illiteracy.

- Let us refer to the line from the passage, "With the nation hovering around the 1 billion marks and around 48 percent of its population still illiterate, there is hardly a ray of hope for India".
- From the given passage we get to know India's population is around 1 billion and out of this 48 percent of the population is illiterate. This is a very large portion of the population.
- It is very hard to change this situation in a short period of time. So, it is said that there is hardly any ray of hope for India

So, '48 percent of the population is illiterate' is the correct option.

Hence, the correct option is (B).

72. The given passage is about Adult Illiteracy.

- Let us refer to the line from the passage, "The prevalence of illiteracy among the masses has made them vulnerable to exploitation, as they are unaware of their rights and privileges".
- Here, 'prevalence' means the fact or condition of being prevalent; commonness.
- From the given passage we get to know as the masses are illiterate, they lack knowledge on their rights and privileges. Due to these, they tend to become a target of exploitation.

So, 'They are unaware of their rights and privileges' is the correct option.

Hence, the correct option is (B).

73. The given passage is about Adult Illiteracy.

- The given word controlled means the power to influence or direct people's behaviour or the course of events.
- In option (E), administer means to manage or supervise the execution, use, or conduct.

So, 'administer' is the correct synonym for the word.

Hence, the correct option is (E).

74. The given passage is about Adult Illiteracy.

- The underlined word underprivileged means deprived through the social or economic condition of some of the fundamental rights of all members of a civilized society.
- In option (A), Deprived means suffering a severe and damaging lack of basic material and cultural benefits.

So, 'Deprived' is the correct word.

Let us see the meanings of the other words:

- Privileged - having special rights, advantages, or immunities.
- Wealthy - having a great deal of money, resources, or assets; rich.
- prosperous - successful in material terms; flourishing financially.

Hence, the correct option is (A).

75. The given passage is about Adult Illiteracy.

- Let us refer to the line from the passage, "The Directive Principle of State Policy to provide for primary education to all children has failed in its objectives. At present, almost half of India's population is still illiterate".

- From the given passage we get to know that half of India's population is still illiterate. This situation shows that the Directive Principle of State Policy has failed to achieve its objective of providing primary education to all children.

So, 'The Directive Principle of State Policy' is the correct option.

Hence, the correct option is (C).

76. The given passage is about Adult Illiteracy.

- The given word prevalence means the fact or condition of being prevalent; commonness.
- In option (A), disappearance means an act or the fact of someone or something going missing.

So, 'disappearance' is the correct antonym for the word.

Hence, the correct option is (A).

77. The given passage is about Adult Illiteracy.

- The given word envied(past tense of envy) means the desire to have a quality, possession, or other desirable thing belonging to (someone else).
- In option (B), despise means a feel contempt or a deep repugnance for.

So, 'despise' is the correct antonym for the word.

Let us see the meanings of the other words:

- Wealthy - having a great deal of money, resources, or assets; rich.
- Irrepressible - not able to be controlled or restrained.
- Regularity - the state or quality of being regular.
- Begrudge - envy (someone) the possession or enjoyment of (something) and give reluctantly or resentfully.

Hence, the correct option is (B).

78. The given passage is about Adult Illiteracy.

- The given phrase 'inter alia' means among other things.
- Here, in the passage, we can see 'to provide education is one of all objectives of the Directive Principles of State Policy
    - For example, The teacher wore many hats including counselor and nurse, inter alia.

So, 'among other things' is the correct option.

'inter alia' is Latin for "among other things." This phrase is often found in legal pleadings and writings to specify one example out of many possibilities.

Hence, the correct option is (A).

79. The given passage is about Adult Illiteracy.

- Let us refer to the line from the passage, "The Government launched the National Literacy Mission (NLM) with the objective of achieving total adult literacy in 1988. The objective was to achieve total adult literacy among 80 million adults in the age group of 15-35 by the year 1995".
- From the given passage we get to know the National Literacy Mission was launched in 1988 by the Government with an objective to achieve total adult literacy in age groups of 15-30 by1995

So, 'To achieve total literacy.' is the correct option.

Hence, the correct option is (C).

80. The given passage is about Adult Illiteracy.

- Let us refer to the line from the passage, "The objective was to achieve total adult literacy among 80 million adults in the age group of 15-35 by the year 1995".
- From the given passage we get to know as the masses are illiterate, they lack knowledge on their rights and privileges. Due to these, The Government launched the National Literacy Mission (NLM) with the objective of achieving total adult literacy in 1988. The objective was to achieve total adult literacy among 80 million adults in the age group of 15-35 by the year 1995.

So, '80 million adults' is the correct option.

Hence, the correct option is (A).

81. The correct phrasal expression is '**a helping hand**'.

'**A helping hand**' should be used in place of '**a helpful handshake**' to make the sentence grammatically correct.

The sentence after replacement becomes:

India lent **a helping hand** to Nepal by giving them 2.1 billion Nepalese rupees for the reconstruction of houses flattened in the 2015 earthquake.

Hence, the correct option is (C).

82. There is no error in the given sentence since there is no grammatical and contextual error here. So no correction is required here.

Hence, the correct option is (E).

83. As we can observe that the sentence is made in Present Perfect Tense (Have + V3), usage of 'increasing' is ungrammatical in the sentence. Instead of it, the adverb 'increasingly' should be used here.

Besides, the verb 'opt' always takes preposition 'for' after it. Therefore, 'to' must be replaced by 'for' to make it a grammatically correct sentence.

Clearly, among the given choices option (C) replaces the bold part most appropriately.

The sentence after replacement becomes:

Students from around the world **have increasingly started opting for** online education.

Hence, the correct option is (C).

84. The bold part is already correct, thus no replacement is required.

As the common meaning of the phrase **all set** is "completely ready" or "wholly prepared," or to put it another way "in the proper state for some purpose, use, or activity."

Hence, the correct option is (E).

85. The sentence implies that the person (subject) is in search of a location for his factory setup. Therefore, the only participle that goes well with the context of the sentence is 'looking for'.

Look for (Phrasal Verb): to hope to get something that you want or need

Look out (Phrasal Verb): be vigilant and take notice.

Look after (Phrasal Verb): take care of

Look forward to (Phrasal Verb): await eagerly

Clearly, 'looking for' replaces the bold part most appropriately.

Hence, the correct option is (B).

86. Correct rearrangement of segments is: These sacrifices were done to pacify the spirits so that they wouldn't damage the crops or cause anyone grief.

- E is the only opening segment that can lead to the formation of a meaningful and grammatically correct sentence. So, it will be the first part after rearrangement.
- Part A follows E being a complementary pair.
- Part C tells about the entity for which the sacrifices were done. So, C follows A.
- Part B follows part C to maintain the logical flow of the sentence. So B follows C.
- Part D ends the sentence by explaining the reason behind the sacrifices.

Hence, the correct option is (A).

87. Correct rearrangement of segments is: Even if others remain indifferent to the humanitarian cause you should stride forward.

- C is the only opening segment that can lead to the formation of a meaningful and grammatically correct sentence. So, it will be the first part after rearrangement.
- Part A follows C being a complementary pair.
- Part E tells about the cause for which others are indifferent. So, E follows A.
- Part D follows part E to maintain the logical flow of the sentence. So D follows E.
- Part B ends the sentence with a positive connotation where the sentence implies that even if others are unconcerned towards the humanitarian cause you should step forward in its development or progress towards it.

Hence, the correct option is (E).

88. Correct rearrangement of segments is: A person who wears nice expensive clothes quickly wins the admiration of many.

- A is the part that establishes the subject of the matter i.e. 'A person'. So, it'll be the first part after rearrangement.
- In part D, who refers to the person mentioned in A. Thus, D follows A.
- Part C talks about nice expensive clothes worn by the person. 'wear' is mentioned in D. So, C follows D.
- Part E talks about admiration which is always won over. 'win' is the present tense of won and this 'win' is mentioned in B. So, E follows B and B follows C.

Hence, the correct option is (B).

89. E is the part that establishes the beginning of the matter, i.e., 'we develop the vital '. So, it will be the first part after rearrangement.

- Part D refers to the important bond of attachment. So, D follows E.
- Now three parts are remaining, and out of them, part C starts with a connector. Also, it talks about the bond between a mother and her child. So, part C follows D.
- Part B talks about the medium through which mother and child develop an emotional bond, so it must come after part B.
- Part A talks about the smiling response. So, A follows B.

Correct rearrangement of segments is - We develop the vital bond of attachment between a mother and her child through smiling response.

Hence, the correct option is (B).

90. C is the part that establishes the subject of the matter that is robotics. Hence, it will be the first part after rearrangement.

- Part A follows C as only part A forms a pair with C further describing robotics.
- Part D follows A as it tells about the field to which the subject that is robotics belongs. Hence D follows A.
- Part B follows part D to maintain the logical flow of the sentence. So B follows D.
- Part E concludes the sentence as it forms a pair with part B and also tells about the function that comes under robotics.

Correct rearrangement of segments is: Robotics is the field of science and technology concerned with creating robots.

Hence, the correct option is (B).

91. The given sentence has compared a human being to other animals in their babyhood.

- The word 'different' in part (A) of the sentence is always followed by the preposition 'from'.
- 'Different than' is never correct.
- So, the word 'than' must be replaced with 'from' to make the sentence grammatically correct.
- Therefore, the error lies in part (B) of the sentence.

The correct sentence will be: Man is entirely different from other animals in the utter helplessness of his babyhood.

Hence, the correct option is (B).

92. The word 'lack' means the state of being without or not having enough of something.

- The word 'lack' can be used both as a verb as well as a noun.
- In this sentence the word 'lack' is used as a verb to show the subject's deficiency in imparting the knowledge he possesses.
- The word 'lacks' is used as a verb whereas 'lack' is used as a noun.

- So, 'lack' must be replaced with 'lacks'.
- Therefore, the error lies in part (A) of the sentence.

The correct sentence will be: He lacks the power of imparting, although he is a good mathematical scholar.

Hence, the correct option is (A).

93. Reading the sentence we find that:

- The preposition 'for' used in part (D) is incorrect.
- The word 'committed' (adjective) means dedicated and one is always committed to their work, as in this case, to their charge.
- 'Committed to their charge' can be defined as the level of enthusiasm or dedication a person has towards his/her tasks assigned at a workplace.
- So, instead of 'for' we must use the preposition 'to' to make the sentence grammatically correct.

The correct sentence will be: What Dr. Joshi mainly aimed at, was to promote the self-development of the young minds committed to their charge.

Hence, the correct option is (D).

94. The erroneous part is 'The sceneries'. Here the word 'sceneries' should be replaced with the word 'scenery' to rectify the error because the noun scenery is uncountable and as we know uncountable nouns do not have plural forms and they cannot be used with numbers or the article a/an.

- Also, the verb "was" is correct as the noun scenery is singular and we know that the singular subject of a sentence or clause requires a singular verb.
- In more general, commonly used, contexts, the plural form of scenery will also be scenery. However, in more specific contexts, the plural form can also be sceneries e.g. in reference to various types of sceneries or a collection of sceneries.

Thus, the correct sentence is: The scenery was so beautiful that John was mesmerized and captivated by all that he saw.

Hence, the correct option is (A).

95. The sentence talks about how more than one person in the narrator's group is an undercover agent.

- This means the subject is 'more than one', which is a plural noun phrase.
- When "more than one" modifies a singular noun, it goes with a singular verb. For eg. More than one person is going.
- The 'are' in part (B) of the sentence needs to be replaced with 'is' in order to make the sentence correct.

So, the correct sentence will be: More than one person is a secret undercover agent.

Hence, the correct option is (B).

96. The meaning of the word destined is 'something likely to happen in near future or future'. For Example, 'We both felt that we were destined to meet.

The given statement is trying to tell that failure of the scheme was likely to happen in the future and it was clear from the beginning. Therefore, 'destined' is appropriate here.

Hence, the correct option is (A).

97. The meaning of the word powerful is 'having great power or strength'. For Example, "America is the world's most powerful nation"

The given statement is trying to tell that the current of the 'thing' was so strong that it could take away big tree trunk Therefore, powerful is the appropriate here.

Hence, the correct option is (B).

98. The meaning of the word realized is 'become fully aware of (something) as a fact; understand clearly'. For Example, he realized his mistake at once.

The given statement is trying to tell that Chandrakanth was shocked when he became aware that he has lost sensation in his leg. Therefore, realized is appropriate here.

Hence, the correct option is (C).

99. The meaning of the word domesticate is to adopt an animal as a pet over time. For Example, Dogs were the first animals domesticated by humans.

The given statement is trying to say that human beings have been petting wild animals for a long time. Therefore, domesticated is appropriate here.

Hence, the correct option is (B).

100. The meaning of the word favor is to approve or support something. For example, The city council voted in favor of the proposed housing development.

The given statement is trying to say that some are parents do not support the co-educational system. Therefore, favor is appropriate here.

Hence, the correct option is (A).

मॉक टेस्ट 04

Reasoning Ability

Ques (1-2):निर्देश: ये प्रश्न निम्नलिखित जानकारी पर आधारित हैं।

एक परिवार में, आठ सदस्य हैं, जिनमें से तीन जोड़े होते हैं। अयूब, भीम, चिंटू और दादा पुरुष हैं और उस परिवार में एलिना, फरीदा, गायत्री और हसीनी महिलाएं हैं। यह भी ज्ञात है कि

(i) हसीनी, फरीदा की बहन है।

(ii) गायत्री, भीम की पुत्री है।

(iii) चिंटू की शादी एलिना से हुई है।

(iv) फरीदा, अयूब की सास हैं।

(v) गायत्री का भाई चार पुरुषों में से एक है और वह विवाहित है।

(vi) हसीनी एक विधवा है और उसकी एक ही संतान है, जो अविवाहित है।

Q.1 एलिना का ससुर कौन है?

A. अयूब
B. भीम
C. चिंटू
D. दादा
E. जानकारी अपर्याप्त है।

Q.2 निम्नलिखित में से कौन सा गलत है?

A. गायत्री, एलिना की भाभी है।
B. भीम, फरीदा का पति है।
C. अयूब, चिंटू के बहनोई है।
D. हसीनी, दादा की चाची है।
E. इनमें से कोई नहीं

Q.3 एनसीसी कैडेटों की उत्तर-मुखी पंक्ति में, तृषा बाएं छोर से 9वें और टीना दाएं छोर से 12वें स्थान पर है। तृषा और तान्या के बीच 5 कैडेट हैं जो तान्या और टीना के बीच कैडेटों की संख्या के बराबर है। ज्ञात कीजिए कि पंक्ति में कितने कैडेट हैं?

A. 34
B. 32
C. 31
D. 33
E. निर्धारित नहीं किया जा सकता है

Q.4 बच्चों की किसी कतार में दीपा बाएँ से 9वें स्थान पर है और विजय दाएँ से 13 वें स्थान पर है। जब ये दोनों आपस में अपना स्थान अदल-बदल कर लेते हैं, तो दीपा बाएँ से 17 वें स्थान पर आ जाती है। बताएँ कि दाएँ से विजय किस स्थान पर होगा?

A. 9वाँ
B. 21वाँ
C. 20वाँ
D. 7वाँ
E. 14वाँ

Ques (5-9):निर्देश: निम्नलिखित जानकारी को ध्यानपूर्वक पढिए और नीचे दिए गए प्रश्नों के उत्तर दीजिए।

आठ व्यक्ति P, Q, R, S, T, U, V और W एक आठ मंजिला भवन में रहते हैं। सबसे निचली मंजिल की संख्या 1 और सबसे ऊपर की मंजिल की संख्या 8 है। परन्तु यह आवश्यक नहीं है कि यह समान क्रम में हो। जिस मंजिल पर T रहता है, उसके नीचे केवल तीन व्यक्ति रहते हैं। T और W की मंजिलों के बीच में दो व्यक्ति रहते हैं। Q के ऊपर रहने वालों की संख्या W के नीचे रहने वाले व्यक्तियों की संख्या के समान है। P और R के बीच में तीन से अधिक व्यक्ति रहते हैं। P विषम संख्या वाली मंजिल पर रहता है परन्तु वह सबसे नीचे की मंजिल पर नहीं है। S और V के बीच में तीन व्यक्ति रहते हैं। S, V के ऊपर रहता है।

Q.5 निम्न में से कौन सबसे ऊपर की मंजिल पर रहता है?

A. Q
B. R
C. p
D. W
E. U

Q.6 W और U के बीच में कितने लोग रहते हैं?

A. कोई नहीं
B. एक
C. दो
D. तीन
E. चार

Q.7 निम्न में से कौन Q के ठीक नीचे रहता है?

A. P
B. R
C. V
D. T
E. Q सबसे नीचे रहता है

Q.8 पाँच में से चार किसी तरह से समान हैं और इस प्रकार से ये एक समूह निर्मित करते हैं। निम्न में से कौन इस समूह का नहीं है?

A. R
B. U
C. T
D. Q
E. S

Q.9 V, मंजिल 2, P, मंजिल 4 से किसी प्रकार संबंधित है। समान रूप से, U निम्न में से किस मंजिल से संबंधित है?

A. मंजिल 5
B. मंजिल 3
C. मंजिल 8
D. मंजिल 7
E. मंजिल 6

Ques (10-12):निर्देश: नीचे दिए गए प्रश्न में तीन कथन और उसके बाद तीन निष्कर्ष I, II और III दिए गए हैं। आपको दिए गए कथनों को सत्य मानना है भले ही वे सर्वज्ञात तथ्यों से भिन्न प्रतीत होते हों। सभी निष्कर्षों को पढ़ें और फिर तय करें कि दिए गए निष्कर्षों में से कौन सा कथन दिए गए कथनों का तार्किक रूप से अनुसरण करता है, भले ही सर्वज्ञात तथ्य न हों।

Q.10 कथन:

कुछ पुरुष गाय हैं।

सभी पुरुष और गाय प्रतिभाशाली हैं।

कुछ पुरुष जो गाय नहीं हैं वे अमीर हैं।

निष्कर्ष:

I. कुछ प्रतिभाशाली अमीर हैं।

II. कुछ अमीर गाय हैं।

III. कुछ गाय प्रतिभाशाली हैं।

A. केवल I और II अनुसरण करते है
B. केवल II और III अनुसरण करते है
C. केवल I और III अनुसरण करते है
D. सभी अनुसरण करते है
E. कोई भी अनुसरण नहीं करता है

Q.11 कथन:

सभी मनुष्य आलसी हैं।

कुछ सोने वाले मनुष्य हैं।

सभी सोने वाले बुद्धिजीवी हैं।

निष्कर्ष:

I. कुछ बुद्धिजीवी आलसी हैं।

II. कुछ आलसी सोने वाले हैं।

III कुछ बुद्धिजीवी मनुष्य हैं।

A. केवल I और II अनुसरण करते है

B. केवल II और III अनुसरण करते है
C. केवल I और III अनुसरण करते है
D. सभी I, II और III अनुसरण करते है
E. इनमें से कोई नही

Q.12 कथन:
कुछ कपूर रूबिडियम हैं।
सभी बॉक्साइट टाइटेनियम हैं।
सभी रुबिडियम बॉक्साइट हैं।
निष्कर्ष:
I. कुछ कपूर बॉक्साइट होते हैं।
II. सभी बॉक्साइट रुबिडियम हैं।
III. सभी बॉक्साइट कपूर हैं।
A. केवल I अनुसरण करता है
B. I और II दोनों अनुसरण करते हैं
C. या तो I या III अनुसरण करता है
D. सभी अनुसरण करते हैं
E. कोई भी अनुसरण नहीं करता है

Ques (13-17):निर्देश: दिए गए प्रश्नों का उत्तर देने के लिए निम्नलिखित जानकारी का अध्ययन कीजिए।

एक निश्चित कूट भाषा में,

'se ma to' का अर्थ 'India is beautiful' है।'si fe ma' का अर्थ 'Rohan is smart' है।'ra fe si to' का अर्थ 'Smart Rohan visits India' है।'si kn ma' का अर्थ 'Village is smart' है।

Q.13 Village के लिए कूट क्या है?
A. ma **B.** si
C. kn **D.** to
E. या तो ma या si

Q.14 'Rohan is going Village' के लिए कूट क्या हो सकता है?
A. kn sa si fe **B.** si ma se fe
C. kn ra se fe **D.** kn ma fe kr
E. kn ma to ra

Q.15 दी गई भाषा में निम्नलिखित में से किस वाक्य के लिए कूट 'kn ma se lk to' है?
A. Smart India is beautiful
B. Village in India is beautiful
C. India is smart village
D. Village in India is smart
E. Rohan is very smart

Q.16 'smart city के लिए कूट क्या हो सकता है?
A. ma si **B.** si cm **C.** fe si **D.** se to
E. kn ck

Q.17 'smart India' के लिए कूट क्या होगा?
A. si kn **B.** se fe **C.** ma to **D.** si to
E. to na

Q.18 निर्देश: निम्नलिखित प्रश्न में दिए गए कथनों को सत्य मानते हुए, दिए गए निष्कर्षों में से कौन सा निष्कर्ष निश्चित रूप से सत्य है और फिर उसी के अनुसार अपने उत्तर दें।
कथन:
$T \leq R; Y \geq Z; T > Z; R \geq K$
निष्कर्ष:
I. $Z \leq R$
II. $R > Y$
III. $T \geq K$
IV. $Z < K$
A. केवल IV सत्य है।
B. कोई भी सत्य नहीं है।
C. केवल I और IV सत्य है।
D. केवल II और IV सत्य है।
E. केवल II सत्य है।

Q.19 निर्देश: निम्नलिखित प्रश्न में दिए गए कथनों को सत्य मानते हुए, दिए गए निष्कर्षों में से कौन सा निष्कर्ष निश्चित रूप से सत्य है और फिर उसी के अनुसार अपना उत्तर दें।
कथन:
$A = B; B \leq C; D > A; E \geq C$
निष्कर्ष:
I. $B = E$
II. $A \leq C$
III. $D \geq B$
IV. $A > E$
A. केवल II सत्य है।
B. केवल III सत्य है।
C. केवल I और III सत्य हैं।
D. केवल I और II सत्य हैं।
E. केवल IV सत्य है।

Q.20 निर्देश: निम्नलिखित प्रश्न में दिए गए कथनों को सत्य मानते हुए, दिए गए निष्कर्षों में से कौन सा निष्कर्ष निश्चित रूप से सत्य है और फिर उसी के अनुसार अपने उत्तर दें।
कथन:
$U > V; W \geq X; U < X; V = Y$
निष्कर्ष:
I. $U \leq Y$
II. $W \geq U$
III. $V > X$
IV. $U > Y$
A. केवल II सत्य है।
B. केवल I सत्य है।
C. केवल I और III सत्य हैं।
D. केवल II और IV सत्य हैं।
E. केवल IV सत्य है।

Ques (21-22):निर्देश: निम्नलिखित प्रश्न नीचे दिए गए तीन अंकों की संख्या पर आधारित हैं।

469, 348, 968, 517, 249

Q.21 यदि संख्याओं में से 5 घटा दिया जाता है, तो कितनी संख्याएं पूर्ण घन होंगी?
A. एक **B.** दो **C.** तीन **D.** चार
E. कोई नहीं

Q.22 निम्न में से किस संख्या का स्वयं के अंकों का योग दूसरा सबसे अधिक है?
A. 348 **B.** 469 **C.** 968 **D.** 249
E. 517

Ques (23-25):निर्देश: निम्नलिखित प्रश्न नीचे दिए गए पांच, तीन अंकों की संख्या पर आधारित हैं।

525, 729, 845, 941, 306

Q.23 यदि संख्या के भीतर सभी अंकों को आरोही क्रम में व्यवस्थित किया जाता है, तो निम्नलिखित में से तीसरी सबसे बड़ी संख्या क्या होगी?

A. 941 **B.** 525 **C.** 729 **D.** 306
E. 845

Q.24 यदि दाईं ओर से तीसरी संख्या के दूसरे अंक को, दाईं ओर से दूसरी संख्या के तीसरे अंक से गुणा किया जाता है तो परिणामी मान क्या होगा?

A. 2 **B.** 6 **C.** 4 **D.** 1
E. 0

Q.25 यदि पहली और चौथी संख्या के सभी अंकों को बाएं ओर से आरोही क्रम में व्यवस्थित करते हैं और नई व्यवस्था के बाद हम इसे घटाते हैं तो परिणाम क्या क्या होगा?

A. 404 **B.** 423 **C.** 100 **D.** 106
E. 316

Ques (26-30):निर्देश: निम्नलिखित जानकारी का ध्यानपूर्वक अध्ययन कीजिए और नीचे दिये गए प्रश्न के उत्तर दीजिए।

आठ बॉक्स A, B, C, D, E, F, G और H को एक के ऊपर एक रखा जाता हैं लेकिन जरूरी नहीं कि क्रम में हो। प्रत्येक बॉक्स में 1 से 8 के बीच की संख्या लिखी हैं लेकिन जरूरी नहीं कि क्रम में हो।

बॉक्स को बढ़ते क्रम में इस प्रकार रखा जाता हैं कि सबसे छोटी संख्या वाला बॉक्स सबसे ऊपर और सबसे बड़ी संख्या वाले बॉक्स को सबसे नीचे रखा जाता है।

C को G के ठीक ऊपर रखा जाता है। G सबसे निचला बॉक्स हैं। D और G के बीच चार बॉक्स रखे जाते है। B और G के बीच दो बॉक्स रखे जाते है। A और G के बीच बॉक्स की संख्या उतनी ही हैं जितनी H और B के बीच है। H को B के ऊपर रखा जाता हैं। F और D के बीच दो बॉक्स रखे जाते हैं। E और B के बीच कम से कम दो बॉक्स रखे जाते हैं।

Q.26 कौन-सा बॉक्स सबसे ऊपर हैं?

A. A **B.** H **C.** E **D.** B
E. F

Q.27 E और F के बीच कितने बॉक्स रखे जाते हैं?

A. 1 **B.** 2 **C.** 3 **D.** 4
E. 5

Q.28 H और D के बीच कौन-से बॉक्स को रखा जाता हैं?

A. A **B.** E **C.** C **D.** B
E. F

Q.29 A के ठीक ऊपर कौन-सा बॉक्स रखा गया हैं?

A. D **B.** E **C.** C **D.** B
E. F

Q.30 F के ठीक नीचे कौन-सा बॉक्स रखा गया हैं?

A. D **B.** E **C.** C **D.** B
E. G

Ques (31-35):निर्देश: निम्नलिखित जानकारी का अध्ययन कीजिये और नीचे दिए गए प्रश्नों के उत्तर दीजिये:

8 व्यक्ति अमर, विक्रम, चरण, दीपक, एडवर्ड, फ्लिंट, गौतम और हरि 2 समानांतर पंक्तियों में उत्तर की ओर मुख करके बैठे हैं, और प्रत्येक पंक्ति में 4 व्यक्ति बैठे हैं पंक्तियों की व्यवस्था इस प्रकार की जाती हैं कि दूसरी पंक्ति से एक व्यक्ति पहली पंक्ति से एक व्यक्ति के पीछे बैठता है। उनमें से प्रत्येक को पीला, नीला, नारंगी, लाल, हरा, सफेद, काले और सियान में से एक अलग रंग पसंद है। इसके अलावा, उनके बारे में निम्नलिखित जानकारी भी दी जाती है।

अमर उस व्यक्ति के पीछे बैठा है जो पीले रंग को पसंद करता है। जो व्यक्ति नीला रंग पसंद करता है वह विक्रम की बाईं ओर बैठा है और वह विक्रम का एकमात्र पड़ोसी है। अमर और विक्रम एक ही पंक्ति में नहीं बैठे हैं। जो व्यक्ति पीला पसंद करता है वह उस व्यक्ति के आस-पास बैठा है जो नीला पसंद करता है। अमर उस व्यक्ति के आस-पास बैठा है जो हरे रंग को पसंद करता है। हरे रंग को पसंद करने वाला व्यक्ति उस व्यक्ति के पीछे बैठा नहीं है जो नीला पसंद करता है। चरन उस व्यक्ति के पीछे बैठा है जिसे सियान पसंद है। चरन को हरा रंग पसंद नहीं है। जो लोग लाल और नारंगी पसंद करते हैं वे एक दूसरे के आस-पास बैठे होते हैं। उनमें से कोई भी उस व्यक्ति का पड़ोसी नहीं है जो हरे रंग को पसंद करता है। चरन को लाल पसंद नहीं है। दीपक सफेद पसंद करता है। फ्लिंट उस व्यक्ति के आस-पास बैठा है जो नीला पसंद करता है। एडवर्ड को लाल पसंद नहीं है लेकिन वह अमर का पड़ोसी है। गौतम को नीला रंग पसंद नहीं है।

Q.31 लाल रंग किसे पसंद है?

A. अमर **B.** हरीश **C.** गौतम **D.** विक्रम
E. चरन

Q.32 फ्लिंट के पीछे कौन बैठा है?

A. एडवर्ड **B.** अमर **C.** गौतम **D.** चरन
E. दीपक

Q.33 सफेद रंग को पहनने वाले व्यक्ति के पीछे बैठे व्यक्ति को कौन सा रंग पसंद है?

A. लाल **B.** नारंगी **C.** काली **D.** सफेद
E. हरा

Q.34 सियान रंग किसे पसंद है?

A. विक्रम **B.** हरीश **C.** गौतम **D.** अमर
E. एडवर्ड

Q.35 अमर को कौन सा रंग पसंद है?

A. हरा **B.** लाल **C.** काला **D.** नारंगी
E. सियान

Numerical Aptitude

Q.36 एक पुस्तक क्रमागत तीन पुस्तक विक्रेताओं द्वारा बेचा गयी थी प्रत्येक 10% के लाभ प्राप्त कर रहे थे। पुस्तक की कीमत में कितनी प्रतिशत की वृद्धि हुई है?

A. 10% **B.** 15.5% **C.** 30% **D.** 31.2%
E. 33.1%

Q.37 दो ट्रेन समान दिशा में चलती हैं। उनकी गति 72 किमी प्रति घंटा और 90 किमी प्रति घंटा है। दो ट्रेनों की लम्बाई 450 मीटर और 500 मीटर है। तो एक-दूसरे को पार करने में उनके द्वारा लिया गया समय क्या है?

A. 120 सेकेंड **B.** 150 सेकेंड
C. 130 सेकेंड **D.** 190 सेकेंड
E. 220 सेकेंड

Q.38 एक बर्तन में 90 लीटर दूध है। बाद में 9 लीटर दूध के स्थान पर पानी मिलाया गया। प्रक्रिया को एक और बार दोहराया गया। प्रक्रिया के बाद बर्तन में दूध की मात्रा ज्ञात करें?

A. 72.0 लीटर **B.** 72.9 लीटर
C. 62.9 लीटर **D.** 63 लीटर
E. 81 लीटर

Q.39 किसी आयत का विकर्ण 15 cm और लंबाई 12 cm है। आयत का क्षेत्रफल ज्ञात कीजिए।

A. 114 cm^2 **B.** 108 cm^2 **C.** 116 cm^2 **D.** 112 cm^2
E. 115 cm^2

Q.40 जिगना रेस्टोरेन्ट के एक व्यवसाय में ईशा से 2000 रुपये अधिक निवेश करती है। उन्हें तीसरी साझेदार पिंकी मिलती है, जो ईशा से 25 प्रतिशत अधिक निवेश करती है। यदि निवेश की गई कुल धनराशि 12,50,000 रुपये है, तो ईशा द्वारा निवेश की गई धनराशि क्या है?

A. 2,76,000 **B.** 3,84,000
C. 4,15,000 **D.** 5,74,000
E. उपरोक्त में से कोई नहीं

Ques (41-45):निर्देश: निम्नलिखित संख्या श्रृंखला में प्रश्न चिन्ह '?' के स्थान में क्या आना चाहिए?

Q.41 3, 6, 11, 18, 27, 38, ?

A. 45 **B.** 46 **C.** 48 **D.** 51
E. 49

Q.42 504, 252, 84, 42, ?, 7

A. 16 **B.** 15 **C.** 14 **D.** 13
E. 17

Q.43 8, 16, 48, 192, 960, ?

A. 5660 **B.** 5460 **C.** 5760 **D.** 5560
E. 5570

Q.44 144, 164, 194, 234, 284, ?

A. 400 **B.** 344 **C.** 564 **D.** 564
E. 369

Q.45 11, 13.5, 18.5, ?, 36

A. 23 **B.** 24 **C.** 21 **D.** 26
E. 28

Q.46 4 साल पहले, 4 सदस्यों के परिवार की औसत आयु 19 साल थी। एक नए बच्चे के जन्म ने परिवार की औसत आयु आज भी बरकरार रखी है। आज बच्चा कितने साल का है?

A. 4 वर्ष **B.** 1 वर्ष **C.** 2 वर्ष **D.** 3 वर्ष
E. 5 वर्ष

Ques (47-56):निर्देश: निम्नलिखित प्रश्न में प्रश्न चिह्न (?) के स्थान पर क्या आएगा?

Q.47 $\sqrt{144} \div 4 \times 6 - \sqrt{196} \div \sqrt{49} + 5 = ?$

[SBI Clerk, 2020]

A. 19 **B.** 20 **C.** 21 **D.** 22
E. 23

Q.48 $680 \times 24 \div 12 \div 17 + 12$ का $6 = ?$

A. 142 **B.** 152
C. 132 **D.** 165
E. इनमे से कोई भी नहीं

Q.49 263 – 345 + 180 × 20 का 3% – 1 = ?

A. 30 **B.** 24 **C.** 25 **D.** 26
E. 29

Q.50 250 × 24 ÷ 12 ÷ 125 + 2 का 3 = ?

A. 7 **B.** 8 **C.** 9 **D.** 10
E. 11

Q.51 $\frac{3}{4} + \frac{7}{8} + \frac{11}{12} + \frac{13}{16} = \frac{?+1}{48}$

A. 160 **B.** 140 **C.** 150 **D.** 130
E. 120

Q.52 $4\frac{1}{5} \times 3\frac{4}{7} \div \frac{5}{3} + 12 = ?$

A. 20 **B.** 30 **C.** 21 **D.** 25
E. 40

Q.53 650 का 56% - 280 का 85% + ? ÷ 3 = 351

A. 675 **B.** 665 **C.** 775 **D.** 225
E. 765

Q.54 $11^2 - 6^2 \div 6 \times \frac{5}{2} - 5$ का $2 = ?$

A. 96 **B.** 108 **C.** 110 **D.** 125
E. 121

Q.55 $16 - \frac{4}{6} \times 20$ का $\frac{6}{5} \div 4 = ?$

A. 21 **B.** 12 **C.** 24 **D.** 20
E. 25

Q.56 $108 \div \frac{1}{4}$ का $36 + \frac{2}{5} \times 3\frac{1}{4}$

A. $13\frac{7}{10}$ **B.** $13\frac{3}{10}$ **C.** $11\frac{3}{10}$ **D.** $12\frac{1}{10}$
E. $12\frac{7}{10}$

Q.57 26 वस्तुओं का औसत 40 पाया गया। पता लगाने पर, यह पाया गया कि दो वस्तुओं को गलत तरीके से 40 और 24 के बजाय 20 और 18 लिया गया था। सही औसत ज्ञात कीजिये।

A. 39 **B.** 40
C. 42 **D.** 41
E. इनमें से कोई नहीं

Q.58 16 छात्रों के एक समूह की औसत आयु 20 वर्ष है| अगर इस समूह में 4 छात्र और जुड़ जाएँ तो, यह औसत 2 वर्षसे बढ़ जाता है| नए छात्रों की औसत आयु क्या है?

A. 29 वर्ष **B.** 25 वर्ष
C. 30 वर्ष **D.** 27 वर्ष
E. इनमें से कोई नहीं

Q.59 कितने समय में 9,500 रुपये की राशि 3% प्रति वर्ष साधारण ब्याज पर 10,070 रुपये होगी?

A. 2 वर्ष **B.** 3 वर्ष **C.** 5 वर्ष **D.** 1 वर्ष
E. 6 वर्ष

Q.60 किसी धनराशि पर पहले पांच वर्षों के लिए ब्याज की दर 3% प्रतिवर्ष है, अगले तीन वर्षों के लिए 6 % प्रतिवर्ष और 8 वर्ष से अधिक की अवधि के लिए 7% है। यदि कुल 12 वर्षों की अवधि के लिए राशि पर अर्जित साधारण ब्याज 1,8300 रुपये है, तो राशि क्या है?

A. 24000 **B.** 12900 **C.** 19800 **D.** 35000
E. 30000

Q.61 A और B एक साथ एक कार्य को 6.75 दिनों में करते हैं और A अकेले उस कार्य को 9 दिनों में कर सकता है। B को अकेले उस कार्य को करने में कितने दिन लगेंगे?

A. 27 **B.** 18 **C.** 24 **D.** 21
E. 22

Q.62 A, B से दोगुना कुशल है और इसलिए B इस कार्य को पूरा करने में जितना समय लेता है, A उससे 20 दिन कम में इस कार्य को पूरा कर लेता है। वह समय जिसमें वे साथ काम करके कार्य को पूरा कर सकते हैं?

A. 13 दिन **B.** $13\frac{1}{2}$ दिन **C.** 14 दिन **D.** $13\frac{1}{3}$ दिन
E. 15 दिन

Q.63 जब कॉफी की कीमत 10% कम हो जाती है। एक आदमी 540 रूपए में 3 किग्रा अधिक खरीद सकता है। वास्तविक और कम किये हुए मूल्य में अंतर ज्ञात कीजिये।

A. 1 रूपए **B.** 2 रूपए **C.** 3 रूपए **D.** 4 रूपए
E. 5 रूपए

Q.64 एक लैपटॉप का मूल्य 20000 रुपये है और प्रतिवर्ष इसके मूल्य में 10% की वृद्धि होती है, दो वर्ष बाद लैपटॉप का मूल्य क्या है?

A. 25000 **B.** 22000 **C.** 24200 **D.** 23000
E. 21500

Ques (65-69):निर्देश: निम्नलिखित लाइन ग्राफ का ध्यानपूर्वक अध्ययन करें और दिए गए प्रश्न का उत्तर दें।

यहाँ एक लाइन ग्राफ दिया गया है जो विभिन्न अस्पतालों में विभिन्न वर्षों के दौरान डॉक्टरों की संख्या के बारे में जानकारी प्रदान करता है।

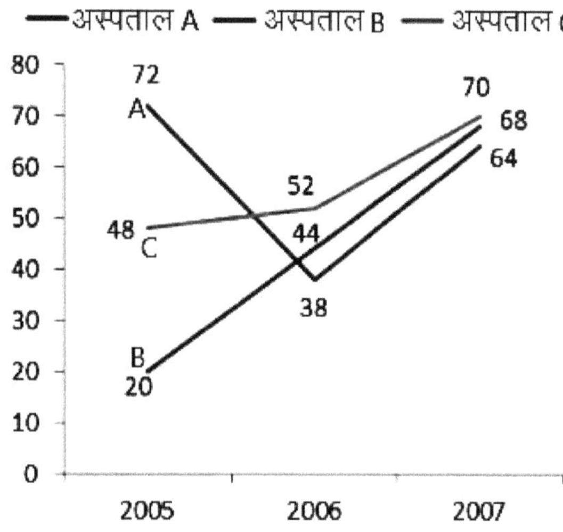

Q.65 2005 से 2007 की अवधि के दौरान अस्पताल A में डॉक्टरों की औसत संख्या क्या थी?

A. 18 **B.** 26 **C.** 58 **D.** 40
E. 50

Q.66 2007 में संयुक्त रुप से तीन अस्पतालों में डॉक्टरों की कुल संख्या और 2005 में संयुक्त रुप से तीन अस्पतालों में डॉक्टरों की संख्या का अनुपात क्या है?

A. 101 : 70 **B.** 13 : 5 **C.** 109 : 76 **D.** 80 : 71
E. 80 : 70

Q.67 2006 में अस्पताल B में डॉक्टरों की संख्या संयुक्त रुप से तीन वर्षों के दौरान अस्पताल B में डॉक्टरों की कुल संख्या का कितना प्रतिशत थी?

A. 50% **B.** 16.67% **C.** 42.5% **D.** 33.33%
E. 23.33%

Q.68 2007 में अस्पताल A और अस्पताल C में डॉक्टरों की संख्या में क्या अंतर था?

A. 2 **B.** 12 **C.** 20 **D.** 6
E. 5

Q.69 तीनो अस्पतालों में संयुक्त रुप से तीन वर्षों के दौरान डॉक्टरों की कुल संख्या क्या थी?

A. 476 **B.** 608 **C.** 310 **D.** 340
E. 440

Q.70 एक वस्तु का अंकित मूल्य उसके क्रय मूल्य से 50% अधिक है। यदि वस्तु को 200 रुपये की छूट देने के बाद 1300 रुपये में बेचा जाता है, तब लाभ प्रतिशत क्या होगा?

A. 30% **B.** 50% **C.** 20% **D.** 25%
E. 55%

English Language

Ques (71-72):Direction: Rearrange the following sentences (A), (B), (C), (D), (E), (F) and (G) in the proper sequence to form a meaningful paragraph and then answer the questions given below.

(A) would enjoy constitutionally guaranteed rights and through democratic means, build a just society.

(B) A cornerstone of this dream was respect for diversity that was written into the Constitution.

(C) At Independence, the dream was that the people of a country of so much diversity

(D) The dream "Idea of India" has always been grander in promise than in fulfillment.

(E) It has been a mixed record, with as many failures as achievements.

(F) The events of the past two weeks, however, signal to us that the "Idea of India" is in danger of collapsing.

(G) We may soon have to accept the "New India" which places no value on pluralism, fraternity, and autonomy.

Q.71 Which of the following should be the first sentence after rearrangement?

[LIC AAO (Generalist), 2019]

A. B **B.** D **C.** A **D.** F
E. C

Q.72 Which of the following should be the second sentence after rearrangement?

[LIC AAO (Generalist), 2019]

A. C **B.** A **C.** B **D.** G
E. E

Ques (73-75):Directions: In the given questions, the sentence is split into five parts and named (A), (B), (C), (D) and (E). These five parts are not given in their proper order. Read the sentences and find out which of the five combinations is correct and mark the respective option.

Q.73 (A) payment security and safety to the next
(B) level by devaluing data
(C) and replacing payment
(D) credentials with tokens
(E) tokenization is the foundational aspect of taking

A. ABDCE **B.** EABCD **C.** DBECA **D.** ABEDC
E. ABCDE

Q.74 (A) Ideology and reason at the center of
(B) founded on our liberal, secular,
(C) politics and a reclaiming of the constitutional center
(D) progressive and dignity-based heritage

(E) the election must be about restoring

A. ACEBD **B.** ECABD **C.** EACBD **D.** ABCDE
E. ADEBC

Q.75 (A) They include capabilities relating to radar enhancements

(B) which will provide the force with better long-range capability

(C) a helmet mounted display through which IAF pilots

(D) will be able to counter many threats simultaneously, the capability to start and operate

(E) from high-altitude airfields and capabilities pertaining to avionics

A. EBCDA **B.** BCDAE **C.** ABCDE **D.** ADBCE
E. ABCED

Ques (76-80):Direction: Identify the segment of the sentence, which contains a grammatical error. If there is no error in the sentence, mark ' No error '.

Q.76 Protect large areas of (a)/ pristine rainforests will (b)/ help mitigate the (c)/ impacts of the climate crisis. (d)/ No error (e)

A. (a) **B.** (b) **C.** (c) **D.** (d)
E. (e)

Q.77 Fish farming may have been devised as remedy(a)/ to reinvigorate dwindling fish stocks (b)/ but this human solution has spawned (c)/ another problem: lower genetic diversity. (d)/ No error (e)

A. (a) **B.** (b) **C.** (c) **D.** (d)
E. (e)

Q.78 He is (a)/ not only (b)/ my best friend (c)/ but also my brother.(d)/ No error (e)

A. (a) **B.** (b) **C.** (c) **D.** (d)
E. (e)

Q.79 Sonia was exorbitantly (a) / paid for how (b) / skillful she received the (c) / visitors and entertained them. (d) / No error (e)

A. (a) **B.** (b) **C.** (c) **D.** (d)
E. (e)

Q.80 Seldom one will decide (a) / that war with (b) / a friend's nation is (c) / the only recourse. (d) / No error (e)

A. (a) **B.** (b) **C.** (c) **D.** (d)
E. (e)

Ques (81-90):Direction: Read the following passage and answer the question given below. Some words may be highlighted and read carefully.

The Bronze Age in the Indian subcontinent began around 3300 BCE. Along with Ancient Egypt and Mesopotamia, the Indus valley region was one of three early **cradles** of the **civilization** of the Old World. Of the three, the Indus Valley Civilization was the most **expansive**, and at its peak, may have had a population of over five million. The civilization was primarily centered in modern-day Pakistan, in the Indus river basin, and secondarily in the Ghaggar-Hakra river basin in eastern Pakistan and northwestern India. The Mature Indus civilization **flourished** from about 2600 to 1900 BCE, marking the beginning of urban civilization on the Indian subcontinent. The civilization included cities such as Harappa, Ganeriwala, and Mohenjo-Daro in modern-day Pakistan, and Dholavira, Kalibangan, Rakhigarhi, and Lothal in modern-day India. Inhabitants of the ancient Indus river valley, the Harappans, developed new techniques in **metallurgy** and handicraft (carneol products, seal carving), and produced copper, bronze, lead, and tin. The civilization is noted for its cities built of brick, roadside drainage systems, and multi-storeyed houses and is thought to have had some kind of municipal organization. After the **collapse** of the Indus Valley civilization, the inhabitants of the Indus Valley civilization migrated from the river valleys of Indus and Ghaggar-Hakra, towards the Himalayan foothills of the Ganga-Yamuna basin.

Q.81 What is the meaning of the word metallurgy highlighted in the given passage?

A. Study of metals
B. Study of soil
C. Study of environment
D. Study of water
E. None of the above

Q.82 Which word is similar in meaning to the word 'Collapse' highlighted in the given passage?

A. Disintegration **B.** Rise
C. Swell **D.** Succeed
E. None of the above

Q.83 What is the main context discussed in the passage?

A. Indus Valley Civilization
B. Iron Age
C. Copper age
D. Stone age
E. None of the above

Q.84 What was the population of the Indus Valley Civilization?

A. Over five million **B.** Over two million
C. Over one million **D.** Over three million
E. None of the above

Q.85 Which of the following cities was a part of the Indus Valley Civilization?

A. Ceylon **B.** Sparta
C. Harappa **D.** Rome
E. None of the above

Q.86 Which of the following were not produced by Harappans?

A. Copper **B.** Bronze
C. Lead **D.** Tin
E. None of the above

Q.87 What part of speech is 'flourished' highlighted in the given passage?

A. Verb **B.** Noun
C. Pronoun **D.** Adjective
E. Adverb

Q.88 What part of speech is the word 'Civilization' highlighted in the given passage?

A. Noun **B.** Adjective
C. Verb **D.** Adverb

E. None of the above

Q.89 Which of the following is the antonym of the word 'Expansive' highlighted in the given passage?

A. Extensive **B.** Limited
C. Sweeping **D.** Spacious
E. None of the above

Q.90 Which of the following are not similar in meaning to the word 'Cradle' highlighted in the passage?

A. Bassinet **B.** Crib
C. Carrycot **D.** Cot
E. None of the above

Ques (91-95):Direction: Fill in the blanks with the suitable words in the given sentence.

Q.91 In addition, growing __________ of society on ideological lines has made the job of __________ fake news easier.

A. masses, observing
B. divergence, collecting
C. numbers, sorting
D. polarization, spreading
E. multitude, financing

Q.92 Basic principles of credit __________ and monitoring are obviated in PSBs and must be sharpened to __________ defects of capital, business purpose and character.

A. lending, reduce
B. assessment, emphasize
C. evaluation, clarify
D. appraisal, diagnose
E. prevention, roughen

Q.93 While all these forms exist in India, __________ and __________ content are gaining steam, leading to the possibility of potential violence and impacting society.

A. fabricated, manipulated
B. irrelevant, useless
C. joyous, exalted
D. unnecessary, neutral
E. dangerous, exuberant

Q.94 While predatory journals are not a uniquely Indian problem, the problem appears to be more grave here, and has possibly been aggravated by the UGC's policy of __________ recommendations for __________ of journals in its approved list.

A. seeking, exclusion **B.** denying, publishing
C. soliciting, inclusion **D.** facing, projection
E. handing, seeking

Q.95 While media researchers around the world are __________ the fake news scene, little __________ information is available on the creators and the intention behind it.

A. investigating, credible
B. innovating, sound
C. instigating, genuine
D. obscuring, relevant
E. obliterating, believable

Ques (96-100):Direction: Which of the option (A), (B), (C) and (D) given below, should replace the phrase printed in bold in the sentence to make it grammatically correct? If the sentence is correct as it is given and no correction is required, mark (E) as the answer.

Q.96 The prospects for Britain's orderly withdrawal from the European Union on March 29 **have receded further**, even as MPs rallied to stop a no-deal scenario.

A. Had recede further
B. Have recedes further
C. Has receded further
D. Have receded for further
E. No correction required

Q.97 One should lay out one's doubts and insecurities before entering the examination hall.

A. One should lay outside
B. One should lay aside
C. One should lay inside
D. One should lay behind
E. No correction required

Q.98 The composition of **the Council of Ministers throw light** on Mr. Modi's thinking regarding the agenda that will develop the country.

A. The Council of Ministers throws light
B. The Council of Ministers threw light
C. The Council of Ministers has throw light
D. The Council of Ministers throwing light
E. No correction required

Q.99 The Delhi Congress has constituted a five-member committee **to prove in-depth, the reasons** behind the defeat of the Congress candidates in the Capital.

A. Proving in-depth, the reasons
B. Proved in-depth, the reasons
C. Probing in-depth, the reasons
D. To probe in-depth, the reasons
E. No correction required

Q.100 The article explores the problem and the **consequences damage arises** out of dumping about 5 to 13 million tonnes of plastic into the ocean each year.

A. Consequences damaging arising
B. Consequential damaging arising
C. Consequences for damages arising
D. Consequential damage arising
E. No correction required

// स्मार्ट उत्तर पुस्तिका //

सही उत्तर उन छात्रों का प्रतिशत जिन्होंने प्रश्नों का सही उत्तर दिया था।

छोड़ दिया — उन छात्रों का प्रतिशत जिन्होंने प्रश्नों को छोड़ दिया था।

प्रश्न संख्या	उत्तर	सही उत्तर	छोड़ दिया
1	B	82.15 %	15.27 %
2	D	47.51 %	35.39 %
3	B	52.93 %	37.52 %
4	B	53.3 %	37.85 %
5	B	10.71 %	70.81 %
6	A	67.88 %	31.12 %
7	C	80.99 %	16.17 %
8	E	88.25 %	11.3 %
9	D	69.49 %	30.33 %
10	C	62.1 %	30.61 %
11	D	76.4 %	16.33 %
12	A	59.84 %	34.5 %
13	C	88.63 %	10.9 %
14	D	56.98 %	34.24 %
15	B	57.59 %	41.8 %
16	B	57.46 %	40.98 %
17	D	80.06 %	10.42 %
18	B	61.23 %	30.77 %
19	A	50.66 %	39.92 %
20	E	48.08 %	30.3 %
21	B	10.81 %	87.12 %
22	B	83.86 %	12.57 %
23	B	16.01 %	81.03 %
24	C	52.68 %	31.52 %
25	D	78.75 %	11.2 %
26	B	89.53 %	10.34 %
27	C	59.95 %	36.91 %
28	B	44.14 %	38.07 %
29	A	58.87 %	40.04 %
30	C	55.81 %	30.91 %
31	C	14.77 %	72.78 %
32	B	44.54 %	43.42 %
33	E	54.95 %	30.17 %
34	A	57.74 %	30.43 %
35	C	55.93 %	32.46 %
36	E	59.03 %	32.97 %
37	D	80.43 %	12.11 %
38	B	47.71 %	39.99 %
39	B	58.25 %	31.02 %
40	B	63.96 %	30.66 %
41	D	42.75 %	30.25 %
42	C	12.63 %	71.47 %
43	C	32.59 %	67.33 %
44	B	84.51 %	11.94 %
45	D	25.13 %	73.61 %
46	D	13.58 %	84.12 %
47	C	88.17 %	10.19 %
48	B	87.49 %	10.07 %
49	C	49.59 %	40.51 %
50	D	87.58 %	11.43 %
51	A	88.66 %	10.99 %
52	C	66.28 %	31.13 %
53	A	62.44 %	34.06 %
54	A	78.9 %	17.37 %
55	B	80.98 %	16.32 %
56	B	44.45 %	51.8 %
57	D	82.24 %	14.55 %
58	C	61.63 %	33.99 %
59	A	78.68 %	16.18 %
60	E	85.87 %	10.43 %
61	A	87.72 %	11.73 %
62	D	18.38 %	71.3 %
63	B	56.22 %	41.0 %
64	C	40.48 %	51.41 %
65	C	87.57 %	10.07 %
66	A	80.08 %	18.37 %
67	D	80.88 %	17.97 %
68	D	87.17 %	12.61 %
69	A	68.53 %	30.53 %
70	A	62.87 %	32.55 %
71	B	41.71 %	34.16 %
72	A	41.62 %	51.77 %
73	B	68.29 %	31.7 %
74	C	24.48 %	74.07 %
75	C	18.04 %	68.68 %
76	A	69.35 %	30.36 %
77	A	67.71 %	31.28 %
78	E	76.72 %	15.19 %
79	C	47.27 %	44.98 %
80	A	66.48 %	32.19 %
81	A	46.16 %	41.4 %
82	A	46.85 %	48.53 %
83	A	66.26 %	32.32 %
84	A	50.23 %	30.4 %
85	C	40.07 %	39.97 %
86	E	48.53 %	47.13 %
87	A	45.84 %	45.72 %
88	A	69.56 %	30.15 %
89	B	43.71 %	38.33 %
90	E	44.05 %	47.01 %
91	D	60.36 %	38.75 %
92	D	58.67 %	39.57 %
93	A	50.61 %	38.84 %
94	C	57.84 %	30.96 %
95	A	56.64 %	36.57 %
96	E	44.83 %	36.88 %
97	B	42.11 %	50.93 %
98	A	79.49 %	20.07 %
99	D	53.54 %	43.45 %
100	D	62.31 %	31.42 %

//संकेत और समाधान//

Ques (1-2):(i) से, फरीदा, हसीनी की बहन है।

(ii) से, फरीदा, अयूब की सास हैं।

इसलिए अयूब की पत्नी और बच्चे होने चाहिए, भीम, हसीनी का पति नहीं हो सकता क्योंकि उनके केवल एक संतान है।

इसके अलावा अयूब की पत्नी फरीदा नहीं हो सकती, (वह उसकी सास है) हसीनी नहीं हो सकती (वह फरीदा की बहन है) और एलिना नहीं हो सकती (वह चेतन की पत्नी है)।

तो, अयूब की पत्नी गायत्री हो सकती है और फिर फरीदा का पति भीम होगा और गायत्री का विवाहित भाई चिंटू होगा। तो, हसीनी की एकलौती संतान दादा होगा।

यदि प्रत्येक व्यक्ति को उसके नाम के पहले अक्षर के साथ रखा जाता है, तो संबंध नीचे दर्शाये गए है।

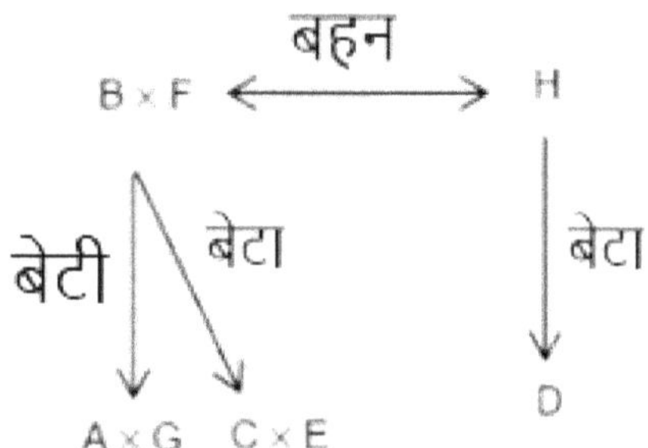

X- विवाहित जोड़ा

1. भीम, एलिना का ससुर है।

अत: विकल्प (B) सही है।

2. हसीनी, दादा की मां हैं।

अत: विकल्प (D) सही है।

3. दी गई जानकारी से,

8 ← तृषा ←5→ तान्या ←5→ टीना → 11
(9वाँ) (12वाँ)
← बाएं छोर दाएं छोर →

उपरोक्त छवि में सभी व्यक्तियों को जोड़ने पर, हम प्राप्त करते हैं

8 + 1 (तृषा) + 5 + 1 (तान्या) + 5 + 1 (टीना) + 11 = 32

इस प्रकार पंक्ति में 32 कैडेट हैं।

अतः विकल्प (B) सही है।

4. दिया गया है,

बच्चों की किसी कतार में दीपा बाएँ से 9वें स्थान पर है और विजय दाएँ से 13 वें स्थान पर है। जब ये दोनों आपस में अपना स्थान अदल-बदल कर लेते हैं, तो दीपा बाएँ से 17 वें स्थान पर आ जाती है।

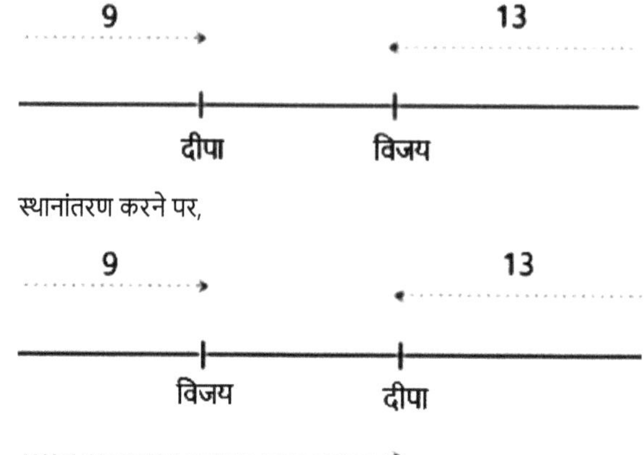

स्थानांतरण करने पर,

फिर,

दीपा की वर्तमान स्थिति = 17

दीपा की पूर्व स्थिति = 9

दीपा की वर्तमान एवं पूर्व स्थिति का अंतर = 17 - 9 = 8

विजय की पूर्व स्थिति = 13

विजय की वर्तमान स्थिति = दीपा की वर्तमान एवं पूर्व स्थिति का अंतर + विजय की पूर्व स्थिति

$= (17 - 9) + 13 = 21$ वाँ

अतः विकल्प (B) सही है।

Ques (5-9):(1) T की मंजिल के नीचे केवल तीन व्यक्ति रहते हैं।

(2) T और W के बीच में दो व्यक्ति रहते हैं।

(3) Q के ऊपर रहने वालों की संख्या, W के नीचे रहने वाले व्यक्तियों की संख्या के समान है।

	स्थिति 1	स्थिति 2
मंजिल	व्यक्ति	व्यक्ति
8		Q
7	W	
6		
5		
4	T	T
3		
2	Q	
1		W

(4) P और R के बीच में तीन से अधिक व्यक्ति रहते हैं।

(5) P विषम संख्या वाली मंजिल पर रहता है परन्तु वह सबसे नीचे की मंजिल पर नहीं रहता है।

	स्थिति 1	स्थिति 2
मंजिल	व्यक्ति	व्यक्ति
8	R	Q
7	W	P
6		
5		
4	T	T
3	P	
2	Q	R

1		W

(6) S और V के बीच में तीन व्यक्ति रहते हैं। (इससे स्थिति 2 रद्द हो जाती है।)

(7) S, V के ऊपर रहता है।

	स्थिति 1
मंजिल	व्यक्ति
8	R
7	W
6	U
5	S
4	T
3	P
2	Q
1	V

5. इस प्रकार, R सबसे ऊपर की मंजिल पर रहता है।

अत: विकल्प (B) सही है।

6. इस प्रकार, W और U के बीच में कोई नहीं रहता है।

अत: विकल्प (A) सही है।

7. इस प्रकार, 'V', 'Q' के ठीक नीचे रहता है।

अत: विकल्प (C) सही है।

8. S को छोड़ कर शेष सभी सम संख्या वाली मंजिल पर रहते हैं।

इस प्रकार, 'S' समूह से संबंधित नहीं है।

अत: विकल्प (E) सही है।

9. जैसा की हमें प्रश्न में दिया गया है, कि व्यक्ति अपने ठीक ऊपर वाली मंजिल से संबंधित है।

इस प्रकार, 'U', मंजिल 7 से संबंधित है।

अत: विकल्प (D) सही है।

10. दिए गए कथनों के लिए संभावित वेन आरेख इस प्रकार है,

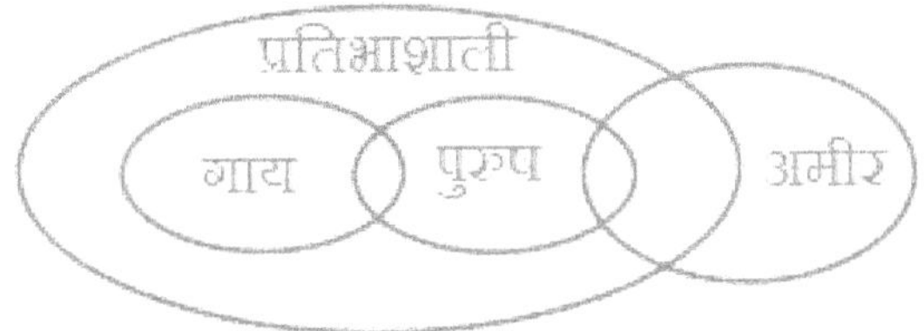

निष्कर्ष:

I. कुछ प्रतिभाशाली अमीर हैं → सत्य (सभी पुरुष प्रतिभाशाली हैं और कुछ पुरुष जो गाय नहीं हैं वे अमीर हैं)

II. कुछ अमीर गाय है → असत्य (यह संभव है लेकिन निश्चित नहीं है)

III. कुछ गाय निपुण हैं → सत्य (सभी पुरुष और गाय प्रतिभाशाली हैं)

इस प्रकार, केवल निष्कर्ष I और III अनुसरण करते हैं।

अतः विकल्प (C) सही है।

11. दिए गए कथनों के लिए संभावित वेन आरेख इस प्रकार है,

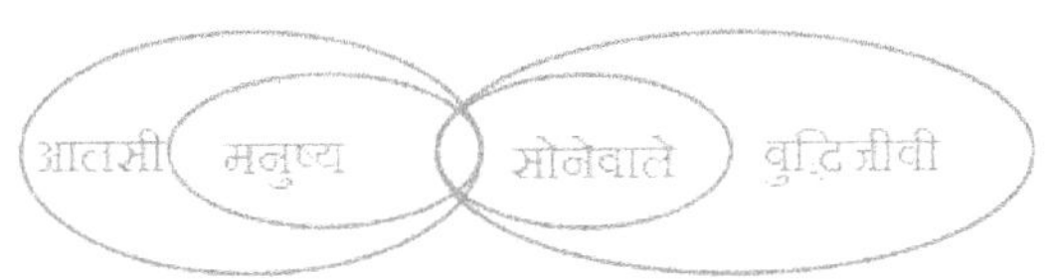

निष्कर्ष:

I. कुछ बुद्धिजीवी आलसी हैं → सत्य (सभी मनुष्य आलसी हैं और कुछ सोने वाले मनुष्य हैं और सभी सोने वाले बुद्धिजीवी हैं, इसलिए कुछ बुद्धिजीवी आलसी हैं)

II. कुछ आलसी सोने वाले हैं → सत्य (कुछ सोने वाले मनुष्य हैं और सभी मनुष्य आलसी हैं)

III कुछ बुद्धिजीवी मनुष्य हैं → सत्य (कुछ सोने वाले मनुष्य हैं और सभी सोने वाले बुद्धिजीवी हैं)

इस प्रकार, सभी निष्कर्ष I, II और III अनुसरण करते हैं।

अतः विकल्प (D) सही है।

12. दिए गए कथनों के लिए संभावित वेन आरेख इस प्रकार है,

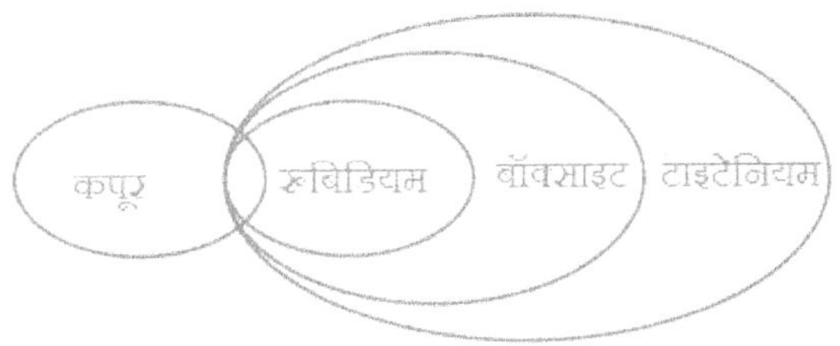

निष्कर्ष:

I. कुछ कपूर बॉक्साइट होते हैं → सत्य (यह निश्चित है।)

II. सभी बॉक्साइट रुबिडियम हैं → असत्य (यह निश्चित नहीं है।)

III. सभी बॉक्साइट कपूर है → असत्य (यह निश्चित नहीं है।)

इस प्रकार, I अनुसरण करता है।

अतः विकल्प (A) सही है।

Ques (13-17):

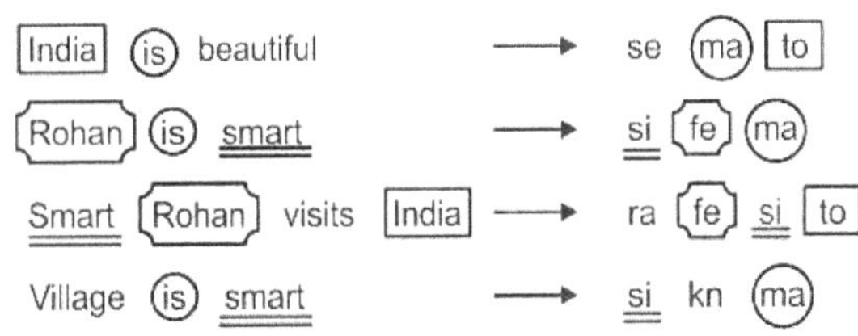

13. इसलिए, village के लिए कूट kn है।

अत: विकल्प (C) सही है।

14. 'Rohan' के लिए कूट 'fe' है।

'is' के लिए कूट 'ma' है।

'village' के लिए कूट 'kn' है।

'going' के लिए संभावित कूट 'kr' है।

इसलिए, 'Rohan is going village' के लिए कूट 'kn ma fe kr' है।

अत: विकल्प (D) सही है।

15. 'kn' का अर्थ 'Village' है।

'ma' का अर्थ 'is' है।

'se' का अर्थ 'beautiful' है।

'to' का अर्थ 'India' है।

'in' के लिए संभावित कूट 'lk' हो सकता है।

इसलिए, 'kn ma se lk to' का अर्थ 'Village in India is beautiful' है।

अत: विकल्प (B) सही है।

16. 'smart' के लिए कूट 'si' है।

'city' के लिए कूट 'cm' हो सकता है।

इसलिए, 'smart city' के लिए कूट 'si cm' है।

अत: विकल्प (B) सही है।

17.

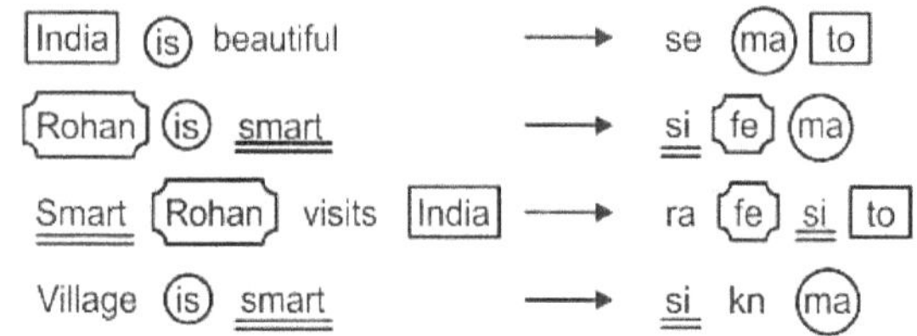

'smart' के लिए कूट 'si' है।

'India' के लिए कूट 'to' है।

इसलिए, 'smart India' के लिए कूट 'si to' है।

अत: विकल्प (D) सही है।

18. दिए गए कथन: $T \le R; Y \ge Z; T > Z; R \ge K$

संयोजन पर: $Y \ge Z < T \le R \ge K$

निष्कर्ष:

I. $Z \le R \rightarrow$ असत्य (जैसे $Z < T \le R \rightarrow R > Z$)

II. $R < Y \rightarrow$ असत्य (जैसे $Y \ge Z < T \le R \rightarrow$ इस प्रकार R और Y के बीच स्पष्ट संबंध निर्धारित नहीं किया जा सकता है)

III. $T \ge K \rightarrow$ असत्य (जैसे $T \le R \ge K \rightarrow$ इस प्रकार T और K के बीच स्पष्ट संबंध निर्धारित नहीं किया जा सकता है)

IV. $Z < K \rightarrow$ असत्य (जैसे $Z < T \le R \ge K \rightarrow$ इस प्रकार Z और K के बीच स्पष्ट संबंध निर्धारित नहीं किया जा सकता है)

इसलिए, कोई भी सत्य नहीं है।

अत: विकल्प (B) सही है।

19. दिए गए कथन: $A = B; B \le C; D > A; E \ge C$

संयोजन पर: $D > A = B \le C \le E$

निष्कर्ष:

I. $B = E \rightarrow$ असत्य (जैसे $B \le C \le E \rightarrow B \le E$)

II. $A \le C \rightarrow$ सत्य (जैसे $A = B \le C \rightarrow A \le C$)

III. $D \ge B \rightarrow$ असत्य (जैसे $D > A = B \rightarrow D > B$)

IV. $A > E \rightarrow$ असत्य (जैसे $A = B \le C \le E \rightarrow E \ge A$)

इसलिए, केवल निष्कर्ष II सत्य है।

अत: विकल्प (A) सही है।

20. दिए गए कथन: $U > V; W \ge X; U < X; V = Y$

संयोजन पर: $W \ge X > U > V = Y$

निष्कर्ष:

I. $U \le Y \rightarrow$ असत्य (जैसे $U > V = Y \rightarrow U > Y$)

II. $W \ge U \rightarrow$ असत्य (जैसे $W \ge X > U \rightarrow W > U$)

III. $V > X \rightarrow$ असत्य (जैसे $X > U > V \rightarrow X > V$)

IV. $U > Y \rightarrow$ सत्य (जैसे $U > V = Y \rightarrow U > Y$)

इसलिए, केवल निष्कर्ष IV सत्य है।

अत: विकल्प (E) सही है।

21. दी गयी तीन-अंकीय संख्याएं:

469 348 968 517 249

यदि संख्याओं में से 5 घटा दिया जाता है, तब हमें प्राप्त होता है:

464 343 963 512 244

यहाँ,

343, 7 का घन है।

512, 8 का घन है।

इसलिए, पूर्ण घन संख्याएं 2 हैं।

अत: विकल्प (B) सही है।

22. दी गयी तीन-अंकीय संख्याएं:

469 348 968 517 249

$4 + 6 + 9 = 19$

$3 + 4 + 8 = 15$

$9 + 6 + 8 = 23$

$5 + 1 + 7 = 13$

$2 + 4 + 9 = 15$

इसलिए स्पष्ट है कि संख्या 469 के अंकों का योग 19 है जो कि दूसरा सबसे अधिक है।

अत: विकल्प (B) सही है।

23. दी गई श्रृंखला: 525 729 845 941 306

(1) यदि संख्या के भीतर सभी अंकों को आरोही क्रम में व्यवस्थित किया जाता है,

वास्तविक संख्या: 525 729 845 941 306

संबंधित संख्या: 255 279 458 149 036

इसलिए, '525' तीसरी सबसे बड़ी संख्या होगी यदि सभी अंकों को संख्या के भीतर आरोही क्रम में व्यवस्थित किया जाता है।

अत: विकल्प (B) सही है।

24. दी गई श्रृंखला: 525 729 845 941 306

(1) दाईं ओर से तीसरी संख्या का दूसरा अंक = 4

(2) दाईं ओर से दूसरी संख्या का तीसरे अंक = 1

गुणा करने के बाद परिणामी मान = $1 \times 4 = 4$

इसलिए, दाईं ओर से तीसरी संख्या के दूसरे अंक को, दाईं ओर से दूसरी संख्या के तीसरे अंक से गुणा करने पर '4' आता है।

अत: विकल्प (C) सही है।

25. दी गई श्रृंखला: 525 729 845 941 306

(1) प्रथम संख्या के सभी अंक को आरोही क्रम में व्यवस्थित करने पर = 255

(2) चौथी संख्या के सभी अंक को आरोही क्रम में व्यवस्थित करने पर = 149

घटाने के बाद परिणामी मान = 255 – 149 = 106

इसलिए, पहली और चौथी संख्या के सभी अंकों को बाएं ओर से आरोही क्रम में व्यवस्थित करके घटाने पर परिणाम '106' आएगा।

अत: विकल्प (D) सही है।

Ques (26-30):8 बॉक्स: A, B, C, D, E, F, G और H

1) C को G के ठीक ऊपर रखा जाता है। G सबसे निचला बॉक्स हैं। D और G के बीच चार बॉक्स रखे जाते है।

संख्या	बॉक्स
1	
2	
3	D
4	
5	
6	
7	C
8	G

2) B और G के बीच दो बॉक्स रखे जाते है। A और G के बीच बॉक्स की संख्या उतनी ही हैं जितनी H और B के बीच है। H को B के ठीक ऊपर रखा जाता हैं।

संख्या	बॉक्स
1	H
2	
3	D
4	A
5	B
6	
7	C
8	G

3) F और D के बीच दो बॉक्स रखे जाते हैं। E और B के बीच कम से कम दो बॉक्स रखे जाते हैं।

संख्या	बॉक्स
1	H
2	E
3	D
4	A
5	B
6	F
7	C
8	G

26. इसलिए, बॉक्स H सबसे ऊपर हैं।

अत: विकल्प (B) सही है।

27. इसलिए, E और F के बीच 3 बॉक्स रखे जाते हैं।

अत: विकल्प (C) सही है।

28. इसलिए, H और D के बीच E को रखा जाता हैं।

अत: विकल्प (B) सही है।

29. इसलिए, बॉक्स D को A के ठीक ऊपर रखा गया हैं।

अत: विकल्प (A) सही है।

30. इसलिए, बॉक्स C, F के ठीक नीचे रखा गया हैं।

अत: विकल्प (C) सही है।

Ques (31-35):जो व्यक्ति नीला पसंद करता है वह विक्रम का एकमात्र पड़ोसी है और वह विक्रम की बाईं ओर बैठा है। इसलिए, विक्रम को दाएं कोने पर बैठा होना चाहिए। विक्रम और अमर एक ही पंक्ति में नहीं बैठे हैं। इसलिए, अमर को पंक्ति 2 में बैठा होना चाहिए। अमर उस व्यक्ति के पीछे बैठा है जो पीले रंग को पसंद करता है। जो व्यक्ति पीला पसंद करता है वह उस व्यक्ति के आस-पास बैठता है जो नीला पसंद करता है।

	पीला	नीला	
			विक्रम
____	____	____	____
____	____	____	____
	अमर		

अमर उस व्यक्ति के आस-पास बैठा है जो हरे रंग को पसंद करता है। जो व्यक्ति हरा रंग पसंद करता है वह उस व्यक्ति के पीछे बैठा नहीं है जो नीला पसंद करता है। इसलिए, जो हरे रंग को पसंद करने वाले व्यक्ति को पंक्ति 2 के बाएं कोने पर बैठा होना चाहिए। चरन उस व्यक्ति के पीछे बैठा है जो सियान को पसंद करता है। चरन को हरा रंन नहीं पसंद इसलिए, चरन को विक्रम के पीछे बैठा होना चाहिए और विक्रम को सियान रंग पसंद होना चाहिए।

	पीला	नीला	सियान
			विक्रम
____	____	____	____
____	____	____	____
	अमर		चरण
हरा			

जो लोग लाल और नारंगी पसंद करते हैं वे एक दूसरे के आस-पास बैठे हैं। उनमें से कोई भी हरे रंग को पसंद करने वाले का पड़ोसी नहीं है। इसलिए, चरन और उनके पड़ोसी को लाल और नारंगी पसंद करना चाहिए। चरन को लाल पसंद नहीं है इसलिए, उसे नारंगी रंग पसंद होना चाहिए और उसके पड़ोसी को लाल पसंद होना चाहिए। दीपक सफेद पसंद करता हैं इसलिए, दीपक को पंक्ति 1 के बाएं कोने पर बैठा होना चाहिए। अमर को काला रंग पसंद होना चाहिए।

सफेद	पीला	नीला	सियान
दीपक			विक्रम
____	____	____	____
____	____	____	____
	अमर		चरण
हरा	काला	लाल	नारंगी

फ्लिंट उस व्यक्ति के आस-पास बैठा है जो नीला पसंद करता है। इसलिए उसका पसंदीदा रंग पीला होना चाहिए। एडवर्ड को लाल पसंद नहीं है लेकिन वह अमर का पड़ोसी हैं। इसलिए एडवर्ड को हरा रंग पसंद होना चाहिए। गौतम को

नीला रंग पसंद नहीं है इसलिए, गौतम को लाल होना पसंद होना चाहिए और हरीश को नीला पसंद करना चाहिए। अंतिम व्यवस्था इस प्रकार है:

सफेद	पीला	नीला	सियान
दीपक	फ्लिंट	हरि	विक्रम
एडवर्ड	अमर	गौतम	चरण
हरा	काला	लाल	नारंगी

31. गौतम को लाल रंग पसंद है।

अतः विकल्प (C) सही है।

32. अमर फ्लिंट के पीछे बैठा है।

अतः विकल्प (B) सही है।

33. एडवर्ड उस व्यक्ति के पीछे बैठे व्यक्ति है जो सफेद पसंद करता है। एडवर्ड हरा पसंद करते हैं।

अतः विकल्प (E) सही है।

34. सियान रंग विक्रम को पसंद है।

अतः विकल्प (A) सही है।

35. अमर को काला रंग पसंद है।

अतः विकल्प (C) सही है।

36. माना पुस्तक का वास्तविक मूल्य 'x' रु. है

प्रथम विक्रेता का विक्रय मूल्य = x का (100 + 10)%

⇒ 110% of x

⇒ 1.1x

द्वितीय विक्रेता का विक्रय मूल्य = (100 + 10)% of 1.1x

⇒ 110% of 1.1x

⇒ 1.1 × 1.1x

⇒ 1.21x

तृतीय विक्रेता का विक्रय मूल्य = 1.21x का (100 + 10) %

⇒ 110% of 1.21x

⇒ 1.1 × 1.21x

⇒ 1.331x

∴ पुस्तक के मूल्य में प्रतिशत वृद्धि = 1.331x - x = 0.331x = x का 33.1%

अतः विकल्प (E) सही है।

37. दिया है:

दोनों ट्रेनों की गति 72 किमी प्रति घंटा और 90 किमी प्रति घंटा है।

सापेक्षिक गति = 90 – 72 = 18 किमी प्रति घंटा

मीटर/सेकेंड में सापेक्षिक गति = $18 \times \frac{5}{18}$ = 5 मीटर/सेकेंड

दो ट्रेनों की कुल लम्बाई = 450 + 500 = 950 मीटर

पार करने में लिया गया समय $= \frac{950}{5}$

= 190 सेकेंड

अतः विकल्प (D) सही है।

38. पहले जब 9 लीटर दूध के स्थान पर पानी मिलाया गया तो बर्तन में शेष दूध बचा = 90 – 9 = 81 लीटर

∴ मिश्रण में दूध का अंश = $\frac{81}{90} = \frac{9}{10} = 0.9$

∴ अगली बार जब 9 लीटर दूध के स्थान पर पानी मिलाया गया, निकाली गई दूध की मात्रा = 0.9 × 9 = 8.1 लीटर

∴ बर्तन में दूध की मात्रा = 81 – 8.1 = 72.9 लीटर

अतः विकल्प (B) सही है।

39. माना आयत की चौड़ाई x है।

इसलिए, $15^2 = 12^2+x^2$

$225 = 144+x^2$

$x^2 = 225 - 144 = 81$

x = 9 cm

इसलिए, आयत का क्षेत्रफल=12×9= 108 cm^2

अत: विकल्प (B) सही है।

40. माना कि ईशा का निवेश x रुपये है,

जिगना का निवेश = ईशा के निवेश से 2000 रुपये अधिक,

⇒ जिगना का निवेश = 2000 + x

पिंकी का निवेश = ईशा के निवेश से 25 प्रतिशत अधिक,

⇒ पिंकी का निवेश = ईशा का 125% = $\left(\frac{125}{100}\right) \times x = 1.25x$

निवेश की गई कुल धनराशि = 1250000 रुपये

⇒ 2000 + x + x + 1.25x = 1250000

⇒ 3.25x = 1250000 - 2000

⇒ x = 384000 रुपये

∴ ईशा द्वारा निवेश की गई धनराशि = 384000 रुपये

अतः विकल्प (B) सही है।

41. अनुसरण किया गया स्वरुप इस प्रकार है:

$1^2 + 2 = 3$

$2^2 + 2 = 6$

$3^2 + 2 = 11$

$4^2 + 2 = 18$

$5^2 + 2 = 27$

$6^2 + 2 = 38$

$? = 7^2 + 2$

? = 51

∴ ? का मान 51 है।

अत: विकल्प (D) सही है।

42. अनुसरण किया गया स्वरुप इस प्रकार है:

तर्क: 2 और 3 से एकांतर रूप से विभाजन

504 ÷ 2 = 252

252 ÷ 3 = 84

84 ÷ 2 = 42

42 ÷ 3 = 14

14 ÷ 2 = 7

∴ ? का मान 14 है।

अत: विकल्प (C) सही है।

43. अनुसरण किया गया स्वरुप इस प्रकार है:

तर्क: 2 से शुरू होने वाली क्रमागत संख्याओं का गुणा

8 × 2 = 16

16 × 3 = 48

48 × 4 = 192

192 × 5 = 960

960 × 6 = 5760

∴ ? का मान 5760 है।

अत: विकल्प (C) सही है।

44. अनुसरण किया गया स्वरुप इस प्रकार है:

144 + 20 = 164

164 + 30 = 194

194 + 40 = 234

234 + 50 = 284

284 + 60 = 344

∴ ? का मान 344 है।

अत: विकल्प (B) सही है।

45. अनुसरण किया गया स्वरुप इस प्रकार है:

11 + 2.5 × 1 = 13.5

13.5 + 2.5 × 2 = 18.5

18.5 + 2.5 × 3 = 26

26 + 2.5 × 4 = 36

∴ ? का मान 26 है।

अत: विकल्प (D) सही है।

46. 4 साल पहले, परिवार की औसत आयु $= 19$ वर्ष
सभी 4 पारिवारिक सदस्यों की आयु या कुल योग $= 19 \times 4 = 76$ वर्ष
वर्तमान समय में, इसका मतलब है कि 4 साल बाद, इन 4 परिवार के सदस्यों की वर्तमान आयु का योग या कुल $= 76 + (4 \times 4) = 92$ वर्ष
माना बच्चे की वर्तमान आयु K वर्ष है। अब परिवार 5 सदस्यों का है (क्योंकि कुछ साल पहले एक बच्चा जुड़ गया है)
परिवार की वर्तमान औसत आयु $=$ 4 सदस्यों की वर्तमान आयु का योग $+$ बच्चे की वर्तमान आयु
औसत वही रहता है जो 4 सालों पहले था।

$\therefore 19 = \frac{92+K}{5}$

$\Rightarrow 95 = 92 + K$

$\therefore\ 95 - 92 = K$

$\therefore K = 3$ वर्ष $=$ यह बच्चे की वर्तमान आयु है।

अत: विकल्प (D) सही है।

47. दिया गया है,

$\sqrt{144} \div 4 \times 6 - \sqrt{196} \div \sqrt{49} + 5 =?$

$\Rightarrow 12 \div 4 \times 6 - 14 \div 7 + 5 =?$

$\Rightarrow 3 \times 6 - 2 + 5 =?$

$\Rightarrow 18 - 2 + 5 =?$

$\Rightarrow ? = 21$

∴ ? का मान 21 है।

अत: विकल्प (C) सही है।

48. दिया गया है,

$680 \times 24 \div 12 \div 17 + 12$ का $6 =?$

$\Rightarrow 680 \times 2 \div 17 + 12 \times 6 =?$

$\Rightarrow 680 \times \frac{2}{17} + 12 \times 6 =?$

$\Rightarrow 80 + 72 =?$

$\Rightarrow ? = 152$

∴ ? का मान 152 है।

अत: विकल्प (B) सही है।

49. दिया गया है,

263 - 345 + 180 × 20 का 3% - 1 =?

$\Rightarrow 263 - 345 + 180 \times \left(\frac{3}{100} \times 20\right) - 1 =?$

$\Rightarrow 263 - 345 + 180 \times \frac{60}{100} - 1 =?$

$\Rightarrow 263 - 345 + 18 \times 6 - 1 =?$

$\Rightarrow 263 - 345 + 108 - 1 =?$

$\Rightarrow 263 - 238 =?$

$\Rightarrow ? = 25$

∴ ? का मान 25 है।

अत: विकल्प (C) सही है।

50. दिया गया है,

$250 \times 24 \div 12 \div 125 + 2$ का $3 =?$

$\Rightarrow 250 \times 2 \div 125 + 2 \times 3 =?$

$\Rightarrow 250 \times \frac{2}{125} + 2 \times 3 =?$

$\Rightarrow 2 \times 2 + 2 \times 3 =?$

$\Rightarrow 4+6=?$

$\Rightarrow ?=10$

∴ ? का मान 10 है।

अत: विकल्प (D) सही है।

51. दिया गया है,

$\frac{3}{4}+\frac{7}{8}+\frac{11}{12}+\frac{13}{16}=\frac{?+1}{48}$

$\Rightarrow \frac{36+42+44+39}{48}=\frac{?+1}{48}$

$\Rightarrow \frac{161}{48}=\frac{(?+1)}{48}$

$\Rightarrow 161=?+1$

$\Rightarrow ?=160$

∴ ? का मान 160 है।

अत: विकल्प (A) सही है।

52. दिया गया है,

$4\frac{1}{5}\times 3\frac{4}{7}\div\frac{5}{3}+12=?$

$\Rightarrow \frac{21}{5}\times\frac{25}{7}\div\frac{5}{3}+12=?$

$\Rightarrow \frac{21}{5}\times\frac{25}{7}\times\frac{3}{5}+12=?$

$\Rightarrow 9+12=?$

$\Rightarrow ?=21$

∴ ? का मान 21 है।

अत: विकल्प (C) सही है।

53. दिया गया है,

650 का 56% − 280 का 85%+?÷ 3 = 351

$\Rightarrow \frac{56}{100}\times 650-\frac{85}{100}\times 280+?\div 3=351$

$\Rightarrow 364-238+\frac{?}{3}=351$

$\Rightarrow 126+\frac{?}{3}=351$

$\Rightarrow \frac{?}{3}=351-126$

$\Rightarrow ?=225\times 3$

$\Rightarrow ?=675$

∴ ? का मान 675 है।

अत: विकल्प (A) सही है।

54. दिया गया है,

$11^2-6^2\div 6\times\frac{5}{2}-5$ का $2=?$

$\Rightarrow 121-36\div 6\times\frac{5}{2}-2\times 5=?$

$\Rightarrow 121-6\times\frac{5}{2}-10=?$

$\Rightarrow 121-15-10=?$

$\Rightarrow ?=96$

∴ ? का मान 96 है।

अत: विकल्प (A) सही है।

55. दिया गया है,

$16-\frac{4}{6}\times 20$ का $\frac{6}{5}\div 4=?$

$\Rightarrow 16-\frac{4}{6}\times\frac{6}{5}\times 20\div 4=?$

$\Rightarrow 16-\frac{4}{6}\times 24\times\frac{1}{4}=?$

$\Rightarrow 16-\frac{4}{6}\times 6=?$

$\Rightarrow 16-4=?$

$\Rightarrow ?=12$

∴ ? का मान 12 है।

अत: विकल्प (B) सही है।

56. दिया गया है,

$108\div\frac{1}{4}$ का $36+\frac{2}{5}\times 3\frac{1}{4}$

$\Rightarrow 108\div 36\times\frac{1}{4}+\frac{2}{5}\times\frac{13}{4}=?$

$\Rightarrow \frac{108}{9}+\frac{13}{10}=?$

$\Rightarrow 12+\frac{13}{10}=?$

$\Rightarrow \frac{120+13}{10}=?$

$\Rightarrow \frac{133}{10}=?$

$\Rightarrow ?=13\frac{3}{10}$

∴ ? का मान $13\frac{3}{10}$ है।

अत: विकल्प (B) सही है।

57. हम जानते हैं कि,

प्रेक्षणों का योग = औसत × प्रेक्षणों की संख्या

प्रेक्षणों का सही योग = [प्रेक्षणों का योग - (गलत प्रेक्षण) + (सही प्रेक्षण)]

प्रश्नानुसार,

26 वस्तुओं की औसत गणना = 40

26 वस्तुओं का गलत योग = 40 × 26 = 1040

26 वस्तुओं का सही योग = गलत योग - गलत वस्तुओं का योग + सही वस्तुओं का योग

सही योग = 1040 - (20 + 18) + (40 + 24)

= 1040 - 38 + 64

= 1066

सही औसत = $\frac{1066}{26}$ = 41

अतः विकल्प (D) सही है।

58. दिया हुआ:

16 छात्रों के समूह की औसत आयु 20 वर्ष है

यदि 4 और छात्र समूह में शामिल होते हैं, तो औसत आयु 2 वर्ष बढ़ जाती है

प्रयुक्त सूत्र:

औसत = टिप्पणियों का योग / टिप्पणियों की संख्या

गणना:

हम जानते हैं कि,

औसत $=$ (सभी पदों का योग)/(पदों की कुल संख्या $)$

16 छात्रों के एक समूह की औसत आयु 20 वर्ष है,

$20 = (16$ छात्रों की आयु का योग $)/16$

$\Rightarrow 16$ छात्रों की आयु का योग $= 20 \times 16 = 320$

अगर इस समूह में 4 छात्र आ जाएँ तो, यह औसत 2 वर्ष बढ़ जाता है, अतः, नया औसत $= 20 + 2 = 22$

$\Rightarrow 22 = (16$ छात्रों की आयु का योग $+4$ छात्रों की आयु का योग $)/(16 + 4)$

$\Rightarrow 20 \times 22 = 320 + 4$ छात्रों की आयु का योग

$\Rightarrow 4$ छात्रों की आयु का योग $= 440 - 320 = 120$

4 छात्रों की आयु का औसत $= (4$ छात्रों की आयु का योग $)/4$

$\therefore$ 4 छात्रों की आयु का औसत = 120/4 = 30 वर्ष

अतः विकल्प (C) सही है।

59. दिया हुआ,

मूलधन = 9500 रुपये

राशि = 10,070 रुपये

दर = 3% प्रति वर्ष

साधारण ब्याज = राशि – मूलधन

= 10,070 – 9,500 = 570 रुपये

जैसा कि हम जानते हैं,

साधारण ब्याज = (मूलधन × दर × समय)/100

$$\Rightarrow 570 = \frac{(9500 \times 3 \times T)}{100}$$

$$\Rightarrow \frac{(570 \times 100)}{(9500 \times 3)} = T$$

$\Rightarrow T = 2$ वर्ष

$\therefore$ आवश्यक समय 2 वर्ष है।

अत: विकल्प (A) सही है।

60. माना, राशि x है।

पहले पांच वर्षों के लिए साधारण ब्याज $= \frac{(x\times3\times5)}{100} = \frac{15x}{100}$

अगले तीन वर्षों के लिए साधारण ब्याज $= \frac{(x\times6\times3)}{100} = \frac{18x}{100}$

अगले चार वर्षों के लिए साधारण ब्याज $= \frac{(x\times7\times4)}{100} = \frac{28x}{100}$

कुल साधारण ब्याज $= \frac{(15+18+28)x}{100} = \frac{61x}{100} = 18300$

$$\therefore x = \frac{(18300\times100)}{61} = 30000$$

अत: विकल्प (E) सही है।

61. माना कुल कार्य a है।

A द्वारा 1 दिन में किया गया कार्य = $\frac{a}{9}$

A और B द्वारा 1 दिन में किया गया कार्य = $\frac{a}{6.75}$

B द्वारा 1 दिन में किया गया कार्य b है।

B द्वारा 1 दिन में किया गया कार्य = $\frac{a}{6.75} - \frac{a}{9}$

$\Rightarrow$ B द्वारा 1 दिन में किया गया कार्य = $\frac{4a}{27} - \frac{3a}{27} = \frac{a}{27}$

$\therefore$ B द्वारा कार्य पूरा करने में लगे कुल दिन = $\frac{a}{\left(\frac{a}{27}\right)}$ = 27

अतः विकल्प (A) सही है।

62. दिया है:

A की दक्षता = 2 × B की दक्षता

A द्वारा लिया गया समय = B द्वारा लिया गया समय - 20

समय = (कुल कार्य)/(दक्षता)

दक्षता → A : B = 2 : 1

लिया गया समय → A : B = 1 : 2

समय में अंतर = 2 - 1 = 1 अनुपात

$\therefore$ 1 अनुपात = 20 दिन

A का समय = 20 दिन

B का समय = 40 दिन

(A + B) का एक दिन का कार्य = $\frac{1}{20} + \frac{1}{40} = \frac{3}{40}$

कार्य पूरा होने में समय लगा = $\frac{40}{3} = 13\frac{1}{3}$ दिन

$\therefore$ कार्य पूरा होने में समय लगा $13\frac{1}{3}$ है।

अतः विकल्प (D) सही है।

63. दिया गया है:

एक आदमी 3 किग्रा अधिक खरीद सकता है = 540 रूपए

3 किग्रा कॉफी का कम किया हुआ मूल्य = 540 × $\frac{10}{100}$ = 54 रूपए

1 किग्रा कॉफी का कम किया हुआ मूल्य = $\frac{54}{3}$ = 18 रूपए

1 किग्रा कॉफी का वास्तविक मूल्य = 18× $\frac{100}{90}$ = 20 रूपए

वास्तविक और कम किये हुए मूल्य में अंतर = 20 रूपए – 18 रूपए = 2 रूपए

∴ वास्तविक और कम किये हुए मूल्य में अंतर 2 रूपए है।

अतः विकल्प (B) सही है।

64. दिया है:

मूल्य = 20000 रुपये है।

प्रतिवर्ष 10% की वृद्धि होती है।

क्रमागत वृद्धि = x + y

2 वर्ष में क्रमागत वृद्धि = x + y

2 वर्ष के बाद = 10 + 10 + $\frac{(10 \times 10)}{100}$ = 21

100 बढ़कर 121 इकाई हो गई

100 इकाई = 20000 रुपये

1 इकाई = 200 रुपये

⇒ 121 इकाई = 24200 रुपये

∴ 2 साल बाद लैपटॉप की कीमत 24200 रुपये होगी।

अत: विकल्प (C) सही है।

65. दिए गए लाइन ग्राफ से,

2005 में अस्पताल A में डॉक्टरों की संख्या = 72

2006 में अस्पताल A में डॉक्टरों की संख्या = 38

2007 में अस्पताल A में डॉक्टरों की संख्या = 64

अब, आवश्यक औसत $= \frac{72+38+64}{3}$

$= \frac{174}{3}$

$= 58$

अतः विकल्प (C) सही है।

66. दिया गया है,

2007 में संयुक्त रूप से तीन अस्पतालों में डॉक्टरों की कुल संख्या = 64 + 68 + 70

= 202

2005 में संयुक्त रूप से तीन अस्पतालों में डॉक्टरों की कुल संख्या = 72 + 20 + 48

= 140

अभीष्ट अनुपात = 202 : 140

= 101 : 70

अतः विकल्प (A) सही है।

67. दिया गया है,

2006 में अस्पताल B में डॉक्टरों की संख्या = 44

तीन वर्षों के दौरान अस्पताल B में डॉक्टरों की कुल संख्या = 20 + 44 + 68

= 132

आवश्यक $\% = \frac{44}{132} \times 100$

$= 33.33\%$

अतः विकल्प (D) सही है।

68. दिया गया है,

2007 में अस्पताल A में डॉक्टरों की संख्या = 70

2007 में अस्पताल C में डॉक्टरों की संख्या = 64

आवश्यक अंतर = 70 – 64

= 6

अतः विकल्प (D) सही है।

69. दिए गए लाइन ग्राफ से,

2005 में अस्पताल A में डॉक्टरों की संख्या = 72

2006 में अस्पताल A में डॉक्टरों की संख्या = 38

2007 में अस्पताल A में डॉक्टरों की संख्या = 64

2005 में अस्पताल B में डॉक्टरों की संख्या = 20

2006 में अस्पताल B में डॉक्टरों की संख्या = 44

2007 में अस्पताल B में डॉक्टरों की संख्या = 68

2005 में अस्पताल C में डॉक्टरों की संख्या = 48

2006 में अस्पताल C में डॉक्टरों की संख्या = 52

2007 में अस्पताल C में डॉक्टरों की संख्या = 70

3 वर्षों में तीन अस्पतालों में कुल डॉक्टरों की संख्या $= (72 + 38 + 64) + (20 + 44 + 68) + (48 + 52 + 70)$

$= 174 + 132 + 170$

$= 476$

अतः विकल्प (A) सही है।

70. दिया है:

वस्तु का विक्रय मूल्य = 1300

छूट = 200 रुपये

एक वस्तु का अंकित मूल्य उसके क्रय मूल्य से 50% अधिक है।

माना कि वस्तु का क्रय मूल्य = 100%

गणना:

वस्तु का अंकित मूल्य = 1300 + 200 = 1500

वस्तु का अंकित मूल्य = 100% + 50% = 150%

150% = 1500

क्रय मूल्य $= 100\% = \frac{1500}{150}\% \times 100\% = 1000$

लाभ $\% = \frac{1300-1000}{1000} \times 100 = 30\%$

अतः विकल्प (A) सही है।

Ques (71-72): The "Idea of India" has always been grander in promise than in fulfillment. At Independence, the dream was that the people of a country of so much diversity would enjoy constitutionally guaranteed rights and through democratic means, build a just society. A cornerstone of this dream was respect for diversity that was written into the Constitution. It has been a mixed record, with as many failures as achievements. The events of the past two weeks, however, signal to us that the "Idea of India" is in danger of collapsing. We may soon have to accept the "New India" which places no value on pluralism, fraternity, and autonomy.

71. Therefore, the correct sequence of the rearranged sentences will be DCABEFG.

So, the first sentence after rearrangement is "D".

Hence, the correct option is (B).

72. Therefore, the correct sequence of the rearranged sentences will be DCABEFG.

So, the second sentence after rearrangement is "C"

Hence, the correct option is (A).

73. The correct sequence is EABCD.

(E) should be the introductory part of the sentence as it mentions the subject i.e., 'tokenization'. A noun answering the question 'what is taken' is required after (E). It is mentioned in the part (A).

The part (B) should follow (A) because it has a noun which qualifies the adjective 'next'. (CD) is an essential pair because it has the structure 'something has to be replaced with something'.

Hence, the correct option is (B).

74. The sentence should begin with part (E) as it introduces the subject of the sentence 'elections'. The theme of the sentence is what the election must be about.

The part to follow (E) must contain the objects which the election must restore. It is provided in part (A) i.e., ideology. Part (C) logically follows (A). Finally, (B) throws light on the features of our constitution which are concluded in the part (D).

So, the correct sentence is- The election must be about restoring Ideology and reason at the center of politics and a reclaiming of the constitutional center founded on our liberal, secular, progressive, and dignity-based heritage.

Hence, the correct option is (C).

75. The correct sequence is ABCDE.

The parts are already in a logical sequence.

The correct sentence is- They include capabilities relating to radar enhancements which will provide the force with better long-range capability a helmet-mounted display through which IAF pilots will be able to counter many threats simultaneously, the capability to start and operate from high-altitude airfields, and capabilities pertaining to avionics.

Hence, the correct option is (C).

76. The first part (a) of the sentence is erroneous because the verb 'protect' is grammatically incorrect.

A verb cannot be used as the subject of a sentence.

Therefore, we should use the gerund form of the verb 'protect', i.e. 'protecting' as it acts like a noun.

So, the word 'protecting' should replace the word 'protect'.

Correct sentence: Protecting large areas of pristine rainforests will help mitigate the impacts of the climate crisis.

Hence, the correct option is (A).

77. The first part (a) of the sentence is erroneous because no article is used before the word 'remedy'.

The article 'a' should be used to define the noun 'remedy' as something unspecific.

Correct sentence: Fish farming may have been devised as a remedy to reinvigorate dwindling fish stocks but this human solution has spawned another problem: lower genetic diversity.

Hence, the correct option is (A).

78. Not only...but also is correlative conjunction.

Correlative conjunctions are parts of a sentence that are always used together.

For example: He is not only hardworking but also smart.

Correct sentence: He is not only my best friend but also my brother.

Hence, the correct option is (E).

79. Looking at the given parts we find that:

Skillfully is an adverb of manner. It describes how something happens or someone does something.

It answers the question 'how' or in 'what manner' through words like beautifully, wonderfully, smartly, badly, bravely, etc.

In an interrogative sense, how functions act as an adverb of manner. Usually, the adverb of manners is formed from adjectives.

Here the adjective is 'skillful' from which the adverb 'skillfully' is formed. 'Skillfully' is an adverb that qualifies the verb 'handled' here.

Correct sentence: "Sonia was exorbitantly paid for how skillfully she received the visitors and entertained them."

Hence, the correct option is (C).

80. Looking at the given parts we find that:

Seldom is both an adverb of time and negation depending on how it is used in the sentence.

As an adverb of negation, it is used to modify the meaning of a verb, adjective, or another adverb negatively with words such as not, hardly, barely, never, seldom.

The sentences which begin with seldom, never, hardly, scarcely, or rarely, have the following structure: Adverb + H.Verb + Subject+M.verb

If the introductory subject of a sentence is adverb then the verb is used in the inverted form to show the emphasis lying thereupon.

Correct sentence: "Seldom will one decide that war with a friend's nation is the only recourse."

Hence, the correct option is (A).

81. The meaning of the word metallurgy is the study of metals.

Metallurgy is a domain of materials science and engineering. It studies the physical and chemical behavior of metallic elements. It also studies the physical and chemical behavior of inter-metallic compounds.

Hence, the correct option is (A).

82. The word similar in meaning to the word 'Collapse' is 'Disintegration'.

- Collapse means to fall or shrink together abruptly and completely.
- Disintegration means breaking up into small parts.

Hence, the correct option is (A).

83. 'Indus Valley Civilization' is the main context discussed in the passage.

- After the collapse of the Indus Valley civilization, the inhabitants,
- The Indus Valley Civilization was the most expansive,
- The Mature Indus civilization flourished.

Hence, the correct option is (A).

84. The population of the Indus Valley Civilization was over five million.

- A million is equivalent to 10 lakh.
- A million is 1000 thousand.
- A billion is 1000 million.
- A trillion is 1000 billion.

Hence, the correct option is (A).

85. Harappa city was a part of the Indus Valley Civilization.

Let us have a look at the other options:

- Ceylon was the British Crown colony of present-day Sri Lanka.
- Sparta was a prominent city-state in ancient Greece.
- Rome is the capital city and a special comune of Italy.

Hence, the correct option is (C).

86. Copper, bronze, lead, and tin were produced by Harappans.

As stated in the passage - Inhabitants of the ancient Indus river valley, the Harappans, developed new techniques in metallurgy and handicraft (carneol products, seal carving), and produced copper, bronze, lead, and tin.

Hence, the correct option is (E).

87. Flourished means grow or develop in a healthy or vigorous way. A verb denotes an action.

Hence, the correct option is (A).

88. A civilization is a complex human society usually made up of different cities. A noun is the name of a person, place, thing, animal, or idea.

Hence, the correct option is (A).

89. 'Limited' is the antonym of the word 'Expansive'.

- Expansive means covering a wide area in terms of space or scope.
- Limited means restricted.

Hence, the correct option is (B).

90. Cradle is a small bed for a baby, especially one that moves from side to side.

Let us understand the meaning of the given options:

- A bassinet is a bed for babies designed to work with fixed legs.
- A crib is a small, cozy bed that has high sides.
- A carrycot is a small portable bed for a baby.
- A cot is a small bed with high barred sides for a baby or very young child.

All four options have a similar meaning.

Hence, the correct option is (E).

91. The sentence talks about the increasing 'division' of society "on ideological grounds". In the context of the sentence, the only possible word that can fit the first blank is either "divergence" or "polarization". This eliminates the options (A), (C) and (E).

For the second blank, a word that implies that the 'circulation' of fake news has become "easier" is most appropriate. Only the word "spreading" is apt for the second blank.

Hence, the correct option is (D).

92. The word "monitoring" indicates that the sentence refers to 'credit review.' In the context of the sentence, the words that are suitable for the first blank are "assessment", "evaluation" and appraisal". So, options (A) and (E) are eliminated.

In order to eliminate the "defects of capital", the shortcomings must first be identified and analyzed. The only word that aptly conveys this meaning is "diagnose". "Emphasize" or "clarify" defects does not indicate this meaning and this eliminates options (B) and (C) as well.

Hence, the correct option is (D).

93. The blanks refer to the type of content that is spreading rapidly and is "leading to the possibility of potential violence". This indicates that the adjectives describing this type of content must be strongly negative.

In the context of the sentence, the only combination of words that lead to a meaningful sentence is "fabricated" and "manipulated". All other combinations are incorrect either contextually or grammatically as both the words need to be strongly negative.

Hence, the correct option is (A).

94. From the given sentence, we can infer that the problem has been made worse by UGC's policy of asking for recommendations. In the context of the sentence, the words that are suitable for the first blank are "seeking" and "soliciting". So, options (B), (D) and (E) are eliminated.

For the second blank, we can infer that the aforementioned recommendations were sought for the addition of journals in the whitelist. The only word that aptly conveys this meaning is "inclusion". The word "exclusion" means the opposite and this eliminates option (A) as well.

Hence, the correct option is (C).

95. In the context of the sentence, the only combination of words that lead to a meaningful sentence is "investigating" and "credible". All other options are incorrect either contextually or grammatically. Therefore, options (B), (C), (D) and (E) are eliminated. The sentence conveys that despite media researchers trying to inspect the fake news scenario, no reliable information has been found regarding those who have generated the false information.

Hence, the correct option is (A).

96. Recede means to go or move away; retreat; go to or toward a more distant point; withdraw.

Further means in addition; moreover.

So in this sentence, this word group is giving the correct meaning, in its original form and does not need to be changed.

Hence, the correct option is (E).

97. Usage of the phrasal verb '**lay out**' which means '**One should lay aside**' is inappropriate in this sentence.

'**Lay aside**' which means '**put away**' would be suitable in the context.

Example: They agreed to lay aside their differences for the good of their families.

So, '**lay aside**' should be used in place of '**lay out**' to make the sentence grammatically and contextually correct.

Among the given choices, only option (B) replaces the given bold part most appropriately.

The sentence after replacement becomes:

One should lay aside one's doubts and insecurities before entering the examination hall.

Hence, the correct option is (B).

98. The statement in the present form is not correct due to the fact that the subject-verb agreement is not correct here. We are talking about the composition of the Council of Ministers and it is practically a singular subject and that is why the singular verb will follow. In this case throws should have been used.

The correct statement would have been:

The composition of **the Council of Ministers throws light** on Mr. Modi's thinking regarding the agenda that will develop the country.

Hence, the correct option is (A).

99. There is an error in the bold part of the given statement since according to the context we are talking about the committee that has been constituted in order to understand the reasons behind the defeat of the Congress candidates in Delhi.

The correct statement would have been:

The Delhi Congress has constituted a five-member committee **to probe in-depth, the reasons** behind the defeat of the Congress candidates in the capital.

Options (A) and (B) are eliminated since prove is not correct in the given context whereas Option (C) will not be correct because of the grammatical structure here. Since infinitive has been used here, we should use the present indefinite form only i.e. to probe.

Hence, the correct option is (D).

100. The given part is grammatically as well as contextually incorrect as two nouns 'consequences' and 'damage' are coming together and making no sense. Instead of 'consequences' the adjective 'consequential' would make sense in the given context of the sentence.

Clearly, among the given choices option (D) replaces the bold part most appropriately.

The sentence after replacement becomes:

The article explores the problem and the **consequential damage arising** out of dumping about 5 to 13 million tonnes of plastic into the ocean each year.

Hence, the correct option is (D).

मॉक टेस्ट 05

Reasoning Ability

Ques (1-5):निर्देश: नीचे दी गई जानकारी का ध्यानपूर्वक अध्ययन कीजिये और नीचे दिए गए प्रश्नों का उत्तर दीजिये।

आठ व्यक्ति A, B, C, D, E, F, G, और H एक वृत्ताकार मेज के चारो ओर केंद्र की ओर सम्मुख बैठे हैं लेकिन आवश्यक नहीं कि इसी क्रम में हो। इन लोगों की आयु एक दूसरे से भिन्न है।

व्यक्तियों की आयु निर्धारित करने के लिए उपयोग की जाने वाली शर्तें निम्नलिखित हैं।

व्यवस्था 1: M@ का अर्थ है कि M के निकटतम बायें बैठे व्यक्ति की आयु M की आयु से दोगुनी है।

व्यवस्था 2: M% का अर्थ है कि M की आयु उस व्यक्ति की आयु का एक-चौथाई है जो उसके बाएं से दूसरे स्थान पर बैठा है।

व्यवस्था 3: M# का अर्थ है कि M के दायें से तीसरे स्थान पर बैठे व्यक्ति की आयु M की आयु से दोगुनी है।

B और H के मध्य केवल एक व्यक्ति बैठा है। A, D के निकटतम दायें बैठा है, जो E से 20 वर्ष बड़ा है। F उस व्यक्ति से 25 वर्ष बड़ा है जो उसके निकटतम दायें बैठा है। B, 18 वर्ष के व्यक्ति के दायें से तीसरे स्थान पर बैठा है। वह व्यक्ति जो 40 वर्ष का है, H के दायें से तीसरे स्थान पर बैठा है। E, C के बायें से तीसरे स्थान पर बैठा है और E, H का निकटतम पडोसी नहीं है। C या तो B या H का निकटतम पड़ोसी नहीं है।

यह भी ज्ञात है कि:

A#, G@, A%, B@

Q.1 C के निकटतम बायें बैठे व्यक्ति की आयु क्या है?

A. 12 वर्ष **B.** 10 वर्ष **C.** 20 वर्ष **D.** 30 वर्ष
E. 35 वर्ष

Q.2 F के निकटतम बायें बैठे व्यक्ति की आयु क्या है?

A. 12 वर्ष **B.** 10 वर्ष **C.** 20 वर्ष **D.** 25 वर्ष
E. 30 वर्ष

Q.3 D के दायें से तीसरे स्थान पर कौन बैठा है?

A. H **B.** B **C.** C **D.** F
E. G

Q.4 सबसे बड़े व्यक्ति के बाएं से दूसरे स्थान पर कौन बैठा है?

A. D **B.** B **C.** F **D.** C
E. H

Q.5 कितने व्यक्ति E से छोटे हैं?

A. दो **B.** पांच **C.** छः **D.** तीन
E. चार

Ques (6-7):निर्देश: A परिवार में A, B, C, D, E, F, और G सात सदस्य हैं। वे निम्नलिखित तरीके से एक दूसरे से संबंधित हैं। F, A का एकमात्र पुत्र है, जिसके तीन बच्चे हैं। C की शादी A से हुई है। E, B की मैटरनल आंट है, जो D से विवाहित है। A और G का लिंग समान है। या तो माता - पिता दोनों जीवित हैं या नहीं हैं।

Q.6 G, E से कैसे संबंधित है?

A. नीस **B.** नेफ़्यू
C. बहन **D.** ब्रदर-इन-लॉ
E. भाई

Q.7 D, A से कैसे संबंधित है?

A. बेटी **B.** बेटी
C. सन-इन-लॉ **D.** डॉटर-इन-लॉ
E. ब्रदर-इन-लॉ

Q.8 एक पुरस्कार वितरण समारोह के दौरान विक्रम बाएं से नौवें जबकि जान्हवी आगे की पंक्ति में दाएं से आठवें स्थान पर थीं। यदि हरिओम बायें से तेरहवें स्थान पर था और एक ही पंक्ति में विक्रम और जान्हवी के ठीक मध्य में था, तो आगे की पंक्ति में लोगों की कुल संख्या कितनी थी?

A. 18 **B.** 19 **C.** 21 **D.** 24
E. 25

Q.9 एक कक्षा में 25 विद्यार्थी हैं और वे सभी एक पंक्ति में योग करने के लिए बैठे हैं। मीना ऊपर से 11वें और स्नेहा नीचे से छठे स्थान पर हैं। अनन्या और रीना के बीच दो विद्यार्थी बैठे हैं। ऊपर से रीना का स्थान क्या है?

A. 12 वीं
B. 13 वीं
C. 16 वीं
D. 14 वीं
E. निर्धारित नहीं किया जा सकता है

Ques (10-14):निर्देश: निम्नलिखित जानकारी का अध्ययन कीजिए और दिए गए प्रश्नों के उत्तर दीजिए।

आठ व्यक्ति आठ मंजिला इमारत के विभिन्न मंजिल पर रहते हैं। सबसे निचली मंजिल एक के रूप में क्रमांकित है और सबसे ऊपरी मंजिल को आठ के रूप में क्रमांकित किया गया है। पीयूष 5वीं मंजिल पर रहता है। अमित के ऊपर चार से अधिक व्यक्ति रहते हैं, जो भारत से ठीक ऊपर रहते हैं। पीयूष और चेतन के बीच दो व्यक्ति रहते हैं। राहुल, मुकेश के ऊपर रहता है लेकिन निक के नीचे रहता है। अमित और धारा के बीच तीन व्यक्ति रहते हैं, जो एक विषम क्रमांक वाली मंजिल पर रहती हैं।

Q.10 कितने व्यक्ति मुकेश के नीचे रहते हैं?

A. दो **B.** तीन **C.** चार **D.** एक
E. कोई नहीं

Q.11 निक के ठीक नीचे कौन रहता है?

A. पीयूष **B.** भारत **C.** मुकेश **D.** धारा
E. अमित

Q.12 दूसरी मंजिल से ठीक ऊपर कौन रहता है?

A. भारत **B.** अमित **C.** धारा **D.** मुकेश
E. चेतन

Q.13 धारा और राहुल के बीच कितने व्यक्ति रहते हैं?

A. 5 **B.** 4 **C.** 2 **D.** 1
E. कोई नहीं

Q.14 छठी मंजिल पर कौन रहता है?

A. धारा **B.** निक **C.** भारत **D.** मुकेश
E. चेतन

Ques (15-17):निर्देश: निम्न प्रश्न में तीन कथन और उसके बाद I, II और III से अंकित तीन निष्कर्ष दिए गए हैं। आपको दिए गए कथनों को सत्य मानना है, भले ही वे ज्ञात तथ्यों से अलग प्रतीत होते हों। सभी निष्कर्षों को पढ़िए और फिर निर्णय कीजिए कि दिए गए निष्कर्षों में से कौनसा/कौनसे

निष्कर्ष ज्ञात तथ्यों को नजरअंदाज करने पर कथनों का तार्किक रूप से अनुसरण करता है/करते हैं।

Q.15 कथन:
कुछ अमीर गरीब हैं।
केवल कुछ राजा ईमानदार हैं।
कोई ईमानदार अमीर नहीं है।
निष्कर्ष:
I. सभी राजा ईमानदार हो सकते हैं।
II. कुछ ईमानदार अमीर नहीं हैं।
III. सभी गरीब राजा हैं।

A. केवल निष्कर्ष I अनुसरण करता है
B. केवल निष्कर्ष II अनुसरण करता है
C. निष्कर्ष I और III दोनों अनुसरण करते हैं
D. सभी निष्कर्ष अनुसरण करते हैं
E. एक भी निष्कर्ष अनुसरण नहीं करता है

Q.16 कथन:
कोई फेसबुक व्हाट्सएप नहीं है।
कोई व्हाट्सएप ऐप नहीं है।
कोई ऐप इंस्टा नहीं है।
निष्कर्ष:
I. कुछ फेसबुक इंस्टा है।
II. कुछ ऐप व्हाट्सएप है।
III. कुछ इंस्टा व्हाट्सएप है।

A. निष्कर्ष II और III दोनों अनुसरण करते हैं
B. केवल निष्कर्ष II अनुसरण करता है
C. निष्कर्ष I और III दोनों अनुसरण करते हैं
D. निष्कर्ष I और II दोनों अनुसरण करते हैं
E. एक भी निष्कर्ष अनुसरण नहीं करता है

Q.17 कथन:
केवल कुछ सड़कें शाही हैं।
कुछ सड़कें अच्छे हैं।
कुछ शाही राजा हैं।
निष्कर्ष:
I. सभी अच्छे सड़क हो सकते हैं।
II. सभी राजा शाही हो सकते हैं।
III. कुछ अच्छे सड़कें हैं।

A. केवल निष्कर्ष I अनुसरण करता है
B. केवल निष्कर्ष II अनुसरण करता है
C. निष्कर्ष I और III दोनों अनुसरण करते हैं
D. सभी निष्कर्ष अनुसरण करते हैं
E. एक भी निष्कर्ष अनुसरण नहीं करता है

Ques (18-22):निर्देश: निम्नलिखित जानकारी का ध्यानपूर्वक अध्ययन कीजिये और उस पर आधारित प्रश्नों के उत्तर दीजिये।

एक निश्चित कूट भाषा में:

'don't do that work' को 'fi di ti bi' के रूप में लिखा जाता है।

'this work is easy' को 'li ki si di' के रूप में लिखा जाता है।

'they should do that' को 'fi zi vi bi' के रूप में लिखा जाता है।

'should he do this' को 'fi vi si pi' के रूप में लिखा जाता है।

Q.18 कूट 'bi' इस दी गई कूट भाषा में किस शब्द के लिए है?
A. work **B.** should **C.** that **D.** don't
E. they

Q.19 इस भाषा में 'easy' के लिए क्या कूट है?
A. si **B.** li
C. ki **D.** di
E. या तो li या ki

Q.20 कूट 'vi' इस दी गई कूट भाषा में किस शब्द के लिए है?
A. work **B.** don't **C.** should **D.** they
E. this

Q.21 इस कूट भाषा में 'They don't work this' के लिए क्या कूट होगा?
A. fi bi zi ti **B.** bi zi ti di
C. pi ti di si **D.** zi ti di si
E. vi di bi zi

Q.22 निम्नलिखित कूट भाषा में कूट 'pi vi fi si' किस वाक्य की कूट भाषा है?
A. He should do that **B.** He should do this
C. Don't do this work **D.** They should do that
E. They should do this

Q.23 निर्देश: दिए गए कथनों को सत्य मानते हुए निम्नलिखित प्रश्न में दिए गए निष्कर्षों में से कौन सा निष्कर्ष निश्चित रूप से सत्य है और फिर उसी के अनुसार अपने उत्तर दें।
कथन:
$8 = C \geq 3 \geq E = 7 \leq J < K < Q = Y$
निष्कर्ष:
I. $8 = E$
II. $C < K$
III. $J < Y$
IV. $7 < Q$

A. निष्कर्ष I, II और III सत्य हैं।
B. निष्कर्ष III और IV सत्य हैं।
C. निष्कर्ष II, III और IV सत्य हैं।
D. सभी निष्कर्ष सत्य हैं।
E. इनमे से कोई नहीं

Q.24 निर्देश: प्रश्न में विभिन्न तत्वों के बीच संबंध नीचे दिए गए हैं। कथन के बाद पांच निष्कर्ष निकाले जाते हैं।
कथन:
$G > I < C; C \leq H \leq S; S > N \leq U$
निष्कर्ष:
I. $G > C$
II. $S \leq U$
III. $H \geq N$
IV. $G \geq H$
V. $C \leq S$

A. निष्कर्ष I और V सत्य हैं।
B. निष्कर्ष I, III और IV सत्य हैं।
C. निष्कर्ष II सत्य है और या तो निष्कर्ष I या V सत्य है।
D. निष्कर्ष I, II और V सत्य हैं।
E. केवल निष्कर्ष V सत्य है।

Q.25 निम्नलिखित में से किस अभिव्यक्ति में, '$T \leq K$' के साथ-साथ '$Q > T$' के भाव निश्चित रूप से सही होंगे?
A. $K > G > T \geq I = Q$ **B.** $K < G \leq T < I < Q$
C. $K \geq G = T \leq I < Q$ **D.** $K = G > T > I = Q$
E. इनमे से कोई नहीं

Ques (26-30):निर्देश: निम्नलिखित प्रश्न दिए गए पाँच शब्दों पर आधारित हैं। दी गई जानकारी का ध्यानपूर्वक अध्ययन कीजिए और निम्नलिखित प्रश्नों के उत्तर दीजिए-

DOWN GOWN DAWN DEAN PAWN

Q.26 यदि दिए गए शब्दों को इस प्रकार व्यवस्थित किया जाता है जैसे वे एक शब्दकोश में दाएं से बाएं दिखाई देते हैं, तो अंग्रेजी वर्णमाला के अनुसार, बाएं छोर से चौथे शब्द के तीसरे अक्षर और दाएं छोर से चौथे शब्द के दूसरे अक्षर के बीच कितने अक्षर हैं?

A. पंद्रह **B.** तेरह
C. चौदह **D.** सत्रह
E. इनमें से कोई नहीं

Q.27 दिए गए शब्दों में, यदि स्वर को उन अक्षरों द्वारा प्रतिस्थापित किया जाता है, जो अंग्रेजी वर्णमाला में उनके तुरंत बाद आते हैं और व्यंजन को उन अक्षरों द्वारा प्रतिस्थापित किया जाता है, जो अंग्रेजी वर्णमाला में उनके तुरंत पहले आते हैं, तो इस प्रकार से निर्मित ऐसे कितने शब्द केवल व्यंजन से नहीं बने हैं? (हम चक्रीय तरीके से A से Z पर विचार करते हैं अर्थात् Z के बाद A है; A से पहले Z है और इसी प्रकार)

A. चार **B.** पांच **C.** दो **D.** एक
E. कोई नहीं

Q.28 यदि दिए गए शब्दों को एक शब्दकोश के क्रम के अनुसार बाएं से दाएं व्यवस्थित किया जाता है, तो कौन सा शब्द उस शब्द के बाएं से दूसरा होगा, जो बाएं छोर से चौथा है?

A. DOWN **B.** GOWN **C.** PAWN **D.** LAWN
E. DEAN

Q.29 दिए गए शब्दों में, यदि स्वर को उन अक्षरों द्वारा प्रतिस्थापित किया जाता है, जो अंग्रेजी वर्णमाला में उनके तुरंत पहले आते हैं और व्यंजन को उन अक्षरों द्वारा प्रतिस्थापित किया जाता है, को इस प्रकार से ऐसे कितने शब्द एक स्वर से शुरू होते हैं और स्वर से अंत नहीं होते हैं? (हम चक्रीय तरीके से A से Z पर विचार करते हैं अर्थात् Z के बाद A है; A से पहले Z है और इसी प्रकार)

A. तीन **B.** चार **C.** एक **D.** दो
E. कोई नहीं

Q.30 यदि दिए गए शब्दों को एक शब्दकोश के क्रम के अनुसार बाएं से दाएं व्यवस्थित किया जाता है,तो कौन सा शब्द उस शब्द के बाएं से दूसरा होगा जो दाएं छोर से दूसरा है?

A. DAWN **B.** DEAN **C.** PAWN **D.** GOWN
E. DOWN

Ques (31-35):निर्देश: निम्नलिखित जानकारी का ध्यानपूर्वक अध्ययन कीजिए और नीचे दिये गए प्रश्न के उत्तर दीजिए।

आठ डिब्बों को ढेर बनाने के लिए एक के ऊपर एक रखा गया है। सबसे ऊपर के डिब्बे को संख्या 8 से और सबसे नीचे के डिब्बे को संख्या 1 से अंकित किया जाता है। प्रत्येक डिब्बा विभिन्न रंगों से भरा होता है: नीला, पीला, काला, गुलाबी, हरा, लाल और बैंगनी, लेकिन समान क्रम में होना आवश्यक नहीं है। व्यवस्था में एक डिब्बा रिक्त है।

हरा रंग का डिब्बा लाल रंग के डिब्बे के ठीक ऊपर है। डिब्बा संख्या 5 के नीचे सम संख्या का लाल रंग का डिब्बा है। लाल रंग के डिब्बे और पीले रंग के डिब्बे के मध्य में तीन डिब्बे रखे गए हैं। गुलाबी रंग के डिब्बे और बैंगनी रंग के डिब्बे के बीच 2 डिब्बे रखे गए हैं। बैंगनी रंग के बॉक्स को सबसे ऊपर नहीं रखा जाता है। नीले रंग का डिब्बा गुलाबी रंग के डिब्बे के ठीक नीचे है। डिब्बा संख्या 5 के ऊपर के डिब्बों में से एक रिक्त है। काला रंग का डिब्बा एक विषम संख्या डिब्बा है।

Q.31 निम्नलिखित में से कौन-सी स्थिति सत्य है?

A. लाल - दूसरा **B.** पीला - आठवाँ
C. काला - चौथा **D.** बैंगनी - पाँचवा
E. इनमें से कोई नहीं

Q.32 पीले रंग के डिब्बे और गुलाबी रंग के डिब्बे के मध्य में कितने डिब्बे हैं?

A. 6 **B.** 3
C. 5 **D.** 4
E. इनमें से कोई नहीं

Q.33 कौन से रंग का डिब्बा सबसे नीचे है?

A. काला **B.** लाल
C. नीला **D.** गुलाबी
E. इनमें से कोई नहीं

Q.34 डिब्बा संख्या 5 में कौन-सा रंग भरा है?

A. बैंगनी **B.** गुलाबी
C. हरा **D.** नीला
E. इनमें से कोई नहीं

Q.35 किस संख्या का डिब्बा रिक्त है?

A. 8 **B.** 7
C. 6 **D.** 5
E. इनमें से कोई नहीं

Numerical Aptitude

Ques (36-40):निर्देश: दिए गए बार ग्राफ का अध्ययन कीजिए और निम्नलिखित प्रश्न का उत्तर दीजिए।

चार लगातार वर्षों में एक बैंक परीक्षा में उम्मीदवार द्वारा प्राप्त किए गए अंक (प्रतिशत में) नीचे दिए गए हैं।

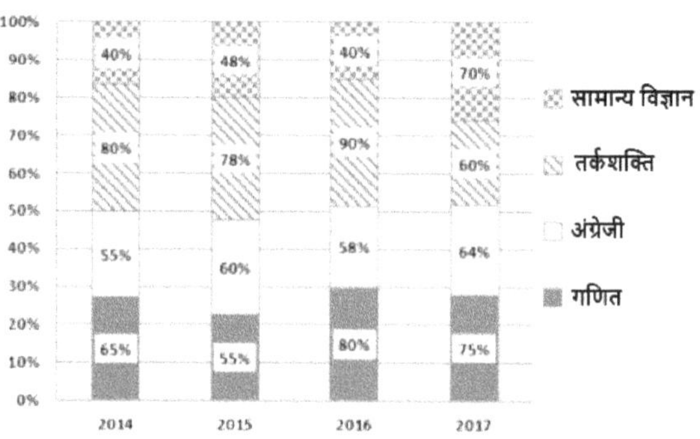

Q.36 2016 में उम्मीदवारों द्वारा प्राप्त किए गए अंकों के प्रतिशत ज्ञात कीजिए।

A. 50% **B.** 67% **C.** 76% **D.** 87%
E. 57%

Q.37 एक उम्मीदवार परीक्षा उत्तीर्ण करता है यदि वह कुल 150 अंक अर्जित करता है (प्रत्येक वर्ग 50 अंक का है)। ज्ञात कीजिए कि किस वर्ष में उम्मीदवार ने परीक्षा उत्तीर्ण की है?

A. 2014 **B.** 2015
C. 2016 **D.** 2017
E. इनमें से कोई नहीं

Q.38 उम्मीदवार अगले वर्ष अपने प्राप्तांकों को गणित और तर्कशक्ति में 15% तक बढ़ाता है। क्या वह परीक्षा उत्तीर्ण करता है? इसके अलावा, अगले वर्ष में उसके प्रतिशत प्राप्तांक को ज्ञात कीजिए। प्रत्येक वर्ग 50 अंक का है।

A. नहीं, 72.6125% **B.** नहीं, 72.3125%
C. हाँ, 72.3125% **D.** हाँ, 72.6125%
E. इनमें से कोई नहीं

Q.39 2014 की तुलना में 2016 में उसके प्राप्तांक में प्रतिशत वृद्धि ज्ञात कीजिए।

A. 12.67% **B.** 11.27%
C. 13.27% **D.** 10.67%
E. इनमें से कोई नहीं

Q.40 2017 में, अनुभागीय कटऑफ का प्रावधान था। परीक्षा उत्तीर्ण करने के लिए, एक उम्मीदवार को सभी वर्गों में अलग-अलग 75% अंक प्राप्त करने पड़ते हैं। परीक्षा उत्तीर्ण करने के लिए सभी वर्गों में उसे अपने अंकों को कितना प्रतिशत बढ़ाना चाहिए, गणित को छोड़कर?

A. R-25, GS-7.14, E-17.18
B. R-7.14, GS-25, E-17.18
C. R-17.18, GS-7.14, E-25
D. R-25, GS-17.14, E-17.18
E. इनमें से कोई नहीं

Q.41 रोहन ने पुरानी कारों की मरम्मत के लिए एक गैरेज शुरू किया और प्रति माह 10% मजदूरी शुल्क देने के बाद, वह प्रति कार 15% की बचत कर रहा था, जो तब 15000 रु. थे और औसतन वह प्रति माह 20 कारें बेच रहा था। 20 कारों का विक्रय मूल्य क्या था?

A. 1200000 रु. **B.** 2000000 रु.
C. 3000000 रु. **D.** 2200000 रु.
E. इनमें से कोई नहीं

Q.42 दो ट्रेन x और y बिंदु A से बिंदु B की ओर चलना शुरू करती हैं। ट्रेन x और y की गति क्रमशः 120 किमी/घंटा और 80 किमी/घंटा है। उन्होंने एक ही समय पर चलना शुरू किया। 1.5 घंटे तक चलने के बाद X के साथ दुर्घटना हो जाती है और उसकी मरम्मत करने में 30 मिनट लगते हैं और उसके बाद यह अपनी वास्तविक गति की आधी गति पर चलना शुरू करती है। यदि बिंदु A और बिंदु B के बीच की दूरी 500 किमी है, तो ज्ञात कीजिए कि दोनों ट्रेन बिंदु B से कितनी दूरी पर मिलेंगीं?

A. 240 किमी **B.** 260 किमी **C.** 270 किमी **D.** 250 किमी
E. 300 किमी

Q.43 80 रुपये प्रति लीटर और अन्य एक निश्चित मूल्य के दो अलग-अलग प्रकार के सफाई करने के तरल को $\frac{6}{4}$ के अनुपात में मिश्रित किया जाता है। यदि तैयार किए गए मिश्रण को 90 रुपये प्रति किलो पर बेचा जाता है, तो दोनों तरल अनुपात को साथ में मिलाने पर इसकी कीमत ज्ञात करें।

A. 85.5 रुपए **B.** 91.2 रुपए **C.** 92.5 रुपए **D.** 95.5 रुपए
E. 96 रुपए

Q.44 एक आयत के विकर्ण का वर्ग मान $(36 + B^2)$ वर्ग सेंटीमीटर है, जहाँ B, 10 सेंटीमीटर से कम है। उस आयत की चौड़ाई कितनी है?

A. 10 सेंटीमीटर **B.** 8 सेंटीमीटर
C. 12 सेंटीमीटर **D.** 15 सेंटीमीटर
E. इनमें से कोई नही

Q.45 जॉन, जैक्सन और जोसेफ क्रमशः 4000 रूपये, 6000 रूपये और 8000 रूपये की साझेदारी में निवेश करते हैं। 4 महीने के बाद जॉन ने अपने निवेश का 25% वापस निकाल लिया और 6 महीने के बाद जैक्सन ने $\frac{50}{3}\%$ का अतिरिक्त निवेश किया और 8 महीने के बाद जोसेफ ने 25% वापस निकाल लिया। यदि 1 वर्ष के बाद उन्हें कुल 7500 रूपये का लाभ प्राप्त होता है, तो जॉन का लाभांश ज्ञात कीजिए (लगभग)।

A. 1456 रूपये **B.** 6194 रूपये
C. 2048 रूपये **D.** 3066 रूपये
E. 4124 रूपये

Ques (46-50):निर्देश: निम्नलिखित संख्या श्रृंखला में प्रश्न चिन्ह '?' के स्थान में क्या आना चाहिए?

Q.46 100, 325, 521, 690, 834, 955, ?

A. 1055 **B.** 1000 **C.** 2000 **D.** 3500
E. 1200

Q.47 8, 8, 12, ?, 60, 180, 630

A. 24 **B.** 75 **C.** 33 **D.** 36
E. 22

Q.48 9, 17, 33, 65, ?

A. 113 **B.** 131 **C.** 129 **D.** 118
E. 119

Q.49 40, 41, 84, 255, 1024, ?

A. 5125 **B.** 5075 **C.** 5175 **D.** 5025
E. 5235

Q.50 11, 19, 28, 92, ?, 333

A. 117 **B.** 214 **C.** 191 **D.** 217
E. 137

Q.51 स्वाति और अपर्णा की आयु का गुणनफल 120 है। अगर अपर्णा की आयु का तीन गुना स्वाति की आयु से 2 वर्ष अधिक है, तो स्वाति की आयु ज्ञात कीजिए।

A. 18 **B.** 21 **C.** 24 **D.** 16
E. 25

Q.52 निम्न प्रश्न में प्रश्न चिह्न '?' के स्थान पर क्या आएगा?

50 का 37% – 250 का 55%= ? - {60 (200 – 99 × 2) ÷ 4}

A. 89 **B.** -89
C. 126 **D.** 186
E. इनमें से कोई नहीं

Q.53 निम्न प्रश्न में प्रश्न चिह्न '?' के स्थान पर क्या आएगा?

$$\sqrt[3]{6859} + \sqrt{441} - \sqrt[3]{4096} - \sqrt{576} = ?$$

A. 1 **B.** 48
C. 0 **D.** -42
E. इनमें से कोई नहीं

Q.54 निम्न प्रश्न में प्रश्न चिह्न '?' के स्थान पर क्या आएगा?

(999 + 99 + 9) + 90 का 5.55% = ?

A. 1202 **B.** 1022
C. 1122 **D.** 1112
E. इनमें से कोई नहीं

Q.55 निम्न प्रश्न में प्रश्न चिह्न '?' के स्थान पर क्या आएगा?

225 का 6.67% + 1120 का 6.25% = $(?)^3$ + 3

A. $(-76)^{\frac{1}{2}}$ **B.** $(76)^{\frac{1}{2}}$
C. $(-76)^{\frac{1}{3}}$ **D.** $(76)^{\frac{1}{3}}$
E. इनमें से कोई नहीं

Q.56 निम्न प्रश्न में प्रश्न चिह्न '?' के स्थान पर क्या आएगा?

$32 + 65$ – 96 का $16\frac{2}{3}\%$ = ? + 120 का $33\frac{1}{3}\%$

A. 32 **B.** 52 **C.** 41 **D.** 46
E. 64

Q.57 निम्न प्रश्न में प्रश्न चिह्न '?' के स्थान पर क्या आएगा?

120 का 30% + ? = 23 × 36 ÷ 46 + 160 का 40%

A. 42 **B.** 46
C. 48 **D.** 44
E. इनमें से कोई नहीं

Q.58 निम्न प्रश्न में प्रश्न चिह्न '?' के स्थान पर क्या आएगा?

200 का 31% + 300 का 21% = 25 × 5 + $?^2$ – 90 का 40%

A. 7 **B.** 4 **C.** 6 **D.** 5
E. 8

Q.59 निम्न प्रश्न में प्रश्न चिह्न '?' के स्थान पर क्या आएगा?

(950 + 1750 – 2225 + 1225 + 4250 + 450) ÷ (70 + 60 + 28 – 30) = $\sqrt{?}$

A. 25000 **B.** 2700
C. 2900 **D.** 2500
E. इनमें से कोई नहीं

Q.60 निम्न प्रश्न में प्रश्न चिह्न '?' के स्थान पर क्या आएगा?

1500 का 88.60% + 800 का 39.25% + 2500 का 63.20% + 4500 का 25.40%= ?

A. 4856 **B.** 4466
C. 4256 **D.** 4366
E. इनमें से कोई नहीं

Q.61 निम्न प्रश्न में प्रश्न चिह्न '?' के स्थान पर क्या आएगा?

7428 का 25% + 71.5 × 2 = ? का $14\frac{2}{7}\%$

A. 2000 **B.** 5000 **C.** 4000 **D.** 14000
E. 12000

Q.62 राज एक थैली से कुछ संख्या में गेंदें निकालता है। प्रत्येक गेंद पर कुछ अंक अंकित हैं। यदि हम केवल पहले 9 अंकों पर ध्यान देते हैं, तो उनका औसत 11 है। यदि इन अंकों में से प्रत्येक अंक को 5 से गुणा किया जाए और फिर प्रत्येक के परिणामी अंक में 8 जोड़ा जाए, तो औसत होगा:

A. 55 **B.** 20
C. 95 **D.** 63
E. उपरोक्त में से कोई नहीं

Q.63 फैक्ट्री में मैदान और प्रलेखन के मजदूरों की औसत उम्र 45 वर्ष थी। प्रलेखन के सभी 16 मजदूरों की औसत उम्र 38 वर्ष थी और मैदान के मजदूरों की औसत उम्र 52 वर्ष थी। यदि मैदान के 7 मजदुर विवाहित थे तो मैदान में अविवाहित मजदूरों की संख्या क्या थी?

A. 5 **B.** 6 **C.** 7 **D.** 8
E. 9

Q.64 यदि समान मूलधन पर 2 वर्षों में 15% प्रति वर्ष की दर से और एक वर्ष में 40% प्रति वर्ष की दर से कुल चक्रवृद्धि ब्याज 28900 रुपये है, तब दोनों सौदों को सम्मिलित करते हुए कुल मूलधन ज्ञात कीजिये। (ब्याज की गणना वार्षिक रूप से की जाती है)

A. 65000 रुपये **B.** 65000 रुपये
C. 80000 रुपये **D.** 45000 रुपये
E. 50000 रुपये

Q.65 एक दुकानदार पहले साल में 25% का लाभ कमाता है, वह दूसरे वर्ष और तीसरे वर्ष में क्रमशः 20% और 10% का नुकसान उठाता है। तीन वर्ष के बाद उसे प्राप्त कुल राशि और उसके द्वारा शुरू में निवेश की गई राशि में कितना अंतर है, यदि शुरू में निवेश की गई धनराशि 50000 रुपए है?

A. 4000 रुपए **B.** 4500 रुपए
C. 5000 रुपए **D.** 8500 रुपए
E. इनमें से कोई नहीं

Q.66 स्मृता किसी काम में दीप्ति से तीन गुना दक्ष है तथा वह 10 शर्ट की सिलाई 25 मिनट में कर लेती है। यदि, दोनों को एकसाथ मिलकर 500 शर्ट की सिलाई करनी हो, तो उन्हें इस कार्य को पूरा करने में कितना समय लगेगा?

A. 886.5 मिनट **B.** 937.5 मिनट
C. 785 मिनट **D.** 834.5 मिनट
E. 965 मिनट

Q.67 A किसी काम को 5 दिनों में पूरा कर सकता है, B इसे 10 दिनों में पूरा कर सकता है। C की मदद से, वे इसे 2 दिनों में पूरा कर सकते हैं। C अकेले काम को कितने दिनों में पूरा कर सकता है?

A. 6 दिन **B.** 2 दिन **C.** 4 दिन **D.** 3 दिन
E. 5 दिन

Q.68 चीनी के मूल्य में 10% की वृद्धि के कारण, एक महिला को चीनी की खपत में 9.09% की कटौती करनी पड़ी ताकि चीनी पर होने वाला खर्च स्थायी रहे। यदि चीनी के मूल्य में वृद्धि होने से पहले महिला द्वारा चीनी की खपत 5 किलोग्राम थी, तब रुपये प्रति किलोग्राम में चीनी का प्रारंभिक मूल्य ज्ञात कीजिये।

A. 5 रुपये
B. 10 रुपये
C. 20 रुपये
D. 35 रुपये
E. निर्धारित नहीं किया जा सकता

Q.69 एक किसान के पास 30 हेक्टेयर भूमि है, जिसमें से 40% में उसने ज्वार बो दिया। शेष भूमि के 20% में उसने चावल बोया। शेष भूमि के 30% में उन्होंने सेब के पेड़ लगाए, और शेष भूमि में उसने सब्जी बोया। यदि वह सब्जियों को 5200 रूपए प्रति हेक्टेयर के कीमत से बोता है, तो उसने सब्जियों में कितने पैसों का निवेश किया?

A. 48464 रूपए **B.** 52416 रूपए
C. 60882 रूपए **D.** 65450 रूपए
E. 74880 रूपए

Q.70 एक रेफ्रिजरेटर का अंकित मूल्य 10800 रुपये है, इस रेफ्रिजरेटर पर प्रत्येक p% की दो क्रमिक छूट दी जाती है। ग्राहक के आगे सौदेबाजी के कारण, 1808 रुपये की छूट की भी अनुमति है, अब दुकानदार छूट मूल्य पर 12.5% जीएसटी लेता है और इसे 4500 रुपये में बेचता है। p का मान बताये।

A. 26.66% **B.** 25% **C.** 30% **D.** 28.66%
E. 35%

English Language

Ques (71-75):Direction: Arrange the sentences in chronological order such that they form a proper passage. Sentence E is the SECOND statement and B is the FIFTH statement.

A. The World Travel and Tourism Council (WTTC) estimate that tourism contributed 9.2 per cent of global GDP and forecasts that this will continue to grow at over 4 per cent per annum during the next ten years to account for some 9.4 per cent of Gross Domestic Product (GDP) (WTTC 2010).

B. The expenditure associated with tourism flows makes a substantial economic contribution to the Australian economy nationally, by state and by region.

C. Tourism is a major industry globally and a major sector in many economies.

D. Over time, an increasing number of destinations have opened up and invested in tourism development, turning modern tourism into a key driver for socio-economic progress.

E. According to the United Nations World Tourism Organisation (UNWTO), over the past six decades, tourism has experienced continued growth and diversification to become one of the largest and fastest-growing economic sectors in the world.

F. Whatever the precise meaning of this term, an essential element of the sustainable tourism industry is economic viability.

G. Much of the tourism literature today appreciates the importance of developing tourism 'sustainably'.

Q.71 Which of the following is the FIRST statement?

A. G **B.** D **C.** C **D.** F
E. A

Q.72 Which of the following is the THIRD statement? ***[SBI PO, 2019]***

A. D **B.** A **C.** C **D.** F
E. G

Q.73 Which of the following is the FOURTH statement?

A. C **B.** G **C.** F **D.** A
E. D

Q.74 Which of the following is the SEVENTH statement? ***[LIC AAO (Generalist), 2021]***

A. C **B.** F **C.** A **D.** G
E. D

Q.75 Which of the following is the SIXTH statement?

A. G **B.** C **C.** A **D.** D
E. F

Ques (76-80):Direction: In the given question, some part of the sentence may have errors. Find out which part of the sentence has an error and select the appropriate option. If a sentence is free from error, select 'No Error'.

Q.76 He has been (A) / toiling hardly (B) / to be able to (C) / provide for his family. (D)

A. (A) **B.** (B) **C.** (C) **D.** (D)
E. No error

Q.77 The brother-in-laws (A)/ were very helpful (B)/ and supportive of (C)/ their choices. (D)

A. (A) **B.** (B) **C.** (C) **D.** (D)
E. No error

Q.78 All pieces (A)/ of informations (B)/ given by her (C)/ were accurate. (D)

A. (A) **B.** (B) **C.** (C) **D.** (D)
E. No error

Q.79 Three jawans of District (A)/ Reserve Guard were killed (B)/ while ten others were injured (C)/ in an IED blast on Tuesday. (D)

A. (A) **B.** (B) **C.** (C) **D.** (D)
E. No error

Q.80 Despite having lost (A)/ the match, the team was receive (B)/ at the airport with (C)/ a lot of enthusiasm. (D)

A. (A) **B.** (B) **C.** (C) **D.** (D)
E. No error

Ques (81-90):Directions: Read the passage given below and answer the questions that follow by choosing the correct/most appropriate options:

Adrift at the end of the 20th century, the world of the 21st century is proving to be highly **chaotic**. Geopolitical experts in the West confine their findings at present solely to the impact of the Russia-Ukraine **conflict**, believing that this alone would determine not only war and peace but also other critical aspects as well. This tends to be a **myopic** view, for the Ukraine-Russia conflict is only one of the many strands currently altering the **contours** of world governance. Significant developments are also taking place in many other regions of the globe, which will have equal if not more relevance to the future of the international governance system.

What the German Chancellor, Olaf Scholz, said in June 2022 at the end of a three-day gathering of G7 leaders in the Bavarian Alps, sums up the prevailing mood overall, viz., "a time of uncertainty lies ahead of us. We cannot foresee how it will end". In this case, possibly, the German Chancellor was referring only to the fallout from the Ukraine-Russia conflict, for he clearly did not **reckon** with the fact that many other momentous changes were taking place outside Europe, and which are already beginning to dictate the new order of things. The obsession in the West over the outcome ____ the Russia-Ukraine conflict, giving it importance overriding all else, is indeed misleading.

European leaders tending to look inwards is, perhaps, not surprising. Europe has been undergoing several major changes in recent months. Germany, which has steered European politics for almost two decades under Angela Merkel, now has a Chancellor (Olaf Scholz) who has hardly any foreign policy experience. Without Germany's steadying hand, Europe would be virtually adrift in troubled waters. Emmanuel Macron may have been re-elected as the President of France, but his wings have been clipped with the Opposition now gaining a majority in the French National Assembly. This has damaged his image, and Mr Macron can hardly be expected to provide the kind of leadership that Europe needs at present. The United Kingdom is in deep trouble, if not **disarray**. Consequently, at a time when actual and moral issues require both **deft** and firm handling, Europe appears **rudderless**.

Compounding this situation is the negative economic impact of the war in Ukraine. This is being felt not only in Europe but also across the globe. What is evident already is that apart from the spiralling cost of energy, food and fertilizers, quite a few countries confront the **spectre** of food scarcity given that Ukraine and Russia were generally viewed as the granaries of the world. **Apart from this, nations do face several other problems as well, including, in some case, a foreign exchange crisis**. Many of these problems may have existed earlier but have been **aggravated** by the ongoing conflict. The impact is being felt now well beyond Europe.

Q.81 According to the passage, which country or continent has been undergoing several major changes in recent months?

A. France **B.** Germany
C. Europe **D.** Russia
E. Ukraine

Q.82 According to the passage, what did the German Chancellor, Olaf Scholz, say in June 2022 at the end of a three-day gathering of G7 leaders in the Bavarian Alps?

A. A time of uncertainty lies ahead of us.
B. Changes are beginning to dictate the new order of things.
C. Global developments will relevance to the future of the international governance system.
D. There is a negative economic impact of the war in Ukraine.
E. The impact is being felt now well beyond Europe.

Q.83 What will fit in the blank taken from the passage:

The obsession in the West over the outcome ____ the Russia-Ukraine conflict, giving it importance overriding all else, is indeed misleading.

A. on **B.** at **C.** in **D.** of
E. to

Q.84 In this question, a sentence (in bold) from the passage has been divided into four parts (A), (B), (C) and (D). Read the sentence to find out whether there is any grammatical error in it. The error if any will be in one part of the sentence. If there is no error the answer is 'No Error/(E)'. Ignore the error of punctuation if any.

Apart from this, nations do face (A)/ several other problems as well, (B)/ including, in some case, (C)/ a foreign exchange crisis. (D)/ No Error (E)

A. (A) **B.** (B) **C.** (C) **D.** (D)
E. (E)

Q.85 Which of the following is/are correct according to the given passage?

A. The world of the 21st century is proving to be highly chaotic.

B. Significant developments are also taking place in many other regions of the globe.

C. European leaders tending to look inwards is, perhaps, most surprising.

A. Only A **B.** Only B
C. Only C **D.** Both A and B
E. Both A and C

Q.86 Choose the Antonym of the word 'reckon'.

A. Assume **B.** Believe
C. Conjecture **D.** Disbelieve
E. Bargain

Q.87 Choose the Synonym of the word 'adrift'.

A. Hooked **B.** Rigid
C. Afloat **D.** Anchored
E. Rooted

Q.88 What is the Tone of the passage?

A. Narrative **B.** Introspective
C. Humanistic **D.** Apathetic
E. Expository

Q.89 Which of the following is/are incorrect according to the given passage?

A. The Ukraine-Russia conflict is the only strand currently altering the contour of world governance.

B. Emmanuel Macron's wings have been clipped with the Opposition now gaining a majority in the French National Assembly.

C. Positive Economic impact is being felt not only in Europe but also across the globe.

A. Only A **B.** Only B
C. Both A and B **D.** Both B and C
E. Both A and C

Q.90 What is the central theme of the passage?

A. Changing politics of Europe
B. Global order caught up in chaos.
C. Impact of Russian invasion on Europe
D. Economic impact of the war in Ukraine
E. Geopolitics of the West

Ques (91-95):Direction: The following question has two blanks, each blank indicating that something has been omitted. Choose the set of words for each blank that best fits in the context of the sentence.

Q.91 The boost to the Infrastructure sector was _______ ahead of the Union Budget and does play a key role in _______ demand in the economy.

A. inspired, revived
B. anticipating, revisit
C. erected, relate
D. anticipated, reviving
E. erased, expect

Q.92 Democracy needs to be _______not for perpetuation of power but for the perpetuation of democratic _______.

A. abandoned, efficacy **B.** related, efficacy
C. requested, values **D.** endured, evaluation
E. preserved, values

Q.93 Only MSMEs are well placed with _______, flexibility, local market understanding, and _______ to bring about this rural revolution.

A. apathetic, solution
B. dormant, evaluate
C. progression, decay
D. familiarity, advancement
E. competency, experience

Q.94 Growing _______ towards environment protection and the quest for an alternative, clean energy has created the right _______ for the electric vehicle industry in India.

A. insensibility, passion
B. fondness, drag
C. consciousness, push
D. credibility, trend
E. apprehension, flaw

Q.95 In order to _______ the quality and effectiveness of internal audit system, the RBI _______ guidelines on RBIA system for selecting non bank leaders and UCBs.

A. strong, issuing **B.** strengthen, issued
C. strengthen, process **D.** comprehend, issue
E. transfer, emerge

Ques (96-100):Direction: Which of the option (A), (B), (C) and (D) given below, should replace the phrase printed in bold in the sentence to make it grammatically correct? If the sentence is correct as it is given and no correction is required, mark (E) as the answer.

Q.96 Afghanistan has **historically be an difficult place** for external invaders, thanks to its complex tribal equations and its rugged mountainous terrain.

A. Historic has a difficult place
B. Historically been a difficult place
C. Historically being a difficult place
D. Historically been a difficult places
E. No correction required

Q.97 Preserving and to restore forests are an effective step toward mitigating climate change, and comes with a host of other benefits.

A. Preserving to restore forests is
B. Preserving and restoring forests is
C. To preserve restoring of forests is
D. To preserve and to restore forests are
E. No correction required

Q.98 Violent protests **broke up** due to the killing of the innocent school students by the militants.

A. Invented
B. Erupted
C. Suffered
D. Attacked
E. No correction required

Q.99 The new government needs to **call off** the good work so that the popular sentiment remains positive.

A. Cancel
B. Continue
C. Require
D. Accomplish
E. No correction required

Q.100 Getting to hire as the assistant to a pastry chef seemed like a dream come true.

A. Get to hire
B. Getting to be hired
C. Getting hired
D. Having got hired
E. No correction required

// स्मार्ट उत्तर पुस्तिका //

सही उत्तर — उन छात्रों का प्रतिशत जिन्होंने प्रश्नों का सही उत्तर दिया था।

छोड़ दिया — उन छात्रों का प्रतिशत जिन्होंने प्रश्नों को छोड़ दिया था।

प्रश्न संख्या	उत्तर	सही उत्तर	छोड़ दिया	प्रश्न संख्या	उत्तर	सही उत्तर	छोड़ दिया	प्रश्न संख्या	उत्तर	सही उत्तर	छोड़ दिया	प्रश्न संख्या	उत्तर	सही उत्तर	छोड़ दिया	प्रश्न संख्या	उत्तर	सही उत्तर	छोड़ दिया	प्रश्न संख्या	उत्तर	सही उत्तर	छोड़ दिया
1	B	19.31 %	67.0 %	18	C	65.27 %	32.99 %	35	B	81.85 %	12.51 %	52	B	13.83 %	76.18 %	69	B	46.65 %	41.57 %	86	D	63.26 %	30.62 %
2	C	30.5 %	67.41 %	19	E	57.59 %	33.12 %	36	B	47.83 %	51.27 %	53	C	84.48 %	13.23 %	70	A	24.87 %	70.15 %	87	C	58.33 %	41.58 %
3	E	10.62 %	77.97 %	20	C	41.17 %	47.72 %	37	E	48.5 %	47.97 %	54	D	84.89 %	14.85 %	71	C	42.76 %	33.44 %	88	E	62.07 %	35.29 %
4	B	27.2 %	67.7 %	21	D	41.5 %	56.46 %	38	B	61.25 %	36.59 %	55	E	53.13 %	30.83 %	72	B	54.68 %	35.53 %	89	E	50.27 %	44.48 %
5	B	20.3 %	77.51 %	22	B	47.19 %	50.03 %	39	E	42.51 %	54.1 %	56	C	16.03 %	79.78 %	73	E	65.48 %	34.44 %	90	B	64.36 %	34.73 %
6	A	68.71 %	30.46 %	23	B	80.09 %	18.83 %	40	A	64.9 %	34.78 %	57	B	85.14 %	14.29 %	74	B	42.79 %	38.62 %	91	D	89.14 %	10.7 %
7	C	54.16 %	32.65 %	24	E	86.1 %	12.94 %	41	D	67.95 %	30.56 %	58	C	45.77 %	47.9 %	75	A	53.26 %	45.6 %	92	E	85.37 %	13.97 %
8	D	68.33 %	30.54 %	25	C	87.61 %	11.39 %	42	B	44.12 %	45.63 %	59	D	86.76 %	11.41 %	76	B	56.73 %	37.9 %	93	E	84.17 %	12.01 %
9	E	56.55 %	32.64 %	26	B	56.84 %	30.67 %	43	C	64.62 %	32.55 %	60	D	55.09 %	35.81 %	77	A	87.94 %	10.12 %	94	C	40.27 %	36.02 %
10	E	22.85 %	71.54 %	27	D	40.09 %	55.3 %	44	B	49.17 %	35.13 %	61	D	30.72 %	68.14 %	78	B	87.95 %	10.37 %	95	B	68.41 %	30.49 %
11	A	64.79 %	34.04 %	28	B	78.5 %	14.63 %	45	A	64.54 %	32.14 %	62	D	55.86 %	30.69 %	79	E	63.45 %	32.44 %	96	B	45.1 %	38.57 %
12	B	87.64 %	10.76 %	29	D	24.24 %	68.99 %	46	A	56.5 %	34.55 %	63	E	69.59 %	30.02 %	80	B	16.7 %	70.63 %	97	B	89.77 %	10.03 %
13	C	61.08 %	36.73 %	30	B	86.47 %	12.43 %	47	A	41.22 %	30.93 %	64	C	25.28 %	72.56 %	81	C	59.91 %	36.34 %	98	B	67.78 %	31.69 %
14	B	76.21 %	15.52 %	31	B	51.99 %	32.88 %	48	C	82.57 %	14.24 %	65	C	10.5 %	83.66 %	82	A	49.15 %	40.8 %	99	B	89.36 %	10.2 %
15	B	79.69 %	16.57 %	32	D	62.85 %	32.29 %	49	A	55.69 %	39.98 %	66	B	42.19 %	44.63 %	83	D	52.66 %	40.75 %	100	C	51.7 %	43.84 %
16	E	78.69 %	13.12 %	33	A	84.56 %	12.96 %	50	A	42.08 %	49.09 %	67	E	65.83 %	31.89 %	84	C	42.14 %	34.42 %				
17	D	69.23 %	30.16 %	34	C	78.91 %	16.59 %	51	A	42.09 %	34.14 %	68	D	48.09 %	37.38 %	85	D	62.5 %	34.93 %				

//संकेत और समाधान//

Ques (1-5):1) B उस व्यक्ति के दायें से तीसरे स्थान पर बैठा है जिसकी आयु 18 वर्ष है।

चूंकि यह एक वृत्ताकार व्यवस्था है, हम यादृच्छिक ढंग से उस व्यक्ति के लिए एक सीट चुन सकते हैं जो 18 वर्ष का है और फिर हम उसी के अनुसार B को रख सकते हैं।

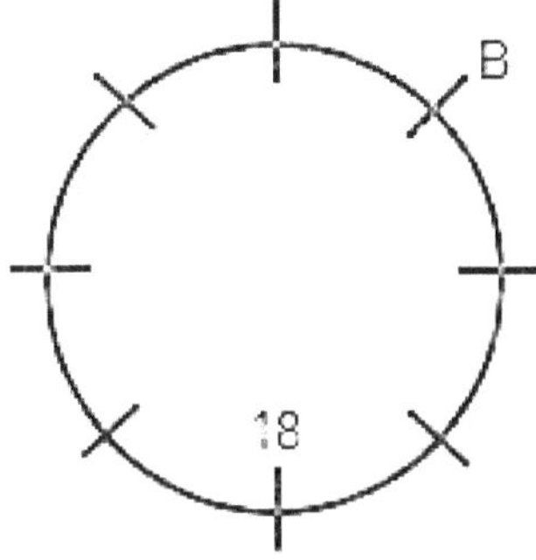

2) B और H के मध्य केवल एक व्यक्ति बैठा है।

3) वह व्यक्ति जो 40 वर्ष का है, H के दायें से तीसरे स्थान पर बैठा है।

H या तो B के बायें से दूसरे या B के दायें से दूसरे स्थान पर बैठा है। माना H, B के दायें से दूसरे स्थान पर बैठा है, तो उस केस (स्थिति) में वह व्यक्ति जो 40 वर्ष का है, उस स्थान पर बैठा होगा जहां 18 वर्ष का व्यक्ति बैठा है जो संभव नहीं है। इस प्रकार, H, B के बायें से दूसरे स्थान पर बैठा है और 40 वर्षीय व्यक्ति, B के निकटतम दायें बैठा है।

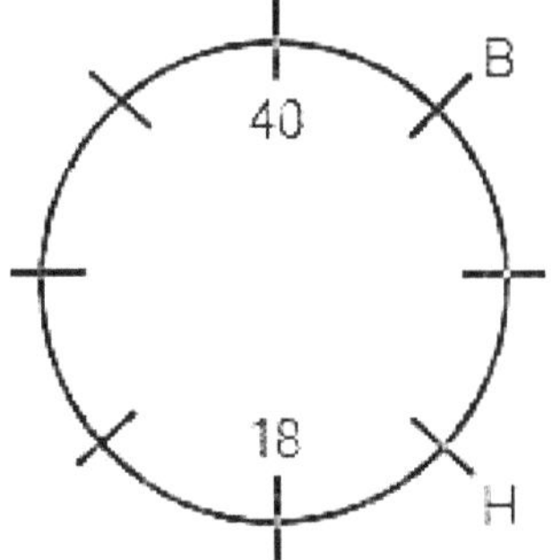

4) E, C के बायें से तीसरे स्थान पर बैठा है और E, H का निकटतम पडोसी नहीं है।

5) C या तो B या H का निकटतम पडोसी नहीं है।

यह संभव होने का केवल एक ही तरीका है अर्थात यदि C, H के बायें से दूसरे स्थान पर बैठा है और E, B के निकटतम दायें बैठा है।

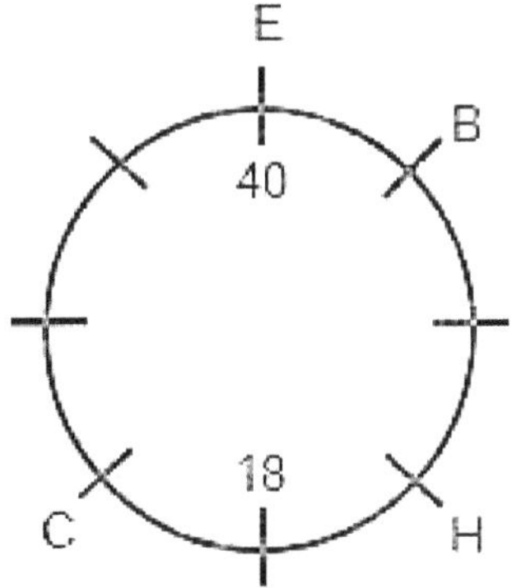

6) A, D के निकटतम दायें बैठा है, जो E से 20 वर्ष बड़ा है।

क्रमागत दो सीटों में से केवल एक युग्म ख़ाली है अर्थात C के बाईं ओर दो सीटें है। इस प्रकार, A, C के निकटतम बाईं ओर बैठा है और D, A के निकटतम बाईं ओर बैठा है। इसके अलावा, E, 40 वर्ष का है। इसका अर्थ है, D, 60 वर्ष का है।

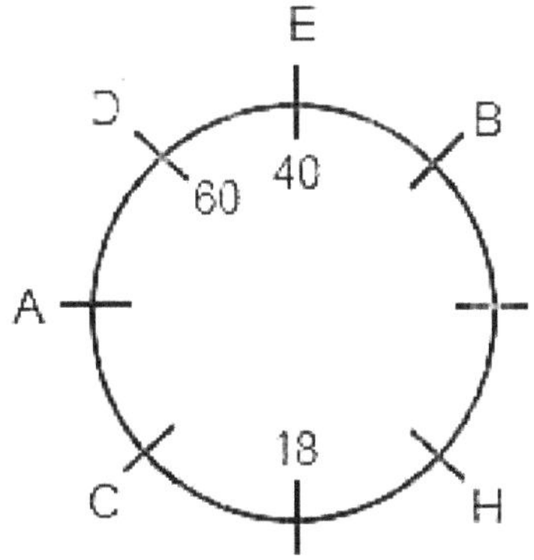

7) F, अपने निकटतम दायें बैठे व्यक्ति से 25 वर्ष बड़ा है।

इसका अर्थ है, F की आयु 18 वर्ष से अधिक है और वह C और H के मध्य नहीं बैठा है। इस प्रकार, G, C और H के मध्य बैठा है, और F, B और H के मध्य बैठा है। इसके अलावा, माना B की आयु X वर्ष है तो F की आयु X + 25 वर्ष होगी।

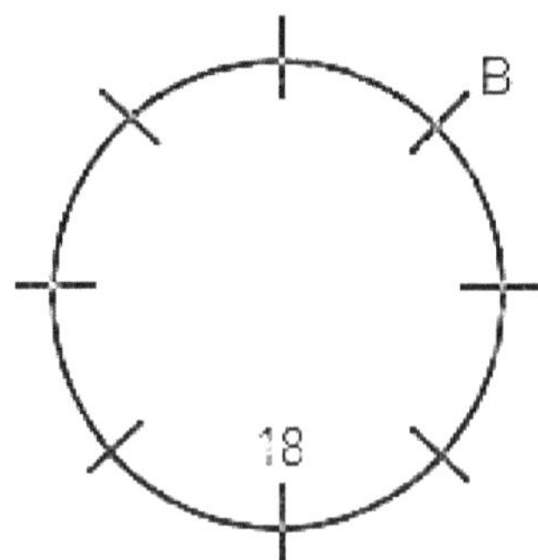

अब,

G@ → G के निकटतम बायें बैठे व्यक्ति की आयु G से दोगुनी है। C, G के निकटतम बायें बैठा है, इस प्रकार, C की आयु 36 वर्ष है।

A% → A की आयु, A के बाएं से दूसरे स्थान पर बैठे व्यक्ति की आयु का एक चौथाई है। E, A के बाएं से दूसरे स्थान पर बैठा है और E की आयु 40 वर्ष है। अत: A की आयु 10 वर्ष है।

A# → A के दायें से तीसरे स्थान पर बैठे व्यक्ति की आयु A से दोगुनी है। H, A के दायें से तीसरे स्थान पर बैठा है। इस प्रकार, H की आयु 20 वर्ष है।

B@ → B के निकटतम बायें बैठे व्यक्ति की आयु B की आयु की दोगुनी है। F, B के निकटतम बायें बैठा है। इस प्रकार,

X + 25 = 2X

⇒ X = 25 वर्ष = B की आयु

F की आयु = 2X = 50 वर्ष

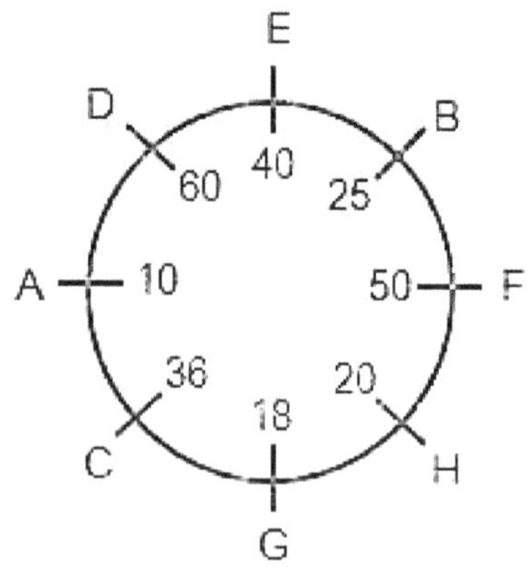

1. A, C के निकटतम बायें बैठा है और उसकी आयु "10 वर्ष" है।

अतः विकल्प (B) सही है।

2. H, F के निकटतम बायें बैठा है और "H 20 वर्ष का है"।

अतः विकल्प (C) सही है।

3. इसलिए, "D के दायें से तीसरे स्थान पर G बैठा है"।

अतः विकल्प (E) सही है।

4. इसलिए, "B, D जो सबसे बड़ा है, के बायें से दूसरे स्थान पर बैठा है"।

अतः विकल्प (B) सही है।

5. इसलिए, B, H, G, C, और A "पांच व्यक्ति हैं जो E से छोटे हैं"।

अतः विकल्प (B) सही है।

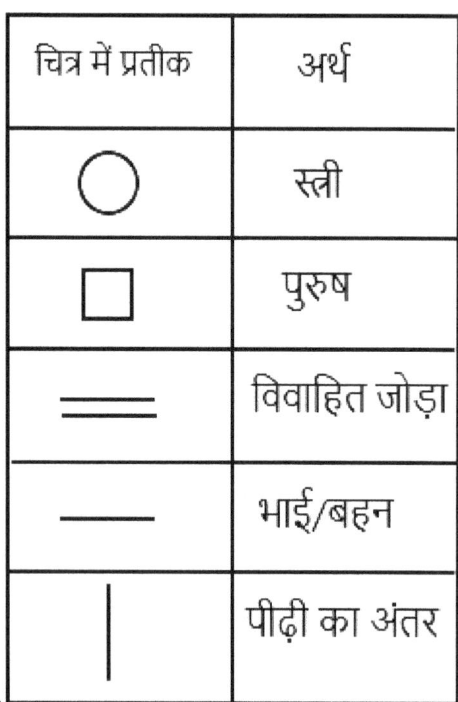

चित्र में प्रतीक	अर्थ
○	स्त्री
□	पुरुष
═	विवाहित जोड़ा
—	भाई/बहन
|	पीढ़ी का अंतर

Ques (6-7):

1. F, A का एकलौता पुत्र है, जिसके तीन बच्चे हैं। इसलिए अन्य दो बच्चे A की पुत्री हैं।

2. C, A से विवाहित है।

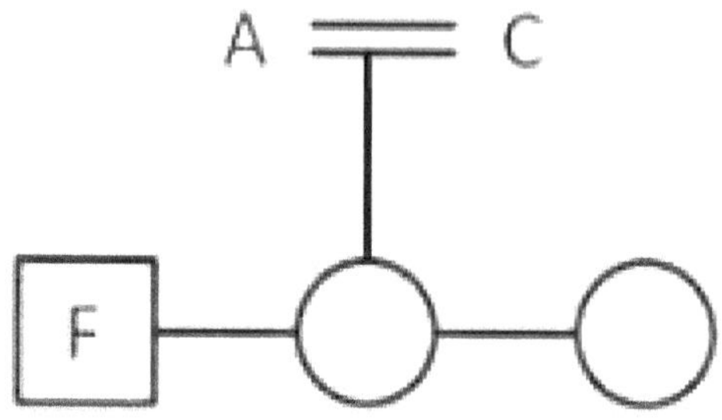

3. E, B की मैटरनल आंट है, जिसका विवाह D से हुआ है।

यहां तीन स्थिति उत्पन्न होती हैं,

स्थिति I: यहाँ, E को A की बेटियों में से एक है

चूंकि दोनों माता-पिता को जीवित है, इसलिए सभी व्यवस्था करने के बाद हम देखते हैं कि 8 सदस्य सामने आ रहे हैं जो प्रदान की गई जानकारी के विरुद्ध है।

चूंकि इस परिवार में 7 सदस्य हैं, इसलिए यह स्थिति रद्द हो जाती है।

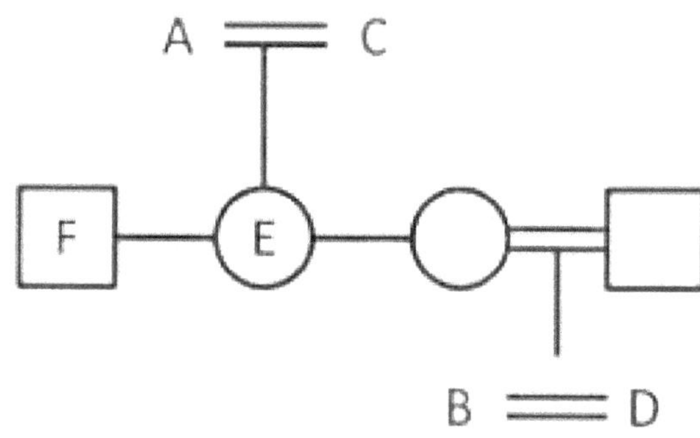

स्थिति II: यहाँ हम मानते हैं कि C, B की माँ है और E, C की बहन है

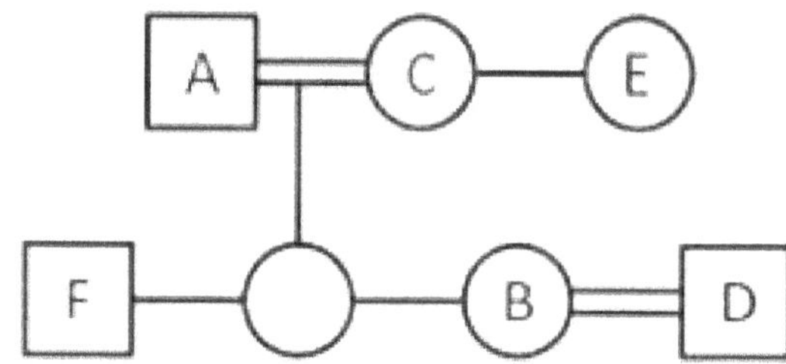

स्थिति III: यहां हम मानते हैं कि A, B की मां है और E, A की बहन है

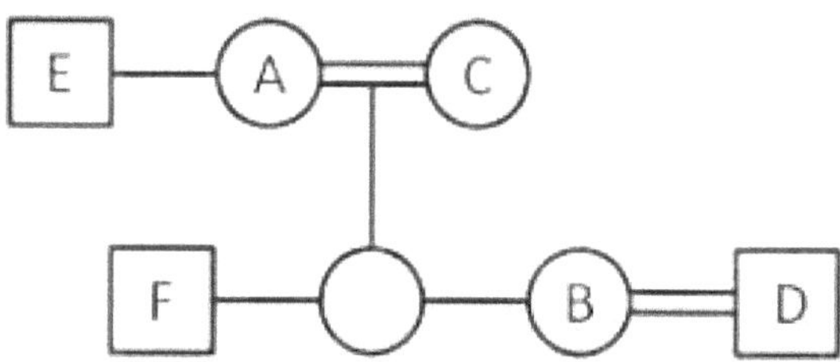

4. A और G का लिंग समान है।

इसलिए, दोनों स्थितियों 2 और 3 में केवल A और C की पुत्री के लिए एक ही स्थान रिक्त है, जो G द्वारा पूरित किया जाएगा

इसलिए, दी गयी जानकारी के अनुसार G महिला है और A भी महिला होगी, इस स्थिति में स्थिति II भी रद्द हो जाता है।

स्थिति III यहाँ अंतिम हल बन जाता है।

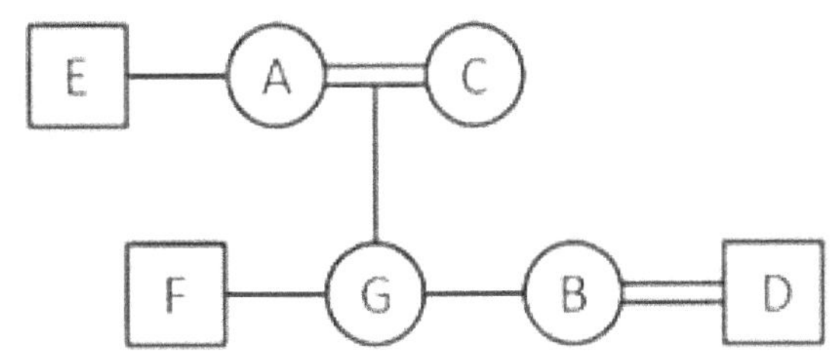

6. इसलिए, G, E की नीस है।

अतः विकल्प (A) सही है।

7. D, B का पति है, जो A की बेटी है, वह A का सन-इन-लॉ होगा।

अतः विकल्प (C) सही है।

8. यहाँ, हम जानते हैं कि विक्रम बायें से नौवें जबकि हरिओम बायें से तेरहवें स्थान पर थे। इस प्रकार, हम कह सकते हैं कि विक्रम और हरिओम के बीच 3 व्यक्ति थे।

और, हम यह भी जानते हैं कि हरिओम विक्रम और जान्हवी के ठीक बीच में था इसलिए हरिओम और जान्हवी के बीच व्यक्तियों की संख्या भी 3 होगी।

इस बिंदु पर, दी गई जानकारी का उपयोग करके हम निम्नलिखित आकृति बना सकते हैं:

| 8 व्यक्ति · 3 व्यक्ति · 3 व्यक्ति · 7 व्यक्ति |
विक्रम हरिओम जान्हवी

अब, पंक्ति में लोगों की कुल संख्या = (8 + विक्रम + 3 + हरिओम + 3 + जान्हवी + 7)

= (8 + 1 + 3 + 1 + 3 + 1 + 7) = 24

इस तरह पंक्ति में लगे लोगों की कुल संख्या 24 थी।

अतः विकल्प (D) सही है।

9. दिया गया है,

एक कक्षा में 25 विद्यार्थी हैं और वे सभी एक पंक्ति में योग करने के लिए बैठे हैं। मीना ऊपर से 11वें और स्नेहा नीचे से छठे स्थान पर हैं। अनन्या और रीना के बीच दो विद्यार्थी बैठे हैं।

उपरोक्त जानकारी से, हम रीना की स्थिति के बारे में निश्चित नहीं हो सकते, क्योंकि हमारे पास अनन्या और रीना की स्थिति के बारे में पर्याप्त जानकारी नहीं है।

अतः विकल्प (E) सही है।

Ques (10-14):मंजिलों की संख्या: 1 से 8
अलग-अलग मंजिलों पर रहने वाले व्यक्ति: पीयूष, अमित, भारत, धारा, राहुल, मुकेश, चेतन और निक।
(1) पीयूष 5वीं मंजिल पर रहता है।
(2) अमित के ऊपर चार से अधिक व्यक्ति रहते हैं, जो भारत के ठीक ऊपर रहते हैं।
(3) पीयूष और चेतन के बीच दो व्यक्ति रहते हैं।

स्थिति 1		**स्थिति 2**	
मंजिल	व्यक्ति	मंजिल	व्यक्ति
8	चेतन	8	चेतन
7		7	
6		6	
5	पीयूष	5	पीयूष
4		4	
3	अमित	3	
2	भारत	2	अमित
1		1	भारत

(4) राहुल, मुकेश के ऊपर रहता है लेकिन निक के नीचे रहता है।
(5) अमित और धारा के बीच तीन व्यक्ति रहते हैं, जो विषम क्रमांक वाली मंजिल पर रहती हैं।

स्थिति 1	
मंजिल	व्यक्ति
8	चेतन
7	धारा
6	निक
5	पीयूष
4	राहुल
3	अमित
2	भारत
1	मुकेश

उपरोक्त तालिका अंतिम हल होगी।

10. इसलिए, मुकेश के नीचे कोई नहीं रहता हैं।

अत: विकल्प (E) सही है।

11. इसलिए, पीयूष निक के ठीक नीचे रहता है।
अत: विकल्प (A) सही है।

12. इसलिए, अमित दूसरी मंजिल से ठीक ऊपर रहता है।
अत: विकल्प (B) सही है।

13. इसलिए, धारा और राहुल के बीच 2 व्यक्ति रहते हैं।
अत: विकल्प (C) सही है।

14. छठी मंजिल पर निक रहता है।

अत: विकल्प (B) सही है।

15. दिए गए कथनों के लिए न्यूनतम संभावित वेन आरेख इस प्रकार है,

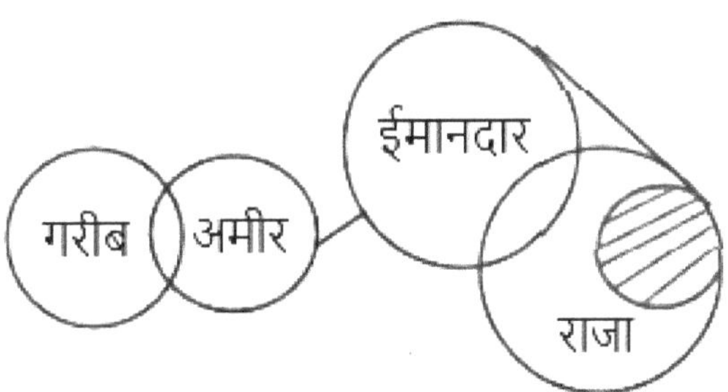

निष्कर्ष:

I. सभी राजा ईमानदार हो सकते हैं → असत्य (केवल कुछ राजा ईमानदार हैं → कुछ राजा ईमानदार हैं और कुछ राजा ईमानदार नहीं हैं)।

II. कुछ ईमानदार अमीर नहीं हैं → सत्य (कोई ईमानदार अमीर नहीं है → कुछ ईमानदार अमीर नहीं हैं)।

III. सभी गरीब राजा हैं → असत्य (यह निश्चित रूप से असत्य है)।

इसलिए, केवल निष्कर्ष II अनुसरण करता है।

अत: विकल्प (B) सही है।

16. दिए गए कथनों के लिए न्यूनतम संभावित वेन आरेख इस प्रकार है,

निष्कर्ष:

I. कुछ फेसबुक इंस्टा है → असत्य (यह संभव है लेकिन निश्चित नहीं है)

II. कुछ ऐप व्हाट्सएप है → असत्य (यह निश्चित रूप से असत्य है)

III. कुछ इंस्टा व्हाट्सएप है → असत्य (यह संभव है लेकिन निश्चित नहीं है)

इसलिए, एक भी निष्कर्ष अनुसरण नहीं करता है।

अतः विकल्प (E) सही है।

17. दिए गए कथनों के लिए न्यूनतम संभावित वेन आरेख इस प्रकार है,

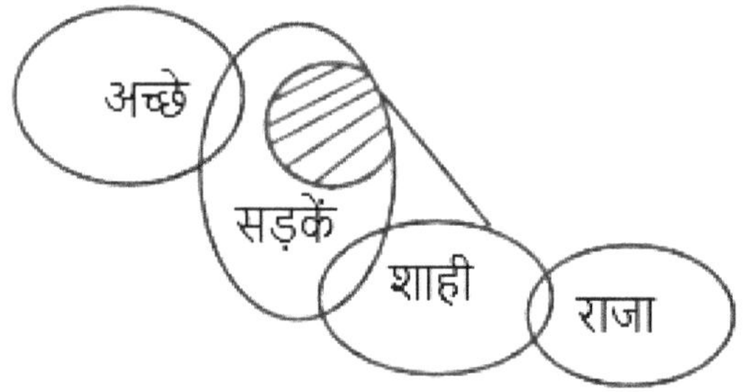

निष्कर्ष:

I. सभी अच्छे सड़क हो सकते हैं → सत्य (संभावना दी गई है इसलिए यह सत्य है)

II. सभी राजा शाही हो सकते हैं → सत्य (संभावना दी गई है इसलिए यह सत्य है)

III. कुछ अच्छे सड़कें हैं → सत्य (यह निश्चित रूप से सत्य है)

इसलिए, सभी निष्कर्ष अनुसरण करते हैं।

अतः विकल्प (D) सही है।

18. उपरोक्त डेटा से:

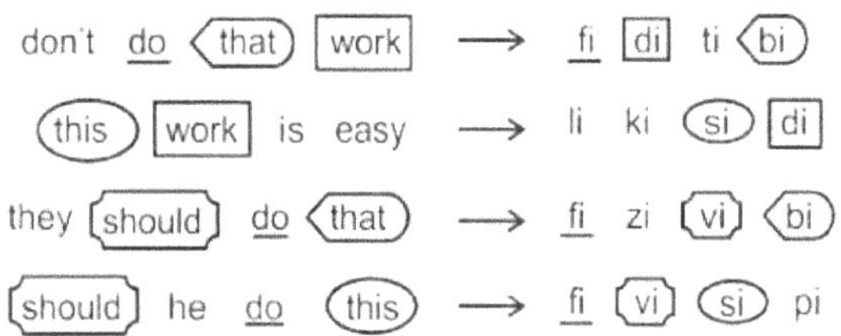

इसलिए, 'bi' कूट 'that' शब्द के लिए है।

अतः विकल्प (C) सही है।

19. इसलिए, 'easy' के लिए कूट 'या तो li या ki' है।

अतः विकल्प (E) सही है।

20. इसलिए, 'vi' कूट 'should' शब्द के लिए है।

अतः विकल्प (C) सही है।

21. 'They' के लिए कूट 'zi' है।

'don't' के लिए कूट 'ti' है।

'Work' के लिए कूट 'di' है।

'This' के लिए कूट है 'si'

इसलिए, '' They don't work this' '' का कूट शब्द 'zi ti di si' है।

अतः विकल्प (D) सही है।

22. कूट 'pi', 'he' का प्रतिनिधित्व करता है।

Code 'vi', 'should' का प्रतिनिधित्व करता है।

Code 'fi', 'do' का प्रतिनिधित्व करता है।

Code 'si', 'this' का प्रतिनिधित्व करता है।

इसलिए, कूट 'pi vi fi si' वाक्य 'he should do this' की कूट भाषा है।

अतः विकल्प (B) सही है।

23. दिया हुआ कथन: $8 = C \geq 3 \geq E = 7 \leq J < K < Q = Y$

मिलाने पर: $8 = C \geq 3 \geq E = 7 \leq J < K < Q = Y$

I. 8 = E → यह संभव हो सकता है लेकिन निश्चित नहीं।

II. C < K → सही नहीं है क्योंकि यह दिया गया है $C \geq 3 \geq E = 7 \leq J < K$ इसलिए उनके बीच एक निश्चित संबंध नहीं है।

III. J < Y → सही है क्योंकि यह दिया गया है $J < K < Q = Y$.

IV. 7 < Q → सही है क्योंकि यह दिया गया है $7 \leq J < K < Q$.

इसलिए, निष्कर्ष (III) और (IV) सत्य हैं।

अतः विकल्प (B) सही है।

24. दिए गए कथन: $G > I < C; C \leq H \leq S; S > N \leq U$

मिलाने पर: $G > I < C \leq H \leq S > N \leq U$

निष्कर्ष:

I. G > C → के रूप में सच नहीं है $G > I < C$ इसलिए G और C के बीच कोई सीधा संबंध नहीं है।

II. S ≤ U → के रूप में सच नहीं है $S > N \leq U$ इसलिए S और U के बीच कोई निश्चित संबंध नहीं है।

III. H ≥ N → के रूप में सच नहीं है $H \leq S > N$ इसलिए H और N के बीच कोई निश्चित संबंध नहीं है।

IV. G ≥ H → के रूप में सच नहीं है $G > I < C \leq H$ इसलिए G और H के बीच कोई सीधा संबंध नहीं है।

V. C ≤ S → के रूप में सच है $C \leq H \leq S$.

इसलिए, निष्कर्ष V अनुसरण करता है।

अतः विकल्प (E) सही है।

25. (A) $K > G > T \geq I = Q \Rightarrow T < K$ तथा $T \geq Q$ (स्थिति संतुष्ट नहीं करता है)

(B) $K < G \leq T < I < Q \Rightarrow T > K$ तथा $Q > T$ (केवल दूसरी स्थिति को संतुष्ट करता है)

(C) $K \geq G = T \leq I < Q \Rightarrow T \leq K$ तथा $Q > T$ (दोनों की स्थिति को संतुष्ट करता है)

(D) $K = G > T > I = Q \Rightarrow T < K$ तथा $Q < T$ (स्थिति संतुष्ट नहीं करता है)

अतः विकल्प (C) सही है।

26. यदि दिए गए शब्दों को इस प्रकार व्यवस्थित किया जाता है जैसे वे एक शब्दकोश में दाएं से बाएं दिखाई देते हैं, तो हमें प्राप्त होता है:

PAWN GOWN DOWN DEAN DAWN

बाएं छोर से चौथे शब्द का तीसरा अक्षर → A

दाएं छोर से चौथे शब्द का दूसरा अक्षर → O

इस प्रकार, A और O के बीच में, B, C, D, E, F, G, H, I, J, K, L, M, N है।

इसलिए, A और O के बीच 13 (तेरह) अक्षर हैं।

अत: विकल्प (B) सही है।

27. दिए गए शब्दों में, यदि स्वर को उन अक्षरों द्वारा प्रतिस्थापित किया जाता है, जो अंग्रेजी वर्णमाला में उनके तुरंत बाद आते हैं और व्यंजन को उन अक्षरों द्वारा प्रतिस्थापित किया जाता है, जो अंग्रेजी वर्णमाला में उनके तुरंत पहले आते हैं, तो हम प्राप्त करते हैं:

DOWN → CPVM

GOWN → FPVM

DAWN → CBVM

DEAN → CFBM

PAWN → OBVM

इस प्रकार, OBVM वह एकमात्र शब्द है जिसमें स्वर है।

इसलिए, यहां एक शब्द है जो केवल व्यंजन से नहीं बना है।

अत: विकल्प (D) सही है।

28. यदि दिए गए शब्दों को एक शब्दकोश के क्रम के अनुसार बाएं से दाएं व्यवस्थित किया जाता है, तो हम प्राप्त करते हैं:

PAWN GOWN DOWN DEAN DAWN

इस प्रकार, वह शब्द GOWN है, जो उस शब्द के बाएं से दूसरा होगा, जो बाएं छोर से चौथा है।

इसलिए, GOWN वह शब्द है, जो उस शब्द के बाएं से दूसरा है, जो बाएं छोर से चौथा है।

अत: विकल्प (B) सही है।

29. दिए गए शब्दों में, यदि स्वर को उन अक्षरों द्वारा प्रतिस्थापित किया जाता है, जो अंग्रेजी वर्णमाला में उनके तुरंत पहले आते हैं और व्यंजन को उन अक्षरों द्वारा प्रतिस्थापित किया जाता है, तो हम प्राप्त करते हैं:

DOWN → ENXO

GOWN → HNXO

DAWN → EZXO

DEAN → EDZO

PAWN → QZXO

इस प्रकार, HNXO और EDZO वह शब्द हैं जो स्वर से शुरू होते हैं और स्वर से अंत नहीं होते हैं।

इसलिए, ऐसे दो शब्द हैं, जो स्वर से शुरू होते हैं और स्वर से अंत नहीं होते हैं।

अत: विकल्प (D) सही है।

30. यदि दिए गए शब्दों को एक शब्दकोश के क्रम के अनुसार बाएं से दाएं व्यवस्थित किया जाता है, तो हम प्राप्त करते हैं:

DAWN DEAN DOWN GOWN PAWN

इस प्रकार, वह शब्द DEAN. है, जो शब्द उस शब्द के बाएं से दूसरा है, जो दाएं छोर से दूसरा है।

इसलिए, अभीष्ट उत्तर DEAN है।

अत: विकल्प (B) सही है।

Ques (31-35): डिब्बे: अवरोही क्रम में 1 से 8

रंग: नीला, पीला, काला, गुलाबी, हरा, लाल और बैंगनी

1) हरा रंग का डिब्बा लाल रंग के डिब्बे के ठीक ऊपर है।

2) डिब्बे संख्या 5 के नीचे सम संख्या का लाल रंग का डिब्बा है।

3) लाल रंग के डिब्बे और पीले रंग के डिब्बे के मध्य में तीन डिब्बे रखे गए हैं।

डिब्बा	स्थिति 1	स्थिति 2
8	पीला	
7		
6		पीला
5	हरा	
4	लाल	
3		हरा
2		लाल
1		

4) गुलाबी रंग के डिब्बे और बैंगनी रंग के डिब्बे के बीच 2 डिब्बे रखे गए हैं।
5) नीले रंग का डिब्बा गुलाबी रंग के डिब्बे के ठीक नीचे है।

डिब्बा	स्थिति 1	स्थिति 2
8	पीला	गुलाबी
7		नीला
6	बैंगनी	पीला
5	हरा	बैंगनी
4	लाल	
3	गुलाबी	हरा
2	नीला	लाल
1		

6) डिब्बा संख्या 5 के ऊपर के डिब्बों में से एक रिक्त है।
7) काला रंग का डिब्बा एक विषम संख्या डिब्बा है।

डिब्बा	स्थिति 1	स्थिति 2
8	पीला	गुलाबी
7		नीला
6	बैंगनी	पीला
5	हरा	बैंगनी
4	लाल	
3	गुलाबी	हरा
2	नीला	लाल
1	काला	काला

चूँकि स्थिति 2 उपरोक्त स्थिति को पूरा नहीं करती है, इस प्रकार ख़ारिज हो जाती है।
अंतिम व्यवस्था इस प्रकार होगी:

डिब्बा	रंग
8	पीला
7	
6	बैंगनी
5	हरा
4	लाल
3	गुलाबी
2	नीला
1	काला

31. चूँकि डिब्बा संख्या 8 में पीला रंग भरा है।
इसलिए, स्थिति पीला - आठवाँ सत्य है और अन्य स्थितियाँ असत्य हैं।

अत: विकल्प (B) सही है।

32. इसलिए, पीला रंग के डिब्बे और गुलाबी रंग के डिब्बे के मध्य में 4 डिब्बे हैं।

अत: विकल्प (D) सही है।

33. इसलिए, काला रंग का डिब्बा सबसे नीचे है।

अत: विकल्प (A) सही है।

34. इसलिए, हरा रंग डिब्बा संख्या 5 में भरा है।

अत: विकल्प (C) सही है।

35. इसलिए, डिब्बा संख्या 7 रिक्त डिब्बा है।

अत: विकल्प (B) सही है।

36. उम्मीदवार द्वारा प्राप्त किए गए अंकों की प्रतिशतता सभी वर्गों में प्रतिशत का औसत लेकर आसानी से ज्ञात की जा सकती है।

∴ 2016 में उम्मीदवारों द्वारा प्राप्त किए गए अंकों का प्रतिशत $= \frac{(80+58+90+40)}{4}$

$= 67\%$

अत: विकल्प (B) सही है।

37. परीक्षा उत्तीर्ण करने के लिए आवश्यक प्रतिशत $= \frac{150}{200} \times 100 = 75\%$

2014 में उम्मीदवारों द्वारा प्राप्त किए गए अंकों का प्रतिशत $= \frac{(65+55+80+40)}{4} = 60\%$

2015 में उम्मीदवारों द्वारा प्राप्त किए गए अंकों का प्रतिशत $= \frac{(55+60+78+48)}{4} = 60.25\%$

2016 में उम्मीदवारों द्वारा प्राप्त किए गए अंकों का प्रतिशत $= \frac{(40+90+58+80)}{4} = 67\%$

2017 में उम्मीदवारों द्वारा प्राप्त किए गए अंकों का प्रतिशत $= \frac{(70+60+64+75)}{4} = 67.25\%$

∴ उम्मीदवार ने परीक्षा उत्तीर्ण नहीं की है।

अत: विकल्प (E) सही है।

38. 2017 में गणित में प्राप्तांक $= 50 \times \frac{75}{100} = 37.5$

2017 में तर्कशक्ति में प्राप्तांक $= 50 \times \frac{60}{100} = 30$

2017 में अंग्रेजी में प्राप्तांक $= 50 \times \frac{64}{100} = 32$

2017 में सामान्य विज्ञान में प्राप्तांक $= 50 \times \frac{70}{100} = 35$

2018 में गणित में प्राप्तांक $= 37.5 \times \frac{115}{100} = 43.125$

2018 में तर्कशक्ति में प्राप्तांक $= 30 \times \frac{115}{100} = 34.5$

2018 में कुल प्राप्तांक $= 32 + 35 + 43.125 + 34.5 = 144.625$

प्रतिशत $= \frac{144.625}{200} \times 100$

$= 72.3125\%$

नहीं, वह परीक्षा उत्तीर्ण नहीं करता है।

अत: विकल्प (B) सही है।

39. 2014 में उम्मीदवार द्वारा प्राप्त किये गए अंकों का प्रतिशत = $\frac{(65+55+80+40)}{4}$ = 60%

2016 में उम्मीदवार द्वारा प्राप्त किये गए अंकों का प्रतिशत = $\frac{(40+90+58+80)}{4}$ = 67%

वृद्धि = 7%

प्रतिशत = $\frac{7}{60} \times 100$

= 11.67%

अत: विकल्प (E) सही है।

40. वह गणित में कटऑफ तक पहुँच गया है।

तर्कशक्ति में % वृद्धि = $\frac{15}{60} \times 100$ = 25%

सामान्य विज्ञान में % वृद्धि = $\frac{5}{70} \times 100$ = 7.14%

अंग्रेजी में % वृद्धि = $\frac{11}{64} \times 100$ = 17.18%

अत: विकल्प (A) सही है।

41. माना कार का क्रय मूल्य x रु. है।

इसलिए, प्रश्नानुसार,

x का 15 % = 15000 रु.

तो, x = 15000 × $\frac{100}{15}$ = 100000 रु.

इस राशि पर वह 10 % मजदूरी शुल्क दे रहा है

इस प्रकार, 1 कार का विक्रय मूल्य = क्रय मूल्य + क्रय मूल्य का 10% = 100000 + 10000 = 110000 रु.

इसलिए. 20 कारों का कुल विक्रय मूल्य = 110000 × 20 = 2200000 रु.

अतः विकल्प (D) सही है।

42. उनके चलन शुरू करने के 2 घंटे के बाद,

X तय करती है = 180 किमी

Y तय करती है = 80 × 2 = 160 किमी

अब, x अपनी वास्तविक गति से आधी गति पर चलती है

= $120 \times \frac{1}{2} = 60$ किमी/घंटा

∴ 3 घंटे तक चलने के बाद, वे बिंदु A से 240 किमी की दूरी पर मिलेंगे।

∴ बिंदु B से दूरी = 500 – 240 = 260 किमी।

अतः विकल्प (B) सही है।

43. दिया गया है कि,

मान लीजिए अन्य प्रकार के तरल की कीमत N रुपए प्रति लीटर है।

पृथ्थीकरण नियम का उपयोग करने पर,

⇒ $\frac{6}{4} = \frac{(N-90)}{(90-80)}$

⇒ $\frac{6}{4} = \frac{(N-90)}{10}$

⇒ 4N – 360 = 60

⇒ N = 105

अन्य प्रकार के तरल की कीमत 105 रुपए है।

दिया गया है कि,

मान लीजिए कि नए मिश्रण की क़ीमत M रुपए है।

⇒ (M – 80) = (105 – M)

⇒ 2M = 185

⇒ M = 92.5

∴ नए मिश्रण की क़ीमत 92.5 रुपए है।

अतः विकल्प (C) सही है।

44. हम जानते हैं की, आयत का विकर्ण = $\sqrt{(L^2 + B^2)}$

दिया है,

आयत के विकर्ण का वर्ग मान = $(36 + B^2)$ वर्ग सेंटीमीटर

∴ $10^2 = 36 + B^2$

⇒ $100 – 36 = B^2$

⇒ $B^2 = 64$

∴ B = 8

इसलिए आयत की चौड़ाई 8 सेंटीमीटर है।

अतः विकल्प (B) सही है।

45. समतुल्य मासिक निवेश अनुपात:

जॉन : जैक्सन : जोसेफ = {(4000 × 4) + (4000 - 1000) × 8} : {(6000 × 6) + (6000 + 1000) × 6} : {(8000 × 8) + (8000 - 2000) × 4}

⇒ 40000 : 78000 : 88000 = 20 : 39 :44

जॉन = $\left\{\frac{20}{(20+39+44)}\right\}$ × 7500 = 1456 रूपये लगभग

अतः विकल्प (A) सही है।

46. अनुसरण किया गया स्वरुप इस प्रकार है:

$100 + 15^2 = 325$

$325 + 14^2 = 521$

$521 + 13^2 = 690$

$690 + 12^2 = 834$

$834 + 11^2 = 955$

$955 + 10^2 = 1055$

∴ ? का मान 1055 है।

अतः विकल्प (A) सही है।

47. अनुसरण किया गया स्वरुप इस प्रकार है:

8 × 1 = 8

8 × 1.5 = 12

12 × 2 = 24

24 × 2.5 = 60

60 × 3 = 180

180 × 3.5 = 630

∴ ? का मान 24 है।

अत: विकल्प (A) सही है।

48. अनुसरण किया गया स्वरुप इस प्रकार है:

9 × 2 - 1 = 17

17 × 2 - 1 = 33

33 × 2 - 1 = 65

65 × 2 - 1 = 129

∴ ? का मान 129 है।

अत: विकल्प (C) सही है।

49. अनुसरण किया गया स्वरुप इस प्रकार है:

40 × 1 + 1 = 41

41 × 2 + 2 = 84

84 × 3 + 3 = 255

255 × 4 + 4 = 1024

1024 × 5 + 5 = 5125

∴ ? का मान 5125 है।

अत: विकल्प (A) सही है।

50. तर्क: क्रमागत संख्याओं का वैकल्पिक घन और वर्ग।

अनुसरण किया गया स्वरुप इस प्रकार है:

11 + 8 = 19 (∵ $2^3 = 8$)

19 + 9 = 28 (∵ $3^2 = 9$)

28 + 64 = 92 (∵ $4^3 = 64$)

92 + 25 = 117 (∵ $5^2 = 25$)

117 + 216 = 333 (∵ $6^3 = 216$)

∴ ? का मान 117 है।

अत: विकल्प (A) सही है।

51. मान लीजिए कि स्वाति और अपर्णा की आयु क्रमशः x और y हैं।

स्वाति और अपर्णा की आयु का गुणनफल = xy = 120 ----- (1)

दी गई जानकारी के अनुसार,

3y = x + 2

⇒ x = 3y – 2

x के उपरोक्त मान को समीकरण (1) में रखने पर

⇒ (3y – 2) × y = 120

⇒ $3y^2 – 2y – 120 = 0$

⇒ $3y^2 + 18y – 20y – 120 = 0$

⇒ 3y(y + 6) – 20(y + 6) = 0

⇒ (y + 6)(3y – 20) = 0

$\Rightarrow$ y = -6 या y = $\frac{20}{3}$

(∵ आयु ऋणात्मक नहीं हो सकती)

$\Rightarrow$ y = $\frac{20}{3}$

x = 3 × $\left(\frac{20}{3}\right)$ – 2 = 20 – 2 = 18

∴ स्वाति की आयु = 18 वर्ष

अत: विकल्प (A) सही है।

52. दिया है:

50 का 37% – 250 का 55%= ? - {60 (200 – 99 × 2) ÷ 4}

$\Rightarrow$ $\frac{37}{100}$ का 50 - $\frac{55}{100}$ का 250 = ? - {60 (200 – 99 × 2) ÷ 4}

$\Rightarrow$ $\frac{37}{2}$ – $\frac{11}{20}$ का 250 = ? - {60 (200 – 99 × 2) ÷ 4}

$\Rightarrow$ 18.5 – 137.5 = ? - {60 (200 – 198) ÷ 4}

$\Rightarrow$ -119 = ? - {60 × 2 ÷ 4}

$\Rightarrow$ -119 = ? - $\left\{\frac{60}{2}\right\}$

$\Rightarrow$ -119 = ? - 30

$\Rightarrow$ -89 = ?

∴ ? का मान -89 है।

अत: विकल्प (B) सही है।

53. दिया है:

$$\sqrt[3]{6859} + \sqrt{441} - \sqrt[3]{4096} - \sqrt{576} = ?$$

$\Rightarrow$ 19 + 21 – 16 – 24 = ?

$\Rightarrow$ 40 – 40 = ?

$\Rightarrow$? = 0

∴ ? का मान 0 है।

अत: विकल्प (C) सही है।

54. दिया है:

(999 + 99 + 9) + 90 का 5.55%= ?

$\Rightarrow$ 1107 + 90 का $\frac{1}{18}$ = ?

$\Rightarrow$ 1107 + 5 = ?

$\Rightarrow$ 1112 = ?

∴ ? का मान 1112 है।

अत: विकल्प (D) सही है।

55. दिया है:

225 का 6.67% + 1120 का 6.25% = $(?)^3$ + 3

$\Rightarrow$ $\frac{1}{15}$ × 225 + $\frac{1}{16}$ का 1120 = $(?)^3$ + 3

$\Rightarrow$ 15 + 70 = $(?)^3$ + 3

$\Rightarrow$ 85= $(?)^3$ + 3

$\Rightarrow$ $(?)^3$ = 82

$\Rightarrow$? = $(82)^{\frac{1}{3}}$

अत: विकल्प (E) सही है।

56. दिया है:

32 + 65 – 96 का $16\frac{2}{3}\%$ = ? + 120 का $33\frac{1}{3}\%$

$\Rightarrow$ 97 – 96 का $\left(\frac{50}{3}\right)\%$ = ? + 120 का $\left(\frac{100}{3}\right)\%$

$$\Rightarrow 97 - 96 \times \frac{50}{3\times100} = ? + 120 \times \frac{100}{3\times100}$$

$\Rightarrow$ 97 – 16 = ? + 40

$\Rightarrow$? = 97 – 56

$\Rightarrow$? = 41

∴ ? का मान 41 है।

अत: विकल्प (C) सही है।

57. दिया है:

120 का 30% + ? = 23 × 36 ÷ 46 + 160 का 40%

$\Rightarrow$ $\left(\frac{30}{100}\right)$ × 120 + ? = $\frac{36}{2}$ + $\left(\frac{40}{100}\right)$ × 160

$\Rightarrow$ 36 + ? = 18 + 64

$\Rightarrow$? = 82 – 36 = 46

∴ ? का मान 46 है।

अत: विकल्प (B) सही है।

58. दिया है:

200 का 31% + 300 का 21% = 25 × 5 + $?^2$ – 90 का 40%

$\Rightarrow$ $\left(\frac{31}{100}\right)$ × 200 + $\left(\frac{21}{100}\right)$ × 300 = 125 + $?^2$ – $\left(\frac{40}{100}\right)$ × 90

$\Rightarrow$ 62 + 63 = 125 + $?^2$ – 36

$\Rightarrow$ $?^2$ = 36

$\Rightarrow$? = 6

∴ ? का मान 6 है।

अत: विकल्प (C) सही है।

59. दिया है:

(950 + 1750 – 2225 + 1225 + 4250 + 450) ÷ (70 + 60 + 28 – 30) = $\sqrt{?}$

$\Rightarrow$ (2700 – 2225 + 5925) ÷ (158 – 30) = $\sqrt{?}$

$\Rightarrow$ (8625 – 2225) ÷ 128 = $\sqrt{?}$

$\Rightarrow$ 6400 ÷ 128 = $\sqrt{?}$

$\Rightarrow$ 50 = $\sqrt{?}$

$\Rightarrow$ 2500 = ?

∴ ? का मान 2500 है।

अतः विकल्प (D) सही है।

60. दिया है:

1500 का 88.60% + 800 का 39.25% + 2500 का 63.20% + 4500 का 25.40%= ?

$\Rightarrow 1500 \times \frac{88.60}{100} + 800 \times \frac{39.25}{100} + 2500 \times \frac{63.20}{100} + 4500 \times \frac{25.40}{100} = ?$

⇒ 1329 + 314 + 1580 + 1143 = ?

⇒ ? = 4366

∴ ? का मान 4366 है।

अतः विकल्प (D) सही है।

61. हम जानते हैं कि 25% = $\frac{1}{4}$ और $14\frac{2}{7}\%$ = $\frac{1}{7}$

$\Rightarrow \frac{1}{4} \times 7428 + 143 = \frac{1}{7} \times ?$

⇒ ? = 7 × 2000

⇒ ? = 14000

अतः विकल्प (D) सही है।

62. 9 अंको का औसत 11 दिया गया है।

अब, प्रत्येक अंक को 5 से गुणा करने पर

हम जानते हैं, यदि प्रत्येक मात्रा को निश्चित मान 'k' से गुणा किया जाए, तो नए औसत को भी 'k' से गुणा किया जाएगा।

यहाँ, k = 5

नया औसत = पुराना औसत × k

⇒ नया औसत = 11 × 5

⇒ नया औसत = 55

पुन: इन अंकों में से प्रत्येक अंक में 8 जोड़ने पर

इसी प्रकार, यदि प्रत्येक मात्रा को 'k' से घटाया/बढ़ाया जाए, तो नया औसत भी 'k' से घटेगा/बढ़ेगा।

यहाँ, k = 8

नया औसत = पुराना औसत + k

⇒ नया औसत = 55 + 8

∴ नया औसत 63 है।

अतः विकल्प (D) सही है।

63. माना कि मैदान के मजदूरों की संख्या x है

प्रलेखन के 16 मजदुर है

दिया हुआ कुल औसत = 45

सभी मजदूरों की कुल उम्र/ (16 + x) = 45

सभी मजदूरों की कुल उम्र = 45 (16 + x)

प्रलेखन के 16 मजदूरों की औसत उम्र = 38

⇒ प्रलेखन के मजदूरों की कुल उम्र = 38 × 16

⇒ मैदान के मजदूरों की कुल उम्र = x × 52

सभी मजदूरों की कुल उम्र = मैदान के मजदूरों की कुल उम्र + प्रलेखन के मजदूरों की कुल उम्र

⇒ 45(16 + x) = x × 52 + 38 × 16

⇒ 45 × 16 + 45x = 52x + 38 × 16

⇒ 720 – 608 = 7x

⇒ 7x = 112

⇒ x = 16

∴ मैदान के अविवाहित मजदुर = (16 - 7) = 9

अतः विकल्प (E) सही है।

64. माना P = मूलधन, R = ब्याज की दर और N = समय-अवधि

चक्रवृद्धि ब्याज $= P\left(1 + \frac{R}{100}\right)^n - P$

दिया है,

⇒ 28900 = P $\left(1 + \frac{15}{100}\right)^2$ – P + P $\left(1 + \frac{40}{100}\right)^1$ – P

⇒ 28900 = P $(1.15)^2$ + P (1.4) – 2P

⇒ 28900 = 1.3225P + 1.4P – 2P

⇒ 28900 = 0.7225P

⇒ P = $\frac{28900}{0.7225}$

⇒ P = 40000

∴ मूलधन (40000 + 40000) रुपये = 80000 रुपये है।

अतः विकल्प (C) सही है।

65. मान लीजिए कि, मूलधन = P , दर = R% प्रतिवर्ष , समय = n वर्ष

जब ब्याज वार्षिक होता है:

धनराशि $= P\left[1 + \left(\frac{R}{100}\right)\right]^n$

CI = धनराशि - P

शुरू में निवेश की गई राशि = P

धनराशि = 50000[(1 + $\frac{25}{100}$) × (1 – $\frac{20}{100}$) × (1 - $\frac{10}{100}$)]

धनराशि = 50000[(1.25) × (0.8) × (0.9)]

धनराशि = 50000(0.9)

धनराशि = 45000

∴ आवश्यक अंतर = 50000 – 45000 = 5000 रुपए

अतः विकल्प (C) सही है।

66. स्मृता के संबंध में-

स्मृता को 10 शर्ट की सिलाई में लगा समय = 25 मिनट

⇒ स्मृता को 1 शर्ट की सिलाई में लगा समय = $\frac{25}{10}$ = 2.5 मिनट

दीप्ति के संबंध में-

स्मृता किसी काम में दीप्ति से तीन गुना दक्ष है,

दीप्ति द्वारा सिली गई 1 शर्ट = स्मृति द्वारा सिली गई 3 शर्ट

दीप्ति को 1 शर्ट की सिलाई में लगा समय ⇒ दीप्ति हेतु समय = 3 × एक शर्ट की सिलाई में स्मृता को लगा समय = 3 × 2.5 = 7.5 मिनट

एक साथ मिलकर सिलाई करने पर,

एक मिनट में उनके द्वारा शर्ट सिलाई की संख्या = $\frac{1}{2.5} + \frac{1}{7.5}$

$= \frac{(7.5 + 2.5)}{(7.5 \times 2.5)} = \frac{10}{18.75}$

एक शर्ट की सिलाई में लगा समय = 1.875

500 शर्ट हेतु,

∴ अतः 500 शर्ट की सिलाई में लगा समय = 500 × 1.875 = 937.5 मिनट

अतः विकल्प (B) सही है।

67. A का 1 दिन का काम = $\frac{1}{5}$

∴ B का 1 दिन का काम = $\frac{1}{10}$

(A + B + C) काम को पूरा कर सकते हैं = 2 दिन

∴ (A + B + C) का 1 दिन का काम = $\frac{1}{2}$

माना, C काम को पूरा कर सकता है = x दिन

∴ C का 1 दिन का काम = $\frac{1}{x}$

प्रश्नानुसार,

$\Rightarrow \frac{1}{5} + \frac{1}{10} + \frac{1}{x} = \frac{1}{2}$

$\Rightarrow \frac{1}{x} = \frac{5-2-1}{10}$

$\Rightarrow \frac{1}{x} = \frac{1}{5}$

⇒ x = 5

∴ C अकेले काम को पूरा कर सकता है = 5 दिन

अतः विकल्प (E) सही है।

68. दी गयी जानकारी में, चीनी के मूल्य में वृद्धि होने के बाद की चीनी का प्रति किलोग्राम मूल्य (रुपये में) या फिर कुल खर्च के बारे में कोई जानकारी नहीं दी गयी है।

∴ हम रुपये प्रति किलोग्राम में चीनी का प्रारंभिक मूल्य निर्धारित नहीं कर सकते हैं।

अतः विकल्प (D) सही है।

69. भूमि जिसमें ज्वार की बुआई की जाती है = 30 का 40% = 0.4 × 30 = 12 हेक्टेयर

भूमि जिसमें चावल की बुआई की जाती है = (30 – 12) का 20% = 0.2 × 18 = 3.6 हेक्टेयर

भूमि जिसमें सेब के पेड़ लगाए गए थे = (30 – 12 – 3.6) का 30% = 0.3 × 14.4 = 4.32 हेक्टेयर

भूमि जिसमें सब्जियों की बुआई की जाती है = 30 – 12 – 9 – 4.32 = 10.08 हेक्टेयर

∴ किसान द्वारा निवेश कि गयी राशि = 10.08 × 5200 = 52416 रूपए

अतः विकल्प (B) सही है।

70. दिया है:

अंकित मूल्य = 10800

p% की दो क्रमागत छूटें दी जाती हैं

सौदेबाजी से 1808 रुपये की छूट मिलती है

जीएसटी दर = 12.5%

विक्रय मूल्य = 4500 रुपये

सूत्र:

क्रमागत दो वर्ष की छूट प्रतिशत ज्ञात करने के लिए,

√(विक्रय मूल्य/अंकित मूल्य) = 1 वर्ष में विक्रय मूल्य और अंकित मूल्य

{(अंकित मूल्य - विक्रय मूल्य)/अंकित मूल्य} × 100 = छूट%

गणना:

$12.5\% \rightarrow \frac{1}{8}$

यहाँ 1 → छूट

⇒ 8 → अंकित मूल्य

⇒ विक्रय मूल्य = 8 + 1 = 9

हम जानते हैं कि,

9 → 4500

$8 \rightarrow \frac{4500}{9} \times 8 = 4000$

सौदेबाजी के कारण छूट = 1808

⇒ सौदेबाजी से पहले मूल्य = 4000 + 1808 = 5808

√(विक्रय मूल्य/अंकित मूल्य) = 1 वर्ष में विक्रय मूल्य और अंकित मूल्य

$\Rightarrow \sqrt{\frac{5808}{10800}} =$ 1 वर्ष में विक्रय मूल्य और अंकित मूल्य

$\Rightarrow \sqrt{\frac{121}{225}} = \frac{11}{15}$

⇒ छूट = 15 – 11 = 4

⇒ छूट प्रतिशत $= \frac{4}{15} \times 100 = 26.66\%$

∴ p का मान 26.66% है।

अतः विकल्प (A) सही है।

71. The correct order is CEADBGF.

The first statement is the one that introduces us to the topic which is clearly C. A follows E as both the sentences talk about the growth of the tourism industry and its contribution to the economy. D follows A as it talks about the growth of the industry. Clearly, G and F cannot fit before B. F must follow G as the term is mentioned in G.

Thus, the FIRST statement is C.

Hence, the correct option is (C).

72. The correct order is CEADBGF.

The first statement is the one that introduces us to the topic which is clearly C. A follows E as both the sentences talk about the growth of the tourism industry and its contribution to the economy. D follows A as it talks about the growth of the industry. Clearly, G and F cannot fit before B. F must follow G as the term is mentioned in G.

Thus, the THIRD statement is A.

Hence, the correct option is (B).

73. The correct order is CEADBGF.

The first statement is the one that introduces us to the topic which is clearly C. A follows E as both the sentences talk about the growth of the tourism industry and its contribution to the economy. D follows A as it talks about the growth of the industry. Clearly, G and F cannot fit before B. F must follow G as the term is mentioned in G.

Thus, the FOURTH statement is D.

Hence, the correct option is (E).

74. The correct order is CEADBGF.

The first statement is the one that introduces us to the topic which is clearly C. A follows E as both the sentences talk about the growth of the tourism industry and its contribution to the economy. D follows A as it talks about the growth of the industry. Clearly, G and F cannot fit before B. F must follow G as the term is mentioned in G.

Thus, the SEVENTH statement is F.

Hence, the correct option is (B).

75. The correct order is CEADBGF.

The first statement is the one that introduces us to the topic which is clearly C. A follows E as both the sentences talk about the growth of the tourism industry and its contribution to the economy. D follows A as it talks about the growth of the industry. Clearly, G and F cannot fit before B. F must follow G as the term is mentioned in G.

Thus, the SIXTH statement is G.

Hence, the correct option is (A).

76. In the given sentence, the error in the part is the inappropriate use of the adverb.

Adverbs are words that are used to modify nouns, pronouns, verbs, adjectives, other adverbs, etc.

In the given statement, the word 'hardly' is being used to qualify a statement by saying that it is true to an insignificant degree.

For eg.- The little house in which he lived was hardly bigger than a hut.

Whereas from the sentence we can gather that he works hard to be able to provide for his family.

Therefore, we will replace 'hardly' with 'hard' to make the sentence grammatically correct.

The correct sentence will be: 'He has been toiling hard to be able to provide for his family.'

Hence, the correct option is (B).

77. In the given statement, the incorrect plural form of 'brother-in-law' is being used.

Compound nouns are made plural by adding 's' to the main word.

For eg.- Commander-in-chief - Commanders-in-chief, brother-in-law - brothers-in-law etc.

Therefore, we will replace 'brother-in-laws' with 'brothers-in-law' to make the sentence grammatically correct.

The correct sentence will be: 'The brothers-in-law were very helpful and supportive to their choices.'

Hence, the correct option is (A).

78. In the given statement, the incorrect plural form of 'information' is being used.

Nouns such as jewelry, evidence, information, work, etc are uncountable nouns and can't be made plural by adding 's/es' within a sentence.

Phrases like 'all pieces of', 'many kinds of', 'slices of' etc. are added before uncountable nouns to make them plural.

For eg.- Many kinds of furniture are available in that shop.

Therefore, we will replace 'informations' with 'information' to make the sentence grammatically correct.

The correct sentence will be: 'All pieces of information given by her were accurate.'

Hence, the correct option is (B).

79. The given sentence is in the past tense as can be seen by the use of the verbs 'killed' and 'injured' in the past tense.

There are no errors in the sentence.

Thus, the correct sentence is: 'Three jawans of District Reserve Guard were killed while ten others were injured in an IED blast on Tuesday.'

Hence, the correct option is (E).

80. The sentence is in the past tense as the event is already over, the match has been lost and the team has already arrived at the airport.

This can be seen by the usage of the verb 'lost' and 'was' in the past tense.

This means that the other verbs in the sentence should also be in agreement with this tense of the sentence.

Hence, 'receive' needs to be replaced with 'received' in order to make the sentence grammatically correct.

Thus, the correct sentence is: 'Despite having lost the match, the team was received at the airport with a lot of enthusiasm.'

Hence, the correct option is (B).

81. The second sentence of the third paragraph clearly says that Europe has been undergoing several major changes in recent months.

The paragraph then continues to paint a picture in which important European leaders like Germany and France are going through changes in their political scenarios.

Hence, the correct option is (C).

82. The first line of the second paragraph says that, What the German Chancellor, Olaf Scholz, said in June 2022 at the end of a three-day gathering of G7 leaders in the Bavarian Alps, sums up the prevailing mood overall, viz., "a time of uncertainty lies ahead of us. We cannot foresee how it will end".

He was referring to the ongoing Ukraine-Russia conflict.

From the above sentence, we can say that the German Chancellor at the end of the gathering of G7 leaders said, "A time of uncertainty lies ahead of us."

Hence, the correct option is (A).

83. The given sentence is talking about the obsession of the Western countries with the Russia-Ukraine conflict.

Let us explore the given options:

- The preposition 'on' indicates that something is already in the position.
- The preposition 'at' is used to say where something/somebody is or where something happens.
- The preposition 'in' means something inside or enclosed by something else.
- The preposition 'of' means expressing the relationship between a part and a whole.
- The preposition 'to' means We can use to as a preposition to indicate a destination or direction, We also use to with verbs such as give, hand, send, and write, to indicate the person or thing that receives or experiences the object of the verb.
- The proposition 'of' will be used in the above sentence as the sentence talks about the relation between the outcome and the Conflict of the war between Ukraine and Russia.

Hence, the correct option is (D).

84. Correct Sentence: Apart from this, nations do face several other problems as well, including, in some cases, a foreign exchange crisis.

- In the given sentence the use of the singular form of the noun 'case', is incorrect.
- The nations which are facing several problems as mentioned in the sentence are in a plural noun.
- The plural form of the noun 'cases' should be used in this case.

Hence, the correct option is (C).

85. The first sentence of the first paragraph says, 'Adrift at the end of the 20th century, the world of the 21st century is proving to be highly chaotic', so the Sentence A is correct.

The last sentence of the first paragraph says, 'Significant developments are also taking place in many other regions of the globe, which will have equal if not more relevance to the future of the international governance system', so Sentence B is also correct.

The first sentence of the third paragraph says, 'European leaders tending to look inwards is, perhaps, not surprising', so Sentence C is incorrect.

Hence, the correct option is (D).

86. The word 'reckon' means to consider or regard in a specified way.

- Example: The new policy was reckoned as a failure.

Let's look at the meanings of the given options:

Assume- suppose to be the case, without proof.

- Example: I assumed they would be on time, but they didn't turn up.

Believe- accept that (something) is true, especially without proof.

- Example: I believe it will rain today because it is monsoon season.

Conjecture- an opinion or conclusion formed on the basis of incomplete information.

- Example: The conjecture formed for the employee led to his boss demoting him.

Disbelieve- be unable to believe.

- Example: The man looked in disbelief as his house burnt down.

Bargain- an agreement between two or more people or groups as to what each will do for the other.

- Example: The bargain between the political parties led to their political alliance.

Hence, the correct option is (D).

87. The word 'adrift' means to so as to float without being either moored or steered.

- Example: He went adrift from a young age, because of bad company.

Let's look at the meanings of the given options:

Hooked- if you are hooked on something, you find it so attractive or interesting that you want to do it as much as possible.

- Example: The company was hooked on gaining profits every quarter.

Rigid- not able to be changed or adapted.

- Example: Their rigid mentality made it difficult for her to live life on her own terms.

Afloat- out of debt or difficulty.

- Example: The over debt made it difficult for the company to stay afloat.

Anchored- to make something or someone stay in one position by fastening him, her, or it firmly.

- Example: The family head anchored the members by his vision and values.

Rooted- exhausted; worn out.

- Example: We all were rooted by the end of our mountain trek.

Hence, the correct option is (C).

88. A passage is said to be Narrative when the author tries to convey a story or an event. It usually answers the question- "Then what happened?". A narrative type of RC often presents situations like a dispute, conflicts, problems & solutions, motivational events, etc. The basic purpose is to gain a reader's interest and thus, engage the reader.

A passage is said to be Introspective when the tone is employed in the passage so as to self-examine and reflect upon one's actions and feelings.

A passage is said to be Humanistic when the tone of writing is most suitable to issues related to welfare, values and other such human affairs.

A passage is said to be Apathetic when the tone indicates that the written piece is emotionless, the writer is not interested/ concerned and is indifferent and unresponsive towards the topic.

A passage is said to be Expository when the writing is such that it exposes facts. In other words, it's writing that explains and educates its readers, rather than entertaining or attempting to persuade them.

Because in the given passage the writer is shedding light on the way the Ukraine-Russia conflict is having an impact globally and on Europe, the tone of the passage is Expository, as the writer is presenting facts and the effects.

Hence, the correct option is (E).

89. The second last sentence of the first paragraph says, 'The Ukraine-Russia conflict is only one of the many strands currently altering the contours of world governance.' Sentence A is incorrect.

The fourth sentence of the third paragraph says, 'Emmanuel Macron may have been re-elected as the President of France, but his wings have been clipped with the Opposition now gaining a majority in the French National Assembly.' so Sentence B is correct.

The first two lines of the last paragraph say, 'Compounding this situation is the negative economic impact of the war in Ukraine. This is being felt not only in Europe but also across the globe.', so Sentence C is also correct.

Hence, the correct option is (E).

90. 'Changing politics of Europe' means the passage talks about the changing dynamics of the politics in Europe.

'Global order caught up in chaos' means the passage talks about the political, economic, or social situation in the world at a time of chaos because of the invasion of Ukraine and the effect that this has on relationships between different countries.

'Impact of Russian invasion on Europe' means the passage talks about the impact the Russian invasion of Ukraine had on continent of Europe.

'Economic impact of the war in Ukraine' means the passage talks about the impact the war in Ukraine is having on the Economy worldwide.

'Geopolitics of the West' means the passage talks about the study of how the projection of power is effected and affected by the geographic and political landscape of the West.

The entire passage talks about how countries' politics, the relationship between them as well as their economy is suffering because of the ongoing Russia-Ukraine conflict, therefore Global Order caught up in the chaos is a correct theme for the passage.

Hence, the correct option is (B).

91. Option (D) is the best fit given blanks in sentences. The boost to the Infrastructure sector was **anticipated** ahead of the Union Budget and does play a key role in **reviving** demand in the economy.

What happened ahead of the Union Budget is mentioned in the given sentence.

- The meaning of the word 'inspired' is 'to motivate' and it is not making the sentence contextually meaningful. So, we cannot choose the word 'inspired' for the first blank.
- The meaning of the word 'erect' is 'to build'. It is not appropriate for the first blank because the word is not making the sentence grammatically or contextually correct.
- The meaning of the word 'erased' is 'wiped out' and it is not appropriate for the first blank.
- The meaning of the word 'anticipated' is 'expected or predicted' and we can say that something was predicted ahead of the budget.
- The meaning of the word 'reviving' is 'to restore to life' and it is appropriate for the second blank.

Hence, the correct option is (D).

92. Option (E) is the best fit given blanks in sentences. Democracy needs to be **preserved** not for perpetuation of power but for the perpetuation of democratic **values**.

The given sentence is about democracy.

- The meaning of the word 'abandoned' is 'left'. It is clear that the word 'abandoned' is not suitable for the first blank.
- The meaning of the word 'related' is 'connected' and it is not making any meaningful sentence.
- The meaning of the word 'requested' is 'asked politely' and it is not relevant to the context. So we cannot choose this word for the first blank.
- The meaning of the word 'endured' is 'suffered patiently'.
- The word 'endure' is not making any meaningful sentence. So, we cannot choose this word for the first blank.
- The meaning of the word 'preserved' is 'maintained or took care of'. The word 'preserved' is appropriate for the first blank because democracy should be protected.
- The meaning of the word 'values' is 'moral principles'. The word 'values' is appropriate for the second blank because democracy should be preserved for democratic values.

Hence, the correct option is (E).

93. Option (E) is the best fit given blanks in sentences. Only MSMEs are well placed with **competency**, flexibility, local market understanding, and **experience** to bring about this rural revolution.

The given sentence discusses certain features of MSMEs.

- The meaning of the word 'apathetic' is 'showing no interest or enthusiasm'. The word 'apathetic' is not an appropriate word to describe MSMEs. So, we cannot choose this word for the first blank.
- The meaning of the word 'dormant' is 'sleeping or asleep'. The word 'dormant' cannot be used here to describe MSMEs.
- The meaning of the word 'progression' is 'the process of moving towards a more advanced state'. The word

- 'progression' is not appropriate for the first blank because it is a process.
- The meaning of the word 'familiarity' is 'knowledge of something'. The word 'familiarity' is not a trait of MSMEs. So, we cannot choose this word.
- The meaning of the word 'competency' is 'ability to do something efficiently'. The word 'competency' is an appropriate feature of MSMEs. So, we can choose this word for the first blank.
- The meaning of the word 'experience' is 'practical contact with facts or events'. We can say that the word 'experience' is another trait of MSMEs.

Hence, the correct option is (E).

94. Option (C) is the best fit given blanks in sentences. Growing **consciousness** towards environment protection and the quest for an alternative, clean energy has created the right **push** for the electric vehicle industry in India.

The given sentence talks about the impact of different factors on the electric vehicle industry in India.

- The meaning of the word 'consciousness' is 'the state of being aware of'.
- The word 'consciousness' is relevant to the context as people are being aware of 'environment protection'. So, it is suitable for the first blank.
- The meaning of the word 'push' is 'the act of moving something'.
- The factors which are mentioned in the sentence have pushed forward the 'electric vehicle industry in India'.
- Therefore, 'push' is the correct word for the second blank.

Hence, the correct option is (C).

95. Option (B) is the best fit given blanks in sentences .In order to **strengthen** the quality and effectiveness of internal audit system, the RBI **issued** guidelines on RBIA system for selecting non bank leaders and UCBs.

The given sentence mentions what did RBI do for the internal audit system.

- We need a verb for the first blank and the word 'strong' is an adjective.
- The meaning of the word 'strengthen' is 'to make stronger' is appropriate for the first blank because RBI may have taken some action to strengthen the internal audit system.
- The meaning of the word 'issued' is 'released' and guidelines are released or issued. So, the word 'issued' is appropriate for the second blank.

Hence, the correct option is (B).

96. We need the adverb form of 'history'.

Thus, '**historically**' is correct while '**historic**' is incorrect. This eliminates option (A).

Being is incorrect as it is used to refer to an individual/person. Been is correct here. This eliminates option (C).

Due to article 'a', the correct form is 'place' in singular.

Hence, the correct option is (B).

97. The bold part lacks parallelism. To bring parallelism the infinitive 'to restore' has to be replaced by the gerund 'restoring' here.

Secondly, as '**Preserving and restoring forests**' is implying 'one' idea, the verb to be used has to be singular in number. Therefore, 'are' should be replaced by 'is' to make the sentence correct.

Clearly, among the given choices, option (B) replaces the bold part most appropriately.

The correct sentence will therefore be:

Preserving and restoring forests is an effective step toward mitigating climate change, and comes with a host of other benefits.

Hence, the correct option is (B).

98. Break up (Phrasal Verb): End something

From the given context, it is clear that we are talking about violent protests against the killing of school students by the militants and the phrasal verb used here is not correct contextually. Rather, we should use the word erupted in this context since that will imply the desired meaning of the given statement that violent protests started. Other options are already out of context.

It makes Option (B) the correct choice among the given options.

Hence, the correct option is (B).

99. According to the given context we are talking about the need for the government to carry on with the good work so that the people remain with the government.

Call off (Phrasal Verb): Cancel something

Therefore, it is not correct in the given context and it should be corrected. Among the given words, continue fits perfectly here and it is our pick as the correct sentence.

Hence, the correct option is (B).

100. The sentence is starting with a gerund and implying as the narrator is feeling happy to have got the job of the assistant to a pastry chef. Therefore, instead of 'to hire', the past participle 'hired' must be used to make the sentence meaningful.

Clearly, among the given choices option (C) replaces the bold part most appropriately.

The sentence after replacement becomes:

Getting hired as the assistant to a pastry chef seemed like a dream come true.

Hence, the correct option is (C).

मॉक टेस्ट 06

Reasoning Ability

Ques (1-2):निर्देश: दी गई जानकारी का अध्ययन कीजिए और प्रश्नों के उत्तर दीजिए।

परिवार में 8 सदस्य - सुधा, रवि, शार्दुल, साक्षी, तेजू, रामू, दीपक और राम्या अपनी गर्मियों की छुट्टियों में शिमला गए। परिवार में 2 जोड़े हैं। रामू के चार बच्चे हैं। उनमें से, केवल एक ही शादीशुदा है। रामू के विवाहित बेटे की एक बेटी है जिसका नाम साक्षी है। सुधा, साक्षी की ग्रैंडमदर है। साक्षी की मां शार्दुल की पत्नी हैं, जिनकी एक ही बहन है जिसका नाम राम्या है। रवि, शार्दुल का छोटा भाई है जो सबसे बड़ा नहीं हे । तेजू, रवि के भाई की पत्नी है। रामू एक पुरुष है।

Q.1
रामू की पत्नी कौन है?

A. तेजू
B. सुधा
C. राम्या
D. साक्षी
E. अपर्याप्त जानकारी

Q.2 साक्षी का रवि से कैसे संबंध है?

A. बहन
B. बेटी
C. सिस्टर-इन-लॉ
D. नीस
E. पत्नी

Q.3 निम्नलिखित जानकारी का अध्ययन कर इस पर आधारित प्रश्न का उत्तर दें।

(A) 'श्रीकांत', नीलिमा से नाटा है।
(B) 'प्रतिमा', श्रीकांत से लम्बी है।
(C) 'सुभाष', नीलिमा से लम्बा है, लेकिन हेम्ब्रम से नाटा है।
(D) 'नीलिमा', प्रतिमा से लम्बी है।
यदि इन सब को ऊँचाई के क्रम में कतार में खड़ा किया जाए, तो इनमें से कतार के ठीक मध्य में कौन होगा?

A. श्रीकांत **B.** नीलिमा **C.** प्रतिमा **D.** हेम्ब्रम
E. सुभाष

Q.4 एक स्कूल में 147 लोग हैं, लड़कियों का अनुपात: लड़कों का अनुपात 1:6 है। सौम्या एक लड़की है जो उस पंक्ति के शीर्ष से 15वें स्थान पर है और उसके सामने 7 लड़कियां हैं। उसके पीछे कितने लड़के हैं?

A. 100 **B.** 119 **C.** 110 **D.** 120
E. 125

Ques (5-7):निर्देश: निम्न प्रश्न में तीन कथन और उसके बाद I, II और III से अंकित तीन निष्कर्ष दिए गये हैं। आपको दिए गये कथनों को सत्य मानना है, भले ही वे ज्ञात तथ्यों से अलग प्रतीत होते हों। सभी निष्कर्षों को पढ़िए और फिर निर्णय कीजिए कि दिये गये निष्कर्षों में से कौन-सा/कौन-से निष्कर्ष ज्ञात तथ्यों को नजरअंदाज करने पर कथनों का तार्किक रूप से अनुसरण करता है/करते हैं।

Q.5 कथन:
सभी सेब चीकू हैं।
केवल संतरे चीकू हैं।
कोई भी सेब कीवी नहीं है।
निष्कर्ष:
I. कोई भी संतरा कीवी नहीं है।
II. सभी संतरों के चीकू होने की संभावना है।
III. कुछ संतरे चीकू हैं।

A. केवल I और III अनुसरण करते हैं
B. केवल II और III अनुसरण करते हैं
C. केवल I और II अनुसरण करते हैं
D. सभी अनुसरण करते हैं
E. इनमें से कोई नहीं

Q.6 कथन:
I. सभी घड़ियां डिजिटल हैं।
II. सभी डिजिटल कैमरा हैं।
III. कोई कैमरा स्वचालित नहीं है।
निष्कर्ष:
I.सभी घड़ी कैमरा हैं।
II. कोई डिजिटल स्वचालित नहीं है।
III. कोई घड़ी स्वचालित नहीं है।

A. केवल I अनुसरण करता है।
B. केवल II अनुसरण करता है
C. केवल III अनुसरण करता है
D. II और III दोनों अनुसरण करते हैं
E. सभी अनुसरण करते हैं

Q.7 कथन:
I. कोई बैग बॉक्स नहीं है।
II. कुछ बॉक्स वर्ग हैं।
III. सभी वर्ग वृत्त हैं।
निष्कर्ष:
I. कुछ वृत्त बॉक्स हैं।
II. कोई बॉक्स वर्ग नहीं है।
III. कुछ वर्ग के बैग होने की संभावना है।

A. केवल I अनुसरण करता है
B. I और II दोनों अनुसरण करते हैं
C. I और III दोनों अनुसरण करते हैं
D. II और III दोनों अनुसरण करते हैं
E. सभी अनुसरण करते हैं

Q.8 निर्देश: निम्नलिखित जानकारी का ध्यानपूर्वक अध्ययन कीजिये और फिर नीचे दिए गए प्रश्नों के उत्तर दीजिये:

एक निश्चित कूट भाषा में,

'call me tomorrow' को '510' के रूप में लिखा गया है,

'she is missing me' को '1692' के रूप में लिखा गया है,

'she will call' को '752' और

'he is coming tomorrow' को '0349' के रूप में लिखा गया है।

दी गयी कूट भाषा में, कूट '7' किसके लिए है?

A. she **B.** he **C.** coming **D.** missing
E. will

Ques (9-12):निर्देश: नीचे दी गई जानकारी को ध्यानपूर्वक पढ़ते हुए उस पर आधारित प्रश्न के उत्तर दीजिये।

एक निश्चित कूटभाषा में,

"love france ban fresh" को N2G D2P H4J H4G के रूप में लिखा जाता है।

"became risk chief put" को R2V T3M D3G E3H के रूप में लिखा जाता है।

"how given team threat" को V2O I3P J2Y V4V के रूप में लिखा जाता है।

"taken outfit too used" को V1Q Q3V V3P W2F के रूप में लिखा जाता है।

Q.9 "chief" की कूटभाषा क्या होगी?

A. T3M
B. R2V
C. E3H
D. निर्धारित नहीं किया जा सकता है।
E. इनमें से कोई नहीं

Q.10 "X4C" को किस कूटभाषा में लिखा जा सकता है?

A. Varia
B. Vellupura
C. Vadodara
D. निर्धारित नहीं किया जा सकता है
E. इनमें से कोई नहीं

Q.11 "love is blind" का कूट क्या होगा?

A. N2G K1U D4F
B. K2G N1U F4D
C. F2D N4K K1U
D. F1U NIK D4F
E. इनमें से कोई नहीं

Q.12 "fresh risk taken" का कूट क्या होगा?

A. T3M V2P J2Y
B. V2P T3M E3H
C. Q3V H4J E3H
D. H4J V3P T3M
E. इनमें से कोई नहीं

Ques (13-15):निर्देश: निम्नलिखित प्रश्न में दिए गए कथनों को सत्य मानते हुए, दिए गए निष्कर्षों में से कौन सा निष्कर्ष निश्चित रूप से सत्य है और फिर उसी के अनुसार अपने उत्तर दें।

Q.13 कथन:

C ≤ O ≤ U = E; S ≥ T > C

निष्कर्ष:

I. O ≤ T
II. T > S

A. न तो निष्कर्ष I और न ही II सत्य है।
B. निष्कर्ष I और II दोनों सत्य हैं।
C. केवल निष्कर्ष I सत्य है।
D. केवल निष्कर्ष II सत्य है।
E. या तो निष्कर्ष I या II सत्य है।

Q.14 कथन:

C = O > N = A > R; I < G ≤ A

निष्कर्ष:

I. N > G
II. R > I

A. केवल निष्कर्ष I सत्य है।
B. केवल निष्कर्ष II सत्य है।
C. या तो निष्कर्ष I या II सत्य है।
D. दोनों निष्कर्ष I और II सत्य हैं।
E. न तो निष्कर्ष I और न ही II सत्य है।

Q.15 कथन:

R < S < T > U; Z < P > Q = T

निष्कर्ष:

I. R > P
II. U > Z

A. केवल I सत्य है
B. केवल II सत्य है
C. I और II दोनों सत्य हैं
D. न तो I और न ही II सत्य है
E. या तो I या II सत्य है

Ques (16-20):निर्देश: निम्नलिखित जानकारी का ध्यानपूर्वक अध्ययन कीजिये और प्रश्नों के उत्तर दीजिये।

आठ व्यक्ति A, B, C, D, W, X, Y और Z दो पंक्तियों में समान संख्या में बैठे हैं। पंक्ति 1 में बैठे व्यक्ति उत्तर दिशा के सम्मुख हैं और पंक्ति 2 के व्यक्ति दक्षिण दिशा के सम्मुख हैं। एक पंक्ति का प्रत्येक व्यक्ति दूसरे पंक्ति के प्रत्येक व्यक्ति के विपरीत बैठा है।

A दक्षिण दिशा के सम्मुख पंक्ति में W के सम्मुख बैठा है। W, D के बाएं तीसरे स्थान पर बैठा है। Y, X के दाएं से दूसरे स्थान पर बैठा है। C, Z के निकटतम बाएं बैठा है।

Q.16 B के सन्दर्भ में A की स्थिति क्या है?

A. दाएं से दूसरा
B. दाएं से तीसरा
C. निकटतम बाएं
D. निकटतम दाएं
E. बाएं से तीसरा

Q.17 C के विपरीत कौन बैठा है?

A. D
B. A
C. Y
D. Z
E. X

Q.18 निम्नलिखित पांच विकल्पों में से चार विकल्प एक निश्चित तरीके से एक जैसे हैं और इसलिए वे एक समूह बनाते हैं। निम्नलिखित में से कौन-सा विकल्प उस समूह से संबंधित नहीं है?

A. Z
B. A
C. X
D. B
E. Y

Q.19 निम्नलिखित में से कौन-सा कथन सत्य है?

i) W, Z के बाएं दूसरे स्थान पर बैठा है
ii) B, C और D के बीच में बैठा है
iii) Y, C के दाएं दूसरे स्थान पर बैठा है

A. केवल कथन (i) सत्य है
B. केवल कथन (ii) सत्य है
C. केवल कथन (iii) सत्य है
D. कोई सत्य नहीं है
E. सभी सत्य हैं

Q.20 पंक्ति 2 में अंतिम छोर पर निम्न में से कौन बैठा है?

A. W और X
B. A और D
C. A और X
D. D और X
E. A और W

Ques (21-25):निर्देश: निम्नलिखित जानकारी का ध्यानपूर्वक अध्ययन कीजिये और प्रश्नों के उत्तर दीजिये।

L K 1 C D 9 Z Y ^ P 2 N © K S 3 ↑ 5 M T ®

Q.21 श्रृंखला में ऐसे कितने अंक हैं, जिनमें से प्रत्येक के ठीक पहले और ठीक बाद में अक्षर हैं?

A. दो
B. चार
C. तीन
D. पाँच
E. इनमें से कोई नहीं

Q.22 निम्नलिखित में से कौन-सा तत्व 9 और 3 के ठीक बीच में है?

A. 2 **B.** Y
C. P **D.** Z
E. इनमें से कोई नहीं

Q.23 निम्नलिखित में से कौन-सा तत्व दायें सिरे से पांचवें तत्व के बाएं से दसवां है?

A. L **B.** K **C.** P **D.** Y
E. Z

Q.24 यदि श्रृंखला के प्रत्येक चिह्न को 1 और 9 के बीच अलग-अलग अंकों के साथ बाएं से दाएं क्रम में बदल दिया जाता है जो दी गई श्रृंखला में उपस्थित नहीं हैं, तो नई श्रृंखला में सभी अंकों का योग क्या है?

A. 45 **B.** 37
C. 42 **D.** 32
E. इनमें से कोई नहीं

Q.25 श्रृंखला को पूर्ण कीजिये।

LKC, 9Z^, 2NK, ?

A. S3K **B.** 3SN
C. 3↑M **D.** MTS
E. इनमें से कोई नहीं

Ques (26-30):निर्देश: निम्नलिखित जानकारी को ध्यानपूर्वक पढ़िए और दिए गए प्रश्न का उत्तर दीजिये।

आठ व्यक्ति A, B, C, E, P, Q, R और S का जन्म अलग-अलग वर्ष में हुआ था। 1980, 1985, 1987, 1993,1998, 2004, 2008 और 2010 लेकिन आवश्यक नहीं समान क्रम में हों। यह माना जाता है कि उन सभी का जन्म अलग-अलग वर्ष की समान तारीख को हुआ था। सभी आयु गणना 2021 के आधार वर्ष के रूप में की जाती है।

A के ठीक बाद Q का जन्म हुआ। R और E की आयु का योग 30 है। R और C के बीच दो व्यक्तियों का जन्म हुआ। Q और P के बीच दो व्यक्तियों का जन्म हुआ, जहाँ Q, P से बड़ा है। B, P से छोटा है। जिस वर्ष में P और E का जन्म हुआ, उनके बीच 10 वर्षों का अंतर है।

Q.26 किस वर्ष में P का जन्म हुआ था?

[IBPS PO, 2021]

A. 2010 **B.** 1998 **C.** 1993 **D.** 1980
E. 2004

Q.27 1987 में किसका जन्म हुआ था?

[IBPS PO, 2021]

A. A **B.** C **C.** R **D.** Q
E. B

Q.28 R की आयु + B की आयु = ?

[IBPS PO, 2021]

A. E की आयु **B.** A की आयु
C. P की आयु **D.** S की आयु
E. C की आयु

Q.29 A की आयु क्या है?

[IBPS PO, 2021]

A. 11 **B.** 17 **C.** 41 **D.** 34
E. 28

Q.30 Q और S की आयु में क्या अंतर है?

[IBPS PO, 2021]

A. 6 **B.** 8 **C.** 10 **D.** 15
E. 2

Ques (31-35):निर्देश: निम्नलिखित जानकारी को ध्यानपूर्वक पढ़िए और दिए गए प्रश्नों के उत्तर दीजिए:

आठ व्यक्ति A, B, C, D, E, F, G और H एक 8-मंजिल की इमारत के विभिन्न तलों पर रहते हैं। सबसे नीचे वाली मंजिल की संख्या 1 है और सबसे ऊपरी मंजिल की संख्या 8 है। G एक सम संख्या वाली मंजिल पर रहता है लेकिन दूसरी मंजिल और छठी मंजिल पर नहीं रहता है। G और A के बीच दो व्यक्ति रहते हैं। G, A के मंजिल के ऊपर रहता है। D, E के मंजिल के ऊपर और C के मंजिल के नीचे रहता है। A और B के बीच 3 व्यक्ति रहते हैं। B, G के ठीक ऊपर रहता है। F एक सम संख्या वाली मंजिल पर रहता है। F, B के मंजिल के ठीक ऊपर रहता है। F और H के मध्य दो व्यक्ति रहते हैं।

Q.31 सातवीं मंजिल पर कौन रहता है?

A. A **B.** C **C.** D **D.** E
E. H

Q.32 चौथी मंजिल पर कौन रहता है?

A. G **B.** H **C.** B **D.** A
E. E

Q.33 B और H के मध्य कौन रहता है?

A. G **B.** A **C.** C **D.** D
E. E

Q.34 E के ठीक ऊपर कौन रहता है?

A. H **B.** G **C.** A **D.** B
E. C

Q.35 पांचवीं मंजिल पर कौन रहता है?

A. B **B.** A **C.** C **D.** D
E. E

Numerical Aptitude

Q.36 मनोज अपनी किताबें बेचकर 30% लाभ कमाता है। लाभ प्रतिशत में लगभग प्रतिशत परिवर्तन बताये, अगर उसने सामान 20% कम कीमत पर खरीदा होता और 20% अधिक कीमत में बेचा होता?

A. 165% **B.** 251%
C. 195% **D.** 217%
E. इनमें से कोई नहीं

Q.37 एक आदमी ने कुछ गति से एक निश्चित दूरी को तय की। अगर वह 3 किमी प्रति घंटे की रफ्तार से आगे बढ़ता, तो उसे 40 मिनट कम लगते। यदि वह 2 किमी प्रति घंटे की धीमी गति से आगे बढ़ता, तो उसे 40 मिनट और लगते। किमी में दूरी क्या है?

A. 36 **B.** 40 **C.** 38 **D.** 42
E. 50

Q.38 30 लीटर स्प्रिट को 150 लीटर व्हिस्की के साथ मिलाया गया, इस मिश्रण के 30 लीटर की बिक्री हुई और व्हिस्की और स्प्रिट की कुछ अतिरिक्त मात्रा 5 : 6 के सम्बंधित अनुपात में मिला दी गई। यदि व्हिस्की की अंतिम मात्रा, स्प्रिट की प्रारंभिक मात्रा की 500% थी, तो मिलाई गई स्प्रिट की मात्रा कितनी थी?

A. 30 लीटर **B.** 34 लीटर
C. 28 लीटर **D.** 52 लीटर
E. इनमें से कोई नहीं

Q.39 एक आयताकार क्षेत्रफल वाले मैदान को 50 मीटर × 20 मीटर आयाम वाले 3 क्षेत्र, 40 मीटर × 30 मीटर आयाम वाले 4 क्षेत्र और 30 मीटर

× 25 मीटर आयाम वाले 4 क्षेत्रों में विभाजित किया गया है। निम्न में से कौन सा आयताकार मैदान का संभावित आयाम है?

A. 140 मीटर × 80 मीटर **B.** 160 मीटर × 70 मीटर
C. 180 मीटर × 60 मीटर **D.** 200 मीटर × 50 मीटर
E. 220 मीटर × 40 मीटर

Q.40 तीन साथियों ने एक व्यापार में 1000 रूपए, 1500 रूपए और 2000 रूपए निवेश किये| 810 रूपए के कुल मुनाफे में अंतिम साथी का हिस्सा क्या होगा?

A. 320 रूपए **B.** 350 रूपए
C. 400 रूपए **D.** 360 रूपए
E. उपर्युक्त कोई नहीं

Ques (41-44):निर्देश: निम्नलिखित श्रृंखला में प्रश्नवाचक चिन्ह (?) के स्थान पर क्या आएगा?

Q.41 23, 46, ?, 86, 83, 166

A. 45 **B.** 89 **C.** 83 **D.** 49
E. 43

Q.42 99, 98, 96, 95, 91, 90, 82, ?

A. 80 **B.** 73 **C.** 74 **D.** 81
E. 66

Q.43 4913, 6859, 12167, 24389, ?

A. 42875 **B.** 35937 **C.** 29791 **D.** 27991
E. 29537

Q.44 15, 17, ?, 29, 45

A. 25 **B.** 19 **C.** 23 **D.** 21
E. 22

Q.45 निम्नलिखित संख्या श्रृंखला में प्रश्नवाचक चिन्ह (?) के स्थान पर क्या आएगा?

1, 10, 24, 63, 227, ?

A. 916 **B.** 1016 **C.** 1116 **D.** 816
E. 716

Q.46 10 छात्रों की औसत आयु और उनके शिक्षक की 15 वर्ष हैं। पहले सात छात्रों की औसत आयु 15 वर्ष है और अंतिम तीन की 11 वर्ष है। शिक्षक की आयु क्या है?

A. 33 वर्ष **B.** 30 वर्ष **C.** 27 वर्ष **D.** 24 वर्ष
E. 25 वर्ष

Q.47 $\frac{(0.625\times0.0729\times28.9)}{(0.0017\times0.025\times8.1)}$ का मान है:

A. 3825 **B.** 3.825 **C.** 38.25 **D.** 382.5
E. 0.3825

Q.48 निर्देश: निम्नलिखित प्रश्न में प्रश्नवाचक चिन्ह (?) के स्थान पर क्या आयेगा?

(764 × ?) ÷ 250 = 382

A. 115 **B.** 145
C. 135 **D.** 125
E. इनमें से कोई नहीं।

Q.49 निर्देश: निम्नलिखित प्रश्न में प्रश्नवाचक चिन्ह (?) के स्थान पर क्या आयेगा?

$\left(\frac{1}{4}\right) \times (4856 \times 0.5) \times 12 = ?$

A. 7284 **B.** 7462
C. 7262 **D.** 7414
E. इनमें से कोई नहीं।

Q.50 निर्देश: निम्नलिखित प्रश्न में प्रश्नवाचक चिन्ह (?) के स्थान पर क्या आयेगा?

853 + ? ÷ 17 = 1000

A. 2516 **B.** 2482
C. 2499 **D.** 16147
E. इनमें से कोई नहीं।

Q.51 निर्देश: निम्नलिखित प्रश्न में प्रश्नवाचक चिन्ह (?) के स्थान पर क्या आयेगा?

9643 – 7750 + ? = 4990

A. 3079 **B.** 3097
C. 3090 **D.** 4010
E. इनमें से कोई नहीं।

Q.52 निर्देश: निम्नलिखित प्रश्न में प्रश्नवाचक चिन्ह (?) के स्थान पर क्या आयेगा?

$6153 \div \sqrt{?} \times 53 = 4028$

A. 6889 **B.** 6241
C. 5929 **D.** 6561
E. इनमें से कोई नहीं।

Q.53 सरल कीजिये: $2\frac{1}{4} - \left[1\frac{1}{2} \div \left\{1\frac{1}{2} - \frac{1}{4}\left(1\frac{1}{2} - \frac{1}{3} \div \sqrt{\frac{36}{49}}\right)\right\}\right]$

A. $\frac{43}{44}$ **B.** $\frac{19}{20}$ **C.** $\frac{45}{44}$ **D.** $\frac{17}{20}$
E. $\frac{28}{19}$

Q.54 निर्देश: निम्नलिखित प्रश्न में प्रश्नवाचक चिन्ह (?) के स्थान पर क्या आयेगा?

$(38)^2 + (63)^2 + (?)^2 = 6089$

A. 26 **B.** 24
C. 28 **D.** 32
E. इनमें से कोई नहीं।

Q.55 निर्देश: निम्नलिखित प्रश्न में प्रश्नवाचक चिन्ह (?) के स्थान पर क्या आयेगा?

$-224 + (-314) \times (-9) = ?$

A. – 547 **B.** 2602
C. + 547 **D.** – 2602
E. इनमें से कोई नहीं।

Q.56 निम्नलिखित प्रश्न में प्रश्न चिन्ह '?' के स्थान पर क्या आएगा?

212 का 25% + 140 का 5% = 500 का 2 × 11% + ?

A. -46 **B.** -32 **C.** -50 **D.** -60
E. -25

Q.57 सप्ताह के पहले तीन दिनों का औसत तापमान 45 डिग्री था और दूसरे, तीसरे और चौथे दिन का औसत तापमान 46 डिग्री था। पहले दिन का तापमान चौथे दिन के तापमान का $93\frac{3}{4}\%$ है। सप्ताह के पहले और चौथे दिन का औसत तापमान ज्ञात कीजिए।

A. 31.0 डिग्री **B.** 42.5 डिग्री **C.** 46.5 डिग्री **D.** 48.5 डिग्री
E. 47.5 डिग्री

Q.58 75 लड़कियों के एक समूह का औसत भार 48 किग्रा पाया गया। बाद में ये पाया गया कि एक लड़की का भार 44 किग्रा माप लिया गया था, जबकि वास्तव में यह 26 किग्रा था। 75 लड़कियों के समूह का औसत भार क्या है? (दशमलव के दूसरे स्थान तक लेने पर)?

A. 46.73 किग्रा
B. 48.76 किग्रा
C. 45.76 किग्रा
D. 45.85 किग्रा
E. इनमें से कोई नहीं

Q.59 राम प्रत्येक वर्ष की शुरुआत में 60,000 रुपये की बचत कर उन्हें बैंक में रख देता है, जो उसे 10% वार्षिक चक्रवृद्धि ब्याज का भुगतान करता है, 4 वर्षों के अंत में राम की कुल बचत कितनी होगी?

A. 3,06,400 रुपये
B. 2,96,306 रुपये
C. 2,40,000 रुपये
D. 3,06,306 रुपये
E. इनमें से कोई नहीं

Q.60 साधारण ब्याज की निश्चित दर पर 2 वर्ष में 9500 रुपये, 11,210 रुपये हो जाते हैं। यदि ब्याज की दर में 6% की वृद्धि की जाती है, तो 4 वर्षों में 10,000 रुपये की धनराशि कितनी हो जाएगी?

A. 17,000 रुपये
B. 4,500 रुपये
C. 20,000 रुपये
D. 16,000 रुपये
E. 14,000 रुपये

Q.61 A, B की तुलना में 20% अधिक दक्ष है। यदि A अकेले इसे 22 दिनों में कर सकता है, तो वे एक साथ कार्य पूरा करने में कितना समय लेंगे?

A. 15 दिन
B. 12 दिन
C. 18 दिन
D. 20 दिन
E. 16 दिन

Q.62 रोनित, अजय से दोगुना दक्ष है और अजय की तुलना में 42 दिनों में काम खत्म कर सकता है। अजय कितने दिनों में काम खत्म कर सकता है?

A. 42
B. 21
C. 84
D. 104
E. 90

Q.63 एक दर्जन केले के मूल्य में 25% की वृद्धि करने पर, एक केले का मूल्य 125 रुपये हो जाता है, एक केले का वास्तविक मूल्य ज्ञात कीजिए।

A. 75 रुपये
B. 150 रुपये
C. 120 रुपये
D. 100 रुपये
E. 120 रुपये

Q.64 5.6 किलो का कितना प्रतिशत 140 ग्राम है?

A. 2
B. 1.8
C. 2.5
D. 1.5
E. 4.5

Ques (65-69):निर्देश: निम्नलिखित पाई चार्ट का ध्यानपूर्वक अध्ययन करें और नीचे दिए गए प्रश्न का उत्तर दें।

नीचे दिया गया पाई चार्ट, 5 व्यक्तियों की गति दिखाता है - अक्की, भुवन, चंद्रू, दीपेश और हेमंत शहर X से शहर Y की यात्रा करते हैं। X और Y के बीच की दूरी 360 किमी है।

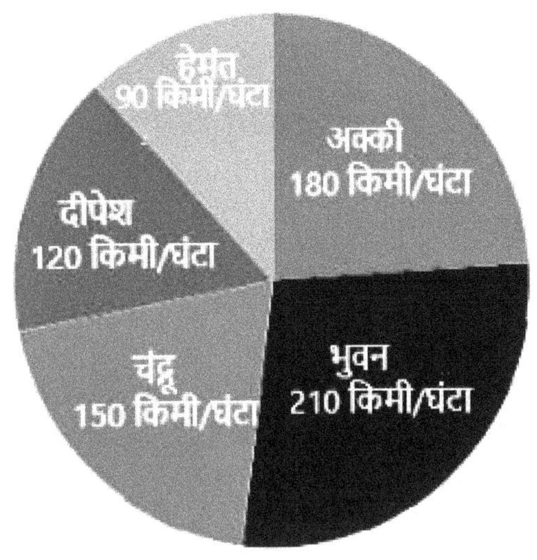

Q.65 पांच व्यक्तियों की औसत गति क्या है?

A. 120 किमी/घंटा
B. 110 किमी/घंटा
C. 150 किमी/घंटा
D. 130 किमी/घंटा
E. 140 किमी/घंटा

Q.66 यदि 80 किमी/घंटा की गति वाला एक व्यक्ति भी शामिल कर लिया जाए तो औसत गति क्या होगी?

A. 137 किमी/घंटा
B. 140 किमी/घंटा
C. 142 किमी/घंटा
D. 150 किमी/घंटा
E. 138.33 किमी/घंटा

Q.67 अक्की और भुवन द्वारा एक साथ शहर Y तक पहुंचने में, X से दीपेश और चंद्रू द्वारा समान दूरी तय करने में लिए गए समय का अनुपात कितना है?

A. $\frac{189}{130}$
B. $\frac{130}{189}$
C. $\frac{111}{325}$
D. $\frac{441}{378}$
E. $\frac{378}{441}$

Q.68 अक्की और दीपेश द्वारा लिए गए समय में कितना अंतर होगा यदि दूरी को घटाकर 270 किमी कर दिया जाता है लेकिन उनकी गति समान रहती है?

A. 40 मिनट
B. 45 मिनट
C. 50 मिनट
D. 65 मिनट
E. 55 मिनट

Q.69 चंद्रू और हेमंत की गति के बीच का अंतर दीपेश की गति का कितना प्रतिशत है?

A. 60%
B. 65%
C. 55%
D. 50%
E. 48%

Q.70 750 रूपये के चीज के एक टिन पर 8% की छूट दी जाती है और 1,250 रूपये के बटर के एक टिन पर 20% की छूट दी जाती है। यदि हम चीज के 5 टिन और बटर के 3 टिन खरीदते हैं, तो हमें प्रभावी छूट (% में) कितनी मिलेगी?

A. 12
B. 15
C. 14
D. 16

English Language

Ques (71-75):Direction: In the given question, some part of the sentence may have errors. Find out which part of the sentence has an error and select the appropriate option. If a sentence is free from error, select 'No Error'.

Q.71 He has been (A) / toiling hardly (B) / to be able to (C) / provide for his family. (D) / No Error (E)

A. (A) **B.** (B) **C.** (C) **D.** (D)
E. (E)

Q.72 The brother-in-laws (A) / were very helpful (B) / and supportive of (C) / their choices. (D) / No Error (E)

A. (A) **B.** (B) **C.** (C) **D.** (D)
E. (E)

Q.73 All pieces (A) / of informations (B) / given by her (C) / were accurate. (D) / No Error (E)

A. (A) **B.** (B) **C.** (C) **D.** (D)
E. (E)

Q.74 Three jawans of District (A) / Reserve Guard were killed (B) / while ten others were injured (C) / in an IED blast on Tuesday. (D) / No Error (E)

A. (A) **B.** (B) **C.** (C) **D.** (D)
E. (E)

Q.75 Despite having lost (A) / the match, the team was receive (B) / at the airport with (C) / a lot of enthusiasm. (D) / No Error (E)

A. (A) **B.** (B) **C.** (C) **D.** (D)
E. (E)

Ques (76-80):Direction: Rearrange the following five sentences A, B, C, D and E in the proper sequence to form a meaningful paragraph, then answer the questions given below them.

A. Large-scale trials are required to ascertain if the vaccine actually protects against the pathogen.

B. It is heartening that the Pune-based Serum Institute of India has received the country's top drug regulator's approval to conduct late-stage human trials for the Oxford-AstraZeneca COVID-19 vaccine candidate.

C. Its mild side effects augur a safe vaccine.

D. The vaccine has shown encouraging results in early trials.

E. But scientists have rightly advised the tempering of hope with caution.

Q.76 Which of these is the FIRST sentence after rearrangement?

A. A **B.** B **C.** C **D.** D
E. E

Q.77 Which of these is the third sentence after rearrangement?

A. A **B.** B **C.** C **D.** D
E. E

Q.78 Which of these is the FOURTH sentence after rearrangement?

A. A **B.** B **C.** C **D.** D
E. E

Q.79 Which of these is the FIFTH sentence after rearrangement?

A. A **B.** B **C.** C **D.** D
E. E

Q.80 Which of these pairs form consecutive sentences after rearrangement?

A. B-C **B.** C-A **C.** D-E **D.** B-D
E. D-A

Ques (81-85):Direction: In the following sentence, a part of the sentence is underlined. Below are given alternatives to the underlined part, which may improve the sentence. Choose the correct alternative. In case no improvement is needed, choose the option 'No improvement.'

Q.81 Fariha agrees upon her partner's opinion on the most likable TV star to be employed as compere for the Cine Awards.

A. Agrees with
B. Agrees for
C. Agrees after

A. Only A **B.** Only B
C. Only C **D.** Both A and C
E. No improvement

Q.82 Ravi wanted to apply within the job of the content editor.

A. to apply about
B. to apply against
C. to apply for

A. only C **B.** Both A and C
C. Both B and C **D.** Only B
E. No improvement

Q.83 Like the water breaks up from the shore, we must break away from these chains.

A. breaks down
B. breaks away
C. breaks above

A. Only A **B.** Both A and B
C. Only B **D.** Both A and C
E. No improvement

Q.84 Years later, this very society will see Jemima as an example of an industrious woman who brought over a wonderful man and citizen.

A. Brought up
B. Brought in
C. Brought about

A. Only A **B.** Only B
C. Only C **D.** Both A and C
E. No improvement

Q.85 How long can one patient partner sustain a bad marriage before it breaks out?

A. Breaks into
B. Breaks up
C. Breaks away

A. Both A and B **B.** Both B and C
C. Both A and C **D.** Only B
E. No improvement.

Ques (86-90):Direction: Select the most appropriate option to fill in the blank.

Q.86 Are you looking forward _____ Nikhil again?

A. seeing
B. to see
C. to be seeing
D. to seeing

Q.87 The work cannot be completed on time _____ you work for longer hours.

A. even **B.** because **C.** since **D.** unless

Q.88 Raghu takes care to remain _____ fit by going to the gym every day.

A. extremely
B. thoughtfully
C. brutally
D. honestly

Q.89 Children _____ obey their parents.

A. may **B.** might **C.** should **D.** ought

Q.90 Unless electricity _______ you cannot see it.

A. is jumping
B. jumps
C. had jumped
D. jumped

Ques (91-100):Direction: Read the passage given below and then answer the questions given below the passage. Some words may be highlighted for your attention. Read carefully.

The Indian economy is diverse and embraces a huge area including agriculture, mining, textile industry, manufacturing and an **extensive** area of other services. There is an enormous shift from what the economy used to be in the distant past. Indian economy is the third-largest in the world, as measured by 'Purchasing Power Parity' (PPP). Till today, two-thirds of the population depends on agriculture directly or indirectly. Indian economy is somewhat socialistic in its approach but presently India is competing with other capitalist countries. Colonial rule brought along with it change in the economic structure of the country. The whole process of taxation was revised, with effect on the farmers, a single currency system with fixed exchange rates, standardized weights, and measures, free trade was encouraged and a kind of capitalist structure in the economy introduced. They exported the raw materials and manpower and the finished goods were brought back to India and sold at high rates. These policies were not favourable to Indian Economy. But other developments in transport and communication like the introduction of railways, telegraphs and so on were made which affected the economy. The basic aim of British administration in India was to transform the Indian subcontinent as a consumer market for British finished goods. Technological up-gradation and development of infrastructure, as well as social infrastructure, were negligible. During the independence Indian economy had almost all the features of an underdeveloped economy. In the last fifty years of self-rule, a lot of policy initiative has been taken up by the government of India to upgrade the economic base of the country. Still, the Indian economy is gripped by poverty, population explosion, backwardness both in agriculture and industry, low-grade technological development, high unemployment and wide difference between the high and low-income levels. Now in India incidence of poverty is coexisting with **sophisticated** nuclear technology.

Q.91 What is the approach of the Indian economy?

A. Marxist
B. Capitalistic
C. Feminist
D. Socialistic
E. None of the above

Q.92 Which of the following is true in the context of the above paragraph?

A. The British exported finished goods to Europe
B. The British standardised weights and measures
C. The contemporary Indian economy is not different from the past
D. The British didn't want to revise the whole process of taxation
E. Colonial rule did not bring about any change in the economic structure of the country.

Q.93 Which of the following is not true with the context of the above paragraph?

A. PPP stands for Purchasing Power Parity
B. The British made developments in transport and communication
C. India not in the grips of poverty anymore
D. Population explosion is a concern for India
E. The British introduced a capitalist structure in the Indian economy

Q.94 Which is the third largest economy in the world as measured by PPP?

A. American
B. Indian
C. Chinese
D. European
E. None of the above

Q.95 What was the main aim of British administration?

A. To get rid of poverty in India
B. To seize all of India's wealth
C. To transform Indian subcontinent as a consumer market for British finished goods
D. To export items made by Indian artisans
E. Both (A) and (B)

Q.96 Which is the dominant sector of Indian economy?

A. Mining
B. Fishing
C. Agriculture
D. Animal husbandry
E. Aquaculture

Q.97 What has been done by the Government of India to upgrade the economic base?

A. The government formed an alliance with the British
B. The government took up a lot of policy initiative
C. The government offered more jobs to the needy
D. It revised the process of taxation
E. Both (A) and (C)

Q.98 Which policies of the British were not favourable to the Indian economy?

A. Importing workers from Britain
B. Exporting finished goods from India
C. Exporting of raw materials and manpower and selling the finished goods in India at high rates
D. Both (A) and (C)
E. Both (A) and (B)

Q.99 Which of the following means the same as EXTENSIVE?

A. Digress **B.** Vast **C.** Fickle **D.** Fume

E. Treason

Q.100 Which of the following means the same as SOPHISTICATED?

A. Worldly
B. Untenable
C. Eclectic
D. Eccentric
E. Integrity

// स्मार्ट उत्तर पुस्तिका //

सही उत्तर उन छात्रों का प्रतिशत जिन्होंने प्रश्नों का सही उत्तर दिया था। **छोड़ दिया** उन छात्रों का प्रतिशत जिन्होंने प्रश्नों को छोड़ दिया था।

प्रश्न संख्या	उत्तर	सही उत्तर	छोड़ दिया
1	B	43.95 %	51.94 %
2	D	51.32 %	41.08 %
3	B	20.57 %	67.3 %
4	B	54.36 %	40.63 %
5	B	57.08 %	31.39 %
6	E	67.47 %	31.23 %
7	C	67.93 %	31.65 %
8	E	60.76 %	35.46 %
9	C	80.06 %	13.6 %
10	C	81.87 %	14.35 %
11	A	89.96 %	10.03 %
12	D	89.45 %	10.01 %
13	A	81.74 %	15.27 %
14	E	89.44 %	10.07 %
15	D	87.05 %	12.52 %
16	A	64.85 %	30.96 %
17	C	63.2 %	35.12 %
18	A	67.39 %	31.38 %
19	A	49.52 %	40.33 %
20	C	54.68 %	38.36 %
21	C	89.13 %	10.13 %
22	A	66.92 %	30.79 %
23	E	41.35 %	49.14 %
24	A	66.82 %	32.99 %
25	C	25.53 %	69.31 %
26	B	48.12 %	36.81 %
27	B	64.46 %	30.65 %
28	D	66.08 %	31.7 %
29	C	41.12 %	45.75 %
30	B	45.93 %	31.0 %
31	C	50.47 %	45.17 %
32	A	41.83 %	33.99 %
33	A	60.99 %	31.61 %
34	A	68.74 %	30.35 %
35	B	44.36 %	49.87 %
36	D	54.27 %	37.64 %
37	B	53.75 %	43.73 %
38	A	68.41 %	31.07 %
39	C	52.52 %	32.62 %
40	D	51.17 %	39.55 %
41	E	69.82 %	30.09 %
42	D	56.71 %	30.33 %
43	C	43.84 %	35.53 %
44	D	86.69 %	11.75 %
45	B	88.52 %	11.23 %
46	C	47.97 %	36.82 %
47	A	43.21 %	53.59 %
48	D	53.61 %	44.01 %
49	A	68.21 %	31.31 %
50	C	89.72 %	10.24 %
51	B	49.1 %	46.67 %
52	D	89.95 %	10.02 %
53	C	40.5 %	45.72 %
54	A	41.53 %	40.07 %
55	B	78.41 %	12.99 %
56	C	66.57 %	30.3 %
57	C	27.64 %	67.41 %
58	E	41.21 %	36.95 %
59	D	82.64 %	11.1 %
60	D	60.63 %	34.4 %
61	B	40.65 %	43.58 %
62	C	85.43 %	13.12 %
63	D	41.0 %	47.08 %
64	C	51.55 %	34.92 %
65	C	68.66 %	30.22 %
66	E	85.88 %	11.55 %
67	B	54.41 %	33.59 %
68	B	47.15 %	33.03 %
69	D	55.86 %	30.14 %
70	C	41.7 %	54.99 %
71	B	56.49 %	31.89 %
72	A	80.57 %	18.79 %
73	B	79.87 %	14.43 %
74	E	51.38 %	32.7 %
75	B	24.03 %	72.81 %
76	B	46.98 %	50.91 %
77	C	66.89 %	30.58 %
78	E	77.97 %	12.34 %
79	A	52.31 %	40.63 %
80	D	59.03 %	38.4 %
81	A	50.9 %	33.27 %
82	A	47.04 %	47.36 %
83	C	47.12 %	51.75 %
84	A	56.16 %	43.06 %
85	D	63.38 %	30.85 %
86	D	62.12 %	31.61 %
87	D	66.07 %	30.25 %
88	A	66.64 %	33.03 %
89	C	54.69 %	39.68 %
90	B	52.81 %	35.48 %
91	D	40.79 %	46.15 %
92	B	65.11 %	33.75 %
93	C	66.05 %	33.64 %
94	B	62.69 %	32.41 %
95	C	49.91 %	34.68 %
96	C	69.64 %	30.15 %
97	B	42.52 %	36.56 %
98	C	44.69 %	37.08 %
99	B	50.51 %	44.32 %
100	A	41.52 %	36.04 %

//संकेत और समाधान//

Ques (1-2):1) रामू के चार बच्चे हैं। उनमें से, केवल एक ही शादीशुदा है।

2) रामू के विवाहित बेटे की एक बेटी है जिसका नाम साक्षी है (इसका मतलब साक्षी, रामू की ग्रैंडडॉटर है)।

3) सुधा, साक्षी की ग्रैंडमदर है (इसका मतलब रामू और सुधा पति-पत्नी हैं)।

4) साक्षी की मां शार्दुल की पत्नी है, जिसकी एक ही बहन है जिसका नाम राम्या है (इसका मतलब शार्दुल के दो भाई और एक बहन है)।

5) रवि, शार्दुल का छोटा भाई है।

6) तेजू, रवि के भाई की पत्नी है (मतलब तेजू एकमात्र शादीशुदा शार्दुल की पत्नी है)।

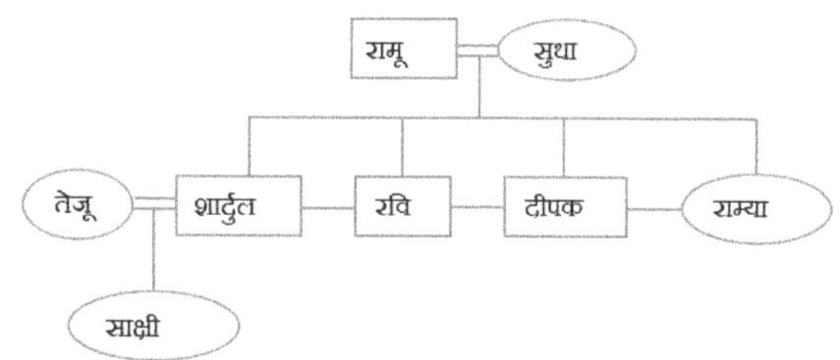

1. इस प्रकार, सुधा, रामू की पत्नी है।

अतः विकल्प (B) सही है।

2. इसलिए, साक्षी, रवि की नीस है।

अतः विकल्प (D) सही है।

3. दी गई जानकारी के अनुसार, कतार में ऊँचाई के क्रम में इनका क्रम निम्न प्रकार है-

श्रीकांत < नीलिमा = नीलिमा $>$ श्रीकांत ...(i)

प्रतिमा $>$ श्रीकांत ...(ii)

हेम्ब्रम > सुभाष > नीलिमा...(iii)

नीलिमा > प्रतिमा ...(iv)

यहाँ ' $>$ ' का अर्थ 'से लम्बा' और '<' का अर्थ 'से नाटा' निरूपित किया गया है।

समीकरण (i), (ii), (iii) और (iv) से इनका क्रम व्यवस्थित करने पर,

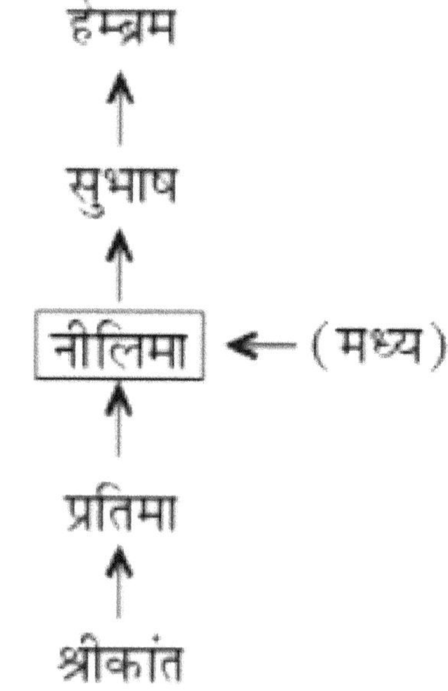

इस प्रकार, कतार के ठीक मध्य में नीलिमा होगी।

अतः विकल्प (B) सही है।

4. दिया गया है,

एक स्कूल में 147 लोग हैं, लड़कियों का अनुपात: लड़कों का अनुपात 1:6 है। सौम्या एक लड़की है जो उस पंक्ति के शीर्ष से 15वें स्थान पर है और उसके सामने 7 लड़कियां हैं।

छात्रों की कुल संख्या $= 147$

लड़कियां : लड़के $= 1:6$

माना लड़कियों की संख्या x और लड़कों की संख्या $6x$ है।

फिर,

$x + 6x = 147$

$\Rightarrow 7x = 147$

$\Rightarrow x = 21$

तो लड़कियों की संख्या $= 21$

लड़कों की संख्या $= 6 \times 21 = 126$

अब सौम्या ऊपर से 15वें स्थान पर हैं और उनके सामने 7 लड़कियां हैं।

अब लड़के उसके आगे हैं $= 7$ क्योंकि उसके सामने कुल 14 छात्र हैं।

तो, उसके पीछे लड़कों की संख्या = $126 - 7 = 119$

अतः विकल्प (B) सही है।

5. इस प्रकार के प्रश्नों में, केवल का अर्थ 'सभी' है।

कथन: केवल संतरे चीकू हैं।

इसका अर्थ है सभी चीकू संतरे हैं।

हम निम्नलिखित वेन आरेख बनाते हैं,

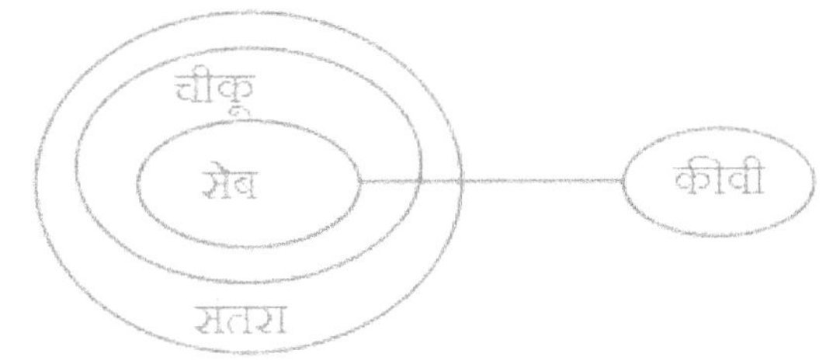

निष्कर्ष:

I. कोई संतरा कीवी नहीं है → अनुसरण नहीं करता है।

II. सभी संतरों के चीकू होने की संभावना है → अनुसरण करता है (चूंकि इसकी पुष्टि नहीं हुई है, इसलिए यह एक संभावना हो सकती है)।

III. कुछ संतरे चीकू हैं → अनुसरण करता है।

इस प्रकार, केवल II और III अनुसरण करते हैं।

अतः विकल्प (B) सही है।

6. निम्न न्यूनतम संभावित वेन आरेख पर विचार करते हैं,

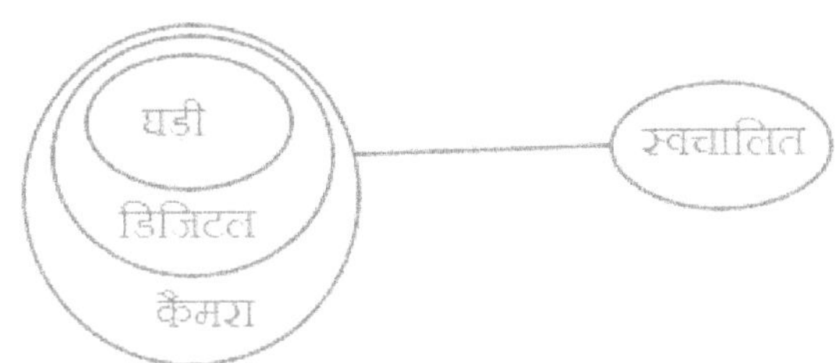

निष्कर्ष:

I. सभी घड़ी कैमरा हैं → सत्य।

II. कोई डिजिटल स्वचालित नहीं है → सत्य (चूंकि सभी डिजिटल कैमरा हैं और कोई कैमरा स्वचालित नहीं है)।

III. कोई घड़ी स्वचालित नहीं है → सत्य (चूंकि सभी घड़ी डिजिटल हैं, सभी डिजिटल कैमरा हैं और कोई कैमरा स्वचालित नहीं है)।

इसलिए, सभी निष्कर्ष अनुसरण करते हैं।

अतः विकल्प (E) सही है।

7. निम्न न्यूनतम संभावित वेन आरेख पर विचार करते हैं,

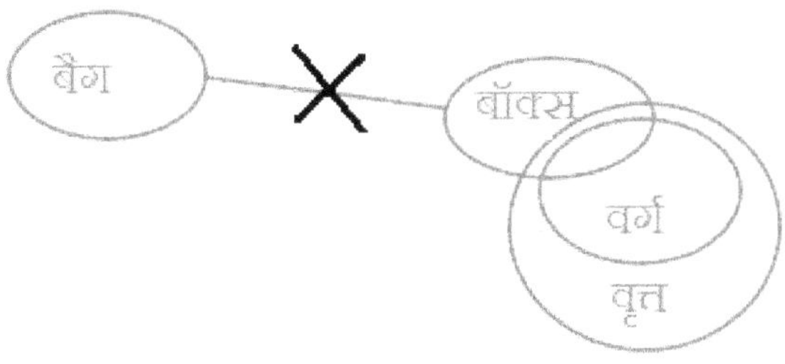

निष्कर्ष:

I. कुछ वृत्त बॉक्स हैं → सत्य

II. कोई बॉक्स वर्ग नहीं है → असत्य (यह संभव नहीं है क्योंकि कुछ बॉक्स वर्ग हैं)।

III. कुछ वर्ग के बैग होने की संभावना है → सत्य (यह संभव है इसलिए संभावना सत्य है)।

इसलिए, निष्कर्ष I और III अनुसरण करते हैं।

अतः विकल्प (C) सही है।

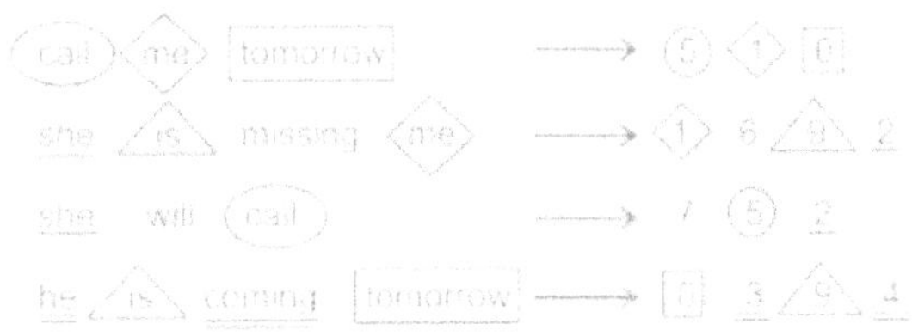

Q.8

'she' को '2' के रूप में कूटबद्ध किया गया है और 'call' को '5' के रूप में कूटबद्ध किया गया है

तब, 'will' को कूट भाषा में '7' के रूप में कूटबद्ध किया जायेगा।

अतः विकल्प (E) सही है।

Ques (9-12):तर्क:

प्रथम पद → शब्द का प्रथम अक्षर + 2 (अक्षरों की वर्णमाला के अनुक्रम के अनुसार)

द्वितीय पद → व्यंजनों की संख्या

तृतीय पद → शब्द का अंतिम अक्षर + 2 (अक्षरों की वर्णमाला के अनुक्रम के अनुसार)

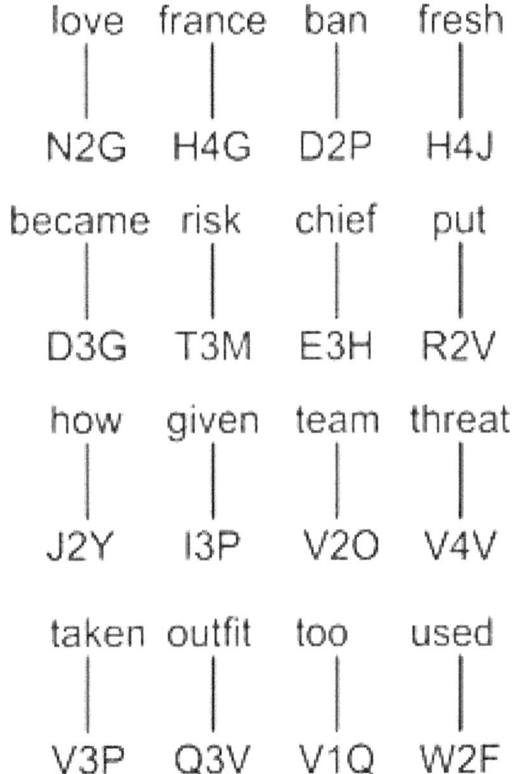

9. इसलिए, "chief" के लिए कूट "E3H" होगा।

अतः विकल्प (C) सही है।

10. दी गई कूटभाषा के अनुसार,

"X4C" के रूप में कूटित किया जाएगा,

प्रथम पद "X" है। इसलिए, शब्द का प्रथम अक्षर X - 2 = V होगा।

द्वितीय पद "4" है। इसलिए, शब्द में 4 व्यंजन होने चाहिए।

तृतीय पद "C" है। इसलिए, शब्द का अंतिम अक्षर C - 2 = A होगा।

इसलिए, दिये गए विकल्पों में से "Vadodara" संभावित शब्द है।

अतः विकल्प (C) सही है।

11. तर्क:

प्रथम पद → शब्द का प्रथम अक्षर + 2 (अक्षरों की वर्णमाला के अनुक्रम के अनुसार)

द्वितीय पद → व्यंजनों की संख्या

तृतीय पद → शब्द का अंतिम अक्षर + 2 (अक्षरों की वर्णमाला के अनुक्रम के अनुसार)

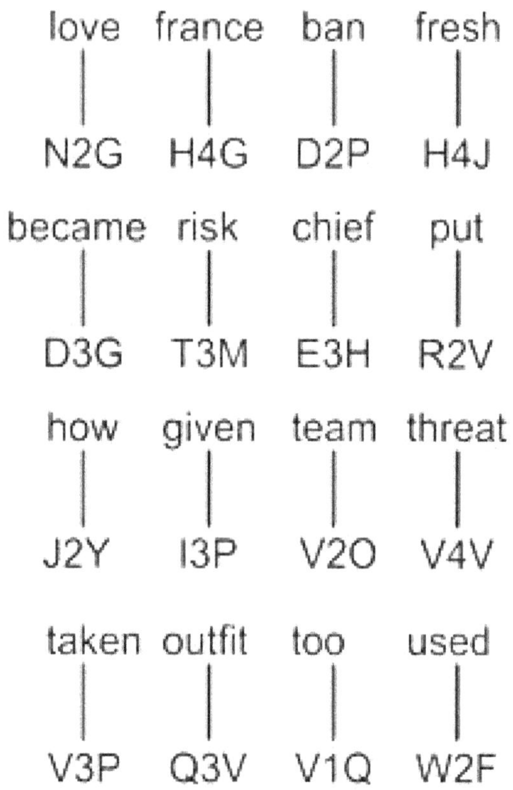

दी गई कूटभाषा के अनुसार,

"love" को "N2G", के रूप में कूटबद्ध किया जा सकता है।

"is" को "K1U", के रूप में कूटबद्ध किया जा सकता है।

"blind" को "D4F" के रूप में कूटबद्ध किया जा सकता है।

इसलिए, "love is blind" को "N2G K1U D4F" के रूप में कूटबद्ध किया जा सकता है।

अतः विकल्प (A) सही है।

12. दी गई कूटभाषा के अनुसार,

"fresh" को "H4J" के रूप में कूटबद्ध किया जा सकता है,

"risk" को "T3M", के रूप में कूटबद्ध किया जा सकता है,

"taken" को "V3P" के रूप में कूटबद्ध किया जा सकता है।

अतः विकल्प (D) सही है।

13. दिए गए कथन: C ≤ O ≤ U = E; S ≥ T > C

दिए गए कथनों के संयोजन पर: S ≥ T > C ≤ O ≤ U = E

निष्कर्ष:

I. O ≤ T → असत्य (जैसे की T > C ≤ O) → इस प्रकार O और T के बीच संबंध निर्धारित नहीं किया जा सकता है।

II. T > S → असत्य (जैसे की S ≥ T).

इसलिए, न तो निष्कर्ष I और न ही II सत्य है।

अतः विकल्प (A) सही है।

14. दिए गए कथन: C = O > N = A > R; I < G ≤ A

दिए गए कथनों के संयोजन पर: C = O > N = A > R; I < G ≤ A

निष्कर्ष:

I. N > G → असत्य (जैसे की N = A ≥ G)

II. R > I → असत्य (जैसे की R < A ≥ G < I) → इस प्रकार R और I के बीच संबंध निर्धारित नहीं किया जा सकता है।

अतः विकल्प (E) सही है।

15. दिए गए कथन: R < S < T > U; Z < P > Q = T

संयोजन पर: R < S < T = Q < P > Z; U < T = Q < P

निष्कर्ष:

I. R > P → असत्य (जैसे की R < S < Q = T < P → R < P)

II. U > Z → असत्य (जैसे की U < Q = T < P → U < P and Z < P → इस प्रकार U और Z के बीच कोई स्पष्ट संबंध निर्धारित नहीं किया जा सकता है)

अतः विकल्प (D) सही है।

Ques (16-20): आठ व्यक्ति: A, B, C, D, W, X, Y और Z

i) A दक्षिण दिशा के सम्मुख पंक्ति में W के सम्मुख बैठा है।

ii) W, D के बाएं तीसरे स्थान पर बैठा है।

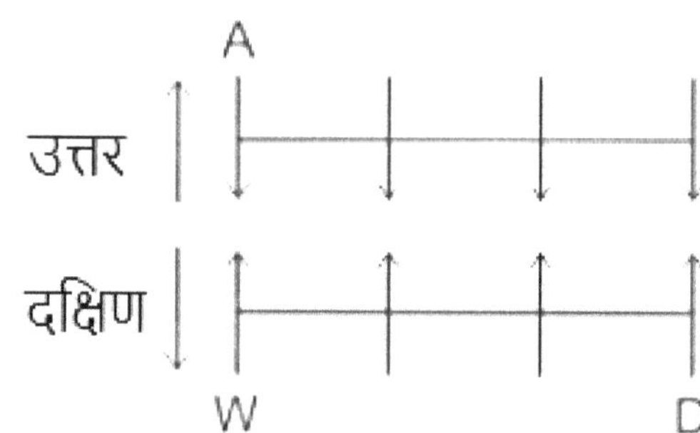

iii) Y, X के दाएं दूसरे स्थान पर बैठा है।

iv) C, Z के निकटतम बाएं बैठा है।

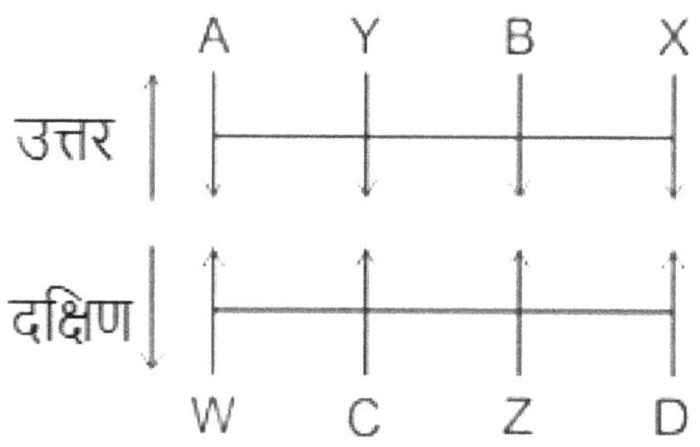

16. इसलिए A, B के दाएं दूसरे स्थान पर बैठा है।

अतः विकल्प (A) सही है।

17. इसलिए, C के विपरीत Y बैठा है।

अतः विकल्प (C) सही है।

18. यहाँ, A, Y, B और X दक्षिण दिशा के सम्मुख हैं जबकि Z उत्तर दिशा के सम्मुख है।

इसलिए, Z उस समूह से संबंधित नहीं है।

अतः विकल्प (A) सही है।

19. i) W, Z के बाएं दूसरे स्थान पर बैठा है → सत्य

ii) B, C और D के बीच में बैठा है → असत्य

iii) Y, C के दाएं दूसरे स्थान पर बैठा है → असत्य

इसलिए, केवल कथन (i) सत्य है।

अतः विकल्प (A) सही है।

20. इसलिए, A और X पंक्ति 2 में अंतिम छोर पर बैठे हैं।

अतः विकल्प (C) सही है।

21. दी गयी श्रृंखला: L K 1 C D 9 Z Y ^ P 2 N © K S 3 ↑ 5 M T ®

अंक जिनके ठीक पहले और ठीक बाद में अक्षर हैं, वे हैं

बायाँ भाग L K 1 C D 9 Z Y ^ P 2 N © K S 3 ↑ 5 M T ® दायाँ भाग

इस प्रकार, यहाँ ऐसे तीन अंक हैं, जिनमें से प्रत्येक के ठीक पहले और ठीक बाद में अक्षर हैं।

अतः विकल्प (C) सही है।

22. दी गयी श्रृंखला: L K 1 C D 9 Z Y ^ P 2 N © K S 3 ↑ 5 M T ®

9 और 3 के ठीक बीच में 2 है।

बायाँ भाग L K 1 C D 9 Z Y ^ P 2 N © K S 3 ↑ 5 M T ® दायाँ भाग

अतः विकल्प (A) सही है।

23. बायाँ भाग L K 1 C D 9 Z Y ^ P 2 N © K S 3 ↑ 5 M T ® दायाँ भाग

दायें सिरे से पांचवां तत्व = ↑

↑ के बाएं से दसवां = Z

अतः विकल्प (E) सही है।

24. बायाँ भाग L K 1 C D 9 Z Y ^ P 2 N © K S 3 ↑ 5 M T ® दायाँ भाग

1 और 9 के बीच के अंक जो दी गई श्रृंखला में उपस्थित नहीं हैं = 4, 6, 7, 8

श्रृंखला के प्रत्येक चिह्न को अंकों के साथ बाएं से दाएं क्रम में बदलने पर:

L K 1 C D 9 Z Y 4 P 2 N 6 K S 3 7 5 M T 8

1 + 9 + 2 + 3 + 5 + 4 + 6 + 7 + 8 = 45

अतः विकल्प (A) सही है।

25. बायाँ भाग L K 1 C D 9 Z Y ^ P 2 N © K S 3 ↑ 5 M T ® दायाँ भाग

L + 1 = K, K + 2 = C

C + 2 = 9,

9 + 1 = Z, Z + 2 = ^

^ + 2 = 2,

2 + 1 = N, N + 2 = K

K + 2 = 3,

3 + 1 = ↑, ↑ + 2 = M

अनुसरित प्रारूप के अनुसार तत्वों का अगला युग्म 3↑M है।

अतः विकल्प (C) सही है।

Ques (26-30):दिया है:

आठ व्यक्ति: A, B, C, E, P, Q, R, और S

आठ वर्ष: 1980, 1985, 1987, 1993, 1998, 2004, 2008, और 2010

आयु गणना 2021 के आधार वर्ष के रूप में की जाती है।

i) R और E की आयु का योग 30 है।

निम्नलिखित संभावनाएं हमें प्राप्त होती हैं,

वर्ष	आयु	स्थिति 1	स्थिति 2
1980	41		
1985	36		
1987	34		
1993	28		
1998	23		
2004	17	R	E
2008	13	E	R
2010	11		

ii) R और C के बीच दो व्यक्तियों का जन्म हुआ।

iii) Q और P के बीच दो व्यक्तियों का जन्म हुआ, जहाँ Q, P से बड़ा है।

iv) A, के ठीक बाद Q का जन्म हुआ।

v) B, P से छोटा है।

वर्ष	आयु	स्थिति 1	स्थिति 2
1980	41	A	A
1985	36	Q	Q
1987	34	C	
1993	28		C
1998	23	P	P
2004	17	R	E
2008	13	E	R
2010	11	B	B

vi) जिस वर्ष में P और E का जन्म हुआ, उनके बीच 10 वर्षों का अंतर है।

इस कथन में स्थिति 2 का उलघंन किया जाता है, इसलिए इसे रद्द कर दिया जाता है।

अंतिम व्यवस्था इस प्रकार है,

वर्ष	आयु	व्यक्ति
1980	41	A
1985	36	Q
1987	34	C
1993	28	S
1998	23	P
2004	17	R
2008	13	E
2010	11	B

26. इसलिए, '1998' P का जन्म में हुआ था।

अतः विकल्प (B) सही है।

27. इसलिए, 1987 में 'C' का जन्म हुआ था।

अतः विकल्प (B) सही है।

28. R की आयु + B की आयु = (17) + (11) = 28

1) E की आयु = 13

2) A की आयु = 41

3) P की आयु = 23

4) S की आयु = 28

5) C की आयु = 34

इसलिए, R की आयु + B की आयु = 'S की आयु'

अतः विकल्प (D) सही है।

29. इसलिए, A की आयु '41' है।

अतः विकल्प (C) सही है।

30. Q की आयु - S की आयु = (36) - (28) = 8

इसलिए, Q और S की आयु के बीच का अंतर 8 है।

अतः विकल्प (B) सही है।

Ques (31-35):दिया गया है,

आठ व्यक्ति A, B, C, D, E, F, G और H एक 8-मंजिल की इमारत के विभिन्न तलों पर रहते हैं।

1. G एक सम संख्या वाली मंजिल पर रहता है लेकिन दूसरी मंजिल और छठी मंजिल पर नहीं रहता है।

मंजिल	व्यक्ति	मंजिल	व्यक्ति
8		8	G
7		7	
6		6	
5		5	
4	G	4	
3		3	
2		2	
1		1	

2. G, A के मंजिल के ऊपर रहता है।

3. G और A के बीच दो व्यक्ति रहते हैं।

स्थिति (I)		स्थिति (II)	
मंजिल	व्यक्ति	मंजिल	व्यक्ति
8		8	G
7		7	
6		6	
5		5	A
4	G	4	
3		3	
2		2	
1	A	1	

4. A और B के बीच 3 व्यक्ति रहते हैं और B, G के ठीक ऊपर रहता है।

स्थिति II को हटा दिया गया।

स्थिति (I)	
मंजिल	व्यक्ति
8	
7	
6	
5	B
4	G
3	
2	
1	A

5. F एक सम संख्या वाली मंजिल पर रहता है।

6. F, B के मंजिल के ठीक ऊपर रहता है।

स्थिति (I)	
मंजिल	व्यक्ति
8	
7	
6	F
5	B
4	G
3	
2	
1	A

7. F और H के मध्य दो व्यक्ति रहते हैं।

स्थिति (I)	
मंजिल	व्यक्ति
8	
7	
6	F
5	B
4	G
3	H
2	
1	A

8. D, E के मंजिल के ऊपर और C के मंजिल के नीचे रहता है।

स्थिति (I)	
मंजिल	व्यक्ति
8	C
7	D
6	F
5	B
4	G
3	H
2	E
1	A

31. इसलिए, D सातवीं मंजिल पर रहता है।

अत: विकल्प (C) सही है।

32. इसलिए, G चौथी मंजिल पर रहता है।

अत: विकल्प (B) सही है।

33. इसलिए, G, B और H के बीच रहता है।

अत: विकल्प (A) सही है।

34. इसलिए, H, E के ठीक ऊपर रहता है।

अत: विकल्प (A) सही है।

35. इसलिए, B पांचवीं मंजिल पर रहता है।

अत: विकल्प (B) सही है।

36. दिया है,

मूल लाभ = 30%

माना मूल क्रय मूल्य = 100 रु.

∴ विक्रय मूल्य. = 130 रु.

अब, नया क्रय मूल्य = 80 रु.

और नया विक्रय मूल्य. = 130 का 120 % = 156 रु.

∴ नया लाभ % = $\frac{76}{80} \times 100 = 95\%$

∴ लाभ प्रतिशत में प्रतिशत परिवर्तन = $\frac{(95-30)}{30} \times 100$

= $\frac{65}{30} \times 100 = 216.66\%$ (लगभग)

अतः विकल्प (D) सही है।

37. दूरी = x किमी लें

उसकी गति = v किमी प्रति घंटे

सामान्य गति से आगे बढ़ने में लिया गया समय- 3 किमी प्रति घंटे की तेजी से आगे बढ़ने पर लिया गया समय =40 मिनट

$\Rightarrow \frac{x}{v} - \frac{x}{v+3} = \frac{40}{60}$

$\Rightarrow x\left[\frac{1}{v} - \frac{1}{v+3}\right] = \frac{2}{3}$

$\Rightarrow x\left[\frac{v+3-v}{v(v+3)}\right] = \frac{2}{3}$

$\Rightarrow 2v(v+3) = 9x$ ......(1)

2 किमी प्रति घंटे धीमी गति से चलने पर लिया गया समय- सामान्य गति से आगे बढ़ने में लिया गया समय =40 मिनट

$\Rightarrow \frac{x}{v-2} - \frac{x}{v} = \frac{40}{60}$

$\Rightarrow x\left[\frac{1}{v-2} - \frac{1}{v}\right] = \frac{2}{3}$

$\Rightarrow x\left[\frac{v-v+2}{v(v-2)}\right] = \frac{2}{3}$

$\Rightarrow x\left[\frac{2}{v(v-2)}\right] = \frac{2}{3}$

$\Rightarrow x\left[\frac{1}{v(v-2)}\right] = \frac{1}{3}$

$\Rightarrow v(v-2) = 3x$ ......(2)

$\frac{(1)}{(2)} \Rightarrow \frac{2(v+3)}{(v-2)} = 3$

$\Rightarrow 2v + 6 = 3v - 6$

$\Rightarrow v = 12$

v की इस संख्या को (1) प्रतिस्थापन करने पर

$\Rightarrow 2 \times 12 \times 15 = 9x$

$\Rightarrow x = \frac{2\times12\times15}{9} = \frac{2\times4\times15}{3}$

$= 2 \times 4 \times 5 = 40$

इसलिए दूरी $= 40$ किमी

अतः विकल्प (B) सही है।

38. मिश्रण में व्हिस्की और स्प्रिट का अनुपात = 150 : 30 = 5 : 1

∴ बेचीं गई मिश्रण की मात्रा अर्थात् 30 L में व्हिस्की और स्प्रिट का अनुपात होगा = 5 : 1

बेचीं गई स्प्रिट की मात्रा = $\frac{1}{(1+5)} \times 30 = 5$ लीटर

बेचने के बाद शेष स्प्रिट की मात्रा = 30 - 5 = 25 लीटर

बेचीं गई व्हिस्की की मात्रा = $\frac{5}{(1+5)} \times 30 = 25$ लीटर

बेचने के बाद शेष व्हिस्की की मात्रा = 150 – 25 = 125 लीटर

माना मिलाई गई व्हिस्की और स्पिरिट की मात्रा क्रमशः 5p और 6p है।

प्रश्नानुसार,

व्हिस्की की अंतिम मात्रा = $\frac{500}{100} \times 30 = 150$ लीटर

∴ 125 + 5p = 150

⇒ P = 5 लीटर

∴ मिलाई गई स्प्रिट की मात्रा = 6p = 30 लीटर

अतः विकल्प (A) सही है।

39. आयताकार मैदान का क्षेत्रफल = सभी क्षेत्रों का क्षेत्रफल

⇒ (3 × 50 मीटर × 20 मीटर) + (4 × 40 मीटर × 30 मीटर) + (4 × 30 मीटर × 25 मीटर)

⇒ 3000 + 4800 + 3000

⇒ 10800 मीटर^2

दिये गये विकल्पों से मैदान का क्षेत्रफल,

⇒ 140 मीटर × 80 मीटर = 11200 मीटर^2

⇒ 160 मीटर × 70 मीटर = 11200 मीटर^2

⇒ 180 मीटर × 60 मीटर = 10800 मीटर^2

⇒ 200 मीटर × 50 मीटर = 10000 मीटर^2

⇒ 220 मीटर × 40 मीटर = 8800 मीटर^2

∴ आयताकार मैदान का संभावित आयाम 180 मीटर × 60 मीटर है।

अतः विकल्प (C) सही है।

40. तीनों के निवेश अनुसार मुनाफे को समान अनुपात में बाँटा जाएगा|

तीन साथियों के निवेश का अनुपात = 1000 : 1500 : 2000 = 2 : 3 : 4

810 रूपए में अंतिम साथी का हिस्सा = $\frac{4}{2+3+4} \times 810 = \frac{4}{9} \times 810 =$ 360 रूपए

अतः विकल्प (D) सही है।

41. दी गई श्रृंखला नीचे पैटर्न का पालन करती है।

दो से गुणा और तीन से घटाने पर,

46 = 23 × 2

43 = 46 - 3

86 = 43 × 2

83 = 86 - 3

166 = 83 × 2

इसलिए, आवश्यक संख्या 43 है।

अतः विकल्प (E) सही है।

42. दी गई श्रृंखला इस पैटर्न का अनुसरण करती है,

$99 - 1^1 = 98$

$98 - 2^1 = 96$

$96 - 1^2 = 95$

$95 - 2^2 = 91$

$91 - 1^3 = 90$

$90 - 2^3 = 82$

इस प्रकार, उसके बाद आने वाली संख्या $82 - 1^4 = 81$ है।

अतः विकल्प (D) सही है।

43. श्रृंखला में दी गई प्रत्येक संख्या अभाज्य संख्याओं का एक पूर्ण घन है।

$4913 = 17^3$

$6859 = 19^3$

$12167 = 23^3$

$24389 = 29^3$

इसलिए, $31^3 = 29791$

अतः विकल्प (C) सही है।

44. श्रृंखला की लगातार संख्याओं के बीच अंतर 2 से गुणा हो रहा है।

17 - 15 = 2

21 - 17 = 4

2 9 - 21 = 8

45 - 29 = 16

इसलिए, प्रश्न चिह्नों को बदलने का सही उत्तर 21 है।

अतः विकल्प (D) सही है।

45. दिया गया है:

1, 10, 24, 63, 227, ?

उपरोक्त श्रृंखला को ध्यान में रखते हुए, तर्क को इस प्रकार समझाया जा सकता है,

10 - 1 = 9

24 - 10 = 14

63 - 24 = 39

227 - 63 = 164

? - 227 = मान लीजिये कि x

दोहरा अंतर लेने पर,

14 - 9 = 5

39 - 14 = 25

164 - 39 = 125

दोहरे अंतर के स्वरूप को देखकर हम कह सकते हैं,

x - 164 = 625

⇒ x = 789

इसलिए, ? - 227 = 789

⇒ ? = 1016

अतः विकल्प (B) सही है।

46. 10 छात्रों और उनके शिक्षक की कुल आयु $= 11 \times 15 = 165$ वर्ष

7 छात्रों की कुल आयु $= 7 \times 15 = 105$ वर्ष

3 छात्रों की कुल आयु $= 3 \times 11 = 33$ वर्ष

$\therefore$ 10 छात्रों की कुल आयु $= 105 + 33 = 138$ वर्ष

उनके शिक्षक की आयु $= 165 - 138 = 27$ वर्ष

अत: विकल्प (C) सही है।

47. यह एक सरल सरलीकरण है।

$$0.0729 = 8.1 \times 0.009$$

$$0.625 = 0.025 \times 25$$

$$28.9 = 0.0017 \times 17000$$

$$\therefore \frac{(0.625 \times 0.0729 \times 28.9)}{(0.0017 \times 0.025 \times 8.1)}$$

$$= (0.009 \times 25 \times 17000)$$

$$= 3825$$

इसलिए, $\frac{(0.625 \times 0.0729 \times 28.9)}{(0.0017 \times 0.025 \times 8.1)}$ का मान 3825 है।

अत: विकल्प (A) सही है।

48. दिया गया है,

$$\left\{\frac{(764 \times ?)}{250}\right\} = 382$$

$$\Rightarrow ? = \left\{\frac{(382 \times 250)}{764}\right\}$$

$$= 125$$

इसलिए, '?' का मान 125 है।

अत: विकल्प (C) सही है।

49. दिया गया है,

$$\left(\frac{1}{4}\right) \times (4856 \times 0.5) \times 12 = ?$$

$$\Rightarrow \left(\frac{1}{4}\right) \times 2428 \times 12$$

$$? = 7284$$

इसलिए, '?' का मान 7284 है।

अत: विकल्प (A) सही है।

50. दिया गया है,

$853 + \left(\frac{?}{17}\right) = 1000$

$\Rightarrow \left(\frac{?}{17}\right) = 1000 - 853$

$= 147$

$\Rightarrow ? = 17 \times 147$

$= 2499$

इसलिए, '?' का मान 2499 है।

अत: विकल्प (C) सही है।

51. दिया गया है,

$9643 - 7750 + ? = 4990$

$\Rightarrow ? = 4990 - 9643 + 7750$

$= 3097$

इसलिए, '?' का मान 3097 है।

अत: विकल्प (C) सही है।

52. दिया गया है,

$6153 \div \sqrt{?} \times 53 = 4028$

$\Rightarrow \frac{(6153 \times 53)}{\sqrt{?}} = 4028$

$\Rightarrow \sqrt{?} = 80.96 \approx 81$

$\Rightarrow ? = 6561$

इसलिए, '?' का मान 6561 है।

अत: विकल्प (D) सही है।

53. दिया गया है,

$2\frac{1}{4} - \left[1\frac{1}{2} \div \left\{1\frac{1}{2} - \frac{1}{4}\left(1\frac{1}{2} - \frac{1}{3} \div \sqrt{\frac{36}{49}}\right)\right\}\right]$

$\Rightarrow \frac{9}{4} - \left[\frac{3}{2} \div \left\{\frac{3}{2} - \frac{1}{4}\left(\frac{3}{2} - \frac{1}{3} \div \frac{6}{7}\right)\right\}\right]$

$\Rightarrow \frac{9}{4} - \left[\frac{3}{2} \div \left\{\frac{3}{2} - \frac{1}{4}\left(\frac{3}{2} - \frac{1}{3} \times \frac{7}{6}\right)\right\}\right]$

$\Rightarrow \frac{9}{4} - \left[\frac{3}{2} \div \left\{\frac{3}{2} - \frac{1}{4}\left(\frac{3}{2} - \frac{7}{18}\right)\right\}\right]$

$\Rightarrow \frac{9}{4} - \left[\frac{3}{2} \div \left\{\frac{3}{2} - \frac{1}{4}\left(\frac{20}{18}\right)\right\}\right]$

$\Rightarrow \frac{9}{4} - \left[\frac{3}{2} \div \left\{\frac{3}{2} - \frac{5}{18}\right\}\right]$

$\Rightarrow \frac{9}{4} - \left[\frac{3}{2} \div \left\{\frac{22}{18}\right\}\right]$

$\Rightarrow \frac{9}{4} - \left[\frac{3}{2} \times \left\{\frac{18}{22}\right\}\right]$

$\Rightarrow \frac{9}{4} - \left[\frac{27}{22}\right]$

$\Rightarrow \frac{45}{44}$

अत: विकल्प (C) सही है।

54. दिया गया है,

$(38)^2 + (63)^2 + (?)^2 = 6089$

$\Rightarrow ?^2 = 6089 - 1444 - 3969$

$= 676$

$? = 26$

इसलिए, '?' का मान 26 है।

अत: विकल्प (A) सही है।

55. दिया गया है,

$-224 + (-314) \times (-9) = ?$

$\Rightarrow -224 + (-314) \times (-9) = -224 + 2826$

$= 2602$

इसलिए, '?' का मान 2602 है।

अत: विकल्प (B) सही है।

56. दिया गया है:

212 का 25% + 140 का 5% = 500 का 2 × 11% + ?

$\Rightarrow \left(\frac{1}{4}\right) \times 212 + \left(\frac{1}{20}\right) \times 140 = 2 \times \left(\frac{11}{100}\right) \times 500 + ?$

⇒ 53 + 7 = 110 + ?

⇒ ? = 60 -110 = -50

∴ (?) का मान -50 है।

अतः विकल्प (C) सही है।

57. औसत = पदों का योग / पदों की संख्या

दिया है,

माना पहले, दूसरे, तीसरे और चौथे दिन का तापमान क्रमशः a, b, c और d डिग्री था।

सप्ताह के पहले तीन दिन का औसत तापमान 45 डिग्री है।

$\Rightarrow \frac{(a + b + c)}{3} = 45$

⇒ (a + b + c) = 135

⇒ (b + c) = 135 - a

दूसरे, तीसरे और चौथे दिन का औसत 46 डिग्री है,

$\Rightarrow \frac{(b + c + d)}{3} = 46$

⇒ (b + c + d) = 138

⇒ (135 - a + d) = 138

⇒ d - a = 3

दिया है,

पहले दिन का तापमान चौथे दिन के तापमान का $93\frac{3}{4}\%$ है।

⇒ a = $\left(\frac{375}{4}\right) \times \left(\frac{1}{100}\right) \times d$

⇒ a = $\frac{15d}{16}$

⇒ d - $\frac{15d}{16}$ = 3

⇒ $\frac{d}{16}$ = 3

⇒ d = 48

चौथे दिन का तापमान 48 डिग्री है

पहले दिन का तापमान = a = $\frac{15d}{16} = \frac{(15 \times 48)}{16}$ = 45 डिग्री

सप्ताह के पहले और चौथे दिन का औसत तापमान =

= $\frac{(45 + 48)}{2}$

= $\frac{93}{2}$ = 46.5

सप्ताह के पहले और चौथे दिन का औसत तापमान 46.5 डिग्री है।

अतः विकल्प (C) सही है।

58. 75 लड़कियों के एक समूह का औसत भार 48 किग्रा मापा गया।

75 लड़कियों का कुल भार = 48 × 75 किग्रा = 3600 किग्रा

बाद में ये पाया गया कि एक लड़की का भार 44 किग्रा माप लिया गया था, जबकि वास्तव में यह 26 किग्रा था।

शेष 74 लड़कियों का वास्तविक भार = (3600 – 44) किग्रा = 3556 किग्रा

लेकिन लड़की का भार 26 किग्रा है।

लड़की का वास्तविक भार रखने पर 75 लड़कियों का कुल भार = 3556 + 26 किग्रा

= 3582 किग्रा

अब 75 लड़कियों का औसत भार = $\frac{3582}{75}$ किग्रा

= 47.76 किग्रा

इसलिए उत्तर 47.76 किग्रा है।

अतः विकल्प (E) सही है।

59. दिया गया है:

राम प्रत्येक वर्ष की शुरुआत में 60,000 रुपये की बचत कर उन्हें बैंक में रख देता है।

चक्रवृद्धि ब्याज की दर = 10% वार्षिक

समय = 4 वर्ष

हम जानते हैं कि:

चक्रवृद्धि ब्याज, ब्याज पर ब्याज है।

$$A = P \times \left(1 + \frac{R}{100}\right)^T$$

A = मिश्रधन

P = मूलधन

R = ब्याज की दर

T = समय

बैंक में प्रथम वर्ष का जमा 60,000 रुपये

1 वर्ष के बाद राशि $= 60000 \times \left(1 + \frac{10}{100}\right)^1$

2 वर्ष के बाद राशि $= 60000 \times \left(1 + \frac{10}{100}\right)^2$

3 वर्ष के बाद राशि $= 60000 \times \left(1 + \frac{10}{100}\right)^3$

4 वर्ष के बाद राशि $= 60000 \times \left(1 + \frac{10}{100}\right)^4$

4 वर्ष के बाद कुल राशि $= 60000 \times 1.1 \times \{1 + 1.1 + (1.1)^2 + (1.1)^3\}$

$= 66000 \times (1 + 1.1 + 1.21 + 1.331)$

$= 66000 \times 4.641$

$= 3{,}06{,}306$ रुपये

∴ 4 वर्ष बाद राम की कुल बचत 3,06,306 रुपये है।

अतः विकल्प (D) सही है।

60. दिया है:

2 वर्ष में 9500 रुपये, 11,210 रुपये हो जाते हैं।

हम जानते हैं कि:

SI $= \frac{(P \times R \times T)}{100}$

यहाँ, SI = साधारण ब्याज, P = मूलधन, R = ब्याज दर, T = समय

2 वर्षों में अर्जित ब्याज $= (11{,}210 - 9{,}500)$ रुपये

$= 1710$ रुपये

एक वर्ष में अर्जित ब्याज $= \left(\frac{1710}{2}\right)$ रुपये

$= 855$ रुपये

ब्याज की दर $= \left(\frac{855}{9500}\right)$ रुपये $\times 100 = 9\%$

यदि ब्याज की दर में 6% की वृद्धि की जाती है, तो ब्याज की दर $= (9 + 6)\% = 15\%$

इसलिए, SI = $\frac{(10{,}000 \times 15 \times 4)}{100}$ रुपये

$= 6{,}000$ रुपये

धनराशि = P + SI

$= (10{,}000 + 6{,}000)$ रुपये

$= 16{,}000$ रुपये

∴ अभीष धनराशि 16,000 रुपये है।

अत: विकल्प (D) सही है।

61. माना B, 100 इकाई/दिन करता है।

A, 120 इकाई/दिन करता है।

कुल इकाइयाँ जिनका उत्पादन किया जाना है = A की 1 दिन की क्षमता × A द्वारा लिया गया समय

= 120 × 22 = 2640 इकाई

(A + B) के 1 दिन का कार्य = 220 इकाई/दिन

2640 इकाइयों का उत्पादन = $\frac{2640}{220}$ दिन = 12 दिन

अत: विकल्प (B) सही है।

62. दिया हुआ,

रोनित अजय से दोगुना दक्ष है।

वह अजय की तुलना में 42 दिनों में काम खत्म कर सकता है।

कुल किया गया काम = दक्षता × कुल दिनों की संख्या

रोनित और अजय की दक्षता का अनुपात = 2 : 1

रोनित और अजय के समय का अनुपात = 1 : 2

माना रोनित और अजय का समय क्रमशः 1x और 2x है।

2x - x = 42

⇒ x = 42

अजय द्वारा लिया गया समय = 2x = 2 × 42 = 84 दिन

∴ अजय 84 दिनों में काम पूरा कर सकता है।

अत: विकल्प (C) सही है।

63. दिया गया है:

एक दर्जन केले के मूल्य में 25% की वृद्धि करने पर, एक केले का मूल्य 125 रुपये हो जाता है।

प्रयुक्त अवधारणा:

एक दर्जन केलों की प्रतिशत वृद्धि एक केले की प्रतिशत वृद्धि के समान है।

गणना:

माना 'x' एक केले का मूल मूल्य है।

एक केले का बढ़ा हुआ मूल्य = 125 रुपये

एक केले या एक दर्जन केले के मूल्य में प्रतिशत वृद्धि = 25%

प्रश्न के अनुसार,

⇒ x रुपये का (100% + 25%) = 125 रुपये

⇒ x रुपये का 125% = 125 रुपये

$\Rightarrow \frac{125}{100} \times$ Rs. $x = 125$ रुपये

$\Rightarrow x = 125 \times \frac{100}{125}$ रुपये

⇒ x = 100 रुपये

∴ एक केले का वास्तविक मूल्य 100 रुपये है।

अत: विकल्प (D) सही है।

64. माना आवश्यक प्रतिशत $x\%$ है।

प्रश्नानुसार,

5.6 किलो का $x\% = 140$ ग्राम

$\Rightarrow 5600 \times \frac{x}{100} = 140$

$\therefore x = 2.5$

अत: विकल्प (C) सही है।

65. जैसा कि दिया गया है,

अक्की की गति = 180 किमी/घंटा

भुवन की गति = 210 किमी/घंटा

चंद्रू की गति = 150 किमी/घंटा

दीपेश की गति = 120 किमी/घंटा

हेमंत की गति = 90 किमी/घंटा

औसत गति $= \frac{180+210+150+120+90}{5}$

औसत गति $= \frac{750}{5}$

= 150 किमी/घंटा

अतः विकल्प (C) सही है।

66. जैसा कि दिया गया है,

अक्की की गति = 180 किमी/घंटा

भुवन की गति = 210 किमी/घंटा

चंद्रू की गति = 150 किमी/घंटा

दीपेश की गति = 120 किमी/घंटा

हेमंत की गति = 90 किमी/घंटा

व्यक्तियों की संख्या = 5 + 1

= 6

औसत गति $= \frac{180+210+150+120+90+80}{6}$

= 138.33 किमी/घंटा

अतः विकल्प (E) सही है।

67. जैसा कि दिया गया है,

अक्की की गति = 180 किमी/घंटा

भुवन की गति = 210 किमी/घंटा

चंद्रू की गति = 150 किमी/घंटा

दीपेश की गति = 120 किमी/घंटा

हेमंत की गति = 90 किमी/घंटा

अक्की द्वारा लिया गया समय $= \frac{360}{180}$

= 2 घंटे

भुवन द्वारा लिया गया समय $= \frac{360}{210}$

$= \frac{12}{7}$ घंटे

दीपेश द्वारा लिया गया समय $= \frac{360}{120}$

$= 3$ घंटे

चंद्रू द्वारा लिया गया समय $= \frac{360}{150}$

$= \frac{12}{5}$ घंटे

आवश्यक अनुपात $= \frac{2+\frac{12}{7}}{3+\frac{12}{5}}$

$= \frac{26\times5}{27\times7}$

$= \frac{130}{189}$

अतः विकल्प (B) सही है।

68. जैसा दिया गया है, दूरी 270 किमी तक कम हो जाती है लेकिन उनकी गति समान रहती है।

फिर, नई दूरी = 270 किमी

अक्की की गति = 180 किमी/घंटा

अक्की द्वारा लिया गया समय = $\frac{270}{180}$

= 1 घंटा 30 मिनट

दीपेश की गति = 120 किमी/घंटा

दीपेश द्वारा लिया गया समय= $\frac{270}{180}$

= 2 घंटे 15 मिनट

आवश्यक अंतर = 2 घंटे 15 मिनट – (1 घंटा 30 मिनट)

= 120 + 15 - (60 + 30)

– 45 मिनट

अतः विकल्प (B) सही है।

69. जैसा कि दिया गया है,

अक्की की गति = 180 किमी/घंटा

भुवन की गति = 210 किमी/घंटा

चंद्रू की गति = 150 किमी/घंटा

दीपेश की गति = 120 किमी/घंटा

हेमंत की गति = 90 किमी/घंटा

चंद्रू और हेमंत की गति में अंतर = 150 – 90

= 60 किमी/घंटा

आवश्यक $\% = \frac{60\times100}{120}$

= 50%

अतः विकल्प (D) सही है।

70. पनीर का कुल मूल्य $= 750 \times 5 = 3750$

पनीर पर कुल छूट $= 3750$ का $8\% = 300$

मक्खन का कुल मूल्य $= 1250 \times 3 = 3750$

मक्खन पर कुल छूट $= 3750$ का $20\% = 750$

कुल छूट $= 300 + 750 = 1050$

प्रभावी छूट $\% = \frac{1050}{7500} \times 100 = 14\%$

अत: विकल्प (C) सही है।

71. In the given sentence, the error in the part is the inappropriate use of the adverb.

Adverbs are words that are used to modify nouns, pronouns, verbs, adjectives, other adverbs, etc.

In the given statement, the word 'hardly' is being used to qualify a statement by saying that it is true to an insignificant degree.

For eg.- The little house in which he lived was hardly bigger than a hut.

Whereas from the sentence we can gather that he works hard to be able to provide for his family.

Therefore, we will replace 'hardly' with 'hard' to make the sentence grammatically correct.

The correct sentence will be: 'He has been toiling hard to be able to provide for his family.'

Hence, the correct option is (B).

72. In the given sentence, the error in the part is the inappropriate use of the noun number.

Nouns are words used to name person, place, animal, thing, emotion, or state.

In the given statement, the incorrect plural form of 'brother-in-law' is being used.

Compound nouns are made plural by adding 's' to the main word.

For eg.- Commander-in-chief - Commanders-in-chief, brother-in-law - brothers-in-law etc.

Therefore, we will replace 'brother-in-laws' with 'brothers-in-law' to make the sentence grammatically correct.

The correct sentence will be: 'The brothers-in-law were very helpful and supportive to their choices'.

Hence, the correct option is (A).

73. In the given sentence, the error in the part is the inappropriate use of the noun number.

Nouns are words used to name person, place, animal, thing, emotion, or state.

In the given statement, the incorrect plural form of 'information' is being used.

Nouns such as jewelry, evidence, information, work, etc are uncountable nouns and can't be made plural by adding 's/es' within a sentence.

Phrases like 'all pieces of', 'many kinds of', 'slices of' etc. are added before uncountable nouns to make them plural.

For eg.- Many kinds of furniture are available in that shop.

Therefore, we will replace 'informations' with 'information' to make the sentence grammatically correct.

The correct sentence will be: 'All pieces of information given by her were accurate.'

Hence, the correct option is (B).

74. The given sentence is in the past tense as can be seen by the use of the verbs 'killed' and 'injured' in the past tense.

There are no errors in the sentence.

Thus, the correct sentence is: 'Three jawans of District Reserve Guard were killed while ten others were injured in an IED blast on Tuesday.'

Hence, the correct option is (E).

75. The sentence is in the past tense as the event is already over, the match has been lost and the team has already arrived at the airport.

This can be seen by the usage of the verb 'lost' and 'was' in the past tense.

This means that the other verbs in the sentence should also be in agreement with this tense of the sentence.

So, 'receive' needs to be replaced with 'received' in order to make the sentence grammatically correct.

Thus, the correct sentence is: 'Despite having lost the match, the team was received at the airport with a lot of enthusiasm.'

Hence, the correct option is (B).

76. B is the first sentence after rearrangement.

- The first sentence is B as it introduces the subject i.e., Oxford-AstraZeneca which is a COVID-19 vaccine.
- The second sentence is D as it mentions that this vaccine performed well in early trials. This is probably why this vaccine got approval for late-stage human trials (mentioned in B).
- The third sentence is C as 'its' refers to the vaccine. It is stated that the mild side effects are an indication that the vaccine is a safe one.
- The fourth sentence is E as it starts with 'but' and states that scientists have advised that we must be cautious despite it (the vaccine) being considered safe.
- The last sentence is A as it is a continuation of E and states the reason behind this advice from the scientists.
- Thus, the correct sequence is BDCEA.

Hence, the correct option is (B).

77. C is the third sentence after rearrangement.

- The first sentence is B as it introduces the subject i.e., Oxford-AstraZeneca which is a COVID-19 vaccine.
- The second sentence is D as it mentions that this vaccine performed well in early trials. This is probably why this vaccine got approval for late-stage human trials (mentioned in B).
- The third sentence is C as 'its' refers to the vaccine. It is stated that the mild side effects are an indication that the vaccine is a safe one.
- The fourth sentence is E as it starts with 'but' and states that scientists have advised that we must be cautious despite it (the vaccine) being considered safe.
- The last sentence is A as it is a continuation of E and states the reason behind this advice from the scientists.
- Thus, the correct sequence is BDCEA.

Hence, the correct option is (C).

78. E is the fourth sentence after rearrangement.

- The first sentence is B as it introduces the subject i.e., Oxford-AstraZeneca which is a COVID-19 vaccine.
- The second sentence is D as it mentions that this vaccine performed well in early trials. This is probably why this vaccine got approval for late-stage human trials (mentioned in B).
- The third sentence is C as 'its' refers to the vaccine. It is stated that the mild side effects are an indication that the vaccine is a safe one.
- The fourth sentence is E as it starts with 'but' and states that scientists have advised that we must be cautious despite it (the vaccine) being considered safe.
- The last sentence is A as it is a continuation of E and states the reason behind this advice from the scientists.
- Thus, the correct sequence is BDCEA.

Hence, the correct option is (E).

79. A is the fifth sentence after rearrangement.

- The first sentence is B as it introduces the subject i.e., Oxford-AstraZeneca which is a COVID-19 vaccine.
- The second sentence is D as it mentions that this vaccine performed well in early trials. This is probably why this vaccine got approval for late-stage human trials (mentioned in B).
- The third sentence is C as 'its' refers to the vaccine. It is stated that the mild side effects are an indication that the vaccine is a safe one.
- The fourth sentence is E as it starts with 'but' and states that scientists have advised that we must be cautious despite it (the vaccine) being considered safe.
- The last sentence is A as it is a continuation of E and states the reason behind this advice from the scientists.
- Thus, the correct sequence is BDCEA.

Hence, the correct option is (A).

80. B-D pairs form consecutive sentences after rearrangement.

- The first sentence is B as it introduces the subject i.e., Oxford-AstraZeneca which is a COVID-19 vaccine.
- The second sentence is D as it mentions that this vaccine performed well in early trials. This is probably why this vaccine got approval for late-stage human trials (mentioned in B).

- The third sentence is C as 'its' refers to the vaccine. It is stated that the mild side effects are an indication that the vaccine is a safe one.
- The fourth sentence is E as it starts with 'but' and states that scientists have advised that we must be cautious despite it (the vaccine) being considered safe.
- The last sentence is A as it is a continuation of E and states the reason behind this advice from the scientists.
- Thus, the correct sequence is BDCEA.

Hence, the correct option is (D).

81. The sentence uses the form **agrees upon,** which is incorrect and needs improvement.

Using the preposition 'upon' is incorrect here and hence it has to be corrected.

The correct phrasal verb to be used here is **'agrees with'.**

To agree with is a phrase which means to have the same opinion as someone else.

e.g. I agree with my guru blindly.

The only alternative that improves the sentence is A.

None of the other alternatives can make the sentence meaningful.

Hence, the correct option is (A).

82. The sentence uses the form **to apply within,** which is incorrect and needs improvement.

Using the preposition 'within' is incorrect here and hence it has to be corrected.

The correct phrasal verb to be used here is **'to apply for'**.

To apply for is a phrase which means to make a formal request.

e.g. Radhika was unsure about applying for a hundred thousand dollar bank loan

The only alternative that improves the sentence is C.

None of the other alternatives can make the sentence meaningful.

Hence, the correct option is (A).

83. The sentence uses the form **breaks up**, which is incorrect and needs improvement.

Using the preposition 'up' is incorrect here and hence it has to be corrected.

The correct phrasal verb to be used here is **'breaks away'**.

To break away is a phrase which means to separate from.

e.g. We have to break away from this lethal monotony if we wish to have a happy existence.

The only alternative that improves the sentence is B.

None of the other alternatives can make the sentence meaningful.

Hence, the correct option is (C).

84. The sentence uses the form **brought over**, which is incorrect and needs improvement.

Using the preposition 'over' is incorrect here and hence it has to be corrected.

The correct phrasal verb to be used here is **'brought up'**.

Brought up is a phrase which means to raise (a child).

e.g. Jemima is bringing Larry up like he is her own son.

The only alternative that improves the sentence is A.

None of the other alternatives can make the sentence meaningful.

Hence, the correct option is (A).

85. The sentence uses the form **breaks out**, which is incorrect and needs improvement.

Using the preposition 'out' is incorrect here and hence it has to be corrected.

The correct phrasal verb to be used here is **'breaks up'**.

To break up is a phrase which means to come to an end.

e.g. The dance troupe broke up due to irreconcilable differences.

The only alternative that improves the sentence is B.

None of the other alternatives can make the sentence meaningful.

Hence, the correct option is (D).

86. Are you looking forward to seeing Nikhil again.

In the given sentence 'look forward to' is a prepositional phrase.

The 'to' in 'look forward to' is a preposition, so we must follow it with a noun phrase or a verb in the -ing form.

Hence, the correct option is (D).

87. The work cannot be completed on time unless you work for longer hours.

The given sentence has two clauses -

- Main clause - The work cannot be completed on time
- Subordinate clause - you work for longer hours.

Unless means; except on the condition that. Unless needs a main clause to make a complete sentence. - She will be sick unless she stops eating.

Hence, the correct option is (D).

88. Correct sentence: Raghu takes care to remain extremely fit by going to the gym every day.

Extremely: very

As the sentence is referring to "being very fit", the correct option must be "extremely."

Hence, the correct option is (A).

89. Children should obey their parents.

The word "should" is used to show obligation or compulsion.

It is an obligation for children to obey their parents.

Hence, the correct option is (C).

90. Complete sentence: Unless electricity jumps you cannot see it.

The correct form of the verb that is in agreement with the subject is 'jumps'. The given sentence is an example of the first conditional.

Here, 'unless' is used as a conjunction. It is 'used to say what will or will not happen if something else does not happen or is not true; except if'.

Hence, the correct option is (B).

91. The economy of India is a developing mixed economy. It is the world's sixth-largest economy by nominal GDP and the third-largest by purchasing power parity. The long-term growth prospective of the Indian economy is positive due to its young population, corresponding low dependency ratio, healthy savings and investment rates, and increasing integration into the global economy.

As stated in the above paragraph, the Indian economy is socialistic in its approach. A socialist economic system is characterised by social ownership and operation of the means of production that may take the form of autonomous cooperatives or direct public ownership wherein production is carried out directly for use.

Hence, the correct option is (D).

92. Colonial rule brought along with its change in the economic structure of India.The whole process of taxation was revised, with effect on the farmers, a single currency system with fixed exchange rates, standardised weights and measures, free trade was encouraged and a kind of capitalist structure in the economy introduced.

The rest of the options are not true with the context of the paragraph.

Hence, the correct option is (B).

93. As stated in the above paragraph, even though the government has taken up a lot of policy initiatives, Indian economy is gripped by poverty.

The rest of the options are true with the context of the paragraph.

Hence, the correct option is (C).

94. As stated in the above paragraph, Indian economy is the third largest in the world, as measured by PPP. There has beeen an enormous shift from what the Indian economy used to be in the past.

Hence, the correct option is (B).

95. The correct answer is 'To transform Indian subcontinent as a consumer market for British finished goods'.

As stated in the above paragraph, the basic aim of British administration in India was to transform Indian subcontinent as a consumer market for British furnished goods.

Hence, the correct option is (C).

96. As stated in the above paragraph, two-thirds of the Indian population directly or indirectly depend on agriculture.

Agriculture sector also known as primary sector is essential for economic growth in any economy including India. It has emerged as the essential-growing sector in the global economy since independence. This sector contributing 13.7 per cent of GDP. In employment providing, this sector is occupying first place. Its respectable share in foreign direct investment (FDI) inflows as well as in total exports makes it the engine of economic growth.

Hence, the correct option is (C).

97. The correct answer is 'The government took up a lot of policy initiative'.

Referring to this line from the give passage: "during the independence, Indian economy had almost all the features of an underdeveloped economy. In the last fifty years of self-rule, a lot of policy initiative has been taken up by the government of India to upgrade the economic base of the country."

Hence, the correct option is (B).

98. The correct answer is 'Exporting of raw materials and manpower and selling the finished goods in India at high rates'.

As stated in the above paragraph, they exported the raw materials and manpower and the finished goods were brought back to India and sold at high rates. This was not favourable to the Indian economy.

Hence, the correct option is (C).

99. Extensive means 'large in amount or scale.' Only 'vast' is a synonym of 'extensive' and it means 'of very great extent or quantity; immense.'

The rest of the words are irrelevant as they mean:

Digress: leave the main subject temporarily in speech or writing

Fickle: changing frequently, especially as regards one's loyalties or affections

Fume: feel, show, or express great anger

Treason: the action of betraying someone or something

Hence, the correct option is (B).

100. Sophisticated means 'having, revealing, or involving a great deal of worldly experience and knowledge of fashion and culture.' Only 'worldly' is a synonym of 'sophisticated' as it means 'experienced and sophisticated.'

The rest of the words are irrelevant as they mean:

Untenable: not able to be maintained or defended against attack or objection

Eclectic: deriving ideas, style, or taste from a broad and diverse range of sources

Eccentric: unconventional and slightly strange

Integrity: the quality of being honest and having strong moral principles

Hence, the correct option is (A).

मॉक टेस्ट 07

Reasoning Ability

Q.1 राज्य स्तरीय नृत्य प्रतियोगिता में कुल 75 लोगों ने हिस्सा लिया। स्तुति ऊपर से 13वें और बरखा नीचे से 25वें स्थान पर रहीं। स्तुति और बरखा के बीच कुल कितने प्रतिभागी खड़े थे?

A. 42 **B.** 30 **C.** 45 **D.** 37
E. 50

Q.2 'सुरेश, अनिल से भारी है लेकिन उतना भारी नहीं है जितना कि राजू है। 'अनिल', जयेश से भारी है। 'कृष्णा', सुरेश से भारी है लेकिन 'राजू' से हल्का है। इनमें से सबसे हल्का कौन है?

A. कृष्णा **B.** सुरेश **C.** जयेश **D.** राजू
E. अनिल

Ques (3-7):निर्देश: निम्नलिखित जानकारी का ध्यानपूर्वक अध्ययन कीजिये और नीचे दिए गए प्रश्नों के उत्तर दीजिये।

सात मित्र A, B, C, D, E, F और G एक इमारत की अलग-अलग मंजिल पर रहते हैं लेकिन जरूरी नहीं कि इसी क्रम में हों। भूतल की संख्या 1 है, पहली मंजिल की संख्या 2 है, और इसी तरह सबसे ऊपरी मंजिल की संख्या 7 है। A के ऊपर केवल दो लोग रहते हैं। जिस तल पर C रहता है, उसके ऊपर उतनी ही संख्या में लोग रहते हैं जितने जिस तल पर D रहता है उसके नीचे रहते हैं। A और C के बीच एक से अधिक व्यक्ति नहीं रहते हैं। F, E से तीन मंजिल ऊपर रहता है। F सबसे ऊपरी मंजिल पर नहीं रहता है। B या तो C या D के ठीक ऊपर नहीं रहता है।

Q.3 G के ठीक ऊपर कौन रहता है?

A. F **B.** E **C.** A **D.** C
E. कोई नहीं

Q.4 E निम्नलिखित में से किस मंजिल पर रहता है?

A. तीसरी **B.** पांचवी **C.** दूसरी **D.** चौथी
E. छठी

Q.5 निम्नलिखित में से कौन उन मंजिलों के बीच की मंजिल पर रहता है जिन पर C और B रहते हैं?

A. A **B.** G
C. F **D.** (A) और (C) दोनों
E. (A) और (B) दोनों

Q.6 यदि सभी व्यक्ति नीचे से ऊपर तक वर्णानुक्रम में रहते हैं, तो कितने व्यक्तियों की स्थिति अपरिवर्तित रहेगी?

A. दो **B.** चार **C.** तीन **D.** एक
E. कोई नहीं

Q.7 निम्नलिखित में से कौन A से तीन मंजिल नीचे रहता है?

A. C **B.** D **C.** G **D.** E
E. B

Q.8 निर्देश: नीचे दिए गए प्रश्न में तीन कथन दिए गए हैं जिनके बाद (i) और (ii) संख्यांकित दो निष्कर्ष दिए गए हैं। आपको दिए गए कथनों को सत्य मानना है, भले ही वे सामान्यतः ज्ञात तथ्यों के साथ विचरण करते हों। सभी निष्कर्षों को पढ़िए और फिर निर्णय लीजिये कि दिए गए कथनों में से कौन सा निष्कर्ष सामान्यतः ज्ञात तथ्यों की अवहेलना करते हुए दिए गए कथनों का तार्किक रूप से अनुसरण करता है।

कथन:

केवल A, B हैं।

केवल C, D हैं।

कुछ A, C हैं।

निष्कर्ष:

(i) कुछ B, C हो सकते हैं।

(ii) कुछ D, A हैं।

A. केवल (i) अनुसरण करता है
B. केवल (ii) अनुसरण करता है
C. या (i) या (ii) अनुसरण करता है
D. दोनों (i) और (ii) अनुसरण करते हैं
E. कोई भी अनुसरण नहीं करता है

Q.9 निर्देश: नीचे दिए गए प्रश्न में दो कथन और उसके बाद दो निष्कर्ष I और II दिए गए हैं। आपको दिए गए कथनों को सत्य मानना है, भले ही वे सामान्यतः ज्ञात तथ्यों से भिन्न प्रतीत होते हों। सभी निष्कर्षों को पढ़िये और फिर निर्णय लीजिये कि दिए गए कथनों में से कौन सा निष्कर्ष सामान्यतः ज्ञात तथ्यों की अवहेलना करते हुए, दिए गए कथनों का तार्किक रूप से अनुसरण करता है।

कथन:

कुछ इलेक्ट्रीशियन नलकार हैं।

केवल कुछ नलकार यांत्रिकी हैं।

निष्कर्ष:

I. कम से कम कुछ यांत्रिकी नलकार नहीं हैं यह एक संभावना है।

II. सभी इलेक्ट्रीशियन यांत्रिकी है यह एक संभावना है।

A. केवल II अनुसरण करता है
B. केवल I अनुसरण करता है
C. I और II दोनों अनुसरण करता हैं
D. या तो I या II अनुसरण करता है
E. न तो I और न ही II अनुसरण करता है

Q.10 निर्देश: नीचे दिए गए प्रश्न में दो कथन दिए गए हैं जिनके बाद I और II से अंकित दो निष्कर्ष दिए गए हैं। आपको दिए गए कथनों को सत्य मानना है, भले ही वे सामान्यतः ज्ञात तथ्यों से भिन्न प्रतीत होते हों। सभी निष्कर्षों को पाढ़िए और निर्णय कीजिए कि दिए गए निष्कर्षों में से कौन सा निष्कर्ष ज्ञात तथ्यों को नजरंदाज करने पर कथनों का तार्किक रूप से अनुसरण करता है।

कथन:

कुछ लाल जो हरे हैं वे पीले हैं

सभी हरे काले हैं

निष्कर्ष:

I. कुछ काले पीले नहीं हैं

II. कुछ लाल काले हैं

A. केवल निष्कर्ष I अनुसरण करता है
B. केवल निष्कर्ष II अनुसरण करता है
C. या तो निष्कर्ष I या II अनुसरण करता है
D. न तो निष्कर्ष I और न ही II अनुसरण करता है
E. निष्कर्ष I और II दोनों अनुसरण करते हैं

Ques (11-13):निर्देश: निम्नलिखित जानकारी का ध्यानपूर्वक अध्ययन कीजिए और दिए गए प्रश्नों के उत्तर दीजिए।

किसी विशिष्ट कूट भाषा में,

'he si fi ka' का अर्थ 'his health is affected' है,

'si wi ni he' का अर्थ 'health is wealth indeed' है,

'pi si re fe' का अर्थ 'he is super fit' है,

'ka li hi wi ' का अर्थ 'his uncle has wealth' है।

Q.11 उसी कूट भाषा में, निम्नलिखित में से किसका अर्थ 'wealth' है?

A. si **B.** wi **C.** ni **D.** he
E. li

Q.12 'his wealth is affected indeed' के लिए क्या कूट होना चाहिए?

A. ka wi si fi ni
B. hi wi fi si ni
C. ka he si fi ni
D. ka re fe ni wi
E. ka wi si pi re

Q.13 किसी विशिष्ट कूट भाषा में, 'uncle has health and wealth' को 'li hi he di wi' के रूप में कूटबद्ध किया गया है, तो 'and' के लिए क्या कूट होना चाहिए?

A. di **B.** wi **C.** he **D.** li
E. hi

Ques (14-15):निर्देश: नीचे दी गई जानकारी को ध्यानपूर्वक पढ़िए और दिए गए प्रश्नों के उत्तर दीजिए।

एक निश्चित कूट भाषा में

'spo zi xo ut' का अर्थ 'lake is water body' है

'xo fa ju ay' का अर्थ 'ocean water contains salt' है

'ju fir zi te qo' का अर्थ 'salt is used in cooking' है

'qo spo bis doz' का अर्थ 'people swim in lake'है

'ay re zi' का अर्थ 'ocean is vast' है

'doz kirk' का अर्थ 'don't swim' है।

Q.14 दी गई भाषा में किस कूट का अर्थ 'ocean' है?

A. fir **B.** ju **C.** ay **D.** spo
E. kirk

Q.15 कूट 'fa' क्या दर्शाता है?

A. Water **B.** Contains **C.** Salt **D.** People
E. Vast

Ques (16-18):निर्देश: दिए गए कथन को सत्य मानने वाले निम्नलिखित प्रश्न में, दिए गए निष्कर्षों में से कौन सा निष्कर्ष निश्चित रूप से सत्य है और फिर उसी के अनुसार अपना उत्तर दें।

Q.16 कथन:

$S > A \geq H = R \leq U < N \leq T; E > H$

निष्कर्ष:

I. $H < T$

II. $E \geq N$

A. निष्कर्ष I और II दोनों सत्य हैं।
B. या तो निष्कर्ष I या II सत्य है।
C. केवल निष्कर्ष I सत्य है।
D. न तो निष्कर्ष I और न ही II सत्य है।
E. केवल निष्कर्ष II सत्य है।

Q.17 कथन:

$A \geq M = T \leq I < V \leq N; G \geq A$

निष्कर्ष:

I. $G > V$

II. $G \geq T$

A. निष्कर्ष I और II दोनों सत्य हैं।
B. केवल निष्कर्ष II सत्य है।
C. न तो निष्कर्ष I और न ही II सत्य है।
D. या तो निष्कर्ष I या II सत्य है।
E. केवल निष्कर्ष I सत्य है।

Q.18 कथन:

$K < R = E \leq N; Q < R$

निष्कर्ष:

I. $N > K$

II. $N > Q$

A. निष्कर्ष I और II दोनों सत्य हैं।
B. या तो निष्कर्ष I या II सत्य है।
C. न तो निष्कर्ष I और न ही II सत्य है।
D. केवल निष्कर्ष I सत्य है।
E. केवल निष्कर्ष II सत्य है।

Ques (19-23):निर्देश: निम्नलिखित जानकारी को पढ़िये और नीचे दिए गए प्रश्न का उत्तर दीजिये

दो समानांतर पंक्तियों में दस व्यक्ति बैठे हैं। पांच व्यक्ति मिनी, चेतन, साहिल, डॉली और पिंकी उत्तर दिशा के सम्मुख हैं और अन्य पांच आभा, नील, राहिल, रवि और लकी दक्षिण दिशा के सम्मुख हैं। एक पंक्ति का प्रत्येक व्यक्ति दूसरी पंक्ति के व्यक्ति के ठीक सम्मुख है, लेकिन जरूरी नहीं कि इसी क्रम में हो।

मिनी और पिंकी के बीच में दो व्यक्ति बैठे हैं जो किसी एक छोर पर बैठे हैं। नील पिंकी के निकटतम पड़ोसी के सम्मुख है। रवि, साहिल के सम्मुख है। राहिल लकी के दाएं से दूसरे स्थान पर बैठा है। न तो राहिल और न ही नील, डॉली के सम्मुख है।

Q.19 लकी के संबंध में इनमें से कौन सा कथन सही है?

A. लकी, डॉली के सम्मुख है
B. लकी, पंक्ति के मध्य में बैठा है।
C. लकी, अभि के निकटतम दाएं बैठा है।
D. (A) और (B) दोनों
E. सभी सही हैं

Q.20 डॉली के बाएं से दूसरा कौन है?

A. पिंकी
B. साहिल
C. चेतन
D. मिनी
E. निर्धारित नहीं किया जा सकता

Q.21 इनमें से कौन राहिल के विपरीत बैठा है?

A. डॉली **B.** पिंकी **C.** चेतन **D.** मिनी
E. साहिल

Q.22 राहिल और रवि के बीच में कितने व्यक्ति बैठे हैं?

A. एक **B.** दो **C.** तीन **D.** चार
E. कोई नहीं

Q.23 चार किसी तरह से समान हैं। इनमें से कौन सा भिन्न है?

A. नील **B.** अभि **C.** चेतन **D.** मिनी
E. साहिल

Ques (24-28):निर्देश: संख्याओं, वर्णों और चिह्नों की निम्नलिखित व्यवस्था का ध्यान से अध्ययन करें और नीचे दिए गए प्रश्न का उत्तर दें:

R @ 2 9 T V A Y 5 © # J 1 P 8 Q $ E 3 * H % 6 W 4 I 8 U Z

Q.24 उपरोक्त व्यवस्था में क्रम के अनुसार, निम्नलिखित पाँच में से चार एक समान हैं और इसलिए एक समूह बनाते हैं। कौनसा विकल्प इस समूह से संबंधित नहीं है?

A. JP© **B.** EQ* **C.** WI% **D.** 9V@ **E.** 1#$

Q.25 निम्न में से कौन सा पद दाहिने छोर से उन्नीसवें पद के दाएँ ओर से पांचवां है?

A. P **B.** V **C.** W **D.** 8 **E.** इनमे से कोई नहीं

Q.26 उपरोक्त व्यवस्था में कितने ऐसे अंक हैं, जिनमें से प्रत्येक के ठीक पहले व्यंजन है और ठीक बाद चिह्न है?

A. तीन **B.** एक **C.** चार से अधिक **D.** चार **E.** दो

Q.27 यदि उपरोक्त व्यवस्था में अंतिम अठारह पदों का स्थान उलट दिया जाता है, तो निम्न में से कौन सा बाएं छोर से सत्रहवाँ होगा?

A. E **B.** P **C.** W **D.** 6 **E.** इनमें से कोई नहीं

Q.28 उपरोक्त व्यवस्था में कितने ऐसे स्वर हैं, जिनमें से प्रत्येक या तो ठीक चिह्न के बाद या ठीक चिह्न से पहले है?

A. एक **B.** दो **C.** तीन **D.** चार **E.** कोई भी नहीं

Ques (29-33):निर्देश: नीचे दी गई जानकारी का ध्यानपूर्वक अध्ययन कीजिए और निम्न प्रश्न का उत्तर दीजिए –

आठ व्यक्ति रवि, राम, मोदी, अखिलेश, राहुल, कन्हैया, अरुण, राजनाथ विभिन्न माह अर्थात् मार्च, अप्रैल, मई, जून, जुलाई, अगस्त, सितंबर, अक्टूबर में छुट्टी पर जाते हैं। मोदी उस माह में नहीं जाता जिसमें 31 दिन होते हैं। राजनाथ और राम के बीच में केवल तीन व्यक्ति छुट्टी पर जाते हैं। अखिलेश ऐसे माह में जाता है जिसमें 31 दिन होते हैं लेकिन अगस्त में नहीं । अरुण, राम के बाद जाता है। मोदी और अखिलेश के बीच में तीन व्यक्ति छुट्टी पर जाते हैं। रवि, राहुल के ठीक पहले छुट्टी पर जाता है पर उस माह में नहीं जिसमें 31 दिन होते हैं। राहुल, अखिलेश के बाद किसी माह में जाता है। राजनाथ, अखिलेश से पहले जाता है।

Q.29 निम्न में से कौन मई में छुट्टी पर जाता है?

A. रवि **B.** अखिलेश **C.** मोदी **D.** राहुल **E.** इनमें से कोई नहीं

Q.30 मोदी निम्न में से कौन से माह में छुट्टी पर जाता है?

A. अगस्त **B.** मार्च **C.** जून **D.** सितंबर **E.** इनमें से कोई नहीं

Q.31 राजनाथ और अरुण के बीच में कितने व्यक्ति छुट्टी पर जाते हैं?

A. एक **B.** दो **C.** तीन **D.** चार **E.** पाँच

Q.32 निम्न में से चार किसी न किसी रुप में एक जैसे हैं इसलिए एक समूह बनाते हैं, निम्न में से कौन सा उस समूह से संबंधित नहीं है?

A. अरुण **B.** अखिलेश **C.** मोदी **D.** राहुल **E.** राम

Q.33 निम्न में से कौन जून में छुट्टियों पर जाता है?

A. रवि **B.** कन्हैया **C.** राजनाथ **D.** राहुल **E.** इनमें से कोई नहीं

Ques (34-35):निर्देश: निम्नलिखित जानकारी का ध्यानपूर्वक अध्ययन कीजिए और इस पर आधारित प्रश्न का उत्तर दीजिए।

एक परिवार में 8 सदस्य हैं। आदी, देवन की माता है जो मनीष की बेटी और सीमा की पत्नी है। सिंह, देवन की बेटी और पार्थ की बहन है। सिसका, मनीष की सिस्टर-इन-लॉ और मोना की माता है जो की एक लड़का है।

Q.34 मोना का मनीष से क्या संबंध है?

A. नेफ्यू **B.** नीस **C.** आंटी **D.** बेटी **E.** बेटा

Q.35 पार्थ का आदि से क्या संबंध है?

A. पोता **B.** पोती **C.** पुत्र **D.** बेटी **E.** या तो पोता या पोती

Numerical Aptitude

Q.36 कोई व्यापारी अपने माल के क्रय मूल्य से 40% अधिक अंकित करता है तथा 25% का एक बट्टा देता है। उसका लाभ है।

A. 15% **B.** 10% **C.** 5% **D.** 2% **E.** 8%

Q.37 यदि मोटरसाइकिल A और B की सापेक्ष गति 45 किमी / घंटा है, तो B और $C65$ किमी / घंटा है और A और C की दूरी 20 किमी / घंटा है, तो निम्नलिखित में से कोन सी मोटरसाइकिल एक ही दिशा में आगे बढ़ रही है?

A. B और C **B.** A और B **C.** A, B और C **D.** A और C **E.** इनमें से कोई नहीं

Q.38 एक बर्तन में शहद भरा हुआ है| एक आदमी उसमें से 20% निकालकर उसने चीनी का घोल मिला देता है| इस प्रक्रिया को वह कुल चार बार दोहराता है जिससे बर्तन में मात्र 512 ग्राम शहद बच जाता है और बर्तन का बाकी हिस्सा चीनी का घोल से भरा होता है| शुरुआत में बर्तन में शहद की मात्रा ज्ञात करें|

A. 1.25 किग्रा **B.** 1 किग्रा **C.** 1.5 किग्रा **D.** 2.5 किग्रा **E.** इनमें से कोई नहीं

Q.39 एक आयताकार मैदान की लम्बाई, चौड़ाई की तीन गुनी है। यदि मैदान का क्षेत्रफल 192 वर्ग मीटर है, तो 2 रुपये/मीटर की दर से बाड़ लगाने की लागत ज्ञात कीजिए।

A. 160 **B.** 135 **C.** 128 **D.** 320 **E.** 115

Q.40 A ने 1,00,000 रुपयों की पूंजी से एक व्यापार प्रारम्भ किया| एक वर्ष बाद, B भी उसमे 2,00,000 रुपयों की पूंजी लेकर शामिल हो जाता है| व्यापार के प्रारम्भ से 3 वर्षों के अंत में, प्राप्त होने वाला लाभ 84,000 रूपये था| लाभ में, B का अंश, A के अंश से कितना अधिक था:

A. 18,000 रूपये **B.** 14,000 रूपये **C.** 12,000 रूपये **D.** 16,000 रूपये **E.** इनमें से कोई नहीं

Ques (41-42):निर्देश: निम्नलिखित संख्या श्रृंखला में प्रश्न चिन्ह '?' के स्थान में क्या आना चाहिए?

Q.41 10, 12, 18, 42, 162, ?

A. 828 **B.** 882 **C.** 998 **D.** 932

E. 968

Q.42 80, 60, 50, ?, 42.5

A. 42 **B.** 43 **C.** 44 **D.** 45
E. 49

Q.43 श्रंखला 180, 80, 60, 80, 240, ?, में लुप्त संख्या (?) ज्ञात कीजिये

A. 480 **B.** 960 **C.** 1920 **D.** 1760
E. 1480

Q.44 निम्नलिखित संख्या श्रृंखला में प्रश्न चिन्ह (?) के स्थान पर क्या आना चाहिए?

2, 9, 28, 65, 126, ?

A. 234 **B.** 217
C. 134 **D.** 126
E. इनमें से कोई नहीं

Q.45 निम्नलिखित संख्या श्रृंखला में प्रश्न चिन्ह (?) के स्थान पर क्या आना चाहिए?

10, 11, 24, 75, ?

A. 304 **B.** 314
C. 103 **D.** 369
E. इनमें से कोई नहीं

Q.46 12 साल पहले, P की आयु Q की आयु से 3 गुना थी। 12 साल बाद Q से P की आयु का अनुपात $2:3$ होगा। P की वर्तमान आयु क्या है?

A. 54 साल **B.** 36 साल **C.** 24 साल **D.** 144 साल
E. 150 साल

Q.47 निम्नलिखित प्रश्न में प्रश्न चिह्न (?) के स्थान पर क्या आना चाहिए?

52000 का $\frac{3}{4}$ का $\frac{1}{2}$ का $\frac{1}{4}$ = ?

A. 4875 **B.** 4857
C. 4785 **D.** 4865
E. इनमें से कोई नहीं

Q.48 निम्नलिखित प्रश्न में प्रश्न चिन्ह '?' के स्थान पर क्या आएगा?

$\left(\frac{3}{13}\right)$ का $\left\{\frac{325}{(3)^{-3}}\right\} \times ?^2 = 25 \times 10^4 \times (1.5)^4$

A. 675 **B.** 75 **C.** 575 **D.** 625
E. 25

Q.49 निम्नलिखित प्रश्न में प्रश्न चिन्ह '?' के स्थान पर क्या आना चाहिए?

12 × 87 + 12 × 114 + 93 × 12 – 44 × 12 = ?

A. 2000 **B.** 2500
C. 3000 **D.** 3500
E. इनमें से कोई नहीं

Q.50 निम्नलिखित प्रश्न में प्रश्न चिन्ह '?' के स्थान पर क्या आना चाहिए?

$\left(\sqrt{0.1024}\right) + \left(\sqrt{0.2401}\right) + \left(\sqrt{0.1225}\right) - \left(\sqrt{0.6400}\right) = (?)^2$

A. 0.36 **B.** 0.6
C. 0.216 **D.** 0.66
E. इनमें से कोई नहीं

Q.51 निम्नलिखित प्रश्न में प्रश्न चिन्ह '?' के स्थान पर क्या आना चाहिए?

$\sqrt[3]{2197} + \sqrt[3]{1728} + \sqrt[3]{3375} = 8 \times ?$

A. 4 **B.** 6
C. 5 **D.** 7
E. इनमें से कोई नहीं

Q.52 निम्नलिखित प्रश्न में प्रश्नक चिन्ह ' ?' के स्थान पर क्या आना चाहिए ?

$\frac{150}{25} - \sqrt{625} + \frac{183}{3} + 1.2 \times 5 = ?$

A. 53 **B.** 48
C. 60 **D.** 56
E. इनमें से कोई नहीं

Q.53 निम्नलिखित प्रश्न में प्रश्न चिन्ह '?' के स्थान पर क्या आना चाहिए?

$427 - 112 + (32)^{\frac{2}{5}} + (9)^{\frac{3}{2}} - 35 \times 4 = ?$

A. 164 **B.** 150
C. 197 **D.** 100
E. इनमें से कोई नहीं

Q.54 निम्नलिखित प्रश्न में प्रश्न चिन्ह '?' के स्थान पर क्या आना चाहिए?

$18 + 12 \times 6 - 12 \div 3 + \frac{77}{11} = ?$

A. 73 **B.** 83
C. 93 **D.** 133
E. इनमें से कोई नहीं

Q.55 निम्नलिखित प्रश्न में प्रश्न चिह्न '?' के स्थान पर क्या आएगा?

120 का 125% + 460 का 55% - 21 ÷ 7 = ? का 250%

A. 60 **B.** 100 **C.** 400 **D.** 200
E. 160

Q.56 निम्नलिखित प्रश्न में प्रश्न चिन्ह '?' के स्थान पर क्या आना चाहिए?

$(12)^3 \div 4 + 15 \times 13 - ? + 4 = 21 \times 30$

A. 5 **B.** 4 **C.** 2 **D.** 1
E. 0

Q.57 चार क्रमागत विषम संख्याओं का औसत 64 है। सबसे बड़ी संख्या का मान क्या है?

A. 65 **B.** 69 **C.** 71 **D.** 67
E. 70

Q.58 ग्यारह भिन्न धनात्मक पूर्णांको का औसत 21 है। यदि पहले 6 का औसत 23 है और अंतिम छह का औसत 22 है, तो छठा पूर्णांक ज्ञात कीजिए।

A. 29 **B.** 39 **C.** 49 **D.** 59
E. 69

Q.59 5 वर्षों में चक्रवृद्धि ब्याज पर राशि दोगुने हो जाते है। कितने वर्षों में यह आठ गुना हो जायेंगे ?

A. 20 वर्ष **B.** 25 वर्ष **C.** 30 वर्ष **D.** 15 वर्ष
E. 10 वर्ष

Q.60 3 साल में $50/3\%$ प्रति वर्ष चक्रवृद्धि ब्याज के कारण क्या वार्षिक भुगतान रु 7620 के ऋण का निर्वहन करेगा?

A. 3430 रु **B.** 4334 रु **C.** 6465 रु **D.** 4544 रु
E. 5443 रु

Q.61 A, B और C एक कार्य को क्रमशः 6, 12 और 15 दिन में पूरा कर सकते हैं। उन्होंने एक साथ कार्य करना शुरू किया लेकिन 3 दिन के बाद वे कार्य छोड़कर चले गए और D कार्य में शामिल हुआ और बचे हुए कार्य को अकेले 2 दिन में पूरा किया। D को अकेले उस कार्य को पूरा करने में कितना समय लगेगा?

A. 20 दिन **B.** 30 दिन **C.** 40 दिन **D.** 50 दिन

E. 60 दिन

Q.62 A और B की कुल कार्यक्षमता C और D की दोगुनी है, इसीलिए A और B एक कार्य को C और D से 12 दिन कम समय में पूरा कर सकते हैं। यदि वे एक साथ कार्य करना शुरू करते हैं, तो उस कार्य को पूरा करने में कितना समय लगेगा?

A. 6 दिन **B.** 5 दिन **C.** 8 दिन **D.** 9 दिन
E. 10 दिन

Q.63 यदि एक संख्या में 10% की वृद्धि की जाती है और फिर 50% की कमी की जाती है, और फिर से 50% की वृद्धि की जाती है, तो परिणामी संख्या मूल संख्या के कितने प्रतिशत होगी?

A. 80% **B.** 82.5% **C.** 85% **D.** 90%
E. 125%

Q.64 निहारिका एक वस्तु 600 रुपए में और दूसरी वस्तु को 9000 रुपए में खरीदती है। वह पहली वस्तु पर 5% विक्रय कर और दूसरी वस्तु पर 12.5% विक्रय कर देती है। निहारिका द्वारा औसत कितने प्रतिशत कर दिया जाता है यदि दोनों वस्तुएं साथ में खरीदी जाती हैं?

A. 7% **B.** 8.75% **C.** 12% **D.** 12.5%
E. 17.5%

Ques (65-69):निर्देश: निम्नलिखित पाई चार्ट को ध्यानपूर्वक पढ़िये और निम्नलिखित प्रश्नों के उत्तर दीजिये

निम्नलिखित पाई चार्ट किसी स्टोर द्वारा किसी वर्ष के लिए बेची गई 5 विभिन्न ब्रांडों की बोतलों की मात्रा को दर्शाता है

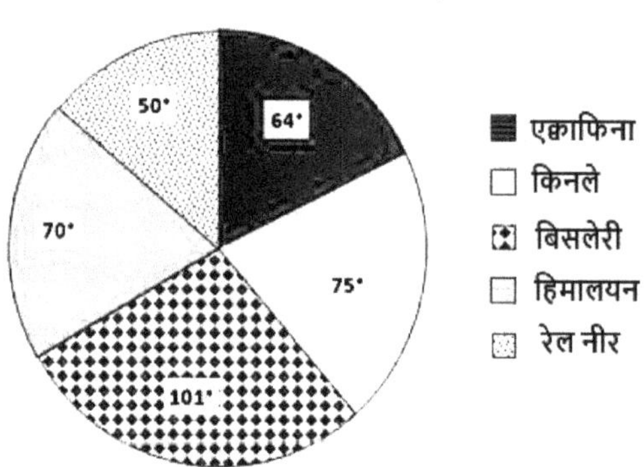

Q.65 किनले, बिसलेरी और एक्वाफिना की मिलाकर बेची गई बोतलों की औसत संख्या कितनी है?

A. 3000 **B.** 4000
C. 2100 **D.** 2800
E. इनमे से कोई भी नहीं

Q.66 बेची गई हिमालयन की बोतलें रेल नीर की बेची गई बोतलों से कितना प्रतिशत अधिक है?

A. 60% **B.** 40% **C.** 45% **D.** 56%
E. 75%

Q.67 एक्वाफिना की बोतलों की बिक्री से उत्पन्न कुल राजस्व 94,080 रुपये और एक्वाफिना की एक बोतल की कीमत बिसलेरी की तुलना में 20% अधिक है। बिसलेरी की बोतलें बेचकर उत्पन्न राजस्व की गणना कीजिये?

A. 1,00,000 रुपये **B.** 1,15,680 रुपये
C. 1,23,725 रुपये **D.** 1,95,780 रुपये
E. 1,15,625 रुपये

Q.68 किनले, हिमालयन द्वारा मिलाकर बेची गई बोतलों की संख्या और शेष ब्रांडों की मिलाकर बेची गई बोतलों की संख्या के बीच का अनुपात कितना है?

A. 29:43 **B.** 35:47 **C.** 47:35 **D.** 25:47
E. 23:33

Q.69 यदि दुकान द्वारा बेची गई कुल बोतलों में 25% की वृद्धि हो जाती है, तो हिमालयन की बेची गई बोतलों से कितना कोण बनता है? (बेची गई हिमालयन बोतल पहले की तरह ही है)

A. 58° **B.** 75° **C.** 48° **D.** 56°
E. 70°

Q.70 एक डीलर 20% की नकद छूट प्रदान करता है और फिर भी 20% का लाभ कमाता है। यदि वह आगे 8 वस्तुओं को 6 वस्तुओं के मूल्य पर बेचता है, तो वह प्रत्येक वस्तु पर क्रय मूल्य से कितने प्रतिशत अधिक अंकित करता है?

[SSC CGL, 2022]

A. 77.5% **B.** 12.5% **C.** 100% **D.** 87.5%
E. 75.5%

English Language

Ques (71-75):Direction: In the following question, one part of the sentence may have an error. Find out which part of the sentence has an error and select the option corresponding to it. If the sentence is free from error, select the 'No error' option.

Q.71 If you can't be happy (A) be single (B), you'll never be (C) happy in a relationship. (D)

A. (A) **B.** (B) **C.** (C) **D.** (D)
E. No error

Q.72 The BJP does not consider (A)/ govt's fiscal deficit (B)/ target as sacrosanct, (C)/ says, party spokesperson. (D)

A. (A) **B.** (B) **C.** (C) **D.** (D)
E. No error

Q.73 There was a error /(A) in the contest and the team /(B) had to start the /(C) project all over again. /(D)

A. (A) **B.** (B) **C.** (C) **D.** (D)
E. No error

Q.74 The family /(A) had to cut short their trip /(B) as the children had fallen ill/(C) on account of the cold weather. /(D)

A. (A) **B.** (B) **C.** (C) **D.** (D)
E. No error

Q.75 The biggest paradox is/(A) that the more /(B) we pollutes the environment the more /(C) difficult it is for us to live in it. /(D)

A. (A) **B.** (B) **C.** (C) **D.** (D)
E. No error

Ques (76-85):Direction: Read the passage and answer the following question.

The words invention and Innovation are closely linked, but they are not interchangeable. The inventor is a genius who uses his intellect, imagination, time and resources to create something that does not exist. But this invention may or may not be of utility to the masses. It is the enterprising innovator who uses various resources, skills and time to make the invention available for use. The innovator might use the invention as it is, modifies it or even blend two or more inventions to make one marketable product. A great example is that of the iPhone which is a combination of various inventions.

If an invention is the result of countless trials and errors, so can be the case with innovation. Not every attempt to make an invention is successful. Not every innovation sees the light of the day. Benjamin Franklin had the belief that success doesn't come without challenge, mistake, and in a few cases failure.

One of the world's most famous innovators, Steve Jobs says, —Sometimes when you innovate, you make mistakes. It is best to admit them quickly and get on with improving your other innovations.

Thus, inventors and innovators have to be **intrepid** enough to take risks; consider failures as stepping stones and not stumbling blocks.

Some inventions are the result of a keen observation or a simple discovery. The inventor of Velcro, also called the zipless zipper, is the Swiss engineer George de Mestral. He was hiking in the woods when he found burrs clinging to his clothes and his dog's fur. Back at home, he studied the burrs. He discovered that each burr was a collection of tiny hooks which made it cling to another object. A few years later, he made and patented the strips of fabric that came to us like Velcro.

The world of inventions and innovations is a competitive one. But the race does not end here; it is also prevalent in the case of getting intellectual property rights. There have been inventors who failed to get a single patent while there have been some who managed to amass numerous patents in their lifetime. Thomas Edison had 1,093 patents to his credit!'

We relate the telephone with Alexander Graham Bell. It is believed that around the same time, Antonio Meucci had also designed the telephone, but due to lack of resources and various hardships, he could not proceed with the patent of his invention. It is also believed that Elisha Gray had made a design for the telephone and applied for the patent at the U.S. patent office on the same day as Graham Bell did. By sheer chance, Graham's lawyer's turn to file the papers came first. Hence, Graham was granted the first patent for the telephone.

It is not easy, and at times almost impossible, for an inventor to be an innovator too. There are very few like Thomas Edison who graduated from being an incredible inventor to a successful manufacturer and businessman with brilliant marketing skills.

While innovations that have helped to enhance the quality of life are laudable, equally **laudable** are the inventions that laid the foundation of these very innovations.

Q.76 The text in the passage can be best termed as:

A. Narrative **B.** Descriptive
C. Persuasive **D.** Expository
E. None of these

Q.77 The main idea of the author is to:

A. Highlight the difficulties faced by innovators.
B. Focus on the hardships of patent -seekers.
C. Compare innovators to inventors.
D. Reveal the importance of inventors.
E. None of these

Q.78 The author believes that:

A. Innovators enhance the utility of inventions.
B. Innovators face fewer challenges than inventors do.
C. Every inventor has a patent for the invention.
D. The invention is the same as innovation.
E. None of these

Q.79 Benjamin Franklin and Steve Jobs, believe that:

A. There is no place for mistakes in the process of making an innovation.
B. Making a mistake before finding success is not unusual.
C. Failure is a permanent stumbling block.
D. All innovators have to go through failure.
E. None of these

Q.80 Velcro can be best described as:

A. A highly-planned and deeply researched invention
B. The fruit of failure
C. The need of the hour
D. An accidental invention
E. None of these

Q.81 It is believed that Graham Bell became the first patent holder of the telephone because of:

A. His ingenuity and good fortune.
B. The carelessness of Elisha's lawyer.
C. The clever trick played by his lawyer.
D. The biased officials in the patent office.
E. None of these

Q.82 Which of the following is Untrue?

[CLAT UG, 2019]

A. Inventors may not be innovators.
B. Innovators are not expected to be enterprising.
C. To get a patent, the applicant has to follow a legal process.
D. Intellectual property rights are not always easy to get.
E. None of these

Q.83 Which of the following texts from the passage clearly indicates failure?

[CLAT UG, 2019]

A. The world of inventions and innovations is a competitive one.
B. Not every innovation sees the light of the day.
C. Thus, inventors and innovators have to be intrepid enough to take risks;
D. Some inventions are the result of a keen observation or a simple discovery.
E. None of the above

Q.84 Which of these words can replace the word intrepid?

A. Hasty **B.** Intellectual
C. Daring **D.** Rich
E. None of these

Q.85 Which of these words is the antonym of laudable?

A. Praiseworthy **B.** Challenging

C. Tiring
D. Disgraceful
E. None of these

Ques (86-90):Direction: Rearrange the following five sentences/group of sentences (A), (B), (C), (D), and (E) in the proper sequence to form a meaningful paragraph; then answer the question given below them.

A. Organic farming is an agricultural system which originated early in the 20th century in reaction to rapidly changing farming practices.

B. For instance, naturally occurring pesticides such as pyrethrin and rotenone are permitted, while synthetic fertilizers and pesticides are generally prohibited.

C. It is defined by the use of fertilizers of organic origin such as compost manure, green manure, and bone meal.

D. Organic standards are designed to allow the use of naturally occurring substances while prohibiting or strictly limiting synthetic substances.

E. Organic farming continues to be developed by various organizations today.

Q.86 Which of the following should be the second sentence after rearrangement?

A. B **B.** C **C.** D **D.** E
E. A

Q.87 Which of the following should be the last sentence after rearrangement?

A. B **B.** C **C.** D **D.** E
E. A

Q.88 Which of the following should be the third sentence after rearrangement?

A. B **B.** A **C.** C **D.** D
E. E

Q.89 Which of the following should be the fourth sentence after rearrangement?

A. A **B.** B **C.** C **D.** D
E. E

Q.90 Which of the following should be the first sentence after rearrangement?

A. D **B.** E **C.** B **D.** C
E. A

Ques (91-95):Direction: In the following sentence, a part of the sentence is underlined. Below are given alternatives to the underlined part, which may improve the sentence. Choose the correct alternative. In case no improvement is needed, choose the alternative that indicates 'No improvement.'

Q.91 The teacher give some valuable advice to the students.

A. gave some salubrious
B. had been given some admirable
C. was giving some cataclysmic

A. Only C
B. Only B
C. Only A
D. Both B and C
E. No improvement

Q.92 The book comprises of beautiful fables.

A. comprises
B. is made from
C. is slayed by

A. Only A
B. Only B
C. Only C
D. Both A and B
E. No improvement

Q.93 The Common Wealth games have helped a smear to Indian sport and found a refreshing reflection.

A. lookup for
B. mirror up to
C. geared up

A. Only A
B. Only B
C. Both B and C
D. All A,B and C
E. No improvement

Q.94 The 52nd Amendment comes into force in 1985 when Rajiv Gandhi was Prime Minister.

A. came at force in
B. come into force in
C. came into force in

A. Only A
B. Only B
C. Only C
D. Both B and C
E. No improvement

Q.95 It would be a useful exercise for you to say the speech loudly several times.

A. speech louder several times
B. speech loudest several times
C. speech loud several times
D. speech aloud several times
E. No improvement

Ques (96-100):Direction: Choose an appropriate word from the options to suitably fill the blank in the sentence below so that the sentence makes sense, both grammatically and contextually.

Q.96 The digital ______ of societies has resulted in sharply reduced demand for products such as paper and steel.

A. cohesion
B. destruction
C. transformation
D. divide
E. None of these

Q.97 He actually lacked the ______ to go alone and talk to the Principal.

A. sense
B. wisdom
C. confidence
D. action
E. divide

Q.98 Computing professionals __________ of almost every aspect of the modern world.

A. are trying to be conspicuous
B. are evident
C. are on the front lines
D. are participating
E. None of these

Q.99 Bruce is an _____ who deceives others by claiming to be one of their relatives.

A. wager **B.** priest **C.** idol **D.** imposter
E. with

Q.100 The thief _______ with the goods in broad daylight.

A. run away **B.** ran off
C. run **D.** run together
E. run in **F.** run in

// स्मार्ट उत्तर पुस्तिका //

सही उत्तर उन छात्रों का प्रतिशत जिन्होंने प्रश्नों का सही उत्तर दिया था। **छोड़ दिया** उन छात्रों का प्रतिशत जिन्होंने प्रश्नों को छोड़ दिया था।

प्रश्न संख्या	उत्तर	सही उत्तर / छोड़ दिया	प्रश्न संख्या	उत्तर	सही उत्तर / छोड़ दिया	प्रश्न संख्या	उत्तर	सही उत्तर / छोड़ दिया	प्रश्न संख्या	उत्तर	सही उत्तर / छोड़ दिया	प्रश्न संख्या	उत्तर	सही उत्तर / छोड़ दिया	प्रश्न संख्या	उत्तर	सही उत्तर / छोड़ दिया
1	D	66.64 % / 30.12 %	18	A	68.3 % / 31.21 %	35	E	45.23 % / 31.58 %	52	B	89.61 % / 10.18 %	69	D	48.56 % / 33.03 %	86	D	78.98 % / 14.99 %
2	C	47.13 % / 41.82 %	19	E	66.91 % / 31.5 %	36	C	47.57 % / 33.21 %	53	C	85.1 % / 10.04 %	70	C	59.12 % / 37.92 %	87	A	85.92 % / 12.71 %
3	B	11.8 % / 81.43 %	20	A	45.94 % / 34.68 %	37	D	41.61 % / 40.59 %	54	C	83.74 % / 15.41 %	71	B	50.34 % / 47.16 %	88	C	83.44 % / 10.42 %
4	A	40.95 % / 44.3 %	21	B	44.25 % / 33.78 %	38	A	61.51 % / 33.61 %	55	E	52.92 % / 41.55 %	72	E	41.89 % / 53.22 %	89	D	79.26 % / 16.47 %
5	D	66.73 % / 33.17 %	22	C	69.63 % / 30.26 %	39	C	55.46 % / 30.64 %	56	D	88.59 % / 10.5 %	73	A	40.49 % / 56.29 %	90	E	66.03 % / 30.21 %
6	D	79.33 % / 12.29 %	23	E	52.26 % / 32.85 %	40	C	81.29 % / 15.0 %	57	D	85.46 % / 12.61 %	74	B	69.51 % / 30.37 %	91	C	68.02 % / 30.26 %
7	C	44.2 % / 40.45 %	24	E	44.71 % / 40.67 %	41	B	23.81 % / 74.73 %	58	B	40.35 % / 55.44 %	75	C	59.76 % / 34.83 %	92	A	85.03 % / 10.3 %
8	E	88.48 % / 11.3 %	25	E	68.67 % / 30.32 %	42	D	25.67 % / 71.18 %	59	D	44.51 % / 36.66 %	76	D	58.35 % / 39.58 %	93	B	64.18 % / 35.04 %
9	C	86.34 % / 11.01 %	26	B	63.55 % / 30.66 %	43	D	40.56 % / 58.58 %	60	A	59.71 % / 35.43 %	77	C	50.43 % / 48.71 %	94	C	81.69 % / 13.36 %
10	B	88.42 % / 10.88 %	27	C	60.06 % / 37.83 %	44	B	84.11 % / 14.72 %	61	C	69.93 % / 30.01 %	78	A	69.34 % / 30.42 %	95	D	53.81 % / 33.53 %
11	B	64.34 % / 31.43 %	28	A	52.31 % / 35.94 %	45	A	44.39 % / 55.4 %	62	C	47.39 % / 43.5 %	79	B	42.88 % / 54.44 %	96	C	55.06 % / 30.32 %
12	A	42.52 % / 44.74 %	29	B	65.46 % / 34.28 %	46	B	11.52 % / 71.71 %	63	B	85.79 % / 11.4 %	80	D	69.26 % / 30.36 %	97	C	49.4 % / 30.67 %
13	A	48.68 % / 33.41 %	30	D	59.89 % / 34.0 %	47	A	46.54 % / 49.92 %	64	C	62.55 % / 30.75 %	81	A	54.18 % / 45.07 %	98	C	46.63 % / 51.0 %
14	C	45.37 % / 51.92 %	31	E	55.66 % / 36.77 %	48	E	81.47 % / 17.28 %	65	D	62.46 % / 36.15 %	82	B	47.8 % / 47.54 %	99	D	69.81 % / 30.04 %
15	B	53.43 % / 39.89 %	32	C	47.13 % / 30.97 %	49	C	51.07 % / 36.73 %	66	B	47.6 % / 38.07 %	83	B	44.39 % / 32.95 %	100	B	65.97 % / 30.5 %
16	C	69.94 % / 30.04 %	33	A	67.75 % / 30.03 %	50	B	29.35 % / 67.76 %	67	C	52.76 % / 44.2 %	84	C	58.92 % / 40.24 %			
17	B	60.94 % / 37.14 %	34	A	57.06 % / 36.38 %	51	C	87.26 % / 12.58 %	68	A	41.4 % / 30.14 %	85	D	52.81 % / 30.57 %			

//संकेत और समाधान//

1. दिया गया है,

राज्य स्तरीय नृत्य प्रतियोगिता में कुल 75 लोगों ने हिस्सा लिया।

सोनू का स्थान = ऊपर से 13वां

बरखा का स्थान = नीचे से 25वां

तो, स्तुति के बाद रैंक करने वाले प्रतिभागियों की संख्या = 75-13 = 62

बरखा से पहले रैंक करने वाले प्रतिभागियों की संख्या = 75-25 = 50

अत: उन दोनों के बीच खड़े प्रतिभागियों की संख्या = 50-13 = 37

अतः विकल्प (D) सही है।

2. दिया गया है,

'सुरेश, अनिल से भारी है लेकिन उतना भारी नहीं है जितना कि राजू है। 'अनिल', जयेश से भारी है। 'कृष्णा', सुरेश से भारी है लेकिन 'राजू' से हल्का है।

क्रम निम्न प्रकार है,

राजू > कृष्णा > सुरेश > अनिल > जयेश

इस प्रकार सबसे हल्का 'जयेश' है।

अतः विकल्प (C) सही है।

Ques (3-7): 7 व्यक्ति: A, B, C, D, E, F और G

मंजिल: 7 (भूतल क्रमांक 1 और सबसे ऊपरी मंजिल संख्या 7)

(1) केवल दो व्यक्ति A के ऊपर रहते हैं।

(2) जिस तल पर C रहता है, उसके ऊपर उतनी ही संख्या में लोग रहते हैं जितने जिस तल पर D रहता है उसके नीचे रहते हैं।

(3) A और C के बीच एक से अधिक व्यक्ति नहीं रहते हैं।

	स्थिति I	स्थिति II
मंजिल	व्यक्ति	व्यक्ति
7	C	
6		C
5	A	A
4		
3		
2		D
1	D	

(4) F, E से तीन मंजिल ऊपर रहता है।

(5) F सबसे ऊपरी मंजिल पर नहीं रहता है।

	स्थिति I	स्थिति II
मंजिल	व्यक्ति	व्यक्ति
7	C	
6	F	C
5	A	A
4		F
3	E	
2		D
1	D	E

(6) B या तो C या D के ठीक ऊपर नहीं रहता है। इसलिए, यहां स्थिति II निरस्त हो जाती है।

इस प्रकार, अंतिम व्यवस्था निम्न प्रकार है:

	स्थिति I
मंजिल	व्यक्ति
7	C
6	F
5	A
4	B
3	E
2	G
1	D

3. इस प्रकार, E, G के ठीक ऊपर रहता है।

अत: विकल्प (B) सही है।

4. इस प्रकार, E तीसरी मंजिल पर रहता है।

अत: विकल्प (A) सही है।

5. हम देख सकते हैं कि F और A दोनों उन मंजिलों के बीच की मंजिल पर रहते हैं जिन पर C और B रहते हैं।

अत: विकल्प (D) सही है।

6. इस प्रकार, केवल F की स्थिति अपरिवर्तित रहती है।

अत: विकल्प (D) सही है।

7. इस प्रकार, G, A से तीन मंजिल नीचे रहता है।

अत: विकल्प (C) सही है।

8. दिए गए कथनों के लिए न्यूनतम संभावित वेन आरेख इस प्रकार है

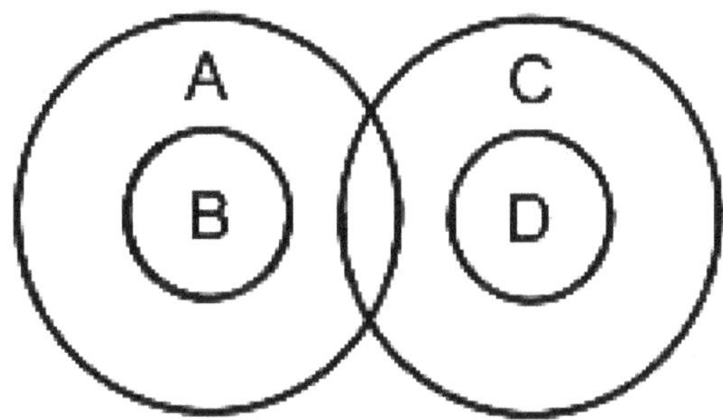

निष्कर्ष:

(i) कुछ B, C हो सकते हैं → असत्य (केवल A, B है, और कुछ भी B नहीं हो सकता है)

(ii) कुछ D, A हैं। → असत्य (केवल C, D है, और कुछ भी D नहीं हो सकता है)

इसलिये, कोई भी अनुसरण नहीं करता है।

अत: विकल्प (E) सही है।

9. दिए गए कथनों के लिए सबसे कम संभव वेन आरेख इस प्रकार है,

निष्कर्ष:

I. कम से कम कुछ यांत्रिकी नलकार नहीं हैं यह एक संभावना है → सत्य (केवल कुछ नलकार यांत्रिकी हैं)

II. सभी इलेक्ट्रीशियन यांत्रिकी है यह एक संभावना है → सत्य (संभावना सत्य है जैसा कि नीचे दिखाया गया है)

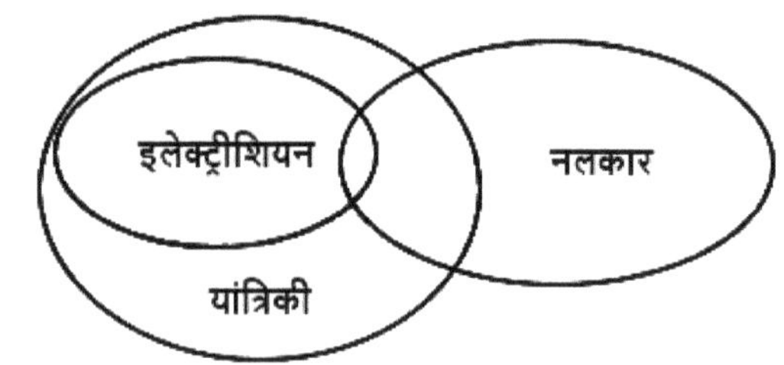

इस प्रकार, निष्कर्ष I और II दोनों अनुसरण करते हैं।

अत: विकल्प (C) सही है।

10. दिए गए कथनों के लिए न्यूनतम संभावित आरेख इस प्रकार है:

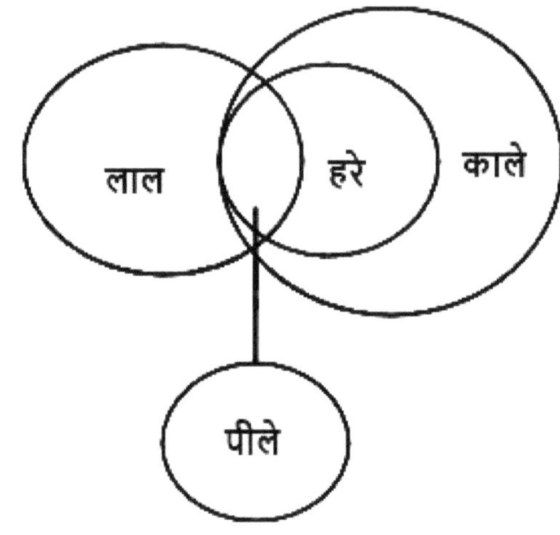

I. कुछ काले पीले नहीं हैं → असत्य (यह संभव है लेकिन निश्चित नहीं है)

II. कुछ लाल काले हैं → सत्य (सभी हरे काले हैं और कुछ लाल हरे हैं) अतः, केवल निष्कर्ष II अनुसरण करता है।

अत: विकल्प (B) सही है।

Ques (11-13):किसी विशिष्ट कूट भाषा में,

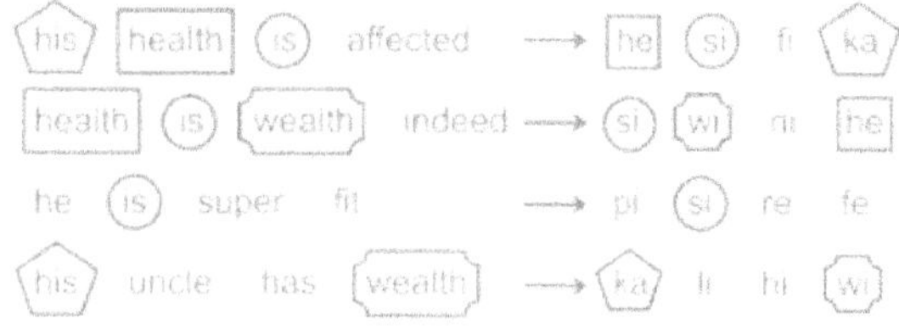

11. इसलिए, 'wealth' को 'wi' के रूप में कूटबद्ध किया है।

अतः विकल्प (B) सही है।

12. 'his' के लिए कूट 'ka' है,

'wealth' के लिए कूट 'wi' है,

'is' के लिए कूट 'si' है,

'affected' के लिए कूट 'fi' है,

'indeed' के लिए कूट 'ni' है।

इसलिए, संभावित उत्तर 'ka wi si fi ni' है।

अतः विकल्प (A) सही है।

13. 'uncle' के लिए कूट या तो 'li' या 'hi' है,

'has' के लिए कूट या तो 'li' या 'hi' है,

'health' के लिए कूट 'he' है,

'wealth' के लिए कूट 'wi' है,

इस प्रकार, 'and' के लिए कूट 'di' होना चाहिए।

अतः विकल्प (A) सही है।

Ques (14-15):दी गई जानकारी को इस प्रदर्शित किया जा सकता है,

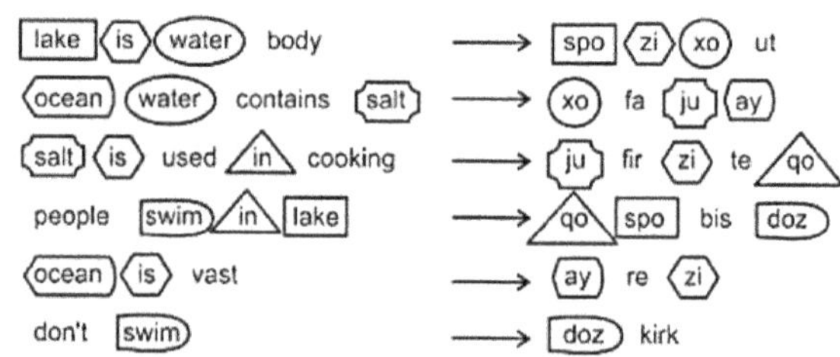

14. इसलिए , 'ocean' का कूट 'ay' है।

अतः विकल्प (C) सही है।

15. इसलिए, कूट 'fa', 'contains' को दर्शाता है।

अतः विकल्प (B) सही है।

16. कथन: $S > A \geq H = R \leq U < N \leq T; E > H$

निष्कर्ष:

I. $H < T$ → सत्य ($T \geq N > U \geq R = H$)

II. $E \geq N$ → असत्य ($E > H = R \leq U < N$; E और N के बीच निश्चित संबंध निर्धारित नहीं किया जा सकता है)

इसलिए, केवल निष्कर्ष I सत्य है।

अतः विकल्प (C) सही है।

17. कथन: $A \geq M = T \leq I < V \leq N; G \geq A$

मिलाने पर: $G \geq A \geq M = T \leq I < V \leq N$

निष्कर्ष:

I. $G > V$ → असत्य ($G \geq A \geq M = T \leq I < V$; G और V के बीच निश्चित संबंध निर्धारित नहीं किया जा सकता है)

II. $G \geq T$ → सत्य ($G \geq A \geq M = T$)

इसलिए, केवल निष्कर्ष II सत्य है।

अतः विकल्प (B) सही है।

18. कथन:

$K < R = E \leq N; Q < R$

निष्कर्ष:

I. $N > K$ → सत्य ($N \geq E = R > K$)

II. $N > Q$ → सत्य ($N \geq E = R > Q$)

इसलिए, निष्कर्ष I और II दोनों सत्य हैं।

अतः विकल्प (A) सही है।

Ques (19-23):1) मिनी और पिंकी के बीच में दो व्यक्ति बैठे हैं जो किसी छोरों पर बैठे हैं।

2) नील पिंकी के निकटतम पड़ोसी के सम्मुख है।

3) रवि, साहिल के सम्मुख है। राहिल लकी के दाएं से दूसरे स्थान पर बैठा है।

स्थिति 1:

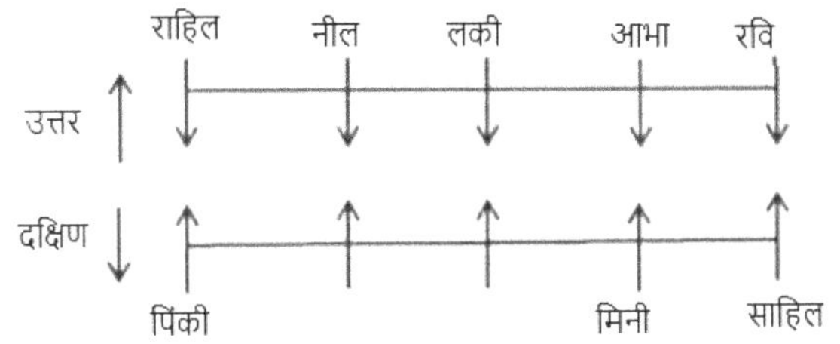

स्थिति 2

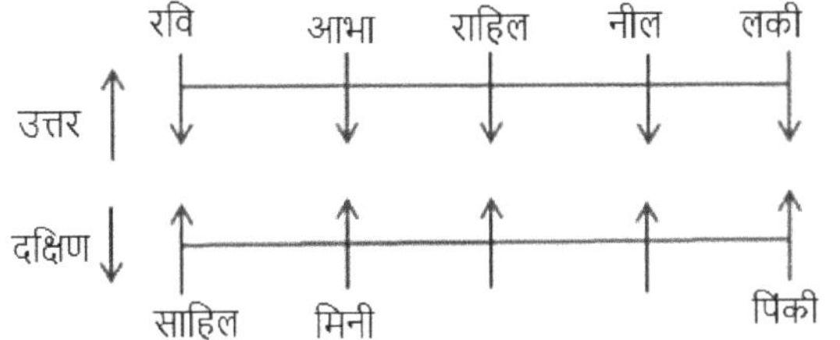

4) न तो राहिल और न ही नील, डॉली के सम्मुख है। (यह स्थिति 2 समाप्त करता है)

स्थिति 1

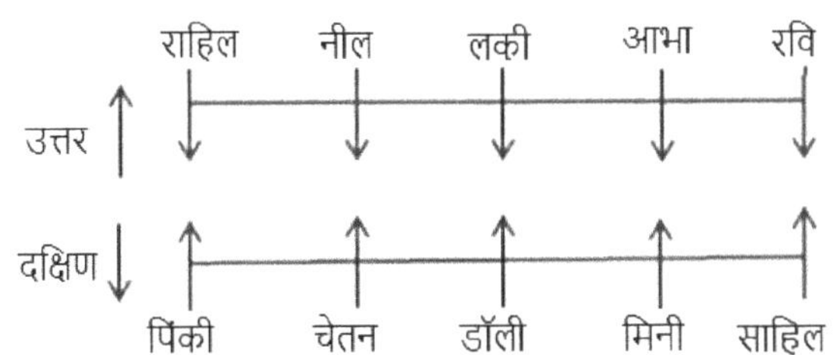

19. इसलिए, सभी कथन सही हैं।

अतः विकल्प (E) सही है।

20. स्पष्टतः, पिंकी, डॉली के बाएं से दूसरे स्थान पर बैठी है।

अतः विकल्प (A) सही है।

21. इसलिए, पिंकी, साहिल के विपरीत बैठी है।

अतः विकल्प (B) सही है।

22. इसलिए, तीन व्यक्ति राहिल और रवि के बीच में बैठे हैं।

अतः विकल्प (C) सही है।

23. साहिल को छोड़कर कोई भी छोर पर नहीं बैठा है।

इसलिए, साहिल बेजोड़ है।

अतः विकल्प (E) सही है।

24. दी गई श्रृंखला:

बाईं ओर R @ 2 9 T V A Y 5 © # J 1 P 8 Q $ E 3 * H % 6 W 4 I 8 U Z दाएँ ओर

निम्न स्वरुप का पालन किया गया है: (पहला पद ± 2 = दूसरा पद); (दूसरा पद ± 4 = तीसरा पद)

(E) 1#$ → 1 – 2 = #; # + 6 = $

(A) JP© → J + 2 = P; P – 4 = ©

(B) EQ* → E – 2 = Q; Q + 4 = *

(C) WI% → W + 2 = I; I – 4 = %

(D) 9V@ → 9 + 2 = V; V – 4 = @

यहां, विकल्प (E) को छोड़कर सभी स्वरूप का पालन करते हैं।

इसलिए, 1#$ दिए गए समूह से संबंधित नहीं है।

अतः विकल्प (E) सही है।

25. दी गई श्रृंखला:

बाईं ओर R @ 2 9 T V A Y 5 © # J 1 P 8 Q $ E 3 * H % 6 W 4 I 8 U Z दाएँ ओर

1) दाहिने छोर से उन्नीसवां पद # है।

2) दाहिने छोर से उन्नीसवें पद के दाएँ ओर से पांचवां पद अर्थात् # के दाएँ ओर से पांचवां पद: Q

R @ 2 9 T V A Y 5 © **#** J 1 P 8 **Q** $ E 3 * H % 6 W 4 I 8 U Z

इसलिए, उत्तर 'इनमें से कोई नहीं' है।

टिप्पणी: दायाँ छोर – दायाँ, उन्नीसवाँ – पाँचवाँ = दाएँ ओर से चौदहवाँ अर्थात् Q।

अतः विकल्प (E) सही है।

26. दी गई श्रृंखला:

बाईं ओर R @ 2 9 T V A Y 5 © # J 1 P 8 Q $ E 3 * H % 6 W 4 I 8 U Z दाएँ ओर.

वे अंक जिनके ठीक पहले व्यंजन है और ठीक बाद चिह्न हैं: **व्यंजन → अंक → चिह्न**

R @ 2 9 T V A **Y 5 ©** # J 1 P 8 Q $ E 3 * H % 6 W 4 I 8 U Z

स्पष्ट रूप से इस प्रकार का केवल एक ही अंक अर्थात् **Y 5 ©** है।

अतः विकल्प (B) सही है।

27. दी गई श्रृंखला:

बाईं ओर R @ 2 9 T V A Y 5 © # J 1 P 8 Q $ E 3 * H % 6 W 4 I 8 U Z दाएँ ओर

1) उपरोक्त व्यवस्था में अंतिम अठारह पदों का स्थान उलट दिया जाता है:

R @ 2 9 T V A Y 5 © # Z U 8 I 4 W 6 % H * 3 E $ Q 8 P 1 J

2) बाएं छोर से सत्रहवाँ पद:

R @ 2 9 T V A Y 5 © # Z U 8 I 4 **W** 6 % H * 3 E $ Q 8 P 1 J

इसलिए, आसानी से देखा जा सकता है कि इस व्यवस्था में बाएं से सत्रहवाँ पद W है।

अतः विकल्प (C) सही है।

28. दी गई श्रृंखला:

बाईं ओर R @ 2 9 T V A Y 5 © # J 1 P 8 Q $ E 3 * H % 6 W 4 I 8 U Z दाएँ ओर

स्वर जो ठीक चिह्न के बाद या ठीक चिह्न से पहले हैं: चिह्न → स्वर या स्वर → चिह्न

R @ 2 9 T V A Y 5 © # J 1 P 8 Q **$ E** 3 * H % 6 W 4 I 8 U Z

इसलिए, केवल एक स्वर ही है, जो ठीक चिह्न से पहले है।

अतः विकल्प (A) सही है।

Ques (29-33):1) अखिलेश ऐसे माह में जाता है जिसमें 31 दिन होते हैं लेकिन अगस्त में नहीं।

2) मोदी और अखिलेश के बीच में तीन व्यक्ति छुट्टी पर जाते हैं।

3) मोदी उस माह में नहीं जाता जिसमें 31 दिन होते हैं।

4) राहुल, अखिलेश के बाद किसी माह में जाता है।

माह	व्यक्ति
मार्च (31)	
अप्रैल (30)	
मई (31)	अखिलेश
जून (30)	
जुलाई (31)	
अगस्त (31)	
सितंबर (30)	मोदी
अक्टूबर (31)	

5) रवि, राहुल के ठीक पहले छुट्टी पर जाता है पर उस माह में नहीं जिसमें 31 दिन होते हैं।

माह	व्यक्ति
मार्च (31)	
अप्रैल (30)	
मई (31)	अखिलेश
जून (30)	रवि
जुलाई (31)	राहुल
अगस्त (31)	
सितंबर (30)	मोदी
अक्टूबर (31)	

6) राजनाथ और राम के बीच में केवल तीन व्यक्ति छुट्टी पर जाते हैं।

7) राजनाथ अखिलेश से पहले जाता है।

माह	व्यक्ति
मार्च (31)	
अप्रैल (30)	राजनाथ
मई (31)	अखिलेश
जून (30)	रवि
जुलाई (31)	राहुल
अगस्त (31)	राम
सितंबर (30)	मोदी
अक्टूबर (31)	

8) अरुण, राम के बाद जाता है।

माह	व्यक्ति
मार्च (31)	कन्हैया
अप्रैल (30)	राजनाथ
मई (31)	अखिलेश
जून (30)	रवि
जुलाई (31)	राहुल
अगस्त (31)	राम
सितंबर (30)	मोदी
अक्टूबर (31)	अरुण

29. इसलिए अखिलेश मई में छुट्टी पर जाता है।

अतः विकल्प (B) सही है।

30. मोदी सितंबर में छुट्टी पर जाता है।

अतः विकल्प (D) सही है।

31. राजनाथ और अरुण के बीच में पाँच व्यक्ति छुट्टी पर जाते हैं।

अतः विकल्प (E) सही है।

32. उनमें से शेष उस माह में छुट्टी पर जाते हैं जिसमें 31 दिन होते हैं।

अतः विकल्प (C) सही है।

33. रवि जून में छुट्टी पर जाता है।

अतः विकल्प (A) सही है।

Ques (34-35):दिए गए वंश वृक्ष के लिए आरेख निम्नलिखित है:

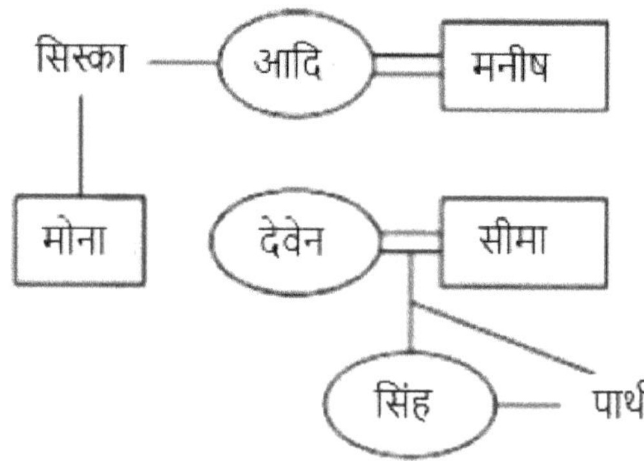

34. इसलिए मोना, मनीष का नेफ्यू है।

अतः विकल्प (A) सही है।

35. पार्थ पुरुष या महिला हो सकता है।

इसलिए पार्थ, आदि का या तो पोता या पोती है।

अतः विकल्प (E) सही है।

36. माल का क्रय मूल्य 100 रुपए है

माल का अंकित मूल्य = 100 + 100 × $\left(\frac{40}{100}\right)$ = 140

छूट प्रतिशत = 25%

विक्रय मूल्य = 140 – 140 × $\left(\frac{25}{100}\right)$ = 105

तो,

लाभ प्रतिशत = {(विक्रय मूल्य – क्रय मूल्य) /क्रय मूल्य} × 100

= $\left\{\frac{(105-100)}{100}\right\}$ × 100 = 5%

∴ उसे 5% का लाभ होता है।

अतः विकल्प (C) सही है।

37. मोटरसाइकिल A, B और C की व्यक्तिगत गति क्रमशः ' x_1', 'x_2' और ' x_3'. किमी / घंटा मान ले।

जब दो पिंड एक दूसरे की ओर बढ़ रहे होते हैं, अर्थात् विपरीत दिशा में चलते हैं, तो उनकी सापेक्ष गति उनकी व्यक्तिगत गति का योग होती है

जबकि, जब दो पिंड एक ही दिशा में बढ़ रहे होते हैं, तो उनकी सापेक्ष गति उनकी व्यक्तिगत गति का अंतर होती है

अब, मान ले,

मोटरसाइकिल A और B की सापेक्ष गति $= \pm x_1 \pm x_2 = 45$ ... (1)
मोटरसाइकिल B और C की सापेक्ष गति $= \pm \times 2 \pm x_3 = 65$ ... (2)

(1) को (2) से घटाकर, हम प्राप्त करते हैं,

$$\Rightarrow (\pm x_2 \pm x_3) - (\pm x_1 \pm x_2) = 65 - 45$$

$\Rightarrow \pm x_2 \pm x_3 \mp x_1 \mp x_2 = 20$

$\Rightarrow \pm x_3 \mp x_1 = 20$

$\Rightarrow \pm(x_3 - x_1) = 20 =$ मोटरसाइकिल A और C की सापेक्ष गति

$\therefore$ मोटरसाइकिल A और C की सापेक्ष गति उनकी व्यक्तिगत गति के अंतर के बराबर है

$\therefore$ मोटरसाइकिल A और C एक ही दिशा में आगे बढ़ रहे हैं।

अतः विकल्प (D) सही है।

38. बर्तन में से निकाला गया शहद = 20% = $\frac{1}{5}$

माना कि बर्तन में शुरुआत में K मात्रा में शहद था, तब

$$\frac{512}{K} = \left(1 - \frac{1}{5}\right)^4 = \frac{256}{625}$$

$$K = 512 \times \frac{625}{256} = 1250 \text{ ग्राम}$$

= 1.25 किग्रा

अत: विकल्प (A) सही है।

39. माना, आयताकार मैदान की चौड़ाई x है।

तब, लम्बाई 3x है।

मैदान का क्षेत्रफल = x × 3x = 192

$\Rightarrow 3x^2 = 192$

$\Rightarrow x^2 = 64$

$\Rightarrow x = 8$

इसलिए, चौड़ाई = 8 मी और

लम्बाई = 3 × 8 = 24 मी

साथ ही, परिमाप = 2 × (24 + 8) = 64 मी

जैसा कि बाड़ लगाने की लागत 2 रुपये/मीटर है,

∴ कुल लागत = 2 × 64 = 128 रुपये

अतः विकल्प (C) सही है।

40. 1 महीने के लिए A और B के समकक्ष पूंजी का अनुपात = 100000×36 : 200000×24

= 36 : 48 = 3 : 4

A द्वारा प्राप्त लाभ का एक हिस्सा $= \frac{3}{7}$

B द्वारा प्राप्त लाभ का एक हिस्सा $= \frac{4}{7}$

$\therefore$ आवश्यक अंतर $= \left(\frac{4}{7} - \frac{3}{7}\right) \times 84000 = 12000$ रूपये

अतः विकल्प (C) सही है।

41. अनुसरण किया गया स्वरुप इस प्रकार है:

10 + 2! = 12

12 + 3! = 18

18 + 4! = 42

42 + 5! = 162

162 + 6! = 882

∴ ? का मान 882 है।

अत: विकल्प (B) सही है।

42. अनुसरण किया गया स्वरुप इस प्रकार है:

80 – 20 = 60

60 – 20 × 0.5 = 50

50 – 20 × 0.25 = 45

45 – 20 × 0.125 = 42.5

∴ ? का मान 45 है।

अत: विकल्प (D) सही है।

43. दिया गया:

⇒180 x 0.5- 10 = 80

⇒ 80 x 1- 20 = 60

⇒ 60 x 2 - 40 = 80

⇒ 80 x 4 - 80 = 240

⇒ 240 x 8 - 160 = 1760

∴ अभीष्ट उत्तर 1760 है।

अतः विकल्प (D) सही है।

44. घन विधि द्वारा

1^3+1=2

2^3+1=9

3^3+1=28

4^3+1=65

5^3+1=126

6^3+1=217

∴ '?' का मान 217 है।

अतः विकल्प (B) सही है।

45. दी गई श्रृंखला का तर्क इस प्रकार है:

10 × 1 + 1 = 11

11 × 2 + 2 = 24

24 × 3 + 3 = 75

75 × 4 + 4 = 304

∴ '?' का मान 304 है।

अतः विकल्प (A) सही है।

46. हम मानते हैं Q की आयु K साल
12 साल पहले,
$Q's$ उम्र $= K - 12$ साल
इसलिए $P's$ की उम्र $3 \times Q$ है
$= 3(K - 12)$
$= (3K - 36)$ साल
$\rightarrow P$ की यह उम्र 12 साल पहले

इसलिये, P की वर्तमान उम्र $= (3K - 36) + 12$ साल
$= (3K - 24)$ साल
वर्तमान दिन से 12 वर्षों बाद,
Q की उम्र $= K + 12$ साल
P की उम्र $= (3K - 24) + 12 = (3K - 12)$ साल
इसलिए, Q की उम्र / P की उम्र $= \frac{K+12}{3K-12} = \frac{2}{3}$
$\therefore K = 20$ साल $= Q$ की वर्तमान उम्र
$\therefore P$ की वर्तमान उम्र $= 3K - 24 = 3 \times 20 - 24 = 36$ साल
अतः विकल्प (B) सही है।

47. दिया है:

52000 का $\frac{3}{4}$ का $\frac{1}{2}$ का $\frac{1}{4}$ = ?

$\Rightarrow \left(\frac{1}{4}\right) \times \left(\frac{1}{2}\right) \times \left(\frac{3}{4}\right) \times 52000 = ?$

$\Rightarrow \frac{(52000 \times 3)}{32} = ?$

$\Rightarrow 1625 \times 3 = ?$

$\Rightarrow 4875 = ?$

$\therefore$? का आवश्यक मान 4875 है।

अतः विकल्प (A) सही है।

48. दिया गया:

$\left(\frac{3}{13}\right)$ का $\left\{\frac{325}{(3)^{-3}}\right\} \times ?^2 = 25 \times 10^4 \times (1.5)^4$

$\Rightarrow 3 \times 25 \times 3^3 \times ?^2 = 25 \times 10^4 \times (1.5)^4$

$\Rightarrow 3^{(1+3)} \times 25 \times ?^2 = 25 \times 10000 \times \frac{(3)^4}{(2)^4}$

$\Rightarrow ?^2 = \frac{10000}{16}$

$\Rightarrow ?^2 = 625$

$\Rightarrow ? = 25$

$\therefore$ (?) का मान 25 है।

अतः विकल्प (E) सही है।

49. दिया गया:

12 × 87 + 12 × 114 + 93 × 12 – 44 × 12 = ?

⇒ 1044 + 1368 + 1116 – 528 = ?

⇒ 3528 – 528 = ?

⇒ ? = 3000

$\therefore$ '?' का मान 3000 है।

अतः विकल्प (C) सही है।

50. दिया गया:

$$\left(\sqrt{0.1024}\right) + \left(\sqrt{0.2401}\right) + \left(\sqrt{0.1225}\right) - \left(\sqrt{0.6400}\right) = (?)^2$$

$$\Rightarrow \left(\sqrt{\frac{1024}{10000}}\right) + \left(\sqrt{\frac{2401}{10000}}\right) + \left(\sqrt{\frac{1225}{10000}}\right) - \left(\sqrt{\frac{6400}{10000}}\right) = (?)^2$$

$\Rightarrow \left(\frac{32}{100}\right) + \left(\frac{49}{100}\right) + \left(\frac{35}{100}\right) - \left(\frac{80}{100}\right) = (?)^2$

$\Rightarrow \frac{(116 - 80)}{100} = (?)^2$

$\Rightarrow \frac{36}{100} = (?)^2$

$\Rightarrow ? = \left(\frac{\sqrt{36}}{100}\right)$

$\Rightarrow ? = \frac{6}{10}$

⇒ ? = 0.6

$\therefore$ '?' का मान 0.6 है।

अतः विकल्प (B) सही है।

51. दिया गया:

$\sqrt[3]{2197} + \sqrt[3]{1728} + \sqrt[3]{3375} = 8 \times ?$

⇒ 13 + 12 + 15 = 8 × ?

⇒ 40 = 8 × ?

$\Rightarrow ? = \frac{40}{8} = 5$

⇒ ? = 5

$\therefore$ '?' का मान 5 है।

अतः विकल्प (C) सही है।

52. दिया गया:

$\frac{150}{25} - \sqrt{625} + \frac{183}{3} + 1.2 \times 5 = ?$

$\Rightarrow \frac{150}{25} - 25 + \frac{183}{3} + 1.2 \times 5 = ?$

$\Rightarrow 6 - 25 + 61 + 1.2 \times 5 = ?$

$\Rightarrow 6 - 25 + 61 + 6 = ?$

$\Rightarrow ? = 48$

$\therefore$ ' ?' का मान 48 है।

अतः विकल्प (B) सही है।

53. दिया गया:

$427 - 112 + (32)^{\frac{2}{5}} + (9)^{\frac{3}{2}} - 35 \times 4 = ?$

⇒ 427 – 121 + 4 + 27 – 140 = ?

⇒ 427 + 31 – 261 = ?

⇒ 458 – 267 = ?

⇒ ? = 197

$\therefore$ '?' का मान 197 है।

अतः विकल्प (C) सही है।

54. दिया गया:

18 + 12 × 6 - 12 ÷ 3 + $\frac{77}{11}$ = ?

⇒ 18 + 72 - 4 + 7 = ?

⇒ 18 + 68 + 7 = ?

⇒ ? = 93

∴ प्रश्न चिन्ह ('?') के स्थान पर 93 आएगा।

अतः विकल्प (C) सही है।

55. दिया गया:

120 का 125% + 460 का 55% - 21 ÷ 7 = ? का 250%

⇒ $\left(\frac{125}{100}\right)$ × 120 + $\left(\frac{55}{100}\right)$ × 460 - 3 = $\left(\frac{250}{100}\right)$ × ?

⇒ $\left(\frac{5}{4}\right)$ × 120 + $\left(\frac{11}{20}\right)$ × 460 - 3 = $\left(\frac{5}{2}\right)$ × ?

⇒ 150 + 253 - 3 = $\left(\frac{5}{2}\right)$ × ?

⇒ 400 = $\left(\frac{5}{2}\right)$ × ?

⇒ ? = 160

∴ प्रश्न चिन्ह (?) के स्थान पर 160 आना चाहिए।

अतः विकल्प (E) सही है।

56. दिया गया:

$(12)^3$ ÷ 4 + 15 × 13 - ? + 4 = 21 × 30

⇒ 1728 ÷ 4 + 195 - ? + 4 = 630

⇒ 432 + 195 + 4 - ? = 630

⇒ ? = 631 - 630

⇒ ? = 1

∴ प्रश्न चिन्ह (?) के स्थान पर 1 आना चाहिए।

अतः विकल्प (D) सही है।

57. दिया:

माना 4 संख्याएं (a - 3), (a - 1), (a + 1) और (a + 3) हैं।

इसलिए, इन 4 संख्याओं का योग = $\frac{4a}{4}$ = 64

⇒ a = 64

∴ सबसे बड़ी संख्या = a + 3 = 64 + 3 = 67

अतः विकल्प (D) सही है।

58. दिया है:

ग्यारह भिन्न धनात्मक पूर्णांको का औसत 21 है।

पहले 6 का औसत 23 है और अंतिम छह का औसत 22 है।

⇒ 11 संख्याओं का कुल योग = 21 × 11 = 231

पहले 6 का औसत 23 है ⇒ प्रथम 6 संख्याओं का योग = 23 × 6 = 138

अंतिम 6 का औसत 22 है ⇒ अंतिम 6 संख्याओं का योग = 22 × 6 = 132

⇒ छठी संख्या = 138 + 132 - 231 = 270 - 231 = 39

अतः विकल्प (B) सही है।

59. माना, A (राशि) = $2x, P$ (मूलधन) = x और n = 5
हम जानते है कि,

$$A = P\left(1+\frac{R}{100}\right)^n$$

$$\Rightarrow 2x = x\left(1+\frac{R}{100}\right)^5$$

$$\Rightarrow \left(1+\frac{R}{100}\right)^5 = 2\ldots(i)$$

अब, जैसा कि प्रश्न में उल्लेख किया गया है, हमें उन वर्षों की संख्या का पता लगाना होगा जिसमें हमें जो राशि दी जाती है वह स्वयं 8 गुना हो जाएगी।
माना, A = $8x$, P = x

$$\Rightarrow x\left(1+\frac{R}{100}\right)^n = 8x$$

दोनों पक्षों का x रद्द करने पर हम पाते है की

$$8 = \left(1+\frac{R}{100}\right)^n$$

अब, समीकरण (i) का उपयोग करके, हम 'n' का मान प्राप्त कर सकते हैं

$$8 = \left(2^{\frac{1}{5}}\right)^n$$

8 को लिखा जा सकता है

$$2^3 = 2^{\frac{n}{5}}$$

$$\frac{n}{5} = 3$$

$$n = 15$$

अतः विकल्प (D) सही है।

60. माना प्रत्येक किस्त x है।

तो, $\frac{x}{\left(1+\frac{50}{3\times100}\right)} + \frac{x}{\left(1+\frac{50}{3\times100}\right)^2} + \frac{x}{\left(1+\frac{50}{3\times100}\right)^3} = 7620$

$$\Rightarrow 294x + 252x + 216x = 7620 \times 343$$

$$\Rightarrow x = \left(\frac{7620\times343}{762}\right) = 3430$$

तो, प्रत्येक किस्त की राशि = 3430 रु
अतः विकल्प (A) सही है।

61. दिया है:

A काम पूरा कर सकता है = 6 दिन

B काम पूरा कर सकता है = 12 दिन

C काम पूरा कर सकता है = 15 दिन

शेष कार्य को पूरा करने में D द्वारा लिया गया समय = 2 दिन

कुल किया गया कार्य = कार्यक्षमता × समय

हम कुल कार्य 1 इकाई मानते हैं।

A का 1 दिन का कार्य = $\frac{1}{6}$

B का 1 दिन का कार्य = $\frac{1}{12}$

C का 1 दिन का कार्य = $\frac{1}{15}$

3 दिनों में A, B और C का कुल कार्य = $\left(\frac{1}{6}+\frac{1}{12}+\frac{1}{15}\right) \times 3$

3 दिन के बाद बचा हुआ कार्य = 1 − $\left(\frac{1}{6}+\frac{1}{12}+\frac{1}{15}\right) \times 3$

= 1 − $\left(\frac{1}{2}+\frac{1}{4}+\frac{1}{5}\right)$

= 1 − $\frac{(10+5+4)}{20}$

= 1 − $\frac{19}{20}$

= $\frac{1}{20}$ इकाई

$\frac{1}{20}$ इकाई कार्य करने में D द्वारा लिया गया समय = 2 दिन

इसलिए, 1 इकाई कार्य करने में D द्वारा लिया गया समय = 20 × 2 = 40 दिन

∴ D द्वारा सम्पूर्ण कार्य को पूरा करने में लगा समय = 40 दिन

अतः विकल्प (C) सही है।

62. सूत्र:

किया गया कुल कार्य = कार्यक्षमता × समय

गणना:

माना, कुल कार्य 1 इकाई है।

माना A और B की कार्यक्षमता x इकाई प्रति दिन है।

और C और D की कार्यक्षमता y इकाई प्रति दिन है।

प्रश्नानुसार,

x = 2y ....(i)

और, $\frac{1}{y} - \frac{1}{x}$ = 12

⇒ $\frac{(x-y)}{xy}$ = 12

अब, उपरोक्त समीकरण में x = 2y रखने पर,

$\left(\frac{2y-y}{2y^2}\right) = 12$

⇒ y = $24y^2$

⇒ y = $\frac{1}{24}$

समीकरण (i) से हम प्राप्त करते हैं,

⇒ x = $\frac{1}{12}$

इस प्रकार, कुल आवश्यक समय = $\frac{1}{\left(\frac{1}{12}+\frac{1}{24}\right)}$

= $\frac{24}{(2+1)}$

= 8 दिन

अतः विकल्प (C) सही है।

63. माना कि संख्या 100 है, फिर

पहले, इसमें 10% की वृद्धि की गई;

$\Rightarrow 100 \times \frac{110}{100} = 110$

इसके बाद, इसमें 50% की कमी की गई;

$\Rightarrow 110 \times \frac{50}{100} = 55$⇒ 110 × 50/100 = 55

अब, इसमें 50% की वृद्धि की गई;

$\Rightarrow 55 \times \frac{150}{100} = 82.5$

आवश्यक % $= \frac{82.5}{100} \times 100 = 82.5\%$

अतः विकल्प (B) सही है।

64. प्रश्नानुसार,

पहली वस्तु पर दिया गया कर $= 600 \times \frac{5}{10}$ = 30 रुपए

दूसरी वस्तु पर दिया गया कर $= 9000 \times \frac{12.5}{100}$ = 1125 रुपए

कुल कर = 30 + 1125 = 1155 रुपए

वस्तुओं की कुल कीमत = 600 + 9000 = 9600 रुपए

आवश्यक औसत प्रतिशत $= \frac{1155}{9600} \times 100 = 12.03\% \approx 12\%$

इसलिए, उसने दो वस्तुओं को एक साथ लेने पर औसतन 12% कर का भुगतान किया।

अतः विकल्प (C) सही है।

65. किनले, बिसलेरी और एक्वाफिना की कुल मिलाकर बेची गई बोतलों की संख्या $= \frac{(64°+101°+75°)}{360°} \times 12,600$

$= \frac{240}{360} \times 12,600 = 8400$

∴ औसत $= \frac{8400}{3} = 2800$

∴ किनले, बिसलेरी और एक्वाफिना की मिलाकर बेची गई बोतलों की औसत संख्या $= 2800$

अत: विकल्प (D) सही है।

66. हिमालयन की बेची गई बोतलों की संख्या $= \left(\frac{70°}{360°}\right) \times 12,600 = 2450$

रेल नीर की बेची गई बोतलों की संख्या $= \left(\frac{50°}{360°}\right) \times 12,600 = 1750$

∴ अभीष्ट प्रतिशत $= \frac{(2450-1750)}{1750} \times 100 = 40\%$

∴ हिमालयन के बेची गई बोतलें रेल नीर की बेची गई बोतलों से 40% अधिक है।

अत: विकल्प (B) सही है।

67. एक्वाफिना को बेचकर उत्पन्न कुल राजस्व = 94,080 रुपये

एक्वाफिना की कुल बोतलें बेची गईं $= \left(\frac{64°}{360°?}\right) \times 12,600 = 2240$

∴ एक्वाफिना की एक बोतल की कीमत $= \frac{94080}{2240} =$ 42 रुपये

बिसलेरी की एक बोतल की कीमत $= 42 \times \frac{100}{120} =$ 35 रुपये

बेची गई बिस्लेरी की कुल बोतलें $= \left(\frac{101°}{360°}\right) \times 12,600 = 3535$

$\Rightarrow$ बिसलेरी की बिक्री से उत्पन्न कुल राजस्व $= 3535 \times 35 = 1,23,725$ रुपये

अत: विकल्प (C) सही है।

68. किनले और हिमालयन द्वारा एक साथ बेची गई बोतलें $= (70° + 75°) = 145°$

बिसलेरी, एक्वाफिना और रेल नीर द्वारा मिलाकर बेची गई बोतलें $= (64° + 101° + 50°)$

$= 215°$

$\therefore$ अभीष्ट अनुपात $= \frac{145}{215} = \frac{29}{43}$ या $29:43$

$\therefore$ किनले, हिमालयन द्वारा मिलाकर बेची गई बोतलों की संख्या और शेष ब्रांडों द्वारा मिलाकर बेची गई बोतलों की संख्या का अनुपात $29:43$ है।

अत: विकल्प (A) सही है।

69. हिमालयन की कुल बोतलें $= \left(\frac{70°}{360°}\right) \times 12,600 = 2450$

दुकान द्वारा बेची गई कुल बोतलें $= 12,600 \times \frac{125}{100} = 15,750$

$\therefore$ हिमालय द्वारा बनाया गया कोण $= \frac{2450}{15750)} \times 360 = 56°$

अत: विकल्प (D) सही है।

70. दिया गया है:

छूट $_1\% = 20\%$

लाभ $\% = 20\%$

छूट $= 8$ वस्तुओं की बिक्री पर 2 वस्तुएँ

छूट $_2\% = \left(\frac{2}{8}\right) \times 100 = 25\%$

प्रयुक्त अवधारणा:

$\left(\frac{M.P.}{S.P.}\right) \times f_1 \times f_2 = \frac{S.P.}{C.P.}$

जहाँ, f_1 और f_2 क्रमशः $D_1\%$ और $D_2\%$ घटाने के बाद भिन्न हैं।

$\Rightarrow f_1 = (100 - 20)\% = 80\%$

$\Rightarrow f_2 = (100 - 25)\% = 75\%$

$\Rightarrow \frac{(M.P.)}{(S.P.)} \times 80\% \times 75\% = \frac{(S.P.)}{(C.P)}$

$\Rightarrow \frac{(M.P.)}{(S.P.)} \times \left(\frac{4}{5}\right) \times \left(\frac{3}{4}\right) = \frac{120}{100}$

$\Rightarrow \frac{(M.P.)}{(S.P.)} = \left(\frac{6}{5}\right) \times \left(\frac{5}{4}\right) \times \left(\frac{4}{3}\right) = \frac{2}{1}$

$\Rightarrow \frac{(M.P.)}{(S.P.)} = \frac{2}{1}$

$\therefore$ अधिक अंकित मूल्य $\% = \left(\frac{1}{1}\right) \times 100 = 100\%$

अत: विकल्प (C) सही है।

71. The error is in the (B) part of the sentence- 'Be' should be replaced with 'being'. Being can be followed by a past participle. This structure is used in the passive forms of present and past continuous tenses.

The correct sentence will be: If you can't be happy **being single**, you'll never be happy in a relationship.

Hence, the correct option is (B).

72. There is no error in the given sentence.

The statement is grammatically sound and meaningfully correct.

Note:

Sacrosanct = regarded as too important or valuable to be interfered with.

Example: The individual's right to work has been upheld as sacrosanct

Hence, the correct option is (E).

73. The error in the given sentence is that of an article. The proper article to be used before '**error**' is '**an**'.

So, the correct sentence is:

There was an error in the contest and the team had to start the project all over again.

Hence, the correct option is (A).

74. Family is a collective noun, so it will take 'its' in place of 'their'.

So, the correct sentence will be: the family **had to cut short its trip** as the children had fallen ill on account of the cold weather.

Hence, the correct option is (B).

75. The error in the sentence is in subject-verb agreement. 'We' takes a plural verb with it. So, 'we pollute' is correct.

So, the correct sentence is: The biggest paradox is that the more **we pollute the environment the more** difficult it is for us to live in it.

Hence, the correct option is (C).

76. The text in the passage can be best termed as: Expository.

An expository passage tries to inform by an orderly setting forth of facts and ideas. It includes definitions, comparisons and contradictions.

The passage revolves around innovation and invention. It highlights the difference between innovation and invention. The first paragraph states the definitions of the two terms. The next three paragraphs state that failure plays an important part in innovation and invention. The fourth paragraph states an example of the invention. The next two paragraphs state the biggest challenge in the world of invention and innovation. The last two paragraphs try to merge the lines between the two. Thus, the text of the paragraph can be best termed as expository.

Hence, the correct option is (D).

77. The very first line and the last line of the passage reveal the theme of the passage, "The words invention and Innovation are closely linked, but they are not interchangeable.... While innovations that have helped to enhance the quality of life are laudable, equally laudable are the inventions that laid the foundation of these very innovations." The passage clearly compares innovators to inventors.

Hence, the correct option is (C).

78. The author believes that: Innovators enhance the utility of inventions.

The passage states "The inventor is a genius who uses his intellect, imagination, time and resources to create something that does not exist. But this invention may or may not be of utility to the masses. It is the enterprising innovator who uses various resources, skills and time to make the invention available for use." This implies that it is an enterprising innovator that enhances the utility of an invention.

Hence, the correct option is (A).

79. Benjamin Franklin and Steve Jobs, believe that making a mistake before finding success is not unusual.

The passage states "Benjamin Franklin had the belief that success doesn't come without challenge, mistake, and in a few cases failure. . .One of the world's most famous innovators, Steve Jobs says. Sometimes when you innovate, you make mistakes. It is best to admit them quickly and get on with improv ing your other innovations." Thus making a mistake before finding success is not unusual.

Hence, the correct option is (B).

80. Velcro can be best described as an accidental invention.

The passage states "The inventor of Velcro, also cal led the zipless zipper, is the Swiss engineer George de Mestral. He was hiking in the woods when he found burrs clinging to his clothes and his dog's fur. Back at home, he studied the burrs. He discovered that each burr was a collection of tiny hooks which made it cling on to another object. A few years later, he made and patented the strips of fabric that came to us as Velcro." This implies that Velcro was discovered accidentally by George de Mestral. It also implies that besides observing and identifying things, inventors are very creative in using that observation to come up with practical solutions (inventions).

Hence, the correct option is (D).

81. It is believed that Graham Bell became the first patent holder of the telephone because of his ingenuity and good fortune.

It can be deciphered from the following lines, "We relate the telephone with Alexander Graham Bell. It is believed that around the same time, Antonio Meucci had also designed the telephone, but due to lack of resources and various hardships, he could not proceed with the patent of his invention. It is also believed that Elisha Gray had made a design for the telephone and applied for the patent at the U.S. patent office on the same day as Graham Bell did. By sheer chance, Graham's lawyer's turn to tile the papers came first. Hence, Graham was granted the first patent for the telephone."

Hence, the correct option is (A).

82. The passage states "It is the enterprising innovator who uses various resources, skills and time to make the invention available for use. The innovator might use the invention as it is, modify it or even blend two or more inventions to make one marketable product." Thus, this statement is untrue.

Hence, the correct option is (B).

83. The phrase "see the light of the day" means to be made available; or be published, brought out or born. Without this on innovation cannot the called successful. It clearly indicates failure.

Hence, the correct option is (B).

84. 'Intrepid' is an adjective that means fearless; adventurous. Among the options, the synonym of intrepid is 'daring'.

Hence, the correct option is (C).

85. 'Laudable' is an adjective that refers to an action, idea, or aim which deserves praise and commendation. The synonym of laudable is 'praiseworthy' while the antonym is 'disgraceful' which means 'shockingly unacceptable.'

Hence, the correct option is (D).

86. The given passage is about organic farming methods.

The first sentence is A because it introduces the topic by defining organic farming methods.

The second sentence should be E because it mentions that the organic farming is still being developed by various organizations.

The third sentence should be C because it informs us about the fertilizers of organic origin.

The fourth sentence should be D because it mentions the purpose of organic farming.

The last sentence is B because it gives explains the purpose of organic farming method with an example.

So, the correct sequence is AECDB.

Hence, the correct option is (D).

87. The given passage is about organic farming methods.

The first sentence is A because it introduces the topic by defining organic farming methods.

The second sentence should be E because it mentions that the organic farming is still being developed by various organizations.

The third sentence should be C because it informs us about the fertilizers of organic origin.

The fourth sentence should be D because it mentions the purpose of organic farming.

The last sentence is B because it gives explains the purpose of organic farming method with an example.

So, the correct sequence is AECDB.

Hence, the correct option is (A).

88. The given passage is about organic farming methods.

The first sentence is A because it introduces the topic by defining organic farming methods.

The second sentence should be E because it mentions that the organic farming is still being developed by various organizations.

The third sentence should be C because it informs us about the fertilizers of organic origin.

The fourth sentence should be D because it mentions the purpose of organic farming.

The last sentence is B because it gives explains the purpose of organic farming method with an example.

So, the correct sequence is AECDB.

Hence, the correct option is (C).

89. The given passage is about organic farming methods.

The first sentence is A because it introduces the topic by defining organic farming methods.

The second sentence should be E because it mentions that the organic farming is still being developed by various organizations.

The third sentence should be C because it informs us about the fertilizers of organic origin.

The fourth sentence should be D because it mentions the purpose of organic farming.

The last sentence is B because it gives explains the purpose of organic farming method with an example.

So, the correct sequence is AECDB.

Hence, the correct option is (D).

90. The correct sequence is AECDB. The first sentence after rearrangement should be 'A'.

Then the paragraph is, "Organic farming is an agricultural system which originated early in the 20th century in reaction to rapidly changing farming practices. Organic farming continues to be developed by various organizations today. It is defined by the use of fertilizers of organic origin such as compost manure, green manure, and bone meal. Organic standards are designed to allow the use of naturally occurring substances while prohibiting or strictly limiting synthetic substances. For instance, naturally occurring pesticides such as pyrethrin and rotenone are permitted, while synthetic fertilizers and pesticides are generally prohibited. "

Hence, the correct option is (E).

91. Firstly, 'teacher' is a singular noun, so it should take a singular verb i.e., gives.

Meanings of the following words:-

Salubrious - health-giving; healthy; beneficial.

Cataclysmic - a natural event that is large-scale and violent.

Admirable - arousing or deserving respect and approval.

Now, an advice is never given to perform violent actions. Thus, C is eliminated. Also, the sentence is in active voice form, since by is not given. Thus, B is eliminated. So, option (C) i.e., only A is the correct answer.

Correct sentence - The teacher gave some salubrious advice to the students.

Hence the correct option is (C).

92. Meaning of the following words :-

Fable - a short story, typically with animals as characters, conveying a moral.

Slay -to kill a person or animal in a violent way.

Comprises - to consist of; be made up of.

Clearly, option (C) is eliminated since it is irrelevant. Now, verb 'comprise' takes preposition of in case of passive voice, but given statement is an active voice. And, 'made from' is used when the physical properties of something get changed. For e.g. :- Curd is made from milk. But here, no such concept is relevant, since book and fables are completely different. Thus, options (B) & (D) are eliminated. Thus, option (A) i.e only A is the correct answer.

Correct sentence - The book comprises beautiful fables.

Hence the correct option is (C).

93. Meaning of following words :-

smear - to cover; to coat; dirt.

look up for - to admire or respect someone/something.

mirror up to - to show the reality of someone or something.

geared up - to excite; prepared.

Clearly, the statement itself shows by word "reflection", that the Common Wealth games has helped Indian sport to show its true image to rest of the world. Thus, option (B) i.e. only B is the correct answer.

Correct sentence - The Common Wealth games have helped a mirror up to Indian sport and found a refreshing reflection.

Hence the correct option is (B).

94. Came into force is the correct term to use. if a new law, rule, change, etc. comes or is brought into force, it starts to exist. E.g. the law came into force last year.

Correct sentence: The 52nd Amendment came into force in 1985 when Rajiv Gandhi was Prime Minister.

Hence the correct option is (C).

95. The words 'loudly' and 'aloud' both are adverbs. An adverb is a word that modifies (describes) a verb, an adjective, another adverb, or even a whole sentence.

However, the meaning of both words is different.

Loudly means in high volume.

Aloud means audibly.

The given sentence is indicating that the subject must practice the speech audibly. Thus, "speech aloud several times" will be the most appropriate choice.

Hence the correct option is (D).

96. The digital transformation of societies has resulted in sharply reduced demand for products such as paper and steel.

Transformation means to change in composition or structure.

Hence, the correct option is (C).

97. He actually lacked the confidence to go alone and talk to the Principal.

The correct word here is 'confidence' which means 'the feeling or belief that one can have faith in or rely on someone or something.

Hence, the correct option is (C).

98. Computing professionals are on the front lines of almost every aspect of the modern world.

The given sentence describes the importance of computing professionals throughout the world. Option (C) fits correctly as 'on the front lines' means 'playing a very important part (in something); influential'. Someone who is in the front line has to play a very important part in defending or achieving something.

Hence, the correct option is (C).

99. Bruce is an imposter who deceives others by claiming to be one of their relatives.

Imposter means a person who pretends to be someone else in order to deceive others, especially for fraudulent gain.

Hence, the correct option is (D).

100. The thief ran off with the goods in broad daylight.

Ran off means to steal things and run.

Hence, the correct option is (B).

विगत वर्षीय प्रश्नपत्र 01

Reasoning Ability

Ques (1-5):निर्देश: निम्न जानकारी का ध्यानपूर्वक अध्ययन कीजिए और इस पर आधारित प्रश्नों के उत्तर दीजिए।

आठ मित्र मनु, विक्की, रिंकू, सोनू, गोलू, रवि, तेजू और मुन्ना आठ मंजिल वाले एक भवन में रह रहे हैं परन्तु यह आवश्यक नहीं कि क्रम यही हो। सबसे नीचे की मंजिल को एक से अंकित किया गया है और उसके ऊपर वाली को दो और इसी प्रकार आगे भी। मुन्ना मंजिल संख्या चार पर रहता है। सोनू और मुन्ना के बीच में दो व्यक्ति रहते हैं। रवि और सोनू के बीच में पाँच व्यक्ति रहते हैं। रवि और तेजू के बीच में केवल एक व्यक्ति रहता है। रिंकू विक्की के ठीक ऊपर रहता है। गोलू मनु के ऊपर एक मंजिल पर रहता है, जो रवि के नीचे रहता है।

Q.1 सबसे ऊपर की मंजिल पर कौन रहता है?
A. मनु **B.** मुन्ना **C.** सोनू **D.** रवि
E. गोलू

Q.2 रिंकू के ठीक ऊपर कौन रह रहा है?
A. तेजू **B.** सानू **C.** मुन्ना **D.** रवि
E. गोलू

Q.3 मुन्ना से तीन मंजिल ऊपर कौन रह रहा है?
A. गोलू **B.** मनु **C.** सोनू **D.** रिंकू
E. रवि

Q.4 रिंकू और गोलू के बीच में कितने व्यक्ति हैं?
A. एक **B.** दो
C. तीन से अधिक **D.** तीन
E. इनमें से कोई नहीं

Q.5 विक्की के ठीक के नीचे कौन रह रहा है?
A. रवि **B.** तेजू **C.** सोनू **D.** गोलू
E. मनु

Ques (6-10):निर्देश: निम्नलिखित जानकारी का ध्यानपूर्वक अध्ययन कीजिये और नीचे दिए गए प्रश्नों के उत्तर दीजिये।

E W % I 5 V # D T Y N 9 M 6 4 3 Q @ * 0 B O ? 8 A 2 P ! U 7 1

Q.6 ऐसी कितनी संख्याएं हैं जिनके ठीक पहले और ठीक बाद में अक्षर आता हैं?
A. एक **B.** दो
C. तीन **D.** चार
E. चार से अधिक

Q.7 दी गयी श्रृंखला में M के बाएं कितने चिह्न हैं?
A. तीन **B.** एक
C. दो **D.** तीन से अधिक
E. इनमें से कोई नहीं

Q.8 दायें छोर से नौवें पद और बाएं छोर से 13वें पद के बीच में निम्न में से कौन-सा पद है?
A. 3 **B.** Q **C.** * **D.** @
E. 0

Q.9 यदि सभी चिह्नों को हटा दिया जाता है, तो नयी श्रृंखला में दायें छोर से 15वें स्थान पर निम्न में से कौन-सा पद होगा?
A. N **B.** 9 **C.** M **D.** 6
E. 4

Q.10 बाएं छोर से 10वें पद के दायें 15वें स्थान पर निम्न में से कौन-सा पद है?
A. ? **B.** 8 **C.** A **D.** 2
E. P

Ques (11-13):निर्देश: निर्देशों को ध्यान से पढ़िए और नीचे दिए गए प्रश्न का उत्तर दीजिये।

सात उम्मीदवारों Si, Ki, Te, To, Bi, Ci, और Ai ने एक कंपनी में टाइपिंग टेस्ट दिया। उन्होंने टाइपिंग टेस्ट में अलग-अलग टाइपिंग स्पीड प्राप्त की। Ki न्यूनतम चार लोगों की तुलना में धीमा टाइप करता है। Bi से अधिक तेज टाइप करने वाले व्यक्ति दो से अधिक नहीं हैं। Ki, To से तेज लेकिन Te से धीमा टाइप करता है। न्यूनतम तीन व्यक्ति Ci से धीमा टाइप करते हैं। केवल एक व्यक्ति Ai से तेज टाइप करता है लेकिन Ai, Si से धीमा टाइप करता है।

Q.11 सभी में से किसकी टाइपिंग स्पीड सबसे तेज है?
A. Ai **B.** Si **C.** Bi **D.** To
E. Ki

Q.12 किसकी टाइपिंग स्पीड सबसे धीमी है?
A. Ai **B.** Si **C.** Te **D.** To
E. Bi

Q.13 यदि Te की टाइपिंग स्पीड 65 शब्द प्रति मिनट है और Si की टाइपिंग स्पीड 92 शब्द प्रति मिनट है तो Bi की टाइपिंग स्पीड क्या हो सकती है?
A. 52 शब्द प्रति मिनट **B.** 69 शब्द प्रति मिनट
C. 55 शब्द प्रति मिनट **D.** 95 शब्द प्रति मिनट
E. 30 शब्द प्रति मिनट

Ques (14-18):निर्देश: नीचे दी गई जानकारी का ध्यानपूर्वक अध्ययन कीजिए और निम्नलिखित प्रश्नों के उत्तर दीजिए।

आठ व्यक्ति अमर, बाला, चेतन, दीनू, गिरीश, टीना, गीता, और हरीश एक वृत्ताकार मेज के चारों ओर केंद्र के सम्मुख बैठे हैं लेकिन आवश्यक नहीं कि उसी क्रम में हों। गिरीश, टीना के बाएँ तीसरे स्थान पर बैठा है जो अमर के दाएँ दूसरे स्थान पर है। हरीश, चेतन और गीता के बिल्कुल बीच में बैठा है, जो टीना के दाएँ दूसरे स्थान पर है। बाला और हरीश, अमर के निकटतम पड़ोसी नहीं हैं।

Q.14 टीना के दाएँ पांचवें स्थान पर कौन बैठा है?
A. अमर **B.** हरीश **C.** गिरीश **D.** बाला
E. दीनू

Q.15 यदि गीता से दक्षिणावर्त दिशा में गिना जाए, तो गीता और टीना के ठीक बीच में कौन बैठा है?
A. बाला **B.** हरीश **C.** अमर **D.** चेतन
E. दीनू

Q.16 अमर के बाएँ तीसरे स्थान पर कौन बैठा है?
A. दीनू **B.** हरीश **C.** टीना **D.** चेतन
E. बाला

Q.17 दीनू के निकटतम पड़ोसी कौन हैं?
A. बाला, टीना **B.** हरीश, गिरीश
C. चेतन, बाला **D.** गिरिश, अमर
E. अमर, टीना

Q.18 गीता के सम्मुख कौन बैठा है?

A. चेतन **B.** गिरीश **C.** दीनू **D.** अमर
E. हरीश

Ques (19-21):निर्देश: निम्नलिखित जानकारी का ध्यानपूर्वक अध्ययन कीजिये और निम्न प्रश्नों के उत्तर दीजिये:

तीन पीढ़ियों वाले एक परिवार में A, B, C, D और E रहते हैं। यहाँ केवल एक विवाहित युगल है। B, C का पिता है, जिसकी एक पुत्री है। C का कोई भाई/बहन नहीं है। E, A की माँ है, जो एक महिला है। D का केवल एक भाई है। D एक अविवाहित महिला है।

Q.19 C, D से किस प्रकार संबंधित है?

A. पिता **B.** ननद/भाभी/साली
C. भांजा/भतीजा **D.** माँ
E. भांजी/भतीजी

Q.20 A, B से किस प्रकार संबंधित है?

A. पुत्रवधु **B.** पौत्र/पौत्री
C. पत्नी **D.** माँ
E. इनमें से कोई नहीं

Q.21 परिवार में कितनी महिला सदस्य हैं?

A. एक **B.** दो
C. तीन **D.** तीन से अधिक
E. इनमें से कोई नहीं

Ques (22-24):निर्देश: निम्नलिखित प्रश्न में, दिए गए कथनों को सत्य मानते हुए, ज्ञात कीजिये कि निष्कर्षों । और ॥ में से कौन-सा/कौन-से निष्कर्ष निश्चित रूप से अनुसरण करता है/करते हैं।

Q.22 कथन:

$J = K < M \le P > Q, S \ge U = V > K$

निष्कर्ष:

I. $U \le P$

II. $V \ge M$

A. केवल निष्कर्ष । अनुसरण करता है।
B. केवल निष्कर्ष ॥ अनुसरण करता है।
C. निष्कर्ष । और ॥ दोनों अनुसरण करते हैं।
D. ना तो निष्कर्ष । और ना ही निष्कर्ष ॥ अनुसरण करता है।
E. या तो निष्कर्ष । या निष्कर्ष ॥ अनुसरण करता है।

Q.23 कथन:

$P \le Q < S = T \ge U \ge W < Z$

निष्कर्ष:

I. $S > W$

II. $W = T$

A. केवल निष्कर्ष ॥ अनुसरण करता है।
B. या तो निष्कर्ष । या ॥ अनुसरण करता है।
C. निष्कर्ष । और ॥ दोनों अनुसरण करते हैं।
D. ना तो निष्कर्ष । और ना ही ॥ अनुसरण करता है।
E. केवल निष्कर्ष । अनुसरण करता है।

Q.24 कथन:

$G \le L \ge O; A > X = O \ge W \ge I < N$

निष्कर्ष:

I. $I < L$

II. $L = I$

A. केवल निष्कर्ष । सत्य है।
B. यदि केवल निष्कर्ष ॥ सत्य है।
C. यदि या तो निष्कर्ष । या ॥ सत्य है।
D. यदि न तो निष्कर्ष । और न ही ॥ सत्य है।
E. यदि दोनों निष्कर्ष । और ॥ सत्य हैं।

Q.25 निर्देश: निम्नलिखित प्रश्नों में दिए गए कथनों को सत्य मानते हुए, यह ज्ञात कीजिए कि दिए गए निष्कर्षों में से कौन सा निष्कर्ष निश्चित रूप से सत्य है और फिर उसके अनुसार अपने उत्तर दीजिए।

कथन:

$D > M \le T > K; D \ge J \ge G; S = K$

निष्कर्ष:

I. $T < G$

II. $G \le T$

A. केवल । सत्य है **B.** केवल ॥ सत्य है
C. या तो । या ॥ सत्य है **D.** कोई भी सत्य नहीं है
E. । और ॥ दोनों सत्य हैं

Ques (26-30):निर्देश: निम्नलिखित जानकारी का ध्यानपूर्वक अध्ययन कीजिये और निम्न प्रश्नों के उत्तर दीजिये।

एक निश्चित कूट भाषा में,

'he who knows Sam' को 'ma co he mx' लिखा जाता है।

'Sam is a bad doctor' को 'mx mh la sa ox' लिखा जाता है।

'Ravi knows Sam' को 'mx he kl' लिखा जाता है।

'who is doctor under Ravi' को 'kl mh co ze ox' लिखा जाता है।

Q.26 दी गयी कूट भाषा में 'he' का कूट क्या है?

A. ma **B.** he **C.** co **D.** mx
E. mh

Q.27 कूट 'co' का अर्थ क्या है?

A. who **B.** knows
C. he **D.** Sam
E. या तो (A) या फिर (C)

Q.28 दी गयी कूट भाषा में निम्नलिखित में से किस का अर्थ 'a bad doctor' है?

A. la sa mh **B.** sa la ox
C. os sa mh **D.** या तो (A) या फिर (B)
E. mx mh la

Q.29 'doctor' के लिए कूट क्या है?

A. kl **B.** ox
C. mh **D.** ze
E. या तो (B) या (C)

Q.30 दी गयी कूट भाषा में कूट 'la' का अर्थ क्या है?

A. Sam **B.** is
C. a **D.** bad
E. या तो (C) या (D)

Ques (31-35):निर्देश: निम्नलिखित जानकारी का ध्यानपूर्वक अध्ययन करें और नीचे दिए गए प्रश्नों के उत्तर दें।

आठ बक्से A, B, C, D, F, G, H और E को एक दूसरे के ऊपर रखा गया है, लेकिन क्रम यही हो यह आवश्यक नहीं है। सबसे नीचे वाले बॉक्स को 1 क्रमांकित किया गया है, तत्काल उसके ऊपर रखे बॉक्स को 2 क्रमांकित किया गया है, और ऐसा तब तक किया जाता है जब तक कि शीर्ष बॉक्स को 8 क्रमांकित नहीं कर लिया जाता है।

C और G के बीच तीन से अधिक बक्से हैं जो शीर्ष पर नहीं रखे हैं। H को न तो शीर्ष पर और न ही C और G बॉक्स के तत्काल बाद में रखा गया है। A

और D को एक दूसरे के बगल में रखा गया है। F और A के बीच एक बॉक्स है। H और E के बीच तीन से अधिक बॉक्स हैं। G विषम क्रमांकित स्थान पर नहीं रखा गया है। B को A के ऊपर रखा गया है। बॉक्स C को बॉक्स H और G के ऊपर नहीं रखा गया है।

Q.31 बॉक्स A के नीचे कितने बॉक्स रखे हैं?

A. एक **B.** दो
C. तीन **D.** चार
E. कहा नहीं जा सकता है

Q.32 निम्नलिखित में से कौन-सा बॉक्स, H और C के बीच रखा है?

A. B **B.** D
C. F **D.** E
E. उपर्युक्त में से कोई नहीं

Q.33 निम्नलिखित में से कौन-सा कथन सत्य है?

A. E को D के ऊपर रखा गया है।
B. A को G के नीचे रखा गया है।
C. E को B से ठीक ऊपर रखा गया है।
D. इनमें से कोई नहीं
E. उपरोक्त सभी

Q.34 निम्नलिखित में से कौन-सा बॉक्स, F और G बॉक्स के बीच नहीं रखा गया है?

A. D **B.** B
C. A **D.** H
E. इनमें से कोई नहीं

Q.35 निम्नलिखित पांच में से चार निश्चित तरीके से समान हैं और इसलिए एक समूह बनाते हैं। उनमें से कौन सा समूह से संबंधित नहीं है?

A. B D **B.** A G **C.** D H **D.** F A
E. C D

Numerical Ability

Ques (36-40):निर्देश: निम्नलिखित संख्या श्रृंखला में प्रश्नवाचक चिह्न '?' के स्थान पर क्या आना चाहिए?

Q.36 8, 20, 36, 56, 80, ?

A. 105 **B.** 110 **C.** 108 **D.** 112
E. 115

Q.37 7, 14, 42, 168, 840, ?

A. 4960 **B.** 5080
C. 5040 **D.** 4920
E. इनमें से कोई नहीं

Q.38 27, 32, 42, 57, 77, ?

A. 102 **B.** 92
C. 112 **D.** 99
E. इनमें से कोई नहीं

Q.39 5, 3, 3, 5, 15, ?

A. 60 **B.** 69 **C.** 75 **D.** 65
E. 70

Q.40 640, 322,164, 86, 48, ?

A. 30 **B.** 32 **C.** 34 **D.** 36
E. 40

Ques (41-45):निर्देश: दिए गए बार ग्राफ का अध्ययन कीजिए और उसके अनुसार निम्नलिखित प्रश्नों के उत्तर दीजिए।

बार ग्राफ पिज्जा हट द्वारा चार अलग-अलग सप्ताहों में बेचे गए तीन अलग-अलग प्रकार के पिज्जा दर्शाता है।

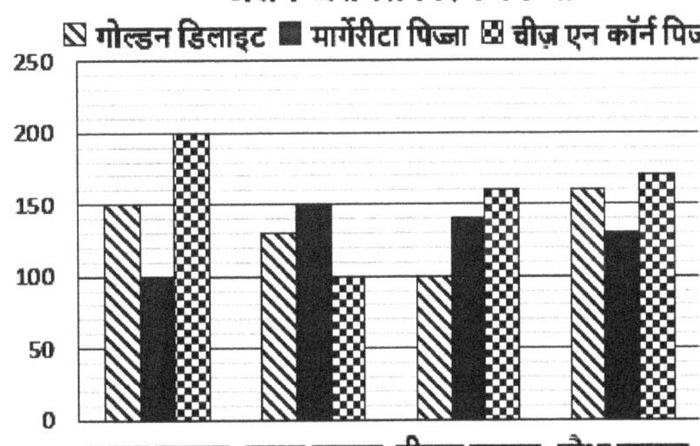

Q.41 पहले दो सप्ताहों में बेचे गए सभी पिज्जा की कुल संख्या कितनी है?

A. 630 **B.** 730
C. 830 **D.** 430
E. इनमें से कोई नहीं

Q.42 तीसरे और चौथे सप्ताह में बेचे गए मार्गेरीटा पिज्जा की संख्या तथा पहले और तीसरे सप्ताह में बेचे गए चीज़ एन कॉर्न पिज्जा की संख्या के बीच का अनुपात कितना है?

A. 3 : 4 **B.** 4 : 3
C. 1 : 4 **D.** 3 : 5
E. इनमें से कोई नहीं

Q.43 दूसरे, तीसरे और चौथे सप्ताह में बेचे गए मार्गेरीटा की औसत संख्या क्या है?

A. 150 **B.** 160
C. 140 **D.** 120
E. इनमें से कोई नहीं

Q.44 पहले और दूसरे सप्ताह में बेचे गए गोल्डन डिलाइट पिज्जा की संख्या, पहले और दूसरे सप्ताह में बेचे गए चीज़ एन कॉर्न पिज्जा की संख्या से कितने प्रतिशत अधिक/कम है?

A. 7.14% अधिक **B.** 6.66% कम
C. 6.66% अधिक **D.** 7.14% कम
E. इनमें से कोई नहीं

Q.45 पहले सप्ताह और चौथे सप्ताह में पिज्जा हट द्वारा बेचे गए सभी पिज़्ज़ा की संख्या के बीच का अंतर कितना है?

A. 20 **B.** 10
C. 30 **D.** 40
E. इनमें से कोई नहीं

Q.46 एक टीम में 12 खिलाड़ियों के औसत वजन में $\frac{1}{3}$ किग्रा की वृद्धि होती है, जब एक खिलाड़ी जिसका वजन 55 किग्रा है, को दूसरे खिलाड़ी द्वारा प्रतिस्थापित किया जाता है। नए खिलाड़ी का वजन कितना है?

A. 57 किग्रा **B.** 59 किग्रा
C. 62 किग्रा **D.** 65 किग्रा
E. इनमें से कोई नहीं

Q.47 3 वर्ष की अवधि के बाद, एक निश्चित राशि पर साधारण ब्याज और चक्रवृद्धि ब्याज (सालाना चक्रवृद्धि) के बीच का अंतर 244 रुपये है। दोनों ब्याजों की गणना करते हुए राशि (रुपये में) ज्ञात कीजिए, यदि दर 5% है।

A. 20000 **B.** 32000 **C.** 10000 **D.** 5000

E. 25000

Q.48 एक वस्तु को जब 100 रुपये की छूट पर बेचा जाता है, तो दुकानदार को 140% का लाभ होता है और यदि इसे बिना छूट के बेचा जाता है, तो लाभ 220% होगा। वस्तु का क्रय मूल्य ज्ञात कीजिए।

A. 120 रुपये **B.** 130 रुपये **C.** 125 रुपये **D.** 140 रुपये
E. 145 रुपये

Q.49 दो स्थान A और B 162 किमी दूर हैं। एक ट्रेन B के लिए A से निकलती है और उसी समय दूसरी ट्रेन A के लिए B से निकलती है। दोनों ट्रेनें 6 घंटे के अंत में मिलती हैं। यदि A से B तक यात्रा करने वाली ट्रेन दूसरी ट्रेन की तुलना में 8 किमी प्रति घंटे तेज गति से यात्रा करती है, तो तेज ट्रेन की गति ज्ञात कीजिए।

A. $\frac{37}{2}$ किमी प्रति घंटे **B.** $\frac{39}{2}$ किमी प्रति घंटे
C. $\frac{35}{2}$ किमी प्रति घंटे **D.** $\frac{33}{2}$ किमी प्रति घंटे
E. $\frac{18}{2}$ किमी प्रति घंटे

Q.50 दो व्यक्ति A और B ने एक कार्य शुरू किया जिसमें A, B से तीन गुना कुशल था और इसलिए कार्य खत्म करने में B से 60 दिन कम लगे। यदि वे एक साथ कार्य करना शुरू करते हैं, तो उन्हें कार्य खत्म करने में कितने दिन लगेंगे?

A. 15 दिन **B.** 20 दिन
C. 22.5 दिन **D.** 25 दिन
E. इनमें से कोई नहीं

Q.51 कक्षा M और N के छात्रों की संख्या का अनुपात $5:6$ है। यदि कक्षा M के छात्रों की संख्या में 30% की वृद्धि हो जाती है और कक्षा N के छात्रों की संख्या में 12600 की वृद्धि हो जाती है, तो दोनों का अनुपात समान रहता है। कक्षा N के छात्रों की संख्या ज्ञात कीजिये।

A. 36000 **B.** 42000
C. 45000 **D.** 48000
E. इनमें से कोई नहीं

Q.52 दो बाइकों के क्र.मू. का योग $1,75,000$ रूपये है। दोनों बाइकों को समान वि.मू. पर क्रमशः 20% और 30% के लाभ पर बेचा जाता हैं। दोनों बाइकों के क्र.मू. का क्या अंतर है?

A. 6000 रूपये **B.** 7000 रूपये
C. 7500 रूपये **D.** 6500 रूपये
E. इनमे से कोई नहीं

Q.53 शिवाली और तनीषा की आयु क्रमशः $11:7$ के अनुपात में है। 8 वर्ष बाद उनकी आयु का अनुपात $15:11$ होगा। उनकी आयु के बीच के वर्षों का अंतर क्या है?

A. 4 वर्ष **B.** 10 वर्ष
C. 6 वर्ष **D.** 8 वर्ष
E. इनमें से कोई नहीं

Ques (54-65):निर्देश: निम्नलिखित प्रश्न में प्रश्नवाचक चिन्ह ' ?' के स्थान पर क्या आयेगा?

Q.54 $\left(\frac{5}{8}\right) \times 40 + (12)^2 = (?)^2$

A. 13 **B.** 14 **C.** 15 **D.** 16
E. 17

Q.55 $380 \div 20 \times 3 - 7^2 = 2^?$

A. 3 **B.** 8 **C.** 4 **D.** 2
E. 5

Q.56 $6^2 + 45 \times 2.4 - 81 \div 3 = ?$

A. 107 **B.** 127 **C.** 717 **D.** 117
E. 137

Q.57 $10 \times 100 \div 5 + 9 = ?$

A. 65 **B.** 170
C. 209 **D.** 310
E. इनमें से कोई नहीं

Q.58 $48 \div 6 \times \sqrt{25} + 13 \times 8 = ?$

A. 104 **B.** 124 **C.** 114 **D.** 144
E. 244

Q.59 $(230 + 24 - 110) \div 6 - 10 = ?$

A. 14 **B.** 10 **C.** 12 **D.** 16
E. 15

Q.60 360 का 25% $+125 \div 25 - 70 = ?$

A. 35 **B.** 40 **C.** 25 **D.** 20
E. 50

Q.61 $\left(36 + 78 \div 52 - 8 \times \frac{3}{16}\right) \times 5 \div 10 = ?$

A. 18 **B.** $\frac{1}{2}$ **C.** $\frac{5}{16}$ **D.** 18

Q.62 $6^2 \times 2^{-1} \times 18^3 \div 2^4 = 3^?$

A. 5 **B.** 3 **C.** 6 **D.** 8
E. 9

Q.63 $120 + 600$ का $3\% - 12 \times 0.5 = ?$

A. 121 **B.** 122 **C.** 131 **D.** 132
E. 141

Q.64 $\sqrt{[[4 \times (8^2 + 2^3 + 7^2)]} = 11$ का ?

A. 1 **B.** 2
C. 1.5 **D.** 2.5
E. इनमे से कोई भी नहीं

Q.65 $5 \times 11 + 25 \times 4 = 20 \times 3 + 5 \times (?)$

A. 16 **B.** 19 **C.** 13 **D.** 12
E. 15

Q.66 पुस्तक भंडार में, 25% पुस्तकें सामाजिक विज्ञान की हैं, शेष की 16% सामान्य जागरूकता की हैं, शेष की $\left(\frac{1}{9}\right)$ गणित की पुस्तकें हैं और शेष पुस्तकें रीज़निंग की हैं जो 280 हैं। दुकान में पुस्तकों की कुल संख्या ज्ञात कीजिए।

A. 250 **B.** 450 **C.** 400 **D.** 500
E. 600

Q.67 एक मिश्रण में दूध और पानी $3:2$ के अनुपात में है। यदि 10 लीटर मिश्रण निकाला जाता है और उसे 10 लीटर पानी से बदला जाता है, तो मिश्रण में पानी और दूध की मात्रा समान हो जाती है। मिश्रण में दूध की प्रारंभिक मात्रा ज्ञात कीजिये।

A. 36 लीटर **B.** 20 लीटर **C.** 12 लीटर **D.** 24 लीटर
E. 30 लीटर

Q.68 अजय, रोहित और रोहन ने क्रमशः ₹ 35000, ₹ 28000 और ₹ 56000 का निवेश करके एक व्यवसाय शुरू किया, लेकिन छह महीने

के बाद रोहित और रोहन ने अपनी पूंजियों का आधा हिस्सा वापस ले लिया और वर्ष के अंत में उन्होंने ₹ 154000 का लाभ अर्जित किया। कुल लाभ में रोहित का लाभ क्या है?

A. ₹ 33000 **B.** ₹ 55000 **C.** ₹ 66000 **D.** ₹ 77000
E. ₹ 88000

Q.69 ठहराव के बिना कार की गति 75 किमी/घंटे है और ठहराव के साथ, यह 50 km/hr है। बस प्रति घंटे कितने मिनट के लिए रूकती है?

A. 12 **B.** 10 **C.** 9 **D.** 20
E. 18

Q.70 एक बड़े मकान में एक आयताकार घास का मैदान है जिसका आकार 95 मी एवं 60 मी है और इस मैदान के अंदर की तरफ मैदान की सीमा को लगकर 2.5 मी चौड़ा रास्ता बना हुआ है। रास्ते पर 3 रुपये प्रति वर्ग मी कि दर से कंकड़ बिछाने का खर्च कितना होगा?

A. 2530 रुपये **B.** 2250 रुपये
C. 2340 रुपये **D.** 2620 रुपये
E. इनमे से कोई भी नहीं

English Language

Ques (71-80):Direction: Read the following passage carefully and answer the questions that follow. Certain words are printed in bold to help you locate them while answering some of these.

Mobile phones may use two types of input devices. In regular mobile phones, a keypad type of device is used, which is mounted separately from the screen of the cellphone. Whereas in touch screen cellphones, a touch screen is a cellphone display screen that also acts as an input device. The touch screens are sensitive to pressure; a user interacts with the mobile applications by touching pictures or words on the screen. Most mobile phone keyboards are basic in that they use a **tactile** surface you are accustomed to touching, and underneath is a basic rubber peg that travels some depth until it encounters resistance in the form of the actual keyboard surface which is sometimes called a- bubble board. This is basically a semi-circle of Aluminium shaped in the form of a dome and provides that springing effect of key and feedback on your finger when you press down and the button regains its at-rest shape and normal position. Touch screen technologies used in mobile phones include resistive, capacitive, and surface-wave-based systems. The resistive system consists of a normal glass panel that is covered with conductive and resistive metallic layers. These two layers are held apart by spacers, and a scratch-resistant layer is placed on top of the whole setup. An electrical current runs through the two layers while the monitor is operational. When a user touches the screen, the two layers make contact exactly at that spot. The change in the electrical field is noted and the coordinates of the point of contact are calculated by the processor. Once the coordinates are known, a special driver translates the touch into something that the operating system can understand, much as a computer mouse driver translates the movements of a mouse into a click or a drag. The change in the electrical current is registered as a touch event and sent to the controller for processing. In the capacitive system, a layer of an electroconductive material (most often indium-tin-oxide) that stores an electrical charge is placed on the glass panel of the monitor. When a user touches the monitor with his finger, some of the charges are transferred to the user, so the charge on the capacitive layer decreases. This decrease is measured in circuits located at each corner of the monitor. The computer calculates, from the relative differences in charge at each corner, exactly where the touch event took place and then **relays** that information to the touch screen driver software. In surface-wave-based systems, touchscreens operate by tracking ultrasonic sound waves to identify the location of points on a screen. Surface acoustic wave (SAW) touchscreens are made with a single pane of glass, a transmitter, and two piezoelectric receivers. The transmitter produces ultrasonic waves that move over the screen, reflect, and then are read by the receiving piezoelectric receivers. When the surface of the glass is touched, some acoustic waves are absorbed, but some bounce back and are detected by the piezoelectric receivers. Because ultrasound surface wave acoustic touchscreens use glass, they have high transmittance and long operating lives. Ultrasound surface wave acoustic touchscreens are often used in the medical field, casinos, amusement facilities, public facilities, and financial institutions.

Resistive touch screen panels are generally more affordable but offer only 75 percent clarity and the layer can be damaged by sharp objects. One advantage of the capacitive system over the resistive system is that it transmits almost 92 percent of the light emitted from the monitor, whereas the resistive system transmits only about 75 percent. This gives the capacitive system a much clearer picture than the resistive system. Also, the capacitive system has a very long life.

Of course, there are still reasons to consider a SAW touchscreen. Unlike capacitive touchscreens, SAW touchscreens can read touch commands created with a traditional stylus. In fact, you can use any object to perform touch commands on a SAW touchscreen. Any object placed on the display surface will **disrupt** the sound waves in that area. SAW touchscreens are also long-lasting. This is because performing touch commands on a SAW touchscreen places little or no stress on its components. Therefore, SAW touchscreens can last for hundreds of thousands of touches.

Q.71 Which type of touch screen technology is often used in financial institutions as per the passage?

A. Surface-wave based systems
B. Resistive system
C. Capacitive system
D. Tactile surface system
E. Piezoelectric system

Q.72 Identify the statement which is true as per the passage:

A. The change in the electrical field is noted and the coordinates of the point of contact are calculated by the piezoelectric receivers.
B. Resistive touch screen panels are generally more affordable but offer only 70 percent clarity and the layer can be damaged by sharp objects.
C. Unlike capacitive touchscreens, SAW touchscreens can read touch commands created with a modern stylus.
D. Mobile phones may use three types of input devices.
E. Ultrasound surface wave acoustic touchscreens are often used in the medical field, casinos, amusement facilities, public facilities, and financial institutions.

Q.73 According to the passage, the 'resistive system' consists of

A. A layer of an electroconductive material (most often indium tin-oxide) that stores an electrical charge
B. A unique glass panel that is covered with conductive and semi-conductive metallic layers
C. A normal glass panel that is covered with conductive and resistive metallic layers
D. Single pane of glass, a transmitter, and two piezoelectric receivers
E. A normal glass panel that is covered with reconstructive and resistive metallic layers

Q.74 Select the word which is most similar in meaning to the word given in bold, as used in the passage.
Relays
A. Retains **B.** Eradicates
C. Stifles **D.** Transmits
E. Extirpates

Q.75 Select the word which is MOST SIMILAR in meaning to the word given in bold, as used in the passage.
Disrupt
A. Impede **B.** Precipitate
C. Amalgamation **D.** Reconciliation
E. Hasten

Q.76 Select the word which is MOST OPPOSITE in meaning to the word given in bold, as used in the passage.
Tactile
A. Corporeal **B.** Haptic
C. Tangible **D.** Tactual
E. Untouchable

Q.77 All of the following conclusions are reasonably supported by the second and third paragraph of the passage EXCEPT:
A. Capacitive touch screen is not at par in terms of cost in comparison to resistive touch screen.
B. Light emitted from the monitor is substantially higher in capacitive system in comaprison to resistive system.
C. Stress application on a SAW touchscreen is negligible.
D. SAW touch screen lasts longer than a capacitive touch screen.
E. Touch commands on a SAW touchscreen can also be performed without using any specific object.

Q.78 Which of the following can be properly inferred from the passage?
A. Keypad type of device has become outdated with the advent of touchscreen technology.
B. Financial institutions only use Surface wave acoustic (SAW) touchscreens.
C. The picture quality of the capacitive touch screen is much better than that of the resistive touch screen.
D. SAW touchscreens can read touch commands created with a traditional stylus as well as modern stylus.
E. The change in the electrical current is registered as a touch event and sent to the semiconductor for processing.

Q.79 Which of the following is/are false in the context of this passage?
A. Once the coordinates are known, a special driver translates the touch into something that the operating system can understand, much as a computer mouse driver translates the movements of a mouse into a click or a drag.
B. Because ultrasound surface wave acoustic touchscreens use glass, they have high transmittance and long operating lives.
C. An electrical current runs through the two layers while the monitor is dysfunctional.
D. The touch screens are sensitive to pressure; a user interacts with the mobile applications by touching pictures or words on the screen.
E. All of the above

Q.80 What could be the most suitable title for the passage?
A. Mobile touchscreen technology
B. Evolution of the capacitive touch screen
C. Advantages of touch screen
D. Components of mobile phone
E. Mobile phone technology

Q.81 Select the most appropriate sentence with respect to grammar and usage.
A. Around 64 per cent of land used for agriculture so food crops is at risk of pesticide pollution.
B. An erratic monsoon season can damage the economy and affect agricultural practices.
C. The intensity of cyclones and hurricanes might increased in the next century due to global warming.
D. Robotics develop machines that can substitute for humans and replicate human actions.
E. None of these

Q.82 Select the most appropriate sentence with respect to grammar and usage.
A. The history of the social sciences begin in the Age of Enlightenment after 1650.
B. Economics is a social science that seeks on analyze and describe the production, distribution, and consumption of wealth.
C. Education encompasses teaching and learning specifically skills, and also something less tangible but more profound.
D. Social science is the branch of science devoted to the study of societies.
E. None of these

Q.83 Select the most appropriate sentence with respect to grammar and usage.
A. Archaeological excavation exists even when the field was still the domain of amateurs.
B. Excavation is the most expensive phase of archaeological research.
C. Archaeologists on the world use drones to speed up survey work.
D. In England, archaeologists are uncovered layouts of 14th century medieval villages.
E. All are correct

Q.84 Select the most appropriate sentence with respect to grammar and usage.
A. The IHR are a legally binding instrument of international law that aims of international collaboration.
B. If productive capacity grows, an economy can produced progressively more goods, which raises the standard of living.
C. Marine animals can hear across entire ocean basins.

D. Underwater sound waves are far more violent to sound waves in air.
E. None of these

Q.85 Select the most appropriate sentence with respect to grammar and usage.

A. Geographers attempt to understand the Earth terms of physical and spatial relationships.
B. Psychologists seek an understanding of the emergent properties of brains.
C. The purpose of archaeology is to learn more about past societies and the develop of the human race.
D. Regional survey is the attempt to systematically locate previous unknown sites in a region.
E. None of these

Ques (86-90):Direction: Select the most appropriate word to fill in the blank.

Q.86 The present economic crisis in Sri Lanka has pushed it closer to India for ______ relief.

A. Obviate **B.** Deviate
C. Alleviate **D.** Affiliate
E. Immediate

Q.87 Mere elections are not ______ for a democracy.

A. Deficient **B.** Ambition
C. Innocence **D.** Ancient
E. Sufficient

Q.88 The Bench has regretfully ______ farewell to such humane inputs.

A. Bid **B.** Rid **C.** Vivid **D.** Lid
E. Splendid

Q.89 A good university constantly ______ its students to go beyond the syllabus.

A. Discourages **B.** Courageous
C. Encourages **D.** Grudges
E. Wages

Q.90 There is no magic wand to ensure economic reforms and ______ a crisis-like scenario.

A. Alert **B.** Insert **C.** Convert **D.** Expert
E. Avert

Ques (91-95):Direction: Five sentences A,B,C,D and E are given below, you need to rearrange the sentences so that the five sentences can together form a meaningful paragraph.

A. Once while travelling by train, he was asked to leave the first-class compartment and shift to the van compartment.

B. Then, he was pushed forcibly out of the compartment and his luggage was thrown on the platform.

C. Gandhiji had to travel by train from Durban to Pretoria in connection with his job.

D. This was a turning point in Gandhiji's life and he decide to stay back in South Africa and fight against this injustice.

E. It was winter and he kept shivering all night.

Q.91 Which of the following should be the FIRST sentence after rearrangement?

A. A **B.** B **C.** C **D.** D
E. E

Q.92 Which of the following should be the SECOND sentence after rearrangement?

A. A **B.** B **C.** C **D.** D
E. E

Q.93 Which of the following should be the THIRD sentence after rearrangement?

A. A **B.** B **C.** C **D.** D
E. E

Q.94 Which of the following should be the FOURTH sentence after rearrangement?

A. A **B.** B **C.** C **D.** D
E. E

Q.95 Which of the following should be the FIFTH sentence after rearrangement?

A. A **B.** B **C.** C **D.** D
E. E

Q.96 Direction: The sentence given below has a phrase that has been underlined. Choose the correct replacement for the phrase from the options given below. If no replacement is required, choose option (E)- No replacement as your answer.

<u>Scream at the top of his voice</u>, Richard told his neighbor not to make a din after 11 pm.

A. While screaming at the top of his voice
B. Screaming
C. Screaming at the top of his voice
D. Screaming at the top of his voice
E. No replacement

Ques (97-99):Direction: Which of the phrases given below the sentence should replace the word/phrase given below in bold in the sentence to make it grammatically correct? If the sentence is correct as it is given and no correction is required, mark 'No correction required as the answer.

Q.97 On the eastern horizon, a huge cloud of smoke from burning **oil tanks stretched below the sky.**

A. oil tanks stretched on the sky
B. oil tanks stretched in the sky
C. oil tanks stretched for the sky
D. oil tanks stretched across the sky
E. No correction required

Q.98 Less than 2 hours are left before the bomb explodes and annihilates the city and its inhabitants.

A. Less than 2 hour is left
B. More than 2 hours are left
C. Less than 2 hours is left
D. Less then 2 hours are left
E. No Correction Required

Q.99 Aaron is warned against strong painkillers **lest he should not get addicted.**

A. lest he should get
B. least he should not
C. least he should get

D. at least he should not

E. No Correction Required

Q.100 Direction: In the following question, a sentence is given with an idiom or phrase highlighted in bold. Select the option given below that replaces the phrase or idiom in bold/underlined and mark that as your answer. Ignore punctuation errors, if any.

The people who get on in this world are the people who get up and **look at** the circumstances they want, and if they cannot find them, make them.

A. look out

B. look for

C. look after

D. look forward to

E. No improvement

// स्मार्ट उत्तर पुस्तिका //

सही उत्तर उन छात्रों का प्रतिशत जिन्होंने प्रश्नों का सही उत्तर दिया था। **छोड़ दिया** उन छात्रों का प्रतिशत जिन्होंने प्रश्नों को छोड़ दिया था।

प्रश्न संख्या	उत्तर	सही उत्तर	छोड़ दिया
1	E	87.82 %	11.85 %
2	C	48.74 %	42.98 %
3	E	62.23 %	35.22 %
4	C	83.25 %	14.15 %
5	C	85.51 %	10.6 %
6	C	82.33 %	14.91 %
7	C	48.41 %	35.74 %
8	D	67.82 %	30.2 %
9	C	85.98 %	10.71 %
10	C	89.47 %	10.08 %
11	B	85.56 %	12.85 %
12	D	54.59 %	34.93 %
13	B	81.08 %	13.22 %
14	C	55.13 %	41.98 %
15	A	56.87 %	38.79 %
16	B	81.46 %	11.99 %
17	E	43.34 %	41.86 %
18	D	69.56 %	30.29 %
19	C	81.52 %	14.91 %
20	B	84.44 %	14.02 %
21	C	83.1 %	14.67 %
22	D	77.78 %	12.23 %
23	B	88.88 %	10.32 %
24	C	66.49 %	30.88 %
25	C	77.73 %	13.79 %
26	A	61.16 %	33.47 %
27	A	82.8 %	13.54 %
28	D	88.97 %	10.93 %
29	E	87.18 %	10.99 %
30	E	85.78 %	12.69 %
31	C	77.21 %	19.48 %
32	C	57.71 %	38.68 %
33	E	58.88 %	38.57 %
34	B	50.12 %	47.1 %
35	E	43.63 %	54.69 %
36	C	83.64 %	10.45 %
37	C	57.02 %	33.04 %
38	A	80.84 %	13.99 %
39	B	53.28 %	32.74 %
40	A	85.28 %	10.18 %
41	C	87.62 %	10.71 %
42	A	67.54 %	31.52 %
43	C	89.0 %	10.18 %
44	B	40.41 %	30.09 %
45	B	45.66 %	48.37 %
46	B	86.62 %	11.44 %
47	B	53.19 %	43.95 %
48	C	58.18 %	34.18 %
49	C	82.9 %	15.01 %
50	C	52.55 %	34.66 %
51	B	88.89 %	10.31 %
52	B	86.52 %	11.04 %
53	D	52.16 %	44.45 %
54	A	77.29 %	16.12 %
55	A	85.02 %	14.78 %
56	D	89.56 %	10.35 %
57	C	47.89 %	38.26 %
58	D	82.62 %	15.45 %
59	A	78.42 %	19.52 %
60	C	18.92 %	74.47 %
61	A	40.71 %	36.58 %
62	D	83.63 %	15.35 %
63	D	89.28 %	10.31 %
64	B	86.42 %	13.3 %
65	B	52.28 %	32.59 %
66	D	78.18 %	20.23 %
67	A	40.08 %	54.67 %
68	A	48.49 %	44.72 %
69	D	48.81 %	33.94 %
70	B	65.3 %	31.37 %
71	A	63.55 %	32.09 %
72	E	79.36 %	15.0 %
73	C	61.52 %	32.98 %
74	D	62.05 %	37.05 %
75	A	82.81 %	11.19 %
76	E	41.1 %	40.22 %
77	D	57.6 %	31.16 %
78	C	85.04 %	14.35 %
79	C	87.17 %	10.0 %
80	A	51.13 %	38.28 %
81	B	51.69 %	41.74 %
82	D	80.11 %	10.3 %
83	B	55.81 %	31.24 %
84	C	81.5 %	13.85 %
85	B	55.08 %	44.81 %
86	E	42.38 %	39.24 %
87	E	48.23 %	41.54 %
88	A	59.83 %	31.18 %
89	C	89.77 %	10.03 %
90	E	79.54 %	11.44 %
91	C	67.74 %	30.99 %
92	A	47.95 %	33.34 %
93	B	55.19 %	38.47 %
94	E	41.25 %	37.08 %
95	D	88.33 %	11.03 %
96	C	88.79 %	10.21 %
97	D	84.01 %	10.14 %
98	C	43.17 %	44.56 %
99	A	63.51 %	34.82 %
100	B	89.87 %	10.01 %

//संकेत और समाधान//

Ques (1-5):दी गई जानकारी के अनुसार,

1. मुन्ना मंजिल संख्या चार पर रहता है।

2. सोनू और मुन्ना के बीच में दो व्यक्ति रहते हैं।

स्थिति - 1		स्थिति - 2	
मंजिल	व्यक्ति	मंजिल	व्यक्ति
8		8	
7	सोनू	7	
6		6	
5		5	
4	मुन्ना	4	मुन्ना
3		3	
2		2	
1		1	सोनू

3. रवि और सोनू के बीच में पाँच व्यक्ति रहते हैं।

4. रवि और तेजू के बीच केवल एक व्यक्ति रह रहा है।

स्थिति - 1		स्थिति- 2	
मंजिल	व्यक्ति	मंजिल	व्यक्ति
8		8	
7	सोनू	7	रवि
6		6	
5		5	
4	मुन्ना	4	मुन्ना
3	तेजू	3	
2		2	
1	रवि	1	सोनू

5. रिंकू विक्की के ठीक ऊपर रह रहा है।

6. गोलू मनु, जो रवि के नीचे रह रहा है, उसके ऊपर किसी मंजिल पर रहता है। यहाँ स्थिति – 1 रद्द हो जाती है।

स्थिति - 2	
मंजिल	व्यक्ति
8	गोलू
7	रवि
6	मनु
5	तेजू
4	मुन्ना
3	रिंकू
2	विक्की
1	सोनू

1. सबसे ऊपर की मंजिल पर गोलू रहता है।

अतः विकल्प (E) सही है।

2. रिंकू के ठीक ऊपर मुन्ना रह रहा है।

अतः विकल्प (C) सही है।

3. मुन्ना से तीन मंजिल ऊपर रवि रह रहा है।

अतः विकल्प (E) सही है।

4. रिंकू और गोलू के बीच में तीन से अधिक व्यक्ति हैं।

अतः विकल्प (C) सही है।

5. विक्की के ठीक के नीचे सोनू रह रहा है।

अतः विकल्प (C) सही है

6. दी गयी श्रृंखला है:

E W % I 5 V # D T Y N 9 M 6 4 3 Q @ * 0 B O ? 8 A 2 P ! U 7 1

अभीष्ट क्रम → अक्षर → संख्या → अक्षर

I 5 V, N 9 M, और A 2 P

इसलिए, ऐसी तीन संख्याएं हैं जिनके ठीक पहले और ठीक बाद में अक्षर आता है।

अतः विकल्प (C) सही है।

7. दी गयी श्रृंखला है:

E W % I 5 V # D T Y N 9 M 6 4 3 Q @ * 0 B O ? 8 A 2 P ! U 7 1

दी गयी श्रृंखला में M के बाएं चिह्न % और # हैं

इसलिए, दी गयी श्रृंखला में M के बाएं दो चिह्न हैं।

अतः विकल्प (C) सही है।

8. दी गयी श्रृंखला है:

E W % I 5 V # D T Y N 9 M 6 4 3 Q @ * 0 B O ? 8 A 2 P ! U 7 1

दायें छोर से नौवां पद ? है।

बाएं छोर से 13वां पद M है।

अब श्रृंखला है, 6 4 3 Q @ * 0 B O

अतः विकल्प (D) सही है।

9. दी गयी श्रृंखला है:

E W % I 5 V # D T Y N 9 M 6 4 3 Q @ * 0 B O ? 8 A 2 P ! U 7 1

यदि सभी चिह्नों को हटा दिया जाता है, तो श्रृंखला है: E W I 5 V D T Y N 9 M 6 4 3 Q 0 B O 8 A 2 P U 7 1

नयी श्रृंखला में दायें छोर से 15वें स्थान पर पद M है।

अतः विकल्प (C) सही है।

10. दी गयी श्रृंखला है:

E W % I 5 V # D T Y N 9 M 6 4 3 Q @ * 0 B O ? 8 A 2 P ! U 7 1

बाएं छोर से 10वें पद के बाएं 15वें स्थान पर पद है, अर्थात् 10 + 15

जो बाएं छोर से 25वें स्थान पर है।

25वां पद A है।

बाएं छोर से 10वें पद के दायें 15वें स्थान पर पद A है।

अतः विकल्प (C) सही है।

Ques (11-13):दिए गए नाम हैं: Si, Ki, Te, To, Bi, Ci, और Ai

1. केवल एक व्यक्ति Ai से तेज टाइप करता है लेकिन Ai, Si से धीमा टाइप करता है।

Si > Ai > __ > __ > __ > __ > __

2. Bi से अधिक तेज टाइप करने वाले व्यक्ति दो से अधिक नहीं हैं।

Si > Ai > Bi > __ > __ > __ > __

3. न्यूनतम तीन व्यक्ति Ci से धीमा टाइप करते हैं।

Si > Ai > Bi > Ci > __ > __ > __

4. Ki, न्यूनतम चार लोगों की तुलना में धीमा टाइप करता है।

स्थिति 1:

Si > Ai > Bi > Ci > Ki > __ > __

स्थिति 2:

Si > Ai > Bi > Ci > __ > Ki > __

स्थिति 3:

Si > Ai > Bi > Ci > __ > __ > Ki

5. Ki, To से तेज लेकिन Te से धीमा टाइप करता है। (इस कथन द्वारा स्थिति 1 और स्थिति 3 को समाप्त कर दिया जाता है)

अंतिम व्यवस्था इस प्रकार होगी:

Si > Ai > Bi > Ci > Te > Ki > To

11. इसलिए, सभी में से 'Si' की टाइपिंग स्पीड सबसे तेज है।

अतः विकल्प (B) सही है।

12. 'To' की टाइपिंग स्पीड सबसे धीमी है।

अतः विकल्प (D) सही है।

13. इसलिए, Bi की टाइपिंग स्पीड 69 शब्द प्रति मिनट है।

अतः विकल्प (B) सही है।

Ques (14-18):टीना, अमर के दाएँ दूसरे स्थान पर बैठी है।

गिरीश, टीना के बाएँ तीसरे स्थान पर बैठा है।

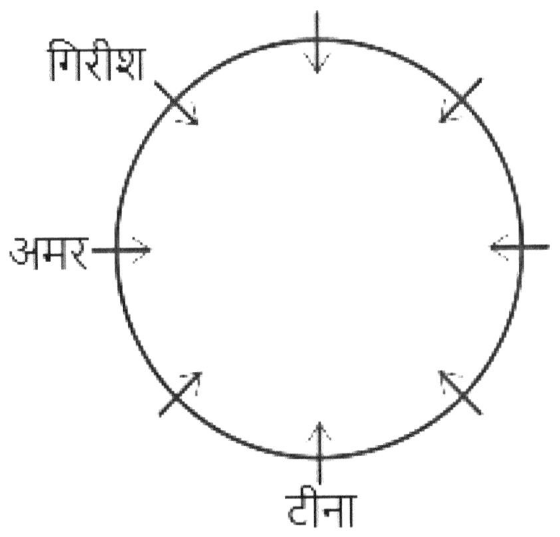

गीता, टीना के दाएँ दूसरे स्थान पर बैठी है।

हरीश, चेतन और गीता के बिल्कुल बीच में बैठा है।

बाला और हरीश, अमर के निकटतम पड़ोसी नहीं हैं।

इसलिए, शेष स्थान दीनू का है।

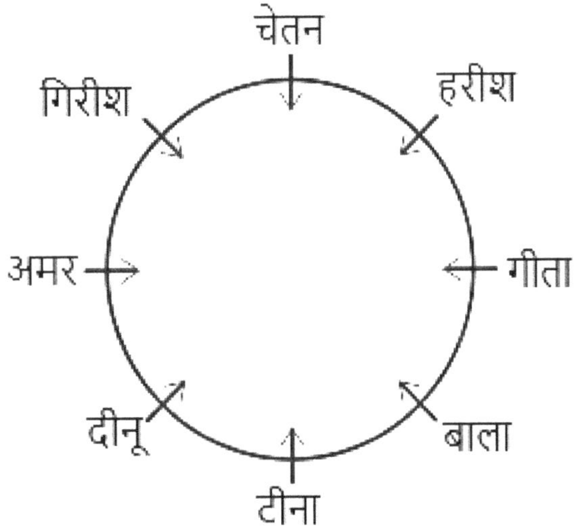

14. इसलिए, गिरीश टीना के दाएँ पांचवें स्थान पर बैठा है।

अतः विकल्प (C) सही है।

15. इस प्रकार, गीता और टीना के ठीक बीच में बाला बैठा है।

अतः विकल्प (A) सही है।

16. अमर के बाएँ तीसरे स्थान पर हरीश बैठा है

अतः विकल्प (B) सही है।

17. दीनू के निकटतम पड़ोसी अमर, टीना हैं।

अतः विकल्प (E) सही है।

18. गीता के सम्मुख अमर बैठा है।

अतः विकल्प (D) सही है।

Ques (19-21):दिए गए व्यक्ति हैं: A, B, C, D और E

1) यहाँ केवल एक विवाहित युगल है।

2) B, C का पिता है, जिसकी एक पुत्री है।

3) C का कोई भाई/बहन नहीं है।

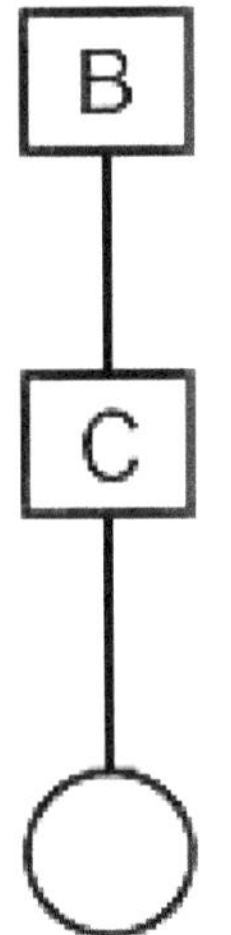

4) E, A की माँ है, जो एक महिला है।

5) D का केवल एक भाई है।

6) D एक अविवाहित महिला है।

इसलिए, अंतिम व्यवस्था निम्न प्रकार है,

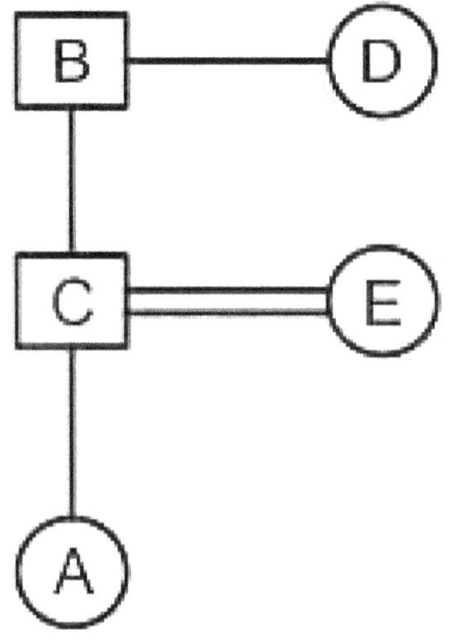

19. इसलिए, C, D का भांजा/भतीजा है।

अतः विकल्प (C) सही है।

20. इसलिए, A, B की पौत्र/पौत्री है।

अतः विकल्प (B) सही है।

21. इसलिए, परिवार में तीन महिला सदस्य हैं।

अतः विकल्प (C) सही है।

22. कथन:

J = K < M ≤ P > Q, S ≥ U = V > K

संयोजित करने पर,

S ≥ U = V > J = K < M ≤ P > Q

निष्कर्ष:

I. U ≤ P: असत्य (चूँकि, S ≥ U = V > J = K < M ≤ P > Q, इसलिए U और P के बीच संबंध निर्धारित नहीं किया जा सकता है)

II. V ≥ M असत्य (चूँकि, S ≥ U = V > J = K < M ≤ P > Q, इसलिए V और M के बीच संबंध निर्धारित नहीं किया जा सकता है)

इसलिए, ना तो निष्कर्ष I और ना ही निष्कर्ष II अनुसरण करता है।

अतः विकल्प (D) सही है।

23. कथन:

P ≤ Q < S = T ≥ U ≥ W < Z

निष्कर्ष:

I. S > W: असत्य: चूँकि, P ≤ Q < S = T ≥ U ≥ W < Z. इसलिए, S और W के बीच संबंध S ≥ W है।

II. W = T: असत्य: चूँकि, P ≤ Q < S = T ≥ U ≥ W < Z. इसलिए, T और W के बीच संबंध T ≥ W है।

चूँकि S = T, दोनों पूरक युग्म बनाते हैं।

इसलिए, या तो I या II अनुसरण करता है।

अतः विकल्प (B) सही है।

24. दिए गए कथन:

G ≤ L ≥ O; A > X = O ≥ W ≥ I < N

संयोजित करने पर,

G ≤ L ≥ O ≥ W ≥ I < N

या G ≤ L ≥ O = X < A

निष्कर्ष:

I. I < L: असत्य: (चूँकि, G ≤ L ≥ O ≥ W ≥ I < N. इसलिए, I, L से छोटा या बराबर है अर्थात्, I ≤ L)

II. L = I: असत्य: (चूँकि G ≤ L ≥ O ≥ W ≥ I < N. इसलिए, I, L से छोटा या बराबर है अर्थात्, I ≤ L)

दोनों एक पूरक युग्म बनाते हैं।

इसलिए, या तो निष्कर्ष I या II सत्य है।

अतः विकल्प (C) सही है।

25. दिए गए कथन: D > M ≤ T > K; D ≥ J ≥ G; S = K

निष्कर्ष:

I. T < G → असत्य (G ≤ J ≤ D > M ≤ T → G और T के बीच कोई संबंध स्थापित नहीं किया जा सकता)

II. G ≤ T → असत्य (G ≤ J ≤ D > M ≤ T → G और T के बीच कोई संबंध स्थापित नहीं किया जा सकता)

निष्कर्ष I और II एक पूरक जोड़ी बनाते हैं।

इस प्रकार, या तो I या II सत्य है।

अतः विकल्प (C) सही है।

Ques (26-30):निम्नलिखित निष्कर्ष निकाले जा सकते हैं:

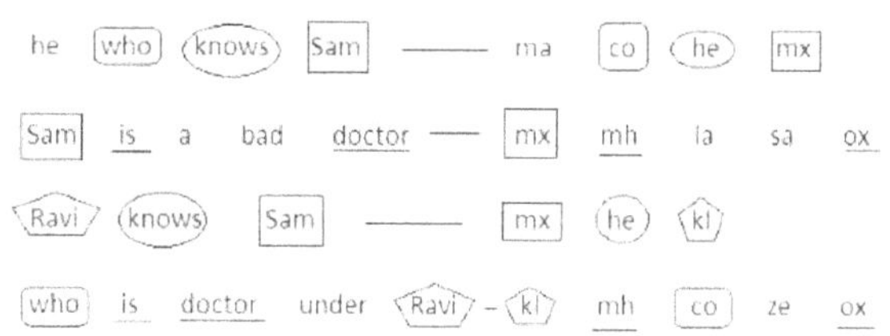

26. स्पष्ट रूप से, 'he' को 'ma' के रूप में कूटबद्ध किया गया है।

अतः विकल्प (A) सही है।

27. स्पष्ट रूप से, 'co' का अर्थ 'who' है।

अतः विकल्प (A) सही है।

28. स्पष्ट रूप से, 'a bad doctor' को या तो 'la sa mh' या फिर 'sa la ox' के रूप में कूटबद्ध किया जा सकता है।

अतः विकल्प (D) सही है।

29. स्पष्ट रूप से, 'doctor' को 'mh' या 'ox' के रूप में कूटबद्ध किया जा सकता है।

अतः विकल्प (E) सही है।

30. स्पष्ट रूप से, 'la' का अर्थ या तो 'a' या फिर 'bad' हो सकता है।

अतः विकल्प (E सही है।

Ques (31-35):आठ बक्से: A, B, C, D, F, G, H और E

1) C और G के बीच तीन से अधिक बक्से हैं जो शीर्ष पर नहीं रखे हैं।

2) H को न तो शीर्ष पर और न ही C और G बॉक्स के तत्काल बाद में रखा गया है।

3) बॉक्स C को बॉक्स H और G के ऊपर नहीं रखा गया है।

बॉक्स की संख्या	बॉक्स का नाम			
	स्थिति 1	स्थिति 2	स्थिति 3	स्थिति 4
8				
7		G	G	
6	G			G
5			H	
4	H	H		
3				H
2		C		
1	C		C	C

4) H और E के बीच तीन से अधिक बॉक्स हैं।

5) G विषम क्रमांकित स्थान पर नहीं रखा गया है।

स्थिति 4:

बॉक्स की संख्या	बॉक्स नाम
8	E
7	
6	G
5	
4	
3	H
2	
1	C

5) A और D को एक दूसरे के बगल में रखा गया है।

6) F और A के बीच एक बॉक्स है।

7) B को A से ऊपर रखा गया है।

बॉक्स की संख्या	बॉक्स नाम
8	E
7	B
6	G
5	D
4	A
3	H
2	F
1	C

31. इसलिए, बॉक्स A के नीचे तीन बॉक्स रखे हैं।

अतः विकल्प (C) सही है।

32. इसलिए, H और C के बीच F बॉक्स को रखा गया है।

अतः विकल्प (C) सही है।

33. इसलिए, सभी कथन सत्य है।

अतः विकल्प (E) सही है।

34. इसलिए, F और G बॉक्स के बीच में B को नहीं रखा गया है।

अतः विकल्प (B) सही है।

35. इसलिए, C D उस समूह से संबंधित नहीं है।

अतः विकल्प (E) सही है।

36. यहाँ अनुसरण किया गया पैटर्न है:

⇒ 8 + 12 = 20

⇒ 20 + 16 = 36

⇒ 36 + 20 = 56

⇒ 56 + 24 = 80

⇒ 80 + 28 = 108

अतः विकल्प (C) सही है।

37. दिया गया है:

7, 14, 42, 168, 840, ?

यहाँ अनुसरण किया गया पैटर्न है:

7 × 2 = 14

14 × 3 = 42

42 × 4 = 168

168 × 5 = 840

840 × 6 = 5040

अतः विकल्प (C) सही है।

38. दिया गया है:

27, 32, 42, 57, 77, ?

यहाँ अनुसरण किया गया पैटर्न है:

27 + (5 × 1) = 32

32 + (5 × 2) = 42

42 + (5 × 3) = 57

57 + (5 × 4) = 77

77 + (5 × 5) = 102

अतः विकल्प (A) सही है।

39. दिया गया है:

5, 3, 3, 5, 15, ?

यहाँ अनुसरण किया गया पैटर्न है:

5 × 1 - 2 = 3

3 × 2 - 3 = 3

3 × 3 - 4 = 5

5 × 4 - 5 = 15

15 × 5 - 6 = 69

अतः विकल्प (B) सही है।

40. दिया गया है:

640, 322,164, 86, 48, ?

यहाँ अनुसरण किया गया पैटर्न है:

⇒ 640 ÷ 2 + 2 = 322

⇒ 322 ÷ 2 + 3 = 164

⇒ 164 ÷ 2 + 4 = 86

⇒ 86 ÷ 2 + 5 = 48

⇒ 48 ÷ 2 + 6 = 30

अतः विकल्प (A) सही है।

Ques (41-45):दिया गया है:

	विभिन्न प्रकारों के पिज्जा		
सप्ताहों की संख्या	गोल्डन डिलाइट	मार्गेरीटा	चीज़ एन कॉर्न
पहला सप्ताह	150	100	200
दूसरा सप्ताह	130	150	100
तीसरा सप्ताह	100	140	160
चौथा सप्ताह	160	130	170

41. पहले दो सप्ताहों में बेचे गए पिज्जा की कुल संख्या = (150 + 130 + 100 + 150 + 200 + 100)

= 830

अतः विकल्प (C) सही है।

42. तीसरे और चौथे सप्ताह में बेचे गए मार्गेरीटा पिज्जा की संख्या = (140 + 130)

= 270

पहले और तीसरे सप्ताह में बेचे गए चीज़ एन कॉर्न पिज्जा की संख्या = (200 + 160)

= 360

इसलिए, उनके बीच का अनुपात = 270 : 360

= 3 : 4

अतः विकल्प (A) सही है।

43. दूसरे, तीसरे और चौथे सप्ताह में बेचे गए मार्गेरीटा की कुल संख्या = (150 + 140 + 130)

= 420

इसलिए, औसत = (420 ÷ 3)

= 140

अतः विकल्प (C) सही है।

44. पहले और दूसरे सप्ताह में बेचे गए गोल्डन डिलाइट पिज्जा की संख्या = (150 + 130)

= 280

पहले और दूसरे सप्ताह में बेचे गए चीज़ एन कॉर्न पिज्जा की संख्या = (200 + 100)

= 300

इसलिए, अंतर = (300 - 280)

= 20

इसलिए, अभीष्ट प्रतिशत = (20/300) × 100%

= 6.66%

अतः विकल्प (B) सही है।

45. पहले सप्ताह में बेचे गए पिज्जा की कुल संख्या = (150 + 100 + 200)

= 450

चौथे सप्ताह में बेचे गए पिज्जा की कुल संख्या = (160 + 130 + 170)

= 460

इसलिए, उनके बीच का अंतर = (460 - 450)

= 10

अतः विकल्प (B) सही है।

46. दिया गया है:

12 खिलाड़ियों के औसत वजन में वृद्धि $= \frac{1}{3}$ किग्रा

जैसा कि हम जानते हैं,

औसत = आकड़ों का योग /आकड़ों की संख्या

कुल बढ़ा हुआ वजन $= \frac{1}{3} \times 12$

$= 4$ किग्रा

पिछले खिलाड़ी का वजन $= 55$ किग्रा

इसलिए, नए खिलाड़ी का वजन $= 55 + 4$

$= 59$ किग्रा

अतः विकल्प (B) सही है।

47. दिया गया है:

ब्याज दर $= 5\%$

समय $= 3$ वर्ष

साधारण ब्याज और चक्रवृद्धि ब्याज में अंतर $= 244$ Rs.

जैसा कि हम जानते हैं,

यदि $P =$ मूलधन,

$R =$ ब्याज दर, और

$n =$ वर्षों की संख्या;

जब ब्याज वार्षिक है, तो राशि इस प्रकार प्राप्त की जाती है:

राशि $= P \times [1 + \left(\frac{R}{100}\right)]^n$, और

चक्रवृद्धि ब्याज (CI) इस प्रकार है:

$CI =$ राशि $- P$

साथ ही, साधारण ब्याज (SI) इस प्रकार है:

$$SI = \frac{(P \times n \times R)}{100}$$

राशि $= P \times [1 + \left(\frac{5}{100}\right)]^n$

चक्रवृद्धि ब्याज (CI) की गणना इस प्रकार है:

$$CI = P \times [1 + \left(\frac{5}{100}\right)]^3 - P$$

$$\Rightarrow CI = P \times [(1.05)^3 - 1]$$

$$\Rightarrow CI = 0.157625P \quad ...(i)$$

साधारण ब्याज (SI) की गणना इस प्रकार है:

$$SI = \frac{(P \times 3 \times 5)}{100}$$

$SI = 0.15P \quad ...(ii)$

समीकरण (i) और (ii) से

$CI - SI = 0.157625P - 0.15P$

$\Rightarrow CI - SI = 0.007625P \quad ...(iii)$

∵ दिया गया है कि साधारण ब्याज और चक्रवृद्धि ब्याज में अंतर $=$ 244 रुपये

समीकरण (iii) से, हम प्राप्त करते हैं

$0.007625P = 244$

$\Rightarrow P = \frac{244}{0.007625}$

$\Rightarrow P = 32000$

अतः विकल्प (B) सही है।

48. दिया गया है:

छूट $= 100$ रुपये

दुकानदार लाभ कमाता है $= 140\%$

बिना छूट के बेचे जाने पर लाभ $\% = 220\%$

माना क्रय मूल्य 100 है

विक्रय मूल्य यदि लाभ $140\% = 240\%$ है

विक्रय मूल्य यदि लाभ $220\% = 320\%$ है

विक्रय मूल्य में अंतर $= 100$ रुपये की छूट

इसलिए, $220\% - 140\% = 100$ रुपये

$\Rightarrow 80\% = 100$ रुपये

फिर $100\% = \left(\frac{100}{80}\right) \times 100$ रुपये

$= 125$ रुपये

अतः विकल्प (C) सही है।

49. दिया गया है:

A और B की दूरी $= 162$ किमी

दोनों ट्रेनें 6 घंटे बाद मिलती हैं।

दो ट्रेनों की सापेक्ष गति $= \frac{162}{6}$ किमी प्रति घंटे

$= 27$ किमी प्रति घंटे

माना धीमी ट्रेन की गति x किमी प्रति घंटा है

तेज़ ट्रेन की गति $= (x + 8)$ किमी/घंटा

इसलिए, $x + (x + 8) = 27$ किमी/घंटा

$\Rightarrow 2x + 8 = 27$ किमी/घंटा

$\Rightarrow 2x = 19$ किमी/घंटा

$\Rightarrow x = \frac{19}{2}$ किमी/घंटा

तेज़ ट्रेन की गति $= \left(\frac{19}{2}\right) + 8$ किमी/घंटा

$= \frac{35}{2}$ किमी/घंटा

अतः विकल्प (C) सही है।

50. दिया गया है:

A कार्य को B से कम दिनों में पूरा करता है $= 60$ दिन

जैसा कि हम जानते हैं,

कार्य $=$ समय $\times$ दक्षता

दक्षता समय के व्युत्क्रमानुपाती होती है (जब कार्य समान हो)

A : B की दक्षता है $3:1$

A : B का समय है $1:3$

समय में अंतर $= 60$ दिन

$\Rightarrow 3x - x = 60$

$\Rightarrow x = 30$ दिन

इसलिए, कुल कार्य $= 30 \times 3$

$= 90$

A और B एक साथ कार्य को दिनों में कर सकते हैं $= \frac{90}{4}$

$= 22.5$ दिन

अतः विकल्प (C) सही है।

51. दिया गया है:

कक्षा M और N के छात्रों की संख्या का अनुपात $5:6$ है।

कक्षा M के छात्रों की संख्या में 30% की वृद्धि हुई है।

कक्षा N के छात्रों की संख्या में 12600 की वृद्धि हुई है।

माना कक्षा M और N के छात्रों की संख्या क्रमशः $5x$ और $6x$ है

वृद्धि के पश्चात् कक्षा M के छात्रों की संख्या $= 5x + [\left(\frac{30}{100}\right) \times 5x]$

$= 5x + 1.5x$

$= 6.5x$

वृद्धि के पश्चात् कक्षा N के छात्रों की संख्या $= (6x + 12600)$

दोनों का अनुपात समान $5:6$ रहता है

$\frac{6.5x}{(6x+12600)} = \frac{5}{6}$

$\Rightarrow 6.5x \times 6 = 5 \times (6x + 12600)$

$\Rightarrow 39x = 30x + 63000$

$\Rightarrow 9x = 63000$

$\Rightarrow x = \left(\frac{63000}{9}\right)$

$\Rightarrow x = 7000$

$\therefore$ कक्षा N के छात्रों की संख्या $= 6 \times 7000$

$= 42000$

अतः विकल्प (B) सही है।

52. माना दोनों बाइकों का क्र.मू. x और y है

$x + y = 175000 \ ...(1)$

प्रश्नानुसार,

x का $120\% = y$ का 130%

$\Rightarrow \frac{120x}{100} = \frac{130y}{100}$

$\Rightarrow \frac{x}{y} = \frac{13}{12} = \frac{13m}{12m}$

x और y के मान को समीकरण (1) में रखने पर,

$\Rightarrow 13m + 12m = 1{,}75{,}000$

$\Rightarrow m = 7{,}000$

पहली बाइक का क्र.मू. $= 91000$

दूसरी बाइक का क्र.मू. $= 84000$

$\therefore$ अभीष्ट अंतर $= 7000$

अतः विकल्प (B) सही है।

53. दिया गया है:

शिवाली और तनीषा की वर्तमान आयु $= 11:7$

8 वर्ष बाद शिवाली और तनीषा की वर्तमान आयु $= 15:11$

माना कि शिवाली और तनीषा की वर्तमान आयु क्रमशः $11x$ और $7x$ है

प्रश्नानुसार,

$\frac{11x+8}{7x+8} = \frac{15}{11}$

$\Rightarrow 11(11x + 8) = 15(7x + 8)$

$\Rightarrow 121x + 88 = 105x + 120$

$\Rightarrow 16x = 32$

$\Rightarrow x = 2$

अब,

$\therefore$ उनकी आयु के बीच अंतर $= 11x - 7x$

$= 4x$

$\Rightarrow 4x = 4 \times 2$

$= 8$ वर्ष

अतः विकल्प (D) सही है।

54. दिया गया है:

$\left(\frac{5}{8}\right) \times 40 + (12)^2 = (?)^2$

$\Rightarrow 25 + 144 = (?)^2$

$\Rightarrow (?)^2 = 169$

$\Rightarrow (?)^2 = (13)^2$

$\Rightarrow ? = 13$

अतः विकल्प (A) सही है।

55. दिया गया है:

$380 \div 20 \times 3 - 7^2 = 2^?$

$\Rightarrow 19 \times 3 - 49 = 2^?$

$\Rightarrow 57 - 49 = 2^?$

$\Rightarrow 8 = 2^?$

$\Rightarrow 2^? = 2^3$

$\Rightarrow ? = 3$

अतः विकल्प (A) सही है।

56. दिया गया है:

$6^2 + 45 \times 2.4 - 81 \div 3 = ?$

$\Rightarrow 36 + 45 \times \left(\frac{24}{10}\right) - 27 = ?$

$\Rightarrow 36 + 108 - 27 = ?$

$\Rightarrow ? = 117$

अतः विकल्प (D) सही है।

57. दिया गया है:

$10 \times 100 \div 5 + 9 = ?$

BODMAS नियम का प्रयोग करने पर,

$\Rightarrow 10 \times 20 + 9 = ?$

$\Rightarrow 200 + 9 = ?$

$\therefore ? = 209$

अतः विकल्प (C) सही है।

58. दिया गया है:

$48 \div 6 \times \sqrt{25} + 13 \times 8 = ?$

BODMAS नियम का प्रयोग करने पर,

$\Rightarrow 8 \times 5 + 104 = ?$

$\Rightarrow 40 + 104 = ?$

$\Rightarrow ? = 144$

अतः विकल्प (D) सही है।

59. दिया गया है:

$(230 + 24 - 110) \div 6 - 10 = ?$

BODMAS नियम का प्रयोग करने पर,

$\Rightarrow (254 - 110) \div 6 - 10 = ?$

$\Rightarrow 144 \div 6 - 10 = ?$

$\Rightarrow 24 - 10 = ?$

$\Rightarrow 14 = ?$

अतः विकल्प (A) सही है।

60. दिया गया है:

360 का $25\% + 125 \div 25 - 70 = ?$

BODMAS नियम का प्रयोग करने पर,

$\left(\frac{25}{100}\right) \times 360 + 125 \div 25 - 70 = ?$

$\Rightarrow \left(\frac{1}{4}\right) \times 360 + 5 - 70 = ?$

$\Rightarrow 90 + 5 - 70 = ?$

$\Rightarrow 95 - 70 = ?$

$\Rightarrow 25 = ?$

अतः विकल्प (C) सही है।

61. दिया गया है,

$\left(36 + 78 \div 52 - 8 \times \frac{3}{16}\right) \times 5 \div 10 = ?$

BODMAS नियम का प्रयोग करने पर,

$\left(36 + \frac{3}{2} - \frac{3}{2}\right) \times 5 \div 10 = ?$

$\Rightarrow 36 \times 5 \div 10 = ?$

$\Rightarrow 18 = ?$

अतः विकल्प (A) सही है।

62. दिया गया है:

$6^2 \times 2^{-1} \times 18^3 \div 2^4 = 3^?$

BODMAS नियम का प्रयोग करने पर,

$\Rightarrow 2^2 \times 3^2 \times 2^{-1} \times 2^3 \times 9^3 \div 2^4 = 3^?$

$\Rightarrow 2^5 \times 3^8 \div 2^5 = 3^?$

$\Rightarrow 3^8 = 3^?$

$\Rightarrow ? = 8$

अतः विकल्प (D) सही है।

63. दिया गया है,

$120 + 600$ का $3\% - 12 \times 0.5 = ?$

BODMAS नियम का प्रयोग करने पर,

$\Rightarrow 120 + \left(\frac{3}{100} \times 600\right) - 12 \times 0.5 = ?$

$\Rightarrow 120 + 18 - 6 = ?$

$\Rightarrow 132 = ?$

अतः विकल्प (D) सही है।

64. दिया गया है,

$\sqrt{[[4 \times (8^2 + 2^3 + 7^2)]} = 11$ का ?

BODMAS नियम का प्रयोग करने पर,

$\Rightarrow \sqrt{[4 \times (64 + 8 + 49)]} = ? \times 11$

$\Rightarrow \sqrt{(4 \times 121)} = ? \times 11$

$\Rightarrow ? = \frac{(2 \times 11)}{11}$

$\Rightarrow ? = 2$

अतः विकल्प (B) सही है।

65. दिया गया है:

$5 \times 11 + 25 \times 4 = 20 \times 3 + 5 \times (?)$

BODMAS नियम का प्रयोग करने पर,

$\Rightarrow 55 + 100 = 60 + 5 \times (?)$

$\Rightarrow 155 - 60 = 5 \times (?)$

$\Rightarrow 95 = 5 \times (?)$

$\Rightarrow \frac{95}{5} = (?)$

$\Rightarrow 19 = (?)$

अतः विकल्प (B) सही है।

66. दिया गया है:

25% पुस्तकें सामाजिक विज्ञान की हैं।

रीज़निंग की पुस्तकों की संख्या 280 है।

जैसा कि हम जानते हैं,

पुस्तकों की शेष संख्या $= [(100 -$ प्रतिशत $\%)/100] \times$ पुस्तकों की प्रारम्भिक संख्या

माना पुस्तकों की कुल संख्या x है।

सामाजिक विज्ञान की पुस्तकों की संख्या $= \frac{25}{100} \times x = \frac{x}{4}$

पुस्तकों की शेष संख्या $= x - \frac{x}{4} = \frac{3x}{4}$

सामान्य जागरूकता की पुस्तकों की संख्या $= \frac{16}{100} \times \frac{3x}{4} = \frac{3x}{25}$

पुस्तकों की शेष संख्या $= \frac{3x}{4} - \frac{3x}{25} = \frac{63x}{100}$

गणित की पुस्तकों की संख्या $= \frac{63x}{100} \times \frac{1}{9} = \frac{7x}{100}$

पुस्तकों की शेष संख्या $= \frac{63x}{100} - \frac{7x}{100} = \frac{56x}{100}$

रीज़निंग की पुस्तकों की संख्या 280 है।

$\Rightarrow \frac{56x}{100} = 280$

$\Rightarrow x = 500$

अतः विकल्प (D) सही है।

67. दिया गया है:

मिश्रण में दूध और पानी $3:2$ के अनुपात में है।

माना कि मिश्रण में दूध और पानी की मात्रा $3x$ और $2x$ लीटर है।

$\Rightarrow$ 10 लीटर मिश्रण में दूध और पानी की मात्रा क्रमशः $\left(10 \times \frac{3}{5}\right) = 6$ लीटर और $\left(10 \times \frac{2}{5}\right) = 4$ लीटर होगी:

दिए गए कथन के अनुसार:

$(3x - 6) = (2x - 4 + 10)$

$\Rightarrow x = 12$

$\therefore$ मिश्रण में दूध की प्रारंभिक मात्रा $= 12 \times 3 = 36$ लीटर

अतः विकल्प (A) सही है।

68. दिया गया है:

अजय का प्रारंभिक निवेश $=$ ₹ 35000

रोहित का प्रारंभिक निवेश $=$ ₹ 28000

रोहन का प्रारंभिक निवेश $=$ ₹ 56000

कुल लाभ $=$ ₹ 154000

जैसा कि हम जानते हैं,

लाभ $=$ निवेश $\times$ समयावधि

अजय ने 12 महीनों के लिए 35000 का निवेश किया,

$\Rightarrow$ अजय का कुल निवेश $= (35000 \times 12)$

$= 420000$

रोहित ने 6 महीनों के लिए 28000 और अगले 6 महीनों के लिए $\left(\frac{1}{2}\right) \times (28000)$ का निवेश किया,

$\Rightarrow$ रोहित का कुल निवेश $= [(28000 \times 6) + (14000 \times 6)]$

$= 252000$

रोहन ने 6 महीनों के लिए 56000 और अगले ने 6 महीनों के लिए $\left(\frac{1}{2}\right) \times (56000)$ का निवेश किया,

$\Rightarrow$ रोहन का कुल निवेश $= [(56000 \times 6) + (28000 \times 6)]$

$= 504000$

लाभ का अनुपात $= 420000 : 252000 : 504000$

$\Rightarrow 5x : 3x : 6x = 14x$

$\Rightarrow 14x = 154000$

$\Rightarrow x = 11000$

रोहित का लाभ $= 3x$

$= 3 \times 11000$

$= 33000$

अतः विकल्प (A) सही है।

69. दिया गया है,

कार 75 किमी की दूरी एक घंटे में तय करती है, परंतु ठहराव के कारण कार एक घंटे में सिर्फ 50 किमी की दूरी तय करने में सक्षम है।

$\therefore$ दूरी जो ठहराव के कारण कार तय करने में सक्षम नहीं है $= 75 - 50 = 25$ किमी

$\Rightarrow$ समय जो कार ठहराव में खो देती है $=$ उसके द्वारा 25 किमी की दूरी तय करने के लिए लिया गया समय

समय जो कार ठहराव में खो देती है $= \frac{25}{75}$

$= \frac{1}{3}$ घंटे

या $\frac{1}{3} \times 60$ अर्थात 20 मिनट

अतः विकल्प (D) सही है।

70. दिया गया है:

रास्ते सहित मैदान की लंबाई और चौड़ाई क्रमशः 95 मी एवं 60 मी है

मकान के अंदर रास्ते की चौड़ाई $= 2.5$ मी

जैसा कि हम जानते हैं,

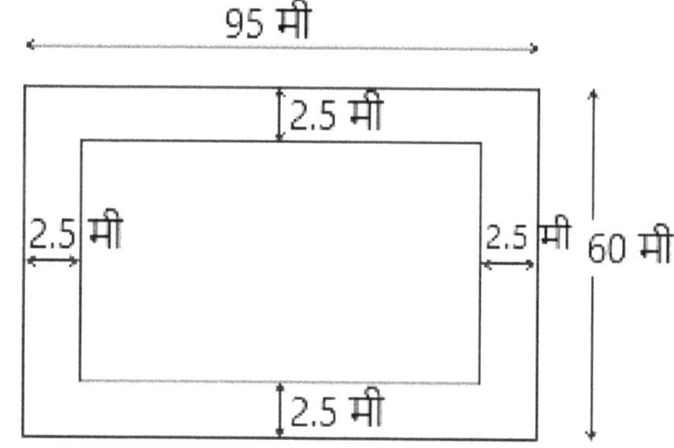

आयताकार मैदान का क्षेत्रफल $=$ (लंबाई $\times$ चौड़ाई)

रास्ते सहित मैदान का क्षेत्रफल $= 95 \times 60 = 5700$ मी ^{2}

बिना रास्ते के मैदान का क्षेत्रफल $= 90 \times 55 = 4950$ मी ^{2}

इसलिए, रास्ते का क्षेत्रफल $=$ रास्ते सहित मैदान का क्षेत्रफल $-$ बिना रास्ते के मैदान का क्षेत्रफल

$= (5700 - 4950)$ मी ^{2}

$= 750$ मी ^{2}

इसलिए, कंकड़ बिछाने का खर्च $=$ रास्ते का क्षेत्रफल $\times$ प्रति वर्ग मी खर्च

$= (750 \times 3)$

$= 2250$ रुपये

अतः विकल्प (B) सही है।

71. Surface-wave based systems type of touch screen technology is often used in financial institutions as per the passage.

According to the passage, "Ultrasound surface wave acoustic touchscreens are often used in the medical field, casinos, amusement facilities, public facilities, and financial institutions."

Option (B), option (C), option (D), and (E) have to be eliminated as the passage specifically mentions the use of Surface-wave based systems which is the Ultrasound surface wave acoustic touchscreens

Therefore, Option (A) is the most suitable option here out of the given options.

Hence, the correct option is (A).

72. The correct statement as per the passage is ultrasound surface wave acoustic touchscreens are often used in the medical field, casinos, amusement facilities, public facilities, and financial institutions.

According to the passage. "Because ultrasound surface wave acoustic touchscreens use glass, they have high transmittance and long operating lives. Ultrasound surface wave acoustic touchscreens are often used in the medical field, casinos, amusement facilities, public facilities, and financial institutions."

Hence, the correct option is (E).

73. According to the passage, the 'resistive system' consists of a normal glass panel that is covered with conductive and resistive metallic layers.

Hence, the correct option is (C).

74. Relays means receive and pass on (information or a message). It is a verb.

Transmits means to cause (something) to pass on from one person or place to another; circulate; pass on. It is a verb.

Thus the word most similar to the word relays is transmit.

Hence, the correct option is (D).

75. Disrupt means interrupt (an event, activity, or process) by causing a disturbance or problem. It is a verb.

Impede means to delay or prevent (someone or something) by obstructing them; hinder. It is a verb.

Thus the word most similar to the word disrupt is impede.

Hence, the correct option is (A).

76. Tactile means of or connected with the sense of touch. It is an adjective.

Untouchable means not able or allowed to be touched or affected. It is an adjective.

Thus the word most opposite to the word tactile is untouchable.

Hence, the correct option is (E).

77. The statement mentioned in option (D) is not supported by the second and third paragraphs as the comparison mentioned in the second paragraph is between capacitive and resistive touchscreen whereas the third paragraph only mentions that SAW touchscreens can last for hundreds of thousands of touches, it does not explicitly or implicitly mentions which touchscreen out of the two lasts longer.

Hence, the correct option is (D).

78. The picture quality of the capacitive touch screen is much better than that of the resistive touch screen. can be properly inferred from the passage.

According to the passage, "One advantage of the capacitive system over the resistive system is that it transmits almost 92 percent of the light emitted from the monitor, whereas the resistive system transmits only about 75 percent. This gives the capacitive system a much clearer picture than the resistive system."

Hence, the correct option is (C).

79. An electrical current runs through the two layers while the monitor is dysfunctional is false in the context of this passage.

According to the passage, "An electrical current runs through the two layers while the monitor is operational. When a user touches the screen, the two layers make contact exactly at that spot. The change in the electrical field is noted and the coordinates of the point of contact are calculated by the processor."

Here option (C) mentions monitor as dysfunctional which is false as per the passage.

Hence, the correct option is (C).

80. Mobile touchscreen technology is the most suitable title for the passage here as it encapsulates the gist of the entire passage.

Hence, the correct option is (A).

81. The sentence 'An erratic monsoon season can damage the economy and affect agricultural practices.' is grammatically correct.

- The article 'an' is used before the word 'erratic' because it begins with a vowel sound.
- The base form of the verb 'damage' and 'affect' is used after the modal verb 'can'.
- The conjunction 'and' is also appropriate.
- Therefor, the sentence is grammatically correct.

Option (A): Around 64 per cent of land used for agriculture so food crops is at risk of pesticide pollution. In the sentence conjunction 'so' should be replaced with 'and'. Therefore correct sentence should be "Around 64 per cent of land used for agriculture and food crops is at risk of pesticide pollution."

Option (C): The intensity of cyclones and hurricanes might increased in the next century due to global warming. In the sentence base form of the verb 'increased', i.e. 'increase' should be used here. Therefore the correct sentence should be "The intensity of cyclones and hurricanes might increase in the next century due to global warming."

Option (D): Robotics develop machines that can substitute for humans and replicate human actions. In this sentence word 'develop' should be replaced with the word 'develops'. Therefore the correct sentence should be "Robotics develops machines that can substitute for humans and replicate human actions."

Hence, the correct option is (B).

82. The sentence 'Social science is the branch of science devoted to the study of societies.' is grammatically correct.

- The definite article 'the' is used before the word 'branch' and 'study' to talk about something specific. Hence, it is correct.
- The preposition 'to' is used with word 'devoted' which is appropriate.
- So, the sentence is grammatically correct.

Option (A): The history of the social sciences begin in the Age of Enlightenment after 1650. In the sentence word 'begin' should be replaced with 'begins'. Therefore the correct sentence should be "The history of the social sciences begins in the Age of Enlightenment after 1650."

Option (B): Economics is a social science that seeks on analyze and describe the production, distribution, and consumption of wealth. in the sentence preposition 'on' should be replaced with 'to'. Therefore the correct sentence should be "Economics is a social science that seeks to analyze and describe the production, distribution, and consumption of wealth."

Option (C): Education encompasses teaching and learning specifically skills, and also something less tangible but more profound. In the sentence word 'specifically' should be replaced with the word 'specific'. Therefore the correct sentence should be "Education encompasses teaching and learning specific skills, and also something less tangible but more profound."

Hence, the correct option is (D).

83. The sentence 'Excavation is the most expensive phase of archaeological research.' is grammatically correct.

- The word 'Excavation' is a 'singular noun' that is why 'singular verb'(is) is used here.
- The definite article 'the' is used before the word 'most' which is appropriate and the word 'most' is used here to form the superlative degree of the adjective 'expensive'.
- The preposition 'of' is also correct.
- So, the sentence is grammatically correct.

Option (A): Archaeological excavation exists even when the field was still the domain of amateurs. In the sentence word 'exists' should be replaced with 'existed'. Therefore the correct sentence should be "Archaeological excavation existed even when the field was still the domain of amateurs."

Option (C): Archaeologists on the world use drones to speed up survey work. In the sentence preposition 'on' should be replaced with 'around'. Therefore the correct sentence should be "Archaeologists around the world use drones to speed up survey work."

Option (D): In England, archaeologists are uncovered layouts of 14th century medieval villages. In the sentence auxiliary verb 'are' should be replaced with 'have'. Therefore the correct sentence should be "In England, archaeologists have uncovered layouts of 14th century medieval villages."

Hence, the correct option is (B).

84. The sentence 'Marine animals can hear across entire ocean basins.' is grammatically correct.

- The words 'Marine' and 'entire' are appropriately used here to qualify the nouns 'animals' and 'ocean basins'.
- The base form of the verb 'hear' is used with the auxiliary verb 'can' which is appropriate.
- So, the sentence is grammatically correct.

Option (A): The IHR are a legally binding instrument of international law that aims of international collaboration. In the sentence preposition 'of' should be replaced with 'for'. Therefore the correct sentence should be "The IHR are a legally binding instrument of international law that aims for international collaboration."

Option (B): If productive capacity grows, an economy can produced progressively more goods, which raises the standard of living. In the sentence verb 'produced' should be replaced with 'produce'. Therefore the correct sentence should be "If productive capacity grows, an economy can produce progressively more goods, which raises the standard of living."

Option (D): Underwater sound waves are far more violent to sound waves in air. In the sentence preposition 'to' should be replaced with 'than'. Therefore the correct sentence should be "Underwater sound waves are far more violent than sound waves in air."

Hence, the correct option is (C).

85. The sentence 'Psychologists seek an understanding of the emergent properties of brains.' is grammatically correct.

- The article 'an' should be used before the word 'understanding' as the word begins with a 'vowel' sound.
- The word 'emergent' is an adjective and it is appropriately used to qualify the noun 'properties'.
- The preposition 'of' is also correct.
- The definite article 'the' is used before the word 'emergent' because something specific is mentioned in this sentence.
- So, the sentence is grammatically correct.

Option (A): Geographers attempt to understand the Earth terms of physical and spatial relationships. In the sentence preposition 'in' should be added before the word 'terms'. Therefore the correct sentence should be "Geographers attempt to understand the Earth in terms of physical and spatial relationships."

Option (C): The purpose of archaeology is to learn more about past societies and the develop of the human race. In the sentence verb 'develop' should be replaced with the noun form 'development'. Therefore the correct sentence should be "The purpose of archaeology is to learn more about past societies and the development of the human race."

Option (D): Regional survey is the attempt to systematically locate previous unknown sites in a region. In the sentence adjective 'previous' should be replaced with the adverb 'previously'. Therefore the correct sentence should be "Regional survey is the attempt to systematically locate previously unknown sites in a region."

Hence, the correct option is (B).

86. The given sentence is talking about Sri Lanka approaching India for instant relief from the present economic crisis.

Therefore, the most appropriate word to be filled in the blank is 'Immediate'.

The word 'Immediate' means Occurring or done at once; instant.

Complete Sentence will be "The present economic crisis in Sri Lanka has pushed it closer to India for immediate relief."

Hence, the correct option is (E).

87. The given sentence is saying that mere elections are not adequate or enough for democracy.

Therefore, the most appropriate word to be filled in the blank is 'Sufficient'.

The word 'Sufficient' means Enough; adequate.

Complete Sentence will be "Mere elections are not sufficient for a democracy."

Hence, the correct option is (E).

88. The given sentence is talking about regretfully uttering a farewell to humane inputs.

Therefore, the most appropriate word to be filled in the blank is 'Bid'.

The word 'Bid' means To utter a greeting or farewell to someone or something.

Complete sentence will be "The Bench has regretfully bid farewell to such humane inputs."

Hence, the correct option is (A).

89. The given sentence is talking about a good university that gives support, confidence or hopes to its students.

Therefore, the most appropriate word to be filled in the blank is 'Encourages'.

The word 'Encourages' means To give support, confidence, or hope to someone.

Complete sentence will be "A good university constantly encourages its students to go beyond the syllabus."

Hence, the correct option is (C).

90. The given sentence is talking about preventing a crisis-like scenario.

Therefore, the most appropriate word to be filled in the blank is 'Avert'.

The word 'Avert' means to prevent or warding off an undesirable occurrence.

Complete sentence will be "There is no magic wand to ensure economic reforms and avert a crisis-like scenario."

Hence, the correct option is (E).

Ques (91-95): The correct sequence of the segments after rearrangement is CABED.

- Sentence C comes in the first place as out of all the sentences, it is independent of any sentence and gives general information about Gandhiji's life.
- Sentence A will come after C as it refers to one incident which happened when Gandhiji was travelling as usual.
- Sentence B will come after A as it briefs what happened in that incident during the night. It is in continuation with the previous sentence.
- Sentence E will come after B as it is giving information about how he spent his whole night shivering.
- The sentence D will come after E as it is the concluding part and suggests how this incident was a turning point in his life.

91. From the above sequence, we can say that sentence 'C' is the first sentence after rearrangement.

Hence, the correct option is (c).

92. From the above sequence, we can say that sentence 'A' is the second sentence after rearrangement.

Hence, the correct option is (A).

93. From the above sequence, we can say that sentence 'B' is the third sentence after rearrangement.

Hence, the correct option is (B).

94. From the above sequence, we can say that sentence 'E' is the fourth sentence after rearrangement.

Hence, the correct option is (E).

95. From the above sequence, we can say that sentence 'D' is the fifth sentence after rearrangement.

Hence, the correct option is (D).

96. The correct sentence is: "Screaming at the top of his voice, Richard told his neighbor not to make a din after 11 pm."

The underlined phrase 'Scream at the top of his voice' is grammatically incorrect. The verb 'scream' should be replaced with 'screaming' to make the sentence grammatically correct.

At the top of one's voice: If you say something at the top of your voice, you say it as loudly as possible. For e.g. 'Damn!' he yelled at the top of his voice.

Hence, the correct option is (C).

97. The correct sentence "On the eastern horizon, a huge cloud of smoke from burning oil tanks stretched across the sky."

The preposition 'across' is used to express 'in every part of a place, group of people, etc.'

The given sentence means that the smoke was spread everywhere in the sky.

Therefore, 'across' is the most suitable preposition to be used in the given sentence.

Hence, the correct option is (D).

98. The correct sentence "Less than 2 hours is left before the bomb explodes and annihilates the city and its inhabitants."

In the given sentence, the phrase '2 hours are left' is incorrect.

When using adjectives like much, less, little and more are used, they are followed by the verb in the singular format.

In the current scenario, the 'less than 2 hours' refers to a specific time period that will be treated as one and thus is singular.

Hence, the 'are left' in the sentence will be replaced with 'is left' to make the sentence grammatically correct.

Hence, the correct option is (C).

99. The correct sentence "Aaron is warned against strong painkillers lest he should get."

In the given sentence, the phrase 'lest he should not get' is incorrect.

The sentence means that Aaron was warned against using painkillers because he might get addicted to them.

'Lest' is a conjunction that means 'to avoid the risk of'.

It includes the implication of 'not' within the conjunction itself and thus the 'not' in the sentence is redundant.

Hence, the 'lest he should not get' needs to be replaced with 'lest he should get'.

Hence, the correct option is (A).

100. The correct sentence is "The people who get on in this world are the people who get up and look for the circumstances they want, and if they cannot find them, make them."

- Look out (Phrasal Verb): be vigilant and take notice.
- Look after (Phrasal Verb): take care of
- Look forward to (Phrasal Verb): await eagerly
- Look for (Phrasal Verb): to hope to get something that you want or need.

The sentence implies that the person (subject) is in search of the circumstances they want. Therefore, the only phrasal verb that goes well with the context of the sentence is 'look for'.

Hence, the correct option is (B).

// टिप्पणियाँ //

// टिप्पणियाँ //

www.ingramcontent.com/pod-product-compliance
Ingram Content Group UK Ltd.
Pitfield, Milton Keynes, MK11 3LW, UK
UKHW061704190726
13853UKWH00008B/2389